1 MONTH OF
FREE
READING

at

www.ForgottenBooks.com

By purchasing this book you are eligible for one month membership to ForgottenBooks.com, giving you unlimited access to our entire collection of over 1,000,000 titles via our web site and mobile apps.

To claim your free month visit:

www.forgottenbooks.com/free1001096

ISBN 978-0-364-30392-4
PIBN 11001096

This book is a reproduction of an important historical work. Forgotten Books uses
state-of-the-art technology to digitally reconstruct the work, preserving the original format
whilst repairing imperfections present in the aged copy. In rare cases, an imperfection in
the original, such as a blemish or missing page, may be replicated in our edition. We do,
however, repair the vast majority of imperfections successfully; any imperfections that
remain are intentionally left to preserve the state of such historical works.

Gesammelte Schriften

von

Ludwig Börne.

Dritter Band.

Aus meinem Tagebuche. Schilderungen aus Paris. Menzel, der Franzosenfresser. Französische Schriften in Uebersetzung. Aphorismen.

Milwaukee, Wis.,
Verlag von E. Luft, P. Bickler & Co.
1858.

Gesammelte Schriften

von

Ludwig Börne.

Dritter Band.

Aus meinem Tagebuche.

I.

Frankfurt den 29. April 1830.

Du närrisches weißes Buch, ich dachte nicht, dich je wieder zu sehen. Da bin ich, und jetzt plaudere ich wieder mit dir von alten und von neuen Sachen, und du hörst mich geduldig an und gibst mir Recht wie immer.

Krank seyn, gefangen und gefesselt schmachten und Alles geduldig ertragen bis der Tyrann müde geworden! Nein. Ein Mann von Ehre sollte sich schämen, länger als vier Wochen krank zu seyn. Ich war es länger als ein Jahr. Wie lieben wir das Leben, das uns doch so wenig liebt, und das wie ein gezähmtes wildes Thier seinen Herrn vergißt und hinausspringt in's Freie, sobald es den Käfig offen findet.

Und was gewinnt man dabei? Späte Leiden erfrischen die Seele nicht mehr. Es ist kein Gewitter, das den Durst der jugendglühenden Natur löscht — es ist der Herbstwind, der herabjagt, was noch grün an den Bäumen war; alles raschelt und ächzt wie die Brust eines Sterbenden und die welke Erinnerung wird im Sturme zerstreut.

Einst in schöneren Jahren . . . ich hatte mich einer Rose genaht und mich tief verwundet an ihren Dornen — da rettete eine Krankheit meine Seele. Und als ich aufstand, war auch die Natur genesen. Weggeschmolzen war der Schnee, mein Schmerz und der Zorn. Ich hatte Alles vergeben, Alles vergessen. Meine Brust war offen wie die Säulenhalle eines Tempels, und der Frühling lustwandelte in mir, wie ich in ihm. Und jetzt! die Genesung und der Frühling haben sich wieder begegnet; aber es ist ganz anders. Ich bin nur etwas munterer geworden, weil ich ein verdrießliches Geschäft beendigt.

Sind das grüne Bäume? Ist das Himmelsblau? Ist das Abendroth? Ach ja, es ist ganz artig gemahlt und auch sehr ähnlich; ich habe das Original gekannt.

Einst war mir die Nachtigall die Rose der Luft. Mir dufteten ihre Töne und blutlockende Dornen verwundeten das entzückte Ohr. Jetzt höre ich sie nur noch und mit wahrem Vergnügen. Die Christgeschenke des Frühlings lagen hellerleuchtet vor mir und ich war unentschlossen wie ein Kind, was ich zuerst genießen, zuerst mir aneignen sollte. Ich zögerte zu

(5)

wünschen. Dort das Wäldchen, hier das Thal, den Berg drüben, die Mühle, den Wassersturz? Jetzt kann ich bedenken und wählen.

Der Frühling, die Nachtigall, das Morgenroth, des Mädchens holder Blick — es ist Nichts. Alles ist die Jugend. Die Welt ist ein Spiegel, was hineinschaut, schaut heraus. Er gibt euch nur zurück, was ihr ihm geliehen, er dankt euch nicht mit einem Lichtstrahle ärmlicher Zinse. Ja, wer ihn durchschauen könnte, wer es vermöchte die Folie des Lichtes abzustreifen! Die Welt ist hinter dem Leben; aber wo endet das Leben? Die Welt ist nichts.

Die Jugend — es ist ein dunkles Wort. Wir alten klugen Leute sprechen es aus und verstehen es nicht. Ein Traum der vorigen Woche ist uns heller. Und gut, daß es so ist: gut, daß wir im Alter die Jugend vergessen, denn wäre es anders, es wäre schlimm, es gäbe Zweifel, die uns zu Tode quälten.

Für welches Lebensalter bestimmt uns denn die Geburt? Für welches bilden wir uns heran? Für welches erziehen wir unsere Kinder? Habt ihr je darüber nachgedacht? Ich zweifle. Für Alle! Ja, so sollte es seyn, aber so ist es nicht. Der Knabe wird dem Jünglinge, der Jüngling dem Manne, der Mann dem Greise aufgeopfert. Und will der Greis, nachdem seine Freiheit überreif geworden, sie endlich genießen und leben für das Leben, kömmt die Religion und sagt: nicht so, alter Junge, die Schule ist noch nicht aus, das Leben kömmt erst nach dem Tode, der Sarg ist die Wiege deiner Freiheit. Die Religion? Nein, wir wollen nicht lügen und nicht heucheln. Die Kirche sagt's, diese Abenteuerin, die unter hundert Namen und Gestalten durch die Luft zieht, und den Leichtgläubigen vorlügt, sie habe zwei Königreiche, eines da oben die Freunde zu bezahlen, die ihr Geld geborgt, und eines da unten die zu züchtigen, die ihr hart und mistrauisch keinen Credit gegeben.

Was berechtigt uns, das blanke Gold der Jugend dem blassen trügerischen Alter darzuleihen, das hohe Zinsen verspricht, weil es aller Schuldscheine lacht und sich nicht scheut, Bankerot zu machen.

Wir leben immer nur für die Zukunft, ewiges Stimmen und nie beginnt das Concert. Ein Wechsel wird mit dem andern bezahlt; es ist eine Liederlichkeit ohne Gleichen. Die Zinsen blasen das Capital auf und Thoren, welchen nie das baare Geld des Lebens lacht, halten sich für reich, wenn der Luftballon ihrer Hoffnungen recht hoch steigt. Wo nur das hinaus will! Lieber Gott, du bist doch sonst so gut, rede einmal, sey nicht verschwiegen wie ein Diplomat, sage uns, wo das endlich hinaus will.

Ihr könnt es gedruckt lesen: von allen Menschen, die geboren werden, stirbt fast die Hälfte in der Kindheit; das Jünglingsalter erreichen weniger als die Hälfte, bis zu dem fünfzigsten Jahre, bis zu dem Alter, wo man für Arbeiten, Mühen, Entbehrungen zu ärnten anfängt, gelangt weniger als ein Dritt-Theil, und dem Wohle dieses kleinen Dritt-Theils werden zwei große Dritt-Theile aufgeopfert! Den Jungen gehört die Welt und die Alten bewirthschaften, benutzen und beherrschen sie. Eltern, die Schule, Erziehung, der Staat, alle sorgen nur für die Hochbejahrten, und die Jugend ist verdammt, die Magd des Alters zu seyn.

Die alten klugen Leute sprechen von der Leidenschaft der Jugend und von ihrer eigenen herrlichen Erfahrung. Aber die Leidenschaft, die jedem Alter angemessen, ist seine Vernunft. In jedem Alter glauben wir vernünftig zu seyn und sehen die Vernunft des verflossenen Alters als Leidenschaft an. Und die Erfahrung macht unruhig, unglücklich, denn sie lehrt uns nur die Ausnahmen von der Regel. Die Regel zu kennen braucht man keine Erfahrung, die lehrt das Buch und das eigene Herz. Nur der Unerfahrene hat Recht, nur er ist glücklich.. Darum glaubet der Jugend; was die Jugend glaubt, ist ewig, euer Wissen aber vergeht.

Und die Natur in ihren Menschengesetzen ist nicht vernünftiger und gerechter, als der Mensch in seiner Freiheit. Nicht die unerfüllten Wünsche meiner armen Brüder schmerzen mich, mich betrübt, daß die Erfüllungen kommen, wenn der Wunsch, der sie gerufen, schon längst begraben ist.

Das Kind möchte herumspringen: es muß in der Schule bleiben und lateinisch lernen. Der Jüngling darf hinaus in's Freie: da sitzt er in der Kammer beim Schattenrisse der Liebsten und seufzt. So lange wir reiselustig, haben wir kein Geld: wenn wir reich geworden, sind wir alt und bequem, wir spielen Boston und unser Casino lockt uns mehr als Rom und Neapel. Dann kommen die Freundinnen unserer Nichten, herzen und küssen den lieben Onkel, trippeln ihm unbarmherzig auf seine gichtischen Füße und stören ihn im Mittagsschlafe. Satanskinder! warum seyd ihr nicht dreißig Jahre früher gekommen, da der Onkel noch ein Neffe war, nach dem Essen nicht schlief, sondern trank und das Podraga nicht hatte? Lacht nicht, lacht nicht! Ich habe Neffen, die werden mich rächen.

Als Knabe hatte ich einen Wunsch, so heiß wie keinen seitdem. Es war ein Säbelchen, zum Tabacksräumer dienend, das ich bei einem andern Knaben gewahrte. Ich hatte eine schlaflose Nacht darüber. Jetzt könnte ich solcher Säbelchen in Dutzenden kaufen, aber ich mag sie nicht. Sie könnten vor meinen Füßen liegen, ich würde sie nicht aufheben. Dafür habe ich

andere Gelüste, und ich möchte rasend werden, denke ich daran, daß mir viel=
leicht später alle diese Sachen kommen, wenn sie mir gleichgültig geworden.

Robert, oder der Mann wie er seyn sollte, verschaffte
mir von meinem Hofmeister eine Ohrfeige, die ich heute noch spüre. Diesen
Robert hatte ich mir zum Muster genommen; ich wollte ein Arzt werden
wie er, der unentgeldlich heilte, aber noch viel tugendhafter als er. Wegen
Klara du Plessis und Klariant versäumte ich meine Ueber=
setzung im Döring, und mußte die Bank hinunter rücken, und über die
Leiden der Hardenbergischen Familie habe ich mehr geweint,
als später über meine eigenen. Ach, seitdem hat kein Kummer, noch so
groß, mein Brod benetzt, wie damals die Thränen den Apfel benetzten, an
dem ich lesend aß, und den mir die Ohrfeige aus der Hand warf. Und jetzt!
bin ich so glücklich, daß mir einer Ohrfeigen gibt, weil ich lese und liebe?
Wer störte mich? doch still — ich verspreche es dir, guter Lafontaine, nie,
nie will ich dich kritisiren!

II.

Frankfurt den 30. April.

Kostbar ist ein Brief, den Göthe auf einer Reise nach der Schweiz aus
Frankfurt an Schiller geschrieben. Wer ihn ohne Lachen lesen kann, den
lache ich aus. Göthe, der an nichts Arges denkt und im Schoße des Frie=
dens ruhig und guter Dinge lebt, entdeckt plötzlich in der Residenz seines
Lebens deutliche Spuren von Sentimentalität. Erschrocken und
argwöhnisch wie ein Polizeidirektor steht er darin demagogische Umtriebe des
Herzens — demagogische Umtriebe, die, als gar nicht real, sondern
nebulistischer Natur ihm noch verhaßter seyn müssen, als Knoblauch,
Wanzen und Tabackrauch. Er leitet eine strenge Untersuchung ein. Aber
— es war noch im achtzehnten Jahrhundert — nicht ohne alle Gerechtigkeit
und bedenkend, daß ihm doch auf der ganzen Reise nichts, gar nichts „nur
irgend eine Art von Empfindung gegeben hätte," findet
er, daß, was er für Sentimentalität gehalten, nur eine unschuldige wissen=
schaftliche Bewegung gewesen sey, die ein leichtes Kunstfieber zur Folge hatte.
Die Gegenstände, welche das Blut aufgeregt, seyen symbolisch gewesen.
Für Zeichen dürfen sich gute Bürger erhitzen, aber nicht für das Bezeichnete.
Darauf wird das Herz in Freiheit gesetzt, versteht sich gegen Kaution, und
es wird unter Polizei=Aufsicht gestellt. Doch will Göthe die Sache nicht
auf sich allein nehmen; er berichtet an Schiller als seinen Justizminister

darüber, und bittet ihn gehorsamst, das **Phänomen** zu erklären. Schiller lobt Göthe wegen seiner Achtsamkeit und seines Eifers, beruhigt ihn aber und sagt, die Sache habe nichts zu bedeuten.

Dieser Kriminalfall ist wichtig und ich wünschte, Jarke in Berlin behandelte ihn mit demselben Geiste, mit dem er in Hitzig's Journal Sand's Mordthat besprochen.

Die Briefe ergötzen mich blos, weil sie mir Langweile machen. Etwas weniger langweilig, würden sie mich entsetzlich langweilen. Wären sie gefällig, was wär's? Schiller und Göthe! Aber daß unsere zwei größten Geister in ihrem Hause, dem Vaterlande des Genies, so nichts sind — nein weniger als nichts, so wenig — das ist ein Wunder, und jedes Wunder erfreut und wäre es auch eine Verwandlung des Goldes in Blei.

Wasser in Likörgläschen! Ein Briefwechsel ist wie ein Ehebund. Die Stille und die Einsamkeit erlaubt und verleitet viel zu sagen, was man Andern verschweigt, ja was man mittheilend erst von sich selbst erfährt. Und was sagen sie sich? Was Niemand erhorchen mag, was sie sich auf dem Markte hätten zuschreien dürfen.

Anfänglich schreibt Schiller: „**Hochwohlgeborner Herr, Hochzuverehrender Herr Geheimrath!**" Nun, diese Etikette hört freilich bald auf; aber es dauert noch lange, bis Schiller Göthe's Hochwohlgeburt vergißt, und nur einmal in zehn Jahren ist er Mann genug, ihn **mein Freund, mein theurer Freund** zu nennen. Göthe vergißt aber nie seine Lehensherrlichkeit über Schiller, man sieht ihn oft lächeln über dessen Zimperlichkeit und ihn als einen blöden Buchdichter gnädig und herablassend behandeln! Er schreibt ihm: **mein Werthester, mein Bester.**

Welch ein breites Gerede über Wilhelm Meister. Quel bruit pour une omelette! „Es sieht zuweilen aus, als schrieben Sie **für** die Schauspieler, da Sie doch nur **von** den Schauspielern schreiben wollen" — tadelt Schiller. Auch findet er unzart, daß Wilhelm von der Gräfin ein Geldgeschenk annimmt. Bei Göthe aber finden sich immer nur Maitressen oder hommes entretenus; wahre Liebe kennt er, erkennt er nicht und läßt sie nicht gelten. Der dumme Schiller! Ist nicht Wilhelm Meister ein bloßer Bürger, der keine Ehre zu haben braucht?

Mich ärgert von solchen Männern das pöbelhafte Dekliniren der Eigennamen. Sie sagen: Die **Humboldin**, sprechen von **Körnern, Boden, Lavatern, Badern.** Auch bedienen sie sich, am meisten aber Schiller, einer zahllosen Menge von Fremdwörtern, und das ganz ohne Noth, wo das deutsche Wort viel näher lag. **Stagnation, convenient,**

avancirt, incalculabel, obstakeln, embarrassiren, retar-
diren, Desavantage, Arrangements, satisfecirt, Aper-
cus, Detresse, Tournüre, repondiren, incorrigibel.
Und solche Männer, die in ihren Werken so reines Deutsch schreiben! Ist
das nicht ein Beweis, daß ihnen Leben und Kunst getrennt war, daß ihr
Geist weit von ihrem Herzen lag?

Göthes Lieblingsworte sind: heiter, artig, wunderlich. Er
fürchtet sogar, sich zu wundern; was ihn in Erstaunen setzt, ist wunderlich.
Er gönnt dem armen Worte die kleine Ehre der Ueberraschung nicht. Er
scheut alle enthusiastischen Adjective; — man kann sich so leicht dabei
echauffiren.

Wie freue ich mich, daß der Conrektor Weber, der in den kalten Berliner
Jahrbüchern den neuen Göthe mit brühheißem Lobe übergossen, nicht mehr
in Frankfurt ist, sondern in Bremen vergöttert. Er ist ein starker kräftiger
Mann, und wenn er mich todt schlagen wollte, ich könnte es ihm nicht wehren.

— — Mensch, du elender Sklave deines Blutes, wie magst du nur
stolz seyn? Du armes Schifflein auf diesem rothen Meere steigst und sinkst,
wie es den launischen Wellen beliebt, und jede Blutstille spottet deiner Segel
und deines Steuers! Der Puls ist der Hammer des Schicksals, womit es
Könige und Helden schmiedet, und Ketten für Völker, und das Schwert sie
zu befreien und große und kleine Gedanken und scharfe und stumpfe Empfindungen. Du König im Purpurkleide, wer kann dir widerstehen?.. War
ich doch gestern weich wie Mutterliebe und heute spotte ich die deutschen
Götter weg und schnarche in ihren Tempeln!

III.

Frankfurt den 1. Mai.

Ich lese in der Zeitung: Prudhomme, der älteste der französischen
Journalisten sey gestorben. Ich kannte diesen Mann, ich habe ihn oft besucht.
Er sprach viel; aber weniger achtsam hörte ich auf das, was er sagte, als ich
achtsam in seinem Gesichte las, das, kalt und grau wie ein Leichenstein, die
verwitterte Inschrift trug: gestorben 1794. Im Anfange der Revolution schrieb er das meist gelesene, meist verbreitete Blatt, L'Ami du Peuple,
das in eine gefährliche Oktav-Form die ungeheuersten Grundsätze zusammen-
drängte. Wie er mir erzählte, wurden vierzigtausend Exemplare davon verkauft. Wenn Prudhomme von jenen Tagen sprach, wo die Freiheit jung
und er ein Mann in seiner Stärke war, flackte sein niedergebranntes Auge

hoch auf und seine zerbröckelte Stimme bekam wieder Fülle und Kraft.
Redete er aber von spätern und den neuesten Zeiten, dann sprach er so müde,
verdrossen und schläfrig, daß es unbehaglich war, ihn anzuhören. Von
Freiheit in einer konstitutionellen Monarchie hatte er gar keine Vorstellung,
er war ein absoluter Republikaner. Der republikanische Absolutismus ist
noch verderblicher als der monarchische; man kann diesem durch Ruhe und
Gehorsam ausweichen, jenem aber nicht; denn die Ruhe, eine Tugend des
Unterthanen, ist ein Verbrechen des freien Bürgers. Aber der Republika-
nismus ist verzeihlicher als der Monarchismus; denn bei ihm ist nur Wahn,
was bei dem andern selbstbewußte Schuld ist. Die Franzosen waren, nach
einer langen Wanderung durch heiße, dürre Jahrhunderte an das wilde
Meer der Freiheit gekommen. Durstig und verschmachtend, stürzten sie sich
mit glühenden Adern hinein, tranken, erkrankten und ertranken. Aber der
Despotismus erhitzt sich durch schnöde Lust auch in der blühendsten Land-
schaft, leidet an unauslöschlichem Durste, und trinkt und trinkt, bis er
Blut trinkt.

Auf folgende Weise hatte ich die Bekanntschaft des Prudhomme gemacht.
Im Herbste 1819 kam eines Tages ein Herr zu mir, der sehr leicht und
windig aussah. Er freute sich ungemein, einen publiciste distingué und
spirituel gleich mir kennen zu lernen, und machte mir die Mittheilung, man
wünsche ein neues Journal zu gründen, das ich redigiren solle, und fragte
mich, ob ich dazu geneigt wäre? Der Herr schien mir sehr wenig Bildung
zu haben, seine politische Religion kam mir nicht aufrichtig vor und er war
nicht arm, aber ärmlich gekleidet, was in Paris nicht ohne Bedeutung ist.
Unter dem langen Mantel des Liberalismus glaubte ich den Pferdefuß der
Polizei zu sehen. Das machte mir aber um so größern Spaß, mich mit
ihm einzulassen. Ich sagte: so etwas würde ich mit Vergnügen übernehmen. Darauf erbot er sich, mich zu einem berühmten Journalisten zu führen, mit dem ich mich über die Sache näher besprechen solle, und er brachte
mich zu Prudhomme. Dieser bohrte fünfzig, hundert Fuß tief in meine
Brust hinab, als wollte er einen Artesischen Brunnen graben und meine
Gesinnung sprang klar und hoch empor. Er fragte mich, in welchem Geiste
ich das Blatt zu schreiben gedächte? ich erwiederte: in liberalem. Da schüttelte er den Kopf und meinte, das sei nicht bestimmt genug. Man müsse
sich genauer verständigen und die Grundsätze nett aufstellen — nett, das
war sein Wort. Aber von dieser Nettigkeit war ich ehrlicher Deutscher kein
Freund und in meinem Herzen gab ich das Unternehmen, womit es auch
vielleicht nicht ernst gemeint war, gleich auf. Der Mann hatte eigentlich
recht; ich verstand aber damals die Sache noch nicht. Die deutsche Ehr-

lichkeit ist groß, alt und unverwüstlich wie eine Pyramide; aber sie liegt in einer Wüste und ist die Wohnung des Todes. Der Deutsche denkt, auch im politischen Meinungsstreite käme es darauf an, für die Wahrheit zu kämpfen und das zu sagen, was man für recht und billig hält. Er vergißt ganz, daß es ein Krieg ist wie ein anderer und daß nicht genug sey, für die gute Sache zu kämpfen, sondern daß man auch für die Mitstreiter sorgen müsse. Diese müssen angeworben, versammelt, ausgerüstet, ermuntert und belohnt werden. Wir halten keine Partei. Der Franzose lobt und be= günstigt Jeden, der auf seiner Seite, und tadelt und beschädigt Jeden, der ihm gegenüber steht. Hierdurch vermehrt und verstärkt er nicht bloß seine Partei, sondern er zwingt auch Alle, die dieser heimlich entgegen sind, ihre Feindschaft offen zu erklären und selbst Partei zu bilden. Darum erreichen die Franzosen Alles und wir bringen es zu nichts. Eine deutsche Zeitung ist uns nur ein kritisches Blatt für die politische Wissenschaft bestimmt. Eine politische Handlung, ein politisches Ereigniß kritisiren wir wie ein Buch, ein für alle Mal, und schweigen dann still. Ueber die nehmliche Sache täglich zu sprechen, das kömmt uns so langweilig und abgeschmackt vor, als wollten wir das nehmliche Buch alle Tage von Neuem rezensiren und in unserer thörichten Verblendung machen wir uns über die „stereotype Polemik" der französischen Journale lustig. Wir vergessen ganz, daß ein politisches Blatt eine Art Regierung übt, die nie stille stehen darf, wenn sie nicht gestürzt seyn will. In solchen Irrthümern befangen war ich noch, als ich mit Prudhomme unterhandelte. Ich sagte: ich würde loben was löblich, tadeln was tadelnswerth ist, und ich that mir auf meine germanische Tugend viel zu gut. Man verlangte aber von mir, daß ich unsere Freunde loben, unsere Feinde tadeln solle, sie möchten thun was sie wollten — und man hatte recht. Ich war damals noch ein blutjunger Deutscher. Im Befreiungskriege mit tausend Andern zu gleicher Stunde geboren, war ich Tausendling erst fünf Jahre alt. Ach, von allen den Tausendlingen bin ich einer der Wenigen, die übrig geblieben und die ihre Zeit fortpflanzen werden! Es ist recht betrübt.

Ob ich nun zwar den Zeitungsplan gleich, und Prudhomme mich bald aufgegeben hatte, verließ mich mein Journalmäkler und politischer Kuppler darum doch nicht. Er besuchte mich ferner und führte mich mehrere Male zu einem Restaurateur, wo er für mich zahlte. Ich ließ mir das Alles sehr gut gefallen und schmecken. Eines Tages lernte ich bei Tische einen Deut= schen kennen, mit dem ich mich unter Andern auch von politischen Dingen unterhielt. Als dieser weggegangen war, machte mir mein Gastfreund die zärtlichsten Vorwürfe, daß ich so unvorsichtig seyn könnte, an öffentlichen

Orten, wo die Spione nie fehlten, über die Regierung zu sprechen. Es dürfte mich keineswegs sicher machen, wenn ich deutsch spräche, denn es gäbe auch Spione, die deutsch verständen.—Was! Spione unter den Deutschen! Deutsche unter Spionen! Das ist eine niederträchtige Verläumdung! — Ich hätte dem französischen Kerl die Flasche an den Kopf werfen mögen; aber gut, daß ich es nicht gethan und daß ich diesen kleinen patriotischen Monolog blos leise in mich deklamirt. Denn als ich einige Jahr später ein anderes Mal nach Paris gekommen, lernte ich manchen deutschen Spion kennen. Ein Solcher, der mich oft besuchte, kam eines Tages zu mir, setzte sich vor dem Kamine nieder und wärmte sich behaglich. Er hatte kein Holz im Hause, er brauchte keines, weil er im Palais-Royal Nr. 13, wo er spielte, Tag und Nacht freie Heizung hatte. Nachdem er sich durchgewärmt, machte er ein kaltes Gesicht und sagte, er hätte etwas mit mir zu sprechen. Ich fiel ihm augenblicklich in das Wort und fragte ihn, ob er mir nicht auf kurze Zeit vierhundert Franken leihen könne? Ich wollte ihm nehmlich zuvorkommen, weil ich vermuthete, er habe die Absicht, Geld von mir zu borgen, ein Antrag, den ich in Paris oft zu erdulden hatte, ob er mich zwar nie erschütterte. Aber er erwiederte: Geld haben sey bei ihm ein Verbum, das im Indikativ kein Präsens habe, sondern blos ein Perfectum und Futurum. Er komme, mir einen Vorschlag zu machen. Die französische Armee wäre gegenwärtig in Spanien beschäftigt, und es sey jetzt der günstigste Augenblick, etwas auszuführen. Es lebten in Paris dreißig tausend Deutsche, zumeist tüchtige Handwerksbursche — er vergrößerte die Zahl nach bekannter Art der Verschworenen, um mich zu locken und mir Muth zu machen. Wir, er und ich, wollten, jetzt da uns nichts hindern könne, an der Spitze der deutschen Handwerksbursche nach Deutschland ziehen, und Alles über den Haufen werfen, zuerst Preußen. Als ich merkte, daß er kein Geld von mir verlangte, sondern blos meinen Beistand, Preußen zu erobern, erheiterte sich mein finsteres Gesicht, und ich antwortete ihm vergnügt: Der Einfall sey herrlich, ich wäre dabei; am guten Erfolge sey nicht zu zweifeln, da unsere Handwerksbursche zu fechten gewohnt wären. Nur hätte ich jetzt unglücklicher Weise einen starken Schnupfen, er solle einstweilen vorausziehen, ich würde mit der Malle-Post nachkommen.

Stand dieser Narr und Schuft im Solde der französischen Polizei? Ich glaube es nicht; denn diese ist nicht so albern. Wahrscheinlich war er Spion einer deutschen Macht, die damals in Paris den Demagogen oder die sie dafür hielt, sehr aufpaßte und manches schöne tausend Thaler auf solche Erbärmlichkeiten wendete.

IV.

Frankfurt den 3. Mai.

Wie ich im Jahre 1819 veranlaßt worden, nach Paris zu reisen, welchen Eindruck diese schöne und merkwürdige Stadt damals auf mich gemacht und wie ich dort aufgenommen worden, das will ich auch niederschreiben, ehe es meiner Erinnerung entschwindet. Sind doch meine Angelegenheiten nicht blos die meinigen; sind doch meine Gesinnungen die von Millionen Andern, die froh sind, wenn sich ein Fürsprecher findet, der sie ausspricht. Wie Frösche, Spinnen, Hunde und die Thiere überhaupt der Natur näher stehen, als der königliche Mensch auf seinem Throne, und darum das Wetter, ja die bedeutendsten Veränderungen und Krankheiten der Natur, inniger fühlen und ehe sie noch eintreten, voraus empfinden und anzeigen: so gibt es auch Menschen, die gerade weil sie niedrig stehen in der bürgerlichen Gesellschaft, mit der Geschichte inniger verbunden sind und die Witterung der Zeit, die Völkerstürme und Kriege, von weiterer Ferne kommen sehen und sie früher fühlen, a's es selbst die Herrscher, Vornehmen und Mächtigen vermögen, die, in ihrem Egoismus gefangen, nicht eher erfahren, was sich draußen begiebt, als bis die Welt an die Pforten ihrer Selbstsucht pocht. Zu diesen Menschen gehöre ich auch. Was seit einer Reihe von Jahren mir geschah, geschah der Welt; was Staaten, Völker, Fürsten begegnete, begegnete mir selbst. Die Geschichten betrafen mich nicht, sie brachten mir keinen Vortheil und keinen Schaden, sie erhoben mich nicht, warfen mich nicht um und rückten mich nicht vom Platze; aber ich spürte sie in meinen Nerven. Diese Sympathie gibt mir in politischen Dingen eine große Keckheit der Ansicht und einen Prophetenstolz, der mich lächerlich machen würde, wenn ihn die Leute kennten. Ich gehöre gerade nicht zu den Menschen, die sich auf ihren Verstand viel einbilden, ich halte mich für gar nicht pfiffig und gebe gern zu, daß jeder Schnurrjunge mich zwanzig Mal im Tage überlisten kann. Kömmt mir aber ein Minister und sagt, er wäre klüger als ich, so lache ich ihn aus. Seit fünfzehn Jahren ist nichts geschehen, auch das Ueberraschendste nicht, das ich nicht vorhergewußt, das ich nicht vorhergesagt habe. Hätte ich meine Prophezeiungen dürfen drucken lassen, man würde mich angestaunt haben, ich wäre gewiß Hofprophet, vielleicht gar Simultanprophet der heiligen Allianz geworden, und diese hätte mich, um alles besser übersehen zu können, ohne Zweifel recht hoch placirt. Den Tod der heiligen Allianz selbst hatte ich der Wäscherin eines Legationsrathes auf das bestimmteste vorhergesagt, und mich dabei nur um so viele Jahre geirrt, als sie früher gestorben als ich erwartet hatte. Das habe ich gethan; die

Staatsmänner aber haben nichts vorher gewußt. Dies schließe ich nicht daraus, daß sie nicht davon gesprochen, keineswegs; denn sie verschweigen nicht blos was sie nicht wissen, sondern auch sehr oft was sie wissen. Ich schließe es daraus: weil so manches unsern Ministern Verderbliche und Verhaßte, das eingetroffen, durch ihre thätigen Mittel und Rathschläge gerade herbeigeführt worden.

Minister sollten feine Canaillen seyn, die den Mantel nach dem Winde hängen; aber so sind unsere nicht. Sie sind vielmehr halsstarrige Catonen, die lieber das Dach über sich zusammenstürzen lassen, als daß sie baufällige Grundsätze räumten. Sie machen sich über die politischen Schwärmer und deren Buchprinzipien lustig und haben keine Ahnung davon, daß sie selbst solche Schwärmer und Ideologen sind, nur darin verschieden, daß sich jene für neue, sie selbst aber sich für alte Ideen begeistern. Welche Schwärmerei ist aber die gefährlichste, welche wird schlimmer getäuscht? Zukunft und Vergangenheit sind beide Nicht-Existenzen; doch was nicht ist, kann werden, was war, ist es für immer gewesen. Man kann einen Menschen, der noch nicht lebt, machen; aber einen Menschen, der gelebt hat, ruft keine Kunst, schleppt keine Gewalt aus dem Grabe zurück.

Und wenn auch unsere Staatsmänner einmal erkennen, was die Zeit will, und daß sie darf und kann, was sie will; so macht sie das in ihrer Handlungsweise doch nicht klüger. Dem Unvermeidlichen suchen sie so lange als möglich auszuweichen, denn sie meinen: Zeit gewonnen, Alles gewonnen. Aber verliert denn der Feind die Zeit, die er gewinnt? Der junge Löwe wächst im Käfig wie im Freien und kömmt einmal der Tag, daß ihr ihm die Thüre öffnen müsset, dann springt er um so größer, um so stärker, um so grimmiger heraus und wird es euch wahrlich nicht danken, daß ihr die Wärter seiner Jugend waret.

Was ist seit fünfzehn Jahren durch unsere weisen Staatsmänner, diese Hochschüler der französischen Revolution, die beim Examen alle durchgefallen und keine Doktoren wurden, nicht alles Tolles geschehen! Sie haben Napoleon gestürzt — nicht im Rausche des Sieges, unter dem Durste der Rache, nicht von der günstigen Gelegenheit überrascht; nein, sie hatten zwei Jahre Zeit, zur Besonnenheit zurückzukehren und sie ließen ihn untergehen. Ich hatte ihnen alle mögliche Unklugheit zugetraut, aber das überflügelte meine Einbildungskraft; es ist das Mährchen von der Dummheit. Napoleon war der letzte Monarch, mit ihm ist die monarchische Regierungskunst ausgegangen und jetzt herrschen die Natur-Elemente der bürgerlichen Gesellschaft, so demokratisch als es ein Jakobiner nur wünschen mag.

Griechenland ist frei, seine Freiheit und Unabhängigkeit sind anerkannt, und dieses haben die Griechen am meisten den Leidenschaften ihrer Gegner zu verdanken. Diejenige Macht, welche Rußlands Vergrößerung und darum den Sturz des türkischen Reiches am meisten fürchtet, hat am meisten gethan jene und diesen herbeizuführen. Sie intriguirten, sie zögerten, sie haben Zeit gewonnen. Der russisch=türkische Krieg hat den irländischen Katholiken und englischen Juden die Emanzipation, und den Venetianern ihren Freihafen verschafft, welches letztere auch seine eigenen Folgen haben wird. Don Michel wurde belohnt und angetrieben, die Constitution des Landes umzustoßen; ja hätte ein Schneidergeselle die portugiesische Krone gestohlen — gegen das Versprechen keine Freiheit aufkommen zu lassen, hätte man sie ihm auch verbürgt. Wenn aber Don Michel, was Gott verstatten möge, noch zwei Jahre regiert und wenn der geflickte König von Spanien seinen absoluten Thron noch zwei Jahre von Straßenräubern bewachen läßt, dann wird der constitutionelle Geist in der Halbinsel größere Fortschritte ge=macht haben, als es in zehn Jahren unter der Herrschaft der Cortes ge=schehen wäre. Tyrannen sind in unsern Tagen die gefährlichsten Freiheits=prediger. Und so findet sich — wie wunderbar! daß gerade diejenige Macht, die seit vierzig Jahren, alles was die Farbe der Freiheit trägt, mit düsterem glühenden Hasse verfolgt, daß gerade sie für deren Entwickelung und Be=festigung am meisten gethan. Wir wollen unsere Feinde lieben, unsere Freunde haben uns oft beschädigt.

Wer Gesichte haben will, darf nicht sehen; der äußere Sinn tödtet den innern. Die Staatsmänner wissen und sehen nichts voraus, weil sie zu viel wissen, sehen und hören. Sie bekümmern sich zu viel um das Ein=zelne, besonders um die Einzelnen. Das Trommeln und Schießen unserer kriegerischen Zeit betäubt die Horchenden; der Harthörige hört unter Geräusch am besten. Hardenberg, der einzige liberale Staatsmann, den Deutschland seit fünfzehn Jahren hatte, war taub. Das hat wahr=haftig seinen Zusammenhang. Hardenberg war ein guter Staatsmann, weil er nicht zum Polizei=Minister taugte. Die Polizei! Die Polizei.

* * *

V.

Frankfurt den 4. Mai.

Schiller wünscht die Chronologie von Göthe's Werken zu kennen, um daraus zu sehen, wie sich der Dichter entwickelt habe, welchen Weg sein Geist gegangen sei. Er spricht von dessen analytischer Periode. Ihm wir die gebetene Belehrung, und darauf anatomirt er seinen hohen Gönner kalt wie ein Profektor, aber bei lebendigem Leibe, und hält ihm unter dem Schneiden Vorlesungen über seinen wundervollen Bau. Göthe verzieht keine Miene dabei und erträgt das Alles, als ginge es ihn selbst nichts an. Er schreibt seinem Zergliederer: „Zu meinem Geburtstage, der mir diese Woche erscheint, hätte mir kein angenehmeres Geschenk werden können, als Ihr Brief, in welchem Sie mit freundschaftlicher Hand die Summe meiner Existenz ziehen." Und jetzt bittet er Schiller, ihn auch mit dem Gange seines Geistes bekannt zu machen. Das Alles ist um aus der Haut zu fahren! Freilich hat das Genie seine Geheimnisse, die wir Andern nicht kennen noch ahnen. Aber ich hätte es nicht gedacht, daß es Art des Genies wäre, so sich selbst zu beobachten, so sich selbst nachzugehen auf allen Wegen, von der Laufbank bis zur Krücke. Ich meinte, das wahre Genie sey ein Kind, das gar nicht wisse, was es thut, gar nicht wisse, wie reich und glücklich es ist. Schiller und Göthe sprechen so oft von dem wie und warum, daß sie das was darüber vergessen. Als Gott die Welt erschuf, da mußte er sicher nicht so deutlich das Wie und Warum, als es Göthe weiß von seinen eigenen Werken. Wer göttlichen Geistes voll, wer hineingezogen in den Kreis himmlischer Gedanken, sich für Gott den Sohn hält — weicht auch die feste Erde unter seinen Schritten — der mag immer gesund seyn, nur verzückt ist er. Aber für Gott den Vater? Nein. Das ist Hochmuth in seinem Falle, das ist Blödsinn. Nichts ist beleidigender für den Leser, als eine gewisse Ruhe der schriftstellerischen Darstellung; denn sie setzt entweder Gleichgültigkeit oder Gewißheit zu gestalten voraus. So mit dürrem Ernste von sich selbst zu reden, ohne Eigenliebe, ohne Wärme, ohne Kindlichkeit. Das scheint mir — ich mag das rechte Wort nicht finden. Wie ganz anders Voltaire! Seine Eitelkeit macht uns ihm gewogen. Wir freuen uns, daß ein Mann von so hohem Geiste um unser Urtheil zittert, uns schmeichelt, zu gewinnen sucht.

Die Liebe hat die Briefpost erfunden, der Handel benutzt sie. Schiller und Göthe benutzen sich als Bücher; es ist eine didaktische Freundschaft, ein wechselseitiger Unterricht zwischen ihnen. Unsere beiden Dichter haben eigentlich ganz verschiedene Muttersprachen. Freilich versteht jeder auch die des Andern, soviel man sie aus Buch und Umgang lernen kann; aber Göthe macht sich's, wie ein Franzose, immer bequem und redet mit Schiller seine eigene Sprache, und Schiller, als gefälliger Deutscher, spricht mit dem Ausländer seine ausländische. Von ihrer Freundschaft halte ich nicht viel. Sie kommen mir vor wie der Fuchs und der Storch, die sich bewirthen: der Gast geht hungrig vom Tische, der Wirth, übersatt, lacht im Stillen. Doch kommt Storch Schiller besser dabei weg als Fuchs Göthe. Ersterer kann in Göthes Schüssel sich wenigstens seinen spitzen idealen Schnabel netzen; Göthe aber, mit seiner breiten realistischen Schnauze, kann gar nichts aus Schillers Flasche bringen.

Göthe schreibt: „ich bin jetzt weder zu Großem noch zu Kleinem nütze und lese nur indessen, um mich im Guten zu erhalten, den Herodot und Thukydides, an denen ich zum erstenmale eine ganz reine Freude habe, weil ich sie nur ihrer Form und nicht ihres Inhalts wegen lese." Bei den Göttern! Das ist ein Egoist, wie nicht noch einer! Göthe ummauert nicht bloß sich, daß ihn die Welt nicht überlaufe; er zerstückelt auch die Welt in lauter Ich-heiten und sperrt jede besonders ein, daß sie nicht herauskönne, ihn nicht berühre, ehe er es haben will. Hätte er die Welt geschaffen, er hätte alle Steine in Schubfächer gelegt, sie gehörig zu schematisiren; hätte allen Thieren nur leere Felle gegeben, daß sie Liebhaber ausstopfen; hätte jede Leidenschaft in einen Rahmen gesperrt, daß es ein Gemälde werde, und jede Blume in einen Topf gesetzt, sie auf den Tisch zu stellen. Was in der That wäre auch nebulistischer, als das unleidliche Durcheinander-schwimmen auf einer Wiese! Göthes Hofleute bewundern das und nennen es Sachdenklichkeit; ich schlichter Bürger bemitleide das und nenne es Schwachdenklichkeit. Alle Empfindungen fürchtet er als wilde muthwillige Bestien und sperrt sie, ihr Meister zu bleiben, in den metri-schen Käfig ein. Er gesteht es selbst in einem Kapitel der Wahrheit aus seinem Leben, daß ihn in der Jugend jedes Gefühl gequält habe, bis er ein Gedicht daraus gemacht und so es los geworden sey. Bewahre der gute Gott mich und meine Freunde, daß wir nicht jeden Zug des Herzens als ungesunde Zugluft scheuen! Lieber nicht leben, als solch einer hypochondrisch-ängstlichen Seelendiät gehorchen! Tausendmal lieber krank seyn!

Göthe diktirte seine Briefe auch aus Objektivsucht. Er fürchtet, wenn er selbst schriebe, es möchte etwas von seinem Subjekte am Objekte hängen bleiben und er fürchtet Sympathie wie ein Gespenst. Er lebt nur in den Augen: wo kein Licht ist ihm der Tod. Das Licht zu schützen, umschattet er es. Was ist Form? Der Tod der Ewigkeit, die Gestalt Gottes . . . . Ist Göthe glücklich zu nennen? Er ist so arm und so allein! Ihm kommt jeder Wunsch erst nach dessen Erfüllung, er begehrt nur, was er schon besitzt. Aber die Welt ist groß und der Mensch ist klein; er kann nicht Alles fassen. Nur die Sehnsucht macht reich, nur die Religion, die uns die Welt gebend, uns die Welt giebt, thut genug. Ich möchte nicht Göthe seyn; er glaubt nichts, nicht einmal was er weiß.

Ein Narr im Gesellschafter, oder in einem andern Blatte dieser Familie, ließ einmal mit großen Buchstaben drucken: Göthe hat sich über die französische Revolution ausgesprochen. Es war ein Trompetenschall, daß man meinte, ein König würde kommen, und es kam ein Hanswurst. Und doch war Göthe, gerade wegen seiner falschen Naturphilosophie der rechte Mann, die französische Revolution gehörig aufzufassen und darzustellen. Aber er haßte die Freiheit so sehr, daß ihn selbst seine geliebte Nothwendigkeit erbittert, sobald sie ein freundliches Wort für die Freiheit spricht. Er schreibt an Schiller: „Ich bin über des Soulavie mémoires historiques et politiques du règne du Louis XVI. gerathen. .... Im Ganzen ist es der ungeheure Anblick von Bächen und Strömen, die sich nach Naturnothwendigkeit, von vielen Höhen und vielen Thälern, gegen einander stürzen und endlich das Uebersteigen eines großen Flusses und eine Ueberschwemmung veranlassen, in der zu Grunde geht, wer sie vorher gesehen hat, so gut als der sie nicht ahnte. Man sieht in dieser ungeheuren Empirie nichts als Natur und nichts von dem, was wir Philosophen gern Freiheit nennen möchten." Göthe, als Künstler Nothwendigkeit und keine Freiheit erkennend, zeigt hier eine ganz richtige Ansicht von der französischen Revolution, und ohne daß er es will und weiß, erklärt er sie nicht blos, sondern vertheidigt sie auch, die er doch sonst so haßt. Er haßt alles Werden, jede Bewegung, weil das Werdende und das Bewegte sich zu keinem Kunstwerke eignet, das er nach seiner Weise fassen und bequem genießen kann. Für den wahren Kunstphilosophen aber giebt es nicht Werdendes noch Bewegtes, denn das Werdende in jedem Punkte der Zeit, das Bewegte in jedem Punkte des Raumes, den es durchläuft, ist in diesem Punkte und der schnelle Blick, der ein so kurzes Daseyn aufzufassen vermag, wird es als Kunstwerk erkennen. Für den wahren Naturphilosophen giebt es keine Geschichte und keine Gährung; Alles ist geschehen, Alles fest, Alles erschaffen. Aber Göthe hat den Schwindel wie ein Anderer auch, nur weiß er es nicht, daß das Drehen und Schwanken in der Vorstellung liegt und nicht in dem Vorgestellten.

VI.

Frankfurt den 5. Mai.

Das Lumpengesindel von Zeitungsschreibern hat sich durch unaufhörliches Sprechen von hohen, höchsten und allerhöchsten Personen so verwöhnt, daß sie das Wort hoch ohne Unterscheidung auch bei jeder andern Dimension anwenden. Es gibt für sie keine Flächengröße, keine kubische, sie kennen nur eine vertikale. Sie reden von h o h e r statt von g r o ß e r Wichtigkeit, sie sagen h o ch wichtig statt s e h r wichtig. Sie sagen von einer Burg, sie sei t i e f romantisch gelegen. O, das ist h o ch dumm! Sie sagen auch t i e f blau statt d u n k e l blau. Ich glaube Fouqué hat das erfunden. Gut für Fouqué: das ist seine Feudomanie. Die Lehensherrlichkeit des Hellblau über Dunkelblau wird freilich hochsinnig dadurch bezeichnet. Aber was geht das die andern bürgerlichen Schriftsteller an? Warum ahmen sie ihm nach?

Der Berliner Correspondent der Allgemeinen Zeitung — liest man seine Berichte, ist es gerade als wollte man in's Wasser beißen: es sind zarte mèringues à la crème, die man mehr trinkt als ißt — sagte neulich einmal: m a n s p r i ch t i n d e n h ö h e r n C i r k e l n v o n e i n e m h ö ch s t e n R e i s e p r o j e k t n a ch d e m N o r d e n. Das will ich alter Primaner ins Französische übersetzen. Meidinger hilf!

Hoch, haut. — Höher, plus haut. — Der Höchste, le plus haut. — In höhern Cirkeln, dans les plus hauts cercles. Ich fürchte aber sehr, das ist falsch! So viel ich mich aus den Zeiten Robespierres erinnere, wird, um im Französischen den Superlativ zu bilden, der Artikel vor den Comparativ gesetzt: dans les plus hauts cercles hieße also nicht in dem höhern, sondern in den höchsten Cirkeln. Wie bringe ich aber das h ö h e r heraus? Ich weiß nicht. Zwar könnte ich mir helfen, wenn ich statt hauts cercles, cercles élevés sagte; das würde mir aber schöne Händel zuziehen. Denn wenn man meine französische Uebersetzung wieder zurückübersetzte ins Deutsche — und es giebt oberflächliche Menschen genug, welche niemals die Quellen studiren — würde cercles élevés heißen: e r h a b e n e Cirkel. Bewahre mich Gott; das hieße ja so viel als Cirkel von fürstlichen Personen! Es ist eine kitzliche Sache. Still! ich bin dabei, ich sage: cercles qui sont plus que hauts. Bravo! . . . Spaßhaft bleibt es, daß hier im Deutschen der Comparativ h ö h e r, weniger ausdrückt als der Positiv hoch; denn wenn der Berliner Allgemeine, statt in höhern Cirkeln, in hohen Cirkeln geschrieben hätte, so würde das bedeuten: ein Cirkel von wenigstens Ministern.

Nun weiter. Ein hohes Reiseprojekt — un haut projet de voyage. Ein höchstes Reiseprojekt — un plus haut projet des voyage. Das hieße aber ein höheres Reiseprojekt. Wie mache ich den Superlativ? Halt so geht's. Ich sage: un projet de voyage l'un des plus hauts. Also im Ganzen: On parle dans les cercles qui sont plus que hauts d'un projet de voyage l'un des plus hauts au Nord.

Es ist mir sauer geworden, ich habe aber auch ein feines Stück Arbeit zu Stande gebracht. Wenn man sich auch im Himmel zankt, was ich sehr vermuthe, werden sich die Manen meiner beiden Lehrer der französischen Sprache um den Ruhm ihres irdischen Schülers streiten. Der eine war ein hochbejahrter deutscher Jude, Namens Wolf, den man, weil er in seiner Jugend einige Jahre Bambusröhre auf dem Pont-neuf verkaufte, Wolf Pariser nannte. Bald vierzig Jahre sind darüber hingegangen, und noch erinnere ich mich wie von gestern, welche Mühe sich der alte Pariser gegeben, mir die richtige Aussprache des ille in canaille, bataille, oreille beizubringen. Endlich gelang es ihm. Ich sprach oreille ganz genau aus wie er selbst, nehmlich orehgelje. Viele, viele Jahre sagte ich nicht anders als orehgelje. Da ging ich einmal im Bade Ems drei Tage mit einem Diplomaten um, der selbst oreille vom Kopfe bis zu den Füßen, mir die ächte Aussprache dieses intriguanten Wortes beibrachte. Nur drei Tage dauerte unsre Freundschaft, die reiche Ernte aber entschädigte mich für den kurzen Sommer. Ich trug damals, wie ich es noch trage, ein schwarzes grünbesäumtes und mit einem goldenen Schnällchen geziertes Band, das um Hals und Brust hängend, die Uhr in der Westentasche festhielt. War es Zufall, kränkliche Eitelkeit, oder gesunde Badepolitik, — das Band mit dem Schnällchen hatte einen solchen Wurf und Hang, daß wenn der Rock das halbe Geheimniß verhüllte, es einem Ordensbande glich. Der Diplomat merkte es, suchte meine Bekanntschaft mit großem Eifer, und machte sie mit vielem Vergnügen. Drei Tage waren wir unzertrennlich und liebten uns ordensbrüderlich. Aber am dritten Tage knöpfte ich meinen Rock auf und zog die Uhr hervor, um zu sehen, ob die Stunde sey an den Brunnen zu gehen. Da entdeckte der Diplomat, daß mein Ordensband nichts anderes sey als ein seidener Galgenstrick, woran meine goldene Zeit zappelte. Er verließ mich auf der Stelle, sprach, sah, hörte mich nicht mehr; doch, um nicht gar zu grob zu seyn, wich er mir soviel als möglich aus. Der Diplomat war ein Graf, dick und, ich kann es nicht läugnen, er hatte nicht blos Leibeigene, sondern auch schöne Kenntnisse. Seine Dicke, die ihm das Gehen sauer machte, gab mir Gelegenheit, mich an ihm zu rächen. Jeden Mittag nach dem Essen, wenn sich die Kurgäste zum Kaffee im Garten versammelten, setzte ich mich an den Tisch, der unter einer schattigen Linde, und auf welchem das Windlicht stand, das zum Anbrennen der Pfeifen bestimmt war. Sobald nun der Graf in den Garten trat, gegen dessen Eingang ich mit dem Rücken gekehrt saß, nahm er eine Cigarre zwischen Daumen und Zeigefinger und watschelte dem Leuchtertische zu. Kaum aber erkannte er mich, kehrte er wieder um und machte, um Feuer in

der Küche zu suchen, einen Weg von dreißig schattenlosen Schritten. Vierzehn Tage lang mußte er wegen der optischen Täuschung mit dem Uhrbande
schwer büßen. Ich lachte weniger als er schwitzte, denn wahrhaftig er
dauerte mich.

Mein zweiter französischer Sprachlehrer hieß Marx und war ein
emigrirter Geistlicher. Er bekümmerte sich wenig darum, wie ich canaille
aussprach; aber Voltaire, Voltaire — dieses Wort konnte ich richtig sprechen
lernen; denn es füllte fast die ganze Lehrstunde aus. Jeden Fluch, jede
Schande, jedes Verbrechen häufte er auf diesen Mann, und der gute alte
Mann vergaß ganz in seinem Zorn, daß er mit einem achtjährigen Knaben
sprach, der damals von Voltaire noch gar nichts und von der französischen
Revolution nicht mehr wußte, als noch heute mancher graue Staatsmann
weiß. Ich hatte von alten Kinderfrauen viel vom Kopfabhacken sprechen
hören und Revolution und Kopfabhacken war mir gleichbedeutend. Ich
machte mir eine Guillotine aus Kartenblättern und köpfte als ein blutjunger
Samson manche aristokratische Fliege, die des Zuckernaschens verdächtig war.
Guter Marx, wie wirst du erstaunt und erschrocken seyn, als du auch Voltaire im Paradiese fandest! Mit welcher Geberde des Unmuths wirst du
gefragt haben: Wo ist denn die Hölle? ... Da nahte sich ein Engel des
Lichts dem Throne Gottes und flehte: er ist soeben erst angekommen.

Wieder zu Ihnen, mein zarter Berliner. Wenn Sie mir gütigst erlauben wollten, Sie einmal wacker durchzuprügeln, das würde mich ungemein erheitern. Hätten Sie mir nicht alle diese saure Mühe, all' dieses
naseweise Geschwätz ersparen können, wenn sie statt von einem höchsten
Reiseprojekte nach dem Norden zu reden, gesagt hätten: man
spricht davon, der Kronprinz werde nach Petersburg reisen?
Glauben Sie denn, wir wüßten solche Zeitungsräthsel nicht zu lösen. O,
wir Bürgerlichen haben auch Verstand! Erst kürzlich las ich im „Ausland" — eigentlich sollte es das Inland heißen, denn das Ausland ist das
Inland der Deutschen, nur dort haben sie Bürgerrechte, in ihrem Vaterlande aber müssen sie sich, wie es Fremden gebührt, bescheiden nach den
Gesetzen des Landes richten, müssen sehen, hören und schweigen — ich las:
„von dem Tode des Kaisers P. von R." Was helfen aber
die Punkte? Es dauerte keine acht Tage und ich hatte es herausgebracht,
daß von dem Tode des Kaisers Paul von Rußland die Rede sey.
In dem nemlichen Zeitungsberichte, o Allgemeiner! worin Sie von höhern
Cirkeln und dem höchsten Reiseprojekte sprechen, erzählen Sie auch: das
berliner Publikum beschäftige sich viel mit den religiös-mystischen Um-
trieben in Halle. Hier sagen Sie Publikum, denn Sie halten die

Theologie für eine pöbelhafte Angelegenheit, die dem Publikum gehöre, ein höchstes Reiseprojekt aber, meinen Sie, sey ein großes Eleusinisches Geheimniß, das nur in den höhern Cirkeln des Adels besprochen werden dürfe.

Ich bin nur froh, daß nicht der König selbst nach Petersburg zu reisen gedenkt; denn alsdann hätten Sie von einem a l l e r h ö ch st e n Reiseprojekt gesprochen, und damit hätte weder Meidinger noch Mozin, noch der Teufel selbst fertig werden können. Als die französische Sprache erfunden worden, da lebten die Franzosen noch im rohen Zustande der Natur, sie waren Wilden und Thieren ähnlicher als Menschen. Damals gab es noch nichts in der Welt, was a l l e r h ö ch st gewesen, nicht einmal Gott war es, denn — sagen die Druiden — Gott ist der Höchste; höher als das Höchste aber ist eine Unmöglichkeit. Nun ist zwar seitdem auch in Frankreich Gott herabgesunken und der Mensch gestiegen, und der Thronhimmel wurde höher hinaufgeschraubt, als Gottes Himmel. Aber die allzufertigen Franzosen haben ihre Sprache zu schnell unter Dach gebracht, und jetzt haben die Unbesonnenen kein Wort für A l l e r h ö ch st. Wir Deutsche sind vorsichtiger gewesen. Wir ließen, um zu keiner Zeit bei unserm Hoch- und Höher Bau gehindert zu seyn, lieber in unsere Sprache hineinregnen und schneien, ehe wir sie bedeckten, und so blieben wir auf alle Ereignisse gefaßt. Sollte einmal ein König der Könige sich erheben, ein zweiter Napoleon, aber ein Legitimer, für den A l l e r h ö ch st zu wenig wäre, und dem wir Komplimenten - Priester ein A l l e r - A l l e r h ö ch st verehren möchten — das würde uns nicht in die geringste Verlegenheit setzen; wir wären mit unserer Deklination des Aller-Allerhöchsten gleich bei der Hand.

A l l e r - A l l e r h ö ch st d i e s e l b e n.

Singularis.

vacat.

Pluralis.

Nom.	Aller-Allerhöchstdieselben.
Gen.	Aller-Allerhöchstderselben.
Dat.	Aller-Allerhöchstdenselben.
Acc.	Aller-Allerhöchstdieselben.
Voc.	O Aller-Allerhöchstdieselben!
Abl.	Aller-Allerhöchstdenselben.

VII.

Worte! — Und nur Worte? Gibt es denn etwas, das furchtbarer, das kriegerischer wäre, als Worte? Die höchsten Wälle hat man erstürmt, die stärksten Mauern hat man umgeworfen, aber was sich hinter dem Worte verschanzt, das ist sicher und verhöhnt euer ohnmächtiges Toben: nur das alles zerwitternde Jahrtausend zerstört diese Veste. Das Wort ist der Zauberharnisch, mit dem bedeckt der Feige dem Tapfern trotzt; nie treffet ihr das Herz, ehe ihr nicht die eiserne Brust zerschlagen.

Gestern die Theorie, heute die Praxis. O! Diesmal werden mir auch die Philister Recht geben; denn wenn der Deutsche hungert, hat er Muth und spricht wie er es denkt.

Der Wagen stand vor der Thür, um gepackt zu werden, und zum Tische war nichts vorbereitet. Ich rechnete darauf, bei einer Freundin zu essen, die in meiner Nachbarschaft wohnt. Ich schickte meinen Bedienten hinüber und ließ mich melden; aber er brachte mir die Antwort zurück: Madame bedauere unendlich, nicht das Vergnügen haben zu können, ihr Mann sey verreist. Zu jeder andern Zeit wäre mir diese Scheu, mit mir allein zu seyn, schmeichelhaft gewesen; aber ich hatte Hunger, brummte, zermalmte einen trocknen Zwieback und fuhr fort.

Den Abend kam eine gemeinschaftliche Freundin heraus, die mir mein Fasten erklärte. Mein sehr höflicher Bedienter hatte der Dame die schönsten Komplimente von seinem Herrn gebracht und ihr ausgerichtet: „sie (mit dem kleinen s) möchten bei Ihnen (mit dem großen J) zu Mittage essen." Die Dame aber hatte gehört: „Sie (mit dem großen S) möchten bei ihnen (mit dem kleinen i) essen, und da ihr Mann abwesend war, konnte sie natürlich die Einladung nicht annehmen.

O Ihr, Ihr! wenn ich nicht zornig wäre, wie wollte ich grob seyn — das kömmt dabei heraus, daß Ihr Hochdiener und Plusmacher, mit Eurer verdammten Kriecherei und Unterthänigkeit aus einem Menschen, der oft nicht einmal ein ganzer ist, viele macht!

— Als ich hier angekommen, suchte ich gleich hinter den Häusern den blühenden Frühling; aber ich fand ihn nicht mehr. Es ist ein Wettlauf zwischen Blumen und Mädchen: wer ist schneller? Als Knabe sah ich Stunden lang nach dem Himmel, einen Stern fallen zu sehen. Ich athmete — der Stern war gefallen; fallen sah ich ihn nie.

VIII.

Soden den 9. Mai.

Ich bin erst drei Tage hier, und schon ist mir die Zeit über den Kopf gewachsen. Lang, lang, lang! Ich war der erste und bin noch der einzige Brunnengast; ich bin der Kurfürst von Soden. In einigen Wochen nennt man mich den Nestor unter den Kurgästen. Doch was wird mir das nützen bei den künftigen Damen, flöße mir auch die Weisheit süß wie Honig von den Lippen? Man kann, gleich Mahomed, noch im vierzigsten Jahre ein Held werden und Länder erobern; aber nach der Ansicht aller weiblichen Historiker endet das heroische Zeitalter der Männer mit dem dreißigsten Jahre. Schlimm! Ich werde ein geistlicher Kurfürst bleiben.

Aus meinem Fenster übersehe ich den Hof, und zwar genauer und besser als andere Fürsten den ihrigen, und ich erfahre Alles was darin vorgeht, ganz der Wahrheit gemäß. Er hat einen großen Vorzug vor dem alten Hofe von Versailles: dieser hatte nur ein Oeil de boeuf, meiner aber hat viele. Er besteht übrigens, wie gewöhnlich, aus wenigen Menschen und zahlreichem Vieh. Unser Hofleben ist keineswegs ohne Abwechselung; außer dem Alltäglichen geschieht auch täglich etwas Neues. Ich passe sehr auf und werde gleich St. Simon Memoiren schreiben.

Gestern in der Nacht war der Hof sehr unruhig. Das große Thor wurde auf- und zugeschlossen, es wurde geschrieen und geflüstert und viele Menschen gingen mit Lichtern hin und her. Ich konnte erst spät einschlafen. Heute Morgen erfuhr der Hof und zwei Stunden nachher das Dorf die höchst erfreuliche Nachricht, daß kurz vor Mitternacht die Kuh glücklich gekalbt habe. Die hohe Kalbbetterin befindet sich so wohl, als es unter solchen Umständen möglich ist. Es ist keine Schmeichelei, wenn ich sie die h o h e nenne. Sie ist eine Schweizerkuh und so hoch und stattlich als mir je eine vorgekommen; sie ist die Königin des Stalles. Ich wurde ihr gestern nach dem Diner von der Viehmagd präsentirt. Ich begnügte mich, sie zu bewundern, sprach aber nicht mit ihr, da sie nicht mit mir zu reden anfing. Mir fiel zu rechter Zeit ein, was vor zwanzig Jahren an einem Hofe, der später im Brande von Moskau zerstört worden ist, einem ehrlichen Deutschen von meinen Bekannten begegnet ist. Er wurde der Königin präsentirt, machte die üblichen drei Bücklinge, und begann seine wohlein-studirte Rede mit sanfter Stimme herzusagen. Da trat der Ceremonien-meister hervor, fiel ihm in das Wort und sagte zurechtweisend: on ne parle pas à la reine! Daran dachte ich im Stalle. —

Heute früh fand ein Zweikampf zwischen einer Hofgans und einer aus dem Dorfe statt, die, obzwar nicht hoffähig, sich eingedrungen hatte. Die Hofgans packte die zudringliche am Flügel, diese machte es eben so mit ihrer Gegnerin, so daß die beiden zusammen ein Oval bildeten. Sie drehten sich einander festhaltend im Kreise herum und walzten auf diese Weise, Brust an Brust gelehnt, Haß athmend mit einander. Der Staub wurde aufgewühlt, die Federn stoben. Der Kampf dauerte über eine Viertelstunde lang. Endlich mußte die eitle Bauergans, tüchtig gerupft, mit Schmach bedeckt und von Spott verfolgt die Flucht ergreifen. Die übrigen Hofgänse hatten natürlich die Partei ihrer Standesgenossin genommen. Es war ein Geschnatter, ein Gepfeife und ein Flügelschlagen, daß es gar nicht zu beschreiben ist. Besonders zeichnete sich eine alte Gans mit gelbem Halse durch ihre Heftigkeit und Bosheit aus; sie schnaufte vor Wuth und kam dem Ersticken nahe. Sie schnatterte dabei mit solchen ausdrucksvollen Geberden, daß ich, ob mir zwar die Gänsesprache fremd ist, jedes ihrer Worte verstehen konnte. Sie sagte: — versteht sich auf französisch, denn eine Hofgans wird sich wohl hüten anders als französisch zu schnattern — „Ces petites Villageoises effrontées avec leur petite mine de grands écus, se glissent partout. Bientôt nous autres gentiloises n'aurons guéres de priviléges ici, et la haute basse cour sera aussi sale qu'une borne de rue. Voilà les beaux fruits de la moderne philosophie! Voilà les funestes effets du libéralisme caressé par des pieds royaux! Notre gracieux maître le taureau a toujours été sourd aux sages remontrances de ses vieilles et fidèles servantes. Il est cosmopolite et philosophe et court après les jeunes idées. Il périra et entraînera dans la chûte, le trône, l'autel et la vieille volaille!" Eine junge Gans, die hinter der alten stand, als diese sich so ereiferte, machte einen spöttischen Schnabel und kicherte verstohlen. Weil sie jung war, fürchtete sie jeunes idées nicht und sie war darum weniger aristokratisch.

Was man sich seit einigen Tagen zugeflüstert, ist endlich laut und kund geworden. Der Hofhund ist in Ungnade gefallen, und hat seine Stelle verloren. Seine Knochen bezieht er als Pension fort und kann sie verzehren, wo er will. Man begreift nicht, was er in seinem Amte verschuldet haben kann. Er hat nichts zu thun, als so oft Einer kam und ging zu bellen, und jeden Ein- und Austretenden einige Schritte zu begleiten. Er war gleichsam ein Ober-Ceremonienmeister. Einige behaupten, er habe ein Hühnchen gebissen; Andere sagen, er sei der Lieblingsgans der Wirthstochter auf verbotenen Wegen begegnet und habe nicht zu schweigen gewußt. Mehrere sind der Meinung, er habe mit dem Reitpferde des Herrn einen Streit gehabt, und sey durch deſſen Einfluß geſtürzt worden. Wieder Andere wollen wiſſen, er habe treuloſer Weiſe einem fremden Hofe alles zugeſchleppt, was er in dem ſeinigen erwiſchen konnte. Wohlwollende ſagen dagegen, an dem Allen ſei kein wahres Wort; ſondern der neue Wirth habe ſeinem Lieblingshunde die Stelle des Hofhunds geben wollen, und darum habe der alte Platz machen müſſen. —

Ein liberales Rind hat mit ſeinem Kopfe ein Loch in die Mauer geſtoßen, ſo groß, daß es Stirn und Schnauze hindurch ſtecken kann. Jetzt brummt es den ganzen Tag in den Hof hinaus und genießt unbeſchränkte Brummfreiheit. Der Wirth, als ein kluger Mann, hat es wohl berechnet, daß dem liberalen Ochſen der Verſtand nicht hinreicht, ſich auch mit Leib und Füßen aus dem Stalle zu befreien, läßt darum das Loch unbeſorgt offen und bekümmert ſich gar nicht um das Brummen. —

Den ganzen Tag, von Morgen bis Abend, ſpaziert die Truthenne im Hofe herum und wirft, ungemein kokett, den Hals herüber und hinüber. Zwei Truthähne folgen ihr beſtändig und vor Eiferſucht und Aerger blähen ſie ſich auf und werden blau im Geſichte. Sie ſind ſo argwöhniſch, daß keiner den Andern nur einen Hühnerſchritt vorausgehen und der Gebieterin näher kommen läßt. Dieſe ſieht ſich nie nach ihnen um und, als wollte ſie ihre Liebe und Geduld auf die Probe ſtellen, geht nie gerade, ſondern bewegt ſich in den launenhafteſten Quadrillen-Figuren. Aber die Anbeter treten unermüdlich in ihre Spur. Wie unmänlich, albern und verächtlich mir das Betragen dieſer Truthähne vorkommt, das kann ich gar nicht beſchreiben.

— Ach! Ach! Die Zeit wird mir erſchrecklich lang. Wie einſam iſt der Menſch unter Vieh! Doch wollte ich gern allen menſchlichen Umgang entbehren, wäre nur wenigſtens Adel hier.

> Was iſt ein Badeort ohne Adel?
> Was der Zwirn iſt ohne Nadel,
> Was die Nähnadel ohne Zwirn,
> Was ein Kopf iſt ohne Gehirn,
> Was die Kartoffeln ohne Salz,
> Was Baden iſt ohne die Pfalz.

IX.

Im September 1819, an einem trüben deutschen Bundestage, erwachte ich zu Frankfurt am Mayn mit dem Katzenjammer. Ich hatte mich mit guten Kameraden in schlechter Hoffnung berauscht, hatte zu viel getrunken von der verdammt geschwefelten Freiheit und mußte das alles wieder von mir geben. Wer den Katzenjammer nicht kennt, der kennt die Macht der strafenden Götter nicht; es ist die Reue des Magens. Mir war jämmerlich zu Muthe. Da beschloß ich diese Jammerstätte zu verlassen und nach Frankreich zu gehen, wo klügere und muthigere Bürger ihre Rechte besser kennen und vertheidigen als wir, wo schelmische Wirthe ihnen den blutrothen Wein nicht unbemerkt, nicht ungestraft verderben können.

Zu jener Zeit gab ich ein Journal heraus. Es wurde in Offenbach gedruckt, wo die herrlichen Pfeffernüsse gemacht werden. Das Blatt war gut, so lange es frei war, und es mundete den Lesern. Da setzte man es unter Censur und ich gab es auf. Wenn Regierungen Furcht bekommen, sind sie furchtbar; sie werden übermüthig aus Mangel an Muth.

In einem der letzten Blätter meines Journals stand ein Aufsatz, der mir aus dem nördlichen Deutschland zugeschickt worden. Ich erinnere mich nicht genau mehr seines Inhalts und besitze das Blatt nicht mehr; ich erinnere mich nur noch, daß er mit Geist geschrieben war und von den Mitteln sprach, die man anwenden könne und solle, den Fürsten, trotz den umlagernden Höflingen und Ministern, die Wahrheit und die Noth und die Wünsche des Volks zuzuführen. Mein Verleger erzählte mir, ein Bundes-Gesandter habe sich von dem bezeichneten Aufsatze mehrere Exemplare holen lassen. Das kümmerte mich wenig; ich rief blos, als hätte ich den Herren nießen hören: zur Gesundheit!

Als ich auf die Polizei kam und einen Paß nach Paris verlangte, bestellte man mich auf den andern Tag. Als ich den andern Tag wieder kam, bestellte man mich auf morgen. Das dritte Mal wurde ich unter irgend einem Vorwande wieder abgewiesen. Ich setzte das mit dem Blatte in Verbindung, welches diplomatische Wißbegierde unter ihr Mikroscop gelegt hatte, und ich ward besorgt. Ich bedachte, daß unsere gute Frankfurter Polizei sich nicht eher um Politik bekümmert, als bis es ihr ein Minister oder Ministerchen befiehlt; daß sie dann aber nicht den Eulenspiegel nachahmt, der als ein guter Christ nicht mehr thut als ihm befohlen ist: sondern daß sie aus Furcht zu wenig zu thun, mehr thut als ihr befohlen worden. Auf die neun und dreißig Köpfe des deutschen Cerberus blickt sie mit unbeschreiblichem

Grauen. Von der heilsamen Angst, welche eine gute Polizei den Spitzbuben einflößen soll, von dieser Spitzbubenangst hat die Frankfurter Polizei,
als ihrem Kriegsmaterial, einen großen Vorrath. Ja von der Furcht für
Oesterreich allein besitzt sie ein ganzes Zeughaus voll. Sobald dieses befiehlt, vergeht ihr alles Hören und Sehen; sie wirft sich auf den Bauch, ruft
Allah! Allah! gelobt sey Gott und Mahomed sein Prophet!—und gehorcht.

Ich beschloß daher ohne Paß und so leise als möglich mich aus meiner
guten freien Vaterstadt zu schleichen, und ich that es. Der Paß wurde mir
später nachgeschickt; doch habe ich nie erfahren können, aus welchem Grunde
er mir einige Tage lang vorenthalten worden. Ich glaube zwar nicht, daß
diese Zögerung ein diplomatisches Belieben zur Ursache hatte; doch ist meine
damalige Aengstlichkeit noch heute in meinen Augen gerechtfertigt und ich
würde im gleichen Falle auf gleiche Weise handeln. Vor der Revolution
sagte ein kluger Franzose: „wenn man mich beschuldigte, die große Glocke
von Notre-Dame gestohlen und sie an meine Uhrkette gehängt zu haben,
ich würde vorläufig die Flucht ergreifen." So schlecht war damals die
Criminaljustiz in Frankreich. Nun mit dem Stehlen, Rauben und Morden
ist es in Deutschland so gefährlich nicht und ich würde, wenn man mich eines
solchen Verbrechens beschuldigte, ruhig die Untersuchung abwarten. Nicht
aber so bei politischen Vergehen. Käme morgen zum Frühstücke ein
Freund zu mir und warnte mich: ich wäre in Verdacht gerathen, auf der
Frankfurter Börse dreihundert der tapfersten Juden angeworben zu haben,
um an deren Spitze am nächsten Ultimo nach Mannheim zu ziehen, die
Rheinpfalz zu erobern, eine Republik daraus zu bilden und so den monarchischen Streitigkeiten zwischen Baiern und Baden ein Ende zu machen —
ich würde mir nicht die Zeit nehmen, meine Stiefel anzuziehen, sondern in
Pantoffeln davon laufen. Ich möchte nicht sagen, daß die deutschen Justiz-
und Verwaltungsbehörden minder einsichtsvoll und gerecht wären, als die
englischen und französischen, aber sobald es sich um sogenannten Hochverrath
handelt, verlieren sie die Besinnung, sie wissen nicht was sie sehen, was sie
hören, noch was sie thun; sie haben dann ihren Gott im Auge und sind
unmenschlich. Sie beherrscht eine falsche oder eine überspannte Vorstellung
von der Göttlichkeit und doch zugleich wieder von der Sterblichkeit, von der
Unverletzlichkeit und zugleich wieder von der Verletzlichkeit einer Regierung.
Ein politisches Vergehen ist ihnen auch eine Ketzerei und die Glaubenswuth
trübt dann ihre Vernunft. Ja, je ehrlicher die Richter, je mehr sie gewohnt
sind, ihre Pflicht streng zu erfüllen, um so gefährlicher werden sie dem Unschuldigen wie dem Schuldigen. Ich erinnere mich, daß ich vor mehreren
Jahren mich gegen einen Diplomaten tadelnd ausgesprochen, über die Art,

wie die Preußische Regierung in der Angelegenheit der demagogischen Umtriebe verfahren und wie mancher Unschuldige, unschuldig selbst in dem
engen Sinne, wie es die Regierung nahm, durch eine hinschleppende Untersuchung und lange Gefangenschaft so geängstigt und gequält worden, daß
dieses ganz einer richterlichen Strafe gleich kam. Der Diplomat antwortete
mir mit bewunderungswürdiger Naivetät: ja, das wären unglückliche Zu-
fälle, die nicht anders anzusehen, als wenn Ziegeln vom Dache fielen und
die Vorübergehenden verwundeten. Aber zum Teufel auch! Eine Regierung soll kein Dach seyn und wenn ja ein Dach, eines uns zu schirmen, nicht
uns zu verderben. Und sie soll ihre Ziegeln fest machen, daß nicht jeder
Windstoß einer Begebenheit, daß nicht der Sturm jeder Leidenschaft sie
herabschleudere auf die unten gehenden Bürger. Es ist doch gar zu traurig,
wenn man ohne Kopfweh nicht vor einer Regierung vorbei gehen kann!

An einem heitern Oktober-Tage ging ich über die Sachsenhäuser Brücke,
um durch Strasburg nach Paris zu reisen. Der Kriegsrath Reichard giebt
es in zwei Sprachen deutlich zu verstehen, einem jungen Menschen, der mit
Nutzen reisen wolle, wären folgende Kenntnisse und Uebungen ganz unentbehrlich. Nämlich: 1) Naturgeschichte; 2) Mathematik; 3) Mechanik;
4) Geographie; 5) Landwirthschaft; 6) Sprachen; 7) Zeichnen;
8) leserlich und schnell Schreiben; 9) Schwimmen; 10) einige medicinische
Kenntnisse; 11) schöne Künste, besonders Blas-Instrumente, die man aus-
einanderlegen und sehr bequem in die Rocktasche stecken kann. Außerdem
müsse ein reisender Jüngling mehrere spirituöse Dinge mit sich führen, als:
1) eine Flasche Vierräuber-Essig; 2) eine Flasche französischen Branntwein; 3) eine Flasche Schußwasser oder peruanischen Balsam; 4) ein
Fläschchen Ammoniak-Salz gegen Ohnmachten; 5) ein Fläschchen Hofmann'sche Tropfen. Von allen diesen Kenntnissen besaß ich wenig, von
den medizinischen und chirurgischen Flüssigkeiten gar nichts; sondern ich
führte blos ein zweites Hemd bei mir, schon genannten Kriegsrath und eine
kleine nette Ausgabe von den Dynastieen des französischen Kaiserreichs:
Napoleon I., Napoleon II., Napoleon III. bis Napoleon L. Als einst
Napoleon I. in Danzig, nachdem er den Tag über mit den Deutschen gespielt
hatte, Abends mit seinen Generalen spielte, faßte er eine Hand voll Gold
und fragte: n'est ce pas, Rapp, les Allemands aiment beaucoup ces
petits Napoleons? — Oui, Sire, plus que le grand, antwortete Rapp.
Das hat der Kaiser einige Jahre später auch erfahren. Die Deutschen
haben den großen Napoleon auf die Erde geworfen und haben die kleinen
Napoleons, ob sie zwar der große alle geschlagen hat, behalten. . . . Diesen
Doppelt-Gedanken hatte ich vor dem deutschen Hause.

Bis zur Sachsenhäuser Warte sah ich oft nach Frankfurt zurück; ich fürchtete immer, der Polizei - Actuar **Graphelius** und der lange **Gatzenmayer** würden mich verfolgen. In meiner Angst betrübte es mich besonders, daß ich aus der ganzen Reise-Apotheke nicht wenigstens das Ammoniak-Salz gegen Uebligkeiten mit mir führte. Doch nichts kam hinter mir als eine kleine Kutsche, worin ein vergnügter Lotterie-Collecteur saß, bei dem das große Loos herausgekommen war, oder der es selbst gewonnen hatte, und der mit seiner Gattin eine Lustreise machte. Auf meine Bitte waren sie so artig, mich in den Wagen zu nehmen, oder eigentlich auf den Bock, weil der Wagen für drei Personen zu eng war. Als ich die Frank-furter Grenze zurückgelegt hatte, ward·ich sehr heiter. Daß Deutschland, welches doch im Grunde ein ungetheiltes Ganze ausmacht, nur immer in Brüchen gezählt wird und daß man, statt zu sagen, **Oesterreich**, sagt **der deutsche Bund**, nämlich $\frac{39}{39}$ — das hat mich zwar immer nicht weniger geärgert, als es den Armen-Advokat Siebenkäs verdroß, wenn seine Frau sagte: es hat vier Viertel auf vier geschlagen. Doch fiel mir in Langen bei, daß diese Verbal-Zerstückelung des Landes auch für kleine Spitzbuben nützlich sey; denn da eine Behörde oft schon für eine zweite Meile Requisitorialien braucht, so kann, bis diese concipirt und mundirt sind, ein Spitzbube schon einen guten Vorsprung gewinnen. Es kamen uns mehrere Boten entgegen, die im raschen Vorübergehen dem Collecteur die in der Darmstädter Lotterie herausgekommenen Gewinnste zuriefen. Fortuna auf der Chaussee kam mir wunderlich vor; aber der Collecteur schien zu-frieden. Als wir uns Darmstadt nahten, bat ich dringend, mich, bis wir die Stadt hinter uns hätten, in den Wagen zu nehmen. Dies ward mir zugestanden. Ich für meine Person bin zwar ziemlich hager; aber der dicke Passagier in meiner Rocktasche incommodirte die schöne Collectrice ganz ungemein. Die guten Leute dachten gewiß, ich hätte Ehrgefühl und ich schämte mich, in einer Großherzoglichen Residenz mich auf einem Bocke zu zeigen. Das hatte aber einen ganz andern Grund. Ich wollte mich nämlich vor einem Gesandten verbergen, an dessen Wohnung wir vorüber-fahren mußten, und der, wie mir ahnete, meine geheime Gesinnung noch einmal dechiffriren würde. Auch ist diese Ahnung einige Monate später eingetroffen, wie ich es in der Folge meinem neugierigen Tagebuche erzählen werde. Zwar ist die Geschichte alt und mein Gedächtniß schwach; doch in unsern Tagen braucht man kein Gedächtniß, um dumme Gewaltthätigkeit nicht zu vergessen.

In Mannheim, wo ich meinen Paß fand, setzte ich mich in den Post-wagen und fuhr nach Strasburg. Wie wohl war mir, als ich die französische

Grenze erreicht hatte! Ich fühlte mich frei. In diesem Lande, dachte ich, wird wohl ein ehrlicher Mann auch gehudelt; ist er aber nicht dumm oder feige, hudelt er die Hudler wieder. Hier wird man auch geprügelt; aber man wehrt sich. Hier wird man auch geschimpft, aber es b e s c h i m p f t nicht, wenn man zurück schimpft. Bei uns aber wird man gescholten und muß schweigen wie ein Bedienter; man wird geschlagen wie ein Hund und darf nicht heulen wie ein Hund! Bei Prügeleien kommt es gar nicht darauf an, wer mehr Prügel bekommt, wir oder unsere Gegner; es kommt nicht auf die größern und geringern Schmerzen, nicht auf die größern oder kleinern blauen Flecken an; sondern darauf, daß wir unsere Ehre behaupten und uns zur Wehre setzen. Auch weiß es ein bedächtiger Mann immer so einzurichten, daß er die erste Ohrfeige giebt.

Am Jahrestage der Leipziger Schlacht kam ich durch die Champagne. Der achtzehnte Oktober wird in Deutschland nur noch von den freien Städten gefeiert. Es geschieht dies, um die Londoner Kaufleute portofrei zu benachrichtigen, daß alles noch gut für sie stehe, und um die hohen vergeßlichen Alliirten jährlich einmal an ihr Versprechen zu erinnern. Es war Weinlese und die jungen Winzerinnen warfen Körbe mit Trauben in den vorbeieilenden Postwagen, es wagend ob man ihnen ein Stück Geld dafür zurückwerfen werde. Ich nahm und bezahlte einen großen Vorrath und essend und vergessend kam ich an die Barrieren von Paris.

— Diesen Morgen fand ich am Saume eines waldigen Hügels, unter einer Eiche, eine junge Vagabundin gelagert, die auf dem Rücken in einem Bettelsacke einen goldgelockten Knaben trug. Das Kind war ihr ganzes Gepäck. Der Bube war seit seiner Geburt nicht gewaschen worden; aber durch die dunkeln Wolken seines Gesichtes blitzten feuerrothe Wangen. Die Sonne schien so warm auf ihn herab, als wäre sie seine Mutter und er ein Königssohn. Sie hat ihn selbst gesäugt und er wird stark werden. Gras und Bäume verneigten sich vor ihm; die Vögel des Waldes, flüsternde Höflinge, zwitscherten um ihn und ein sanfter Wind schmeichelte seine launischen Locken. Wie glücklich ist dieses Kind, rief ich aus. Sorgenlos von der sorgenlosen Mutter von Dorf zu Dorf, von Feld zu Feld, von Wald zu Wald getragen! Es hat nichts zu verlieren, das Leben ist ihm ein Glücksspiel ohne Nieten, und kommt nur seine Nummer heraus, muß es gewinnen. Vielleicht wird der Bube einmal gehenkt; aber das bringt keine Sorgen, das schafft sie weg. Wie langweilig und abgeschmackt ist es aber, ein Kind honetter Eltern zu seyn, und selbst ein ehrlicher Mensch zu werden und sein gutes Auskommen zu haben! Wir dummen Esel, statt frei umherzugrasen wo sich eine Wiese findet, beladen uns mit Säcken voll Getreide, das nicht uns gehört, und schleppen es dem reichen Müller Tod zu, der es für den gnädigen Herrn Wurm mahlt und siebt! Alles hat wer nichts hat; wer viel, hat immer zu wenig. Hoch lebe die Lumperei! Und abermals hoch! und zum dritten Male hoch!

Aehnliche Gefühle als mir heute die so glückliche unbeladene Vagabundin einflößte, hatte ich, als ich frei und ohne Gepäck, wie sie, in Paris ankam. Hineingeworfen in dieses von ewigen Winden bewegte, tosende Meer, schwamm ich keck darin herum, als wäre ich in dem Elemente geboren; denn ich wußte gewiß, daß ich spezifisch leichter sey. An den drei französischen Mauth-grenzen, die mich mit Stolz erfüllten, weil sie mich an den vielzolligen Mauthfuß meines geliebten Vaterlandes erinnerten, wurden alle Koffer, Säcke und Bündel der begüterten Passagiere bei Regenwetter von dem Postwagen herab auf die Erde geworfen, geöffnet und untersucht, und die armen reichen Leute mußten verdrießlich alles selbst wieder in Ordnung bringen und waren unendlich besorgt, es möchte etwas herausfallen und verloren gehen, und waren geplagt wie die armen Teufel und jammerten, daß es ein Mitleid war. Ich aber sah dieses Alles aus dem Fenster des Wirthshauses schadenfroh mit an, rieb mir vor Vergnügen die Hände, und als absoluter Monarch meiner Zeit benutzte ich sie, theils nützlich, indem ich mich unter den Postillonen im Französischen übte, theils angenehm, indem ich die Weine des Landes versuchte, theils Beides zugleich, indem ich meine Schlafbegierde stillte.

Im Pariser Posthause stieg mein Wohlbehagen und die Noth meiner Reisegefährten erst recht hoch. Diese waren Provinzialen oder Ausländer, wie ich zum ersten Male in Paris, und wußten sich gar nicht zu helfen. Man schleppte ihr Gepäcke in die Mauthstube, wo eine Verwirrung ohne Gleichen herrschte. Nachdem die Koffer visitirt waren, luden sie Packträger auf den Rücken und trugen sie, unbekümmert um das Schreien der nach-keuchenden Eigenthümer, die Straße hinauf oder hinab. Doch ich ging ruhig, kalt und eingewohnt wie ein alter Conducteur im Hause herum und rief: es lebe die Demagogie! es lebe die Polizei! es lebe die Lumperei! Um zehn Uhr Morgens war ich angekommen, und erst Nachmittags vier Uhr sah ich mich nach einer Wohnung um. Ich hatte keine Freunde, keine Bekannte, keine Adresse; aber nichts kümmerte mich. Ich lief den ganzen Tag umher, aus dem Palais-Royal in die Tuillerien, von den Tuillerien auf den Vendome-Platze, von diesem auf die Boulevards, von dort auf den Platz der Bastille. Ich sah gleich den ersten Tag die halbe Stadt. Nur etwas machte mir Sorgen. Der Postwagen war von Strasburg an drei Tage und drei Nächte fortgeeilt und hatte zum Nöthigsten nicht die nöthige

Zeit gelassen. Ich ward auf dem Wege leichter mein Geld los, als das wofür ich es bezahlte. In Paris fand ich die nöthige Zeit, nicht aber die nöthige Gelegenheit und ich wußte mir nicht zu helfen. Da trat ich in das erste beste Haus im Palais-Royal, stieg eine Treppe hinauf, gebrauchte meine Sinne und suchte. Ich öffnete eine Thüre, steckte den Kopf hinein, sah ein menschenleeres Restaurations-Zimmer, worin ganze Haufen von Silbergeräthe auf dem Tische lagen, und zog mich eilig und erschrocken zurück. Ich stieg in den zweiten Stock, öffnete wieder eine Thüre, sah in einem kleinen Zimmer einen alten Mann in Kupfer stechen, sagte: pardonnez, Monsieur, und kehrte um. Im dritten Stocke öffnete ich gleichfalls mehrere falsche Thüren, hinter welchen bald ein Herr, bald eine Dame saß, sagte abwechselnd: pardonnez, Monsieur, pardonnez Madame, und setzte meine Entdeckungsreise fort. Endlich im vierten Stocke gewahrte ich eine Thüre mit einem kleinen runden Glasfensterchen; ich glaubte am Ziele zu seyn und öffnete rasch — da trat mir ein junges schönes Mädchen entgegen. Ich brachte wieder mein pardonnez, Madame, hervor, die Notre-Dame aber faßte mich am Arme, zog mich weiter vor und verriegelte die Thüre hinter mir. Reposez-vous, Monsieur, sagte sie mir artig. In meiner Eile war ich tugendhaft und legte, nur als Geschenk, ein Fünffrankenstück auf das Nachttischchen. Dafür machte mich das dankbare Mädchen mit der Topographie des Hauses bekannt. Ich mußte noch eine Treppe höher steigen. So hatte ich bis unter das Dach ein fremdes Haus durchkrochen und war mit einem bangen verlegenen Gesichte in alle Zimmer eingedrungen. Hätte ich kein Geld in der Tasche gehabt, ich wäre wohl zehen Male festgehalten worden; denn ich schlich und lauschte wie ein Dieb. Aber — es ist ein Wunder! man ahnte den unsichtbaren Gott in mir, sah mich für einen Heiligen an und ließ mich ungehindert auf- und absteigen.

Vom langen Umherstreichen hungrig und müde geworden, ging ich in ein Kaffeehaus, um zu frühstücken, mich auszuruhen und dann meine Wanderungen fortzusetzen. Da der schwere Reichard in meiner Tasche mir etwas lästig fiel, bat ich die schöne Dame, die am Comptoir saß, mir das Buch zu verwahren, ich würde es im Vorübergehen wieder abholen. Aber mit ganz unbeschreiblicher Freundlichkeit schüttelte sie ihre schwarzen Locken, wies das Buch zurück und sagte: Oh, Monsieur! das verblüffte mich etwas. Ich legte das Buch auf den Tisch und bezahlte auf dessen Deckel meine Karte. Die Dame strich das Geld ein und zog dann das Buch mit noch größerer Freundlichkeit, als sie es früher abgewiesen, wieder zu sich, legte es in eine Schublade und sagte, es solle gut verwahrt werden. Erst fünf Minuten nachher wußte ich was ich von dem Betragen denken sollte. Ganz gewiß glaubte die gute Französin, ich hätte kein Geld, mein Frühstück zu bezahlen, und wollte darum das Buch als Unterpfand zurücklassen. Sie nahm es nicht an und stellte sich als merkte sie meine Verlegenheit nicht. Dieses machte einen sehr freundlichen Eindruck auf mich und nichts ist mir früher oder später in Paris begegnet, was diesen ersten Eindruck wieder geschwächt hätte. Ich habe die Franzosen immer urban, immer menschlich gefunden — menschlich im schönsten Sinne des Wortes. Das ist nicht allein Menschlichkeit, daß man jedem in seiner Noth, sobald er klagt, zu Hülfe komme — wem reichte hierzu immer die Kraft und der gute Wille? — sondern daß man menschlich fühle und eines jeden Noth errathe und verstehe. Das vermögen die Franzosen, denn sie sind Totalmenschen; das vermögen aber die Deutschen nicht, die nur Stückmenschen sind, und, kleinstädtisch selbst in großen Städten, nur das Glück und Unglück ihrer Standesgenossen verstehen.

Die herannahende Dämmerung erinnerte mich, daß ich für die Nacht noch kein Dach und Bett habe. Ich suchte mir ein Hotel heraus, das schön angestrichen war und viele Fenster hatte, trat hinein und forderte ein Zimmer. Der Wirth fragte mich, ob er meine Sachen von der Messagerie solle abholen lassen? Ich antwortete kurz, ich hätte keine Sachen, die würden später nachkommen. Das machte ihn etwas stutzig, und allerdings gab mir der ordinäre Interims-Mantel von Biber, den ich in Mannheim gekauft hatte und der mir nur bis an die Knie reichte, ein etwas ärmliches Ansehen. Indessen bekam ich ein Zimmer, da man wohl dachte, eine Nacht könne man es mit mir versuchen. Ich nahm mir vor, jeden Tag meine Rechnung zu bezahlen, um den Wirth von seiner verzeihlichen Aengstlichkeit zu befreien. Als ich am andern Morgen nach ihm fragte, war er schon ausgegangen und ich konnte ihn den ganzen Tag über nicht sprechen. Am zweiten Morgen trat der Hausherr in mein Zimmer, drückte mir die Hand und war die Freundlichkeit, ja die Herzlichkeit selbst. Er hatte in den Zeitungen gelesen, ich wäre als politischer Flüchtling in Paris angekommen; er bot mir sein ganzes Haus, seinen Tisch, ja seinen Geldbeutel an — ich würde zur gelegenen Zeit meine kleine Schuld wohl abtragen, bemerkte er. Es dauerte vierzehn Tage, ehe ich meinen Koffer aus Deutschland bekam, und so lange bat ich täglich vergebens um meine Rechnung. Erst als meine Sachen angelangt waren, und der Hausherr sah, daß ich nicht ohne Mittel sey, nahm er Bezahlung von mir an.

So betrug sich ein Franzose, dem ich fremd war. Darauf ging ich zu einem Deutschen, dem ich bekannt war, der in Paris wohnte und Handel trieb. Ich bat ihn um die Erlaubniß, meine Koffer an ihn adressiren lassen zu dürfen, da ich nicht wisse, ob ich meine gegenwärtige Wohnung behalten würde und also keine sichere Adresse nach Hause schreiben könne. Der Mann war schon in Verlegenheit als er mich sah; da ich aber um die Benutzung seiner Adresse bat, erschrack er und verwirrte sich, daß es zum Erbarmen war. Er beschwor mich bei Gott, ihn mit meinem Koffer zu verschonen, denn er habe in den heutigen Blättern gelesen, daß ich in politischen Händeln verwickelt sey und in dergleichen lasse er sich nicht gern ein. „Je suis père de famille," jammerte der Narr. Ich hatte ihm freilich zu viel zugemuthet; er war nicht blos ein Deutscher, sondern zugleich ein Jude, also ein Hase mit acht Füßen. Ich ließ ihn laufen. Aber Minister können daraus lernen, daß um mit ihren widerspenstigen Liberalen fertig zu werden, sie nichts Klügeres thun könnten, als sie alle beschneiden zu lassen und Juden aus ihnen zu machen. Dann würden sie folgsam wie die Schafe werden, und würden, indem sie alle ihr Geld in Staatspapiere steckten, für ihre ewige Ruhe freiwillige Caution leisten.

Vierzehn Tage lang sprachen die Pariser Blätter der verschiedenen Parteien von meiner Ankunft. Sie brauchten mich natürlich blos als Farbmaterial und zerrieben mich servil mit dem Stößer, oder kochten mich liberal sanft auf — aber man sprach doch von mir. Ich wollte meinen Augen nicht trauen. Bin ich denn eine höchste Person? Bin ich ein Kourier? Bin ich eine Sängerin? Bin ich ein jubelirender Staatsdiener? Das Alles nicht, und doch ist in den Zeitungen von mir die Rede! Was ist das für ein närrisches Volk! Insbesondere erinnere ich mich eines langen Artikels im Journal des Debats, worin theils mythologisch, theils biographisch von mir erzählt wurde, ich wäre ein Jude, Jakobiner und Mann von Geist, und wäre von den deutschen Demagogen nach Paris geschickt worden, um von dem Comité directeur das mot d'ordre zu holen. Aber — endigte der Bericht — ich wäre „d'ailleurs un homme de bonne foi." Da das Journal des Debats damals ein ministerielles Blatt war, so dürfen loyale Deutsche darauf schwören wie auf den österreichischen Beobachter und die preußische Staatszeitung, und sie dürfen, ohne zu untersuchen, annehmen, daß ich wirklich ein homme de bonne foi bin. Sie werden mir daher glauben, wenn ich sie versichere: daß ich nicht von deutschen Demagogen nach Paris geschickt worden bin; daß ich nichts von einem Comité directeur erfahren; daß es nie ein solches gab, und daß ich kein mot d'ordre geholt. Mot d'ordre, ich, der ich nur von mir selbst und meinem Arzte mir etwas vorschreiben lasse! Guter Gott! Ich bin kein solcher Narr.

Schon am ersten Morgen nach meiner Ankunft, noch ehe die Zeitungen von mir sprachen, wurde ich von mehreren Deutschen besucht, die ich alle nicht kannte, die mich aber versicherten, sie kennten mich recht gut — welches auch wahrscheinlich war. Gott weiß woher sie meine Adresse wußten! Sie fütterten mich mit französischen Liebkosungen, zogen mich fort, nahmen mich in ihre Mitte, faßten mich unter den Armen, recht herzlich, recht Brust an Brust, recht nahe unter der Schulter, so daß unsere beiderseitigen Achsel-höhlen Kapseln bildeten, in welchen man Seifenkugeln hätte verwahren können. Sie fragten mich: wie steht es im lieben Vaterlande aus? Ich erzählte wie ein Kind und ein Narr. Ich kann schweigen, wenn ich. will; ich will aber nicht. Warum auch? Es kann sich eine Furche finden, in welche ein stilles Saamenkorn fällt, das Wurzel faßt. „Das arme Vaterland!" — riefen sie aus, und sahen einander an und suchten Wechseltrost in treuen Freundes Blicken. Ich hätte die Spitzbuben erwür-gen mögen! Das währte so einige Tage lang, bis mein Mundvorrath erschöpft war; dann verschwanden sie und ich sah sie nicht wieder. Der Teufel soll sie holen, wenn er sie, gegen alle Wahrscheinlichkeit, in diesen zehen Jahren noch nicht geholt hat!

X.

Soden den 18. Mai.

Ich war immer erstaunt, daß unsern zwei größten Dichtern der Witz gänzlich mangelt; aber ich dachte: sie haben Adelstolz des Geistes und scheuen sich, da wo sie öffentlich erscheinen, gegen den Witz, der plebejischer Geburt ist, Vertraulichkeit zu zeigen. Im Hause, wenn sie keiner bemerkt, werden sie wohl witzig seyn. Doch als ich ihren Briefwechsel gelesen, fand ich, daß sie im Schlafrocke nicht mehr Witz haben, als wenn den Degen an der Seite. Einmal sagt Schiller von Fichte: „Die Welt ist ihm nur ein Ball, den das Ich geworfen hat und den er bei der Reflexion wieder fängt." Man ist erstaunt, verwundert; aber diese witzige Laune kehrt in dem bänderreichen Werke kein zweites Mal zurück.

Der Mangel an Witz tritt bei Göthe und Schiller da am häßlichsten hervor, wo sie in ihren vertraulichen Mittheilungen, Menschen, Schriftsteller und Bücher beurtheilen. Es geschieht dieses oft sehr derb, oft sehr grob; aber es geschieht ohne Witz. Das Feuer brennt, aber es leuchtet auch; das Licht warnt vor dem Schmerz und bezahlt ihn. Tadel ohne Witz ist Glut ohne Licht. Das Lob braucht den Witz, verträgt ihn nicht; Wohlgefallen ist nur wo Einheit der Empfindung, und der Witz trennt, zerreißt. Der Tadel braucht ihn; der Witz macht ihn milder, erhebt den Aerger zu einem Kunstwerke. Ohne ihn ist Kritik gemein und boshaft.

Ich weiß nicht, wie hoch die Gesetzbücher der Aesthetik den Witz stellen; aber ohne Witz, sey man noch so großer Dichter, kann man nicht auf die Menschheit wirken. Man wird nur Menschen bewegen, Zeitgenossen, und sterben mit ihnen. Ohne Witz hat man kein Herz, die Leiden seiner Brüder zu errathen, keinen Muth für sie zu streiten. Er ist der Arm, womit der Bettler den Reichen an die Brust drückt, womit der Kleine den Großen besiegt. Er ist der Enterhaken, der feindliche Schiffe anzieht und fest hält. Er ist der unerschrockene Anwalt des Rechtes und der Glaube, der Gott sieht, wo ihn noch kein Anderer ahnet. Der Witz ist das demokratische Prinzip im Reiche des Geistes; der Volkstribun, der, ob auch ein König wolle, sagt: ich will nicht!

Der Verstand ist Brod, das sättigt; der Witz ist Gewürz, das eßlustig macht. Der Verstand wird verbraucht durch den Gebrauch, der Witz erhält seine Kraft für alle Zeiten; Göthe's und Schiller's so verständige Lehren nützen nicht mehr; denn man hat ihre Lehren befolgt und neues Wissen braucht neue Regeln. Auch Lessing und Voltaire haben gelehrt, die Kunst und ihre Zeit haben von ihnen gelernt; aber ihre Lehren sind für immer. Sie kämpften mit dem Witze und der Witz ist ein Schwert, das in jedem Kampfe zu gebrauchen. Die Geschichte zählt große Menschen, die sind Register der Vergangenheit; so Göthe und Schiller. Sie zählte wieder andere, die sind Inhalts-Verzeichniß der Zukunft: so Voltaire und Lessing.

Ihr, die ihr nicht Menschen, nur Göttern glaubt: so hört doch einmal, was eure verehrten Orakel sprechen! Schiller wo er an Göthe von dem schlechten Absatze der Propyläen berichtet, spricht von der „ganz unerhörten Erbärmlichkeit des Publikums"... Er schreibt: „Ich darf an diese Sache gar nicht denken, wenn sie mein Blut nicht in Bewegung setzen soll, denn einen so niederträchtigen Begriff hat mir noch nichts von dem deutschen Publikum gegeben"... Er meint: „Den Deutschen muß man die Wahrheit so derb sagen als möglich." Ach! diese Wahrheit habe ich schon oft gesagt und derber als Schiller. Man muß nicht aufhören, sie zu ärgern; das allein kann helfen. Man soll sie nicht einzeln ärgern — wäre es Unrecht, es sind sogar gute Leute, man muß sie in Masse ärgern. Man muß sie zum National-Aerger stacheln, kann man sie nicht zur National-Freude begeistern, und vielleicht führt das Eine zum Andern. Man muß ihnen Tag und Nacht zurufen: Ihr seyd keine Nation, Ihr taugt nichts als Nation. Man darf nicht vernünftig, man muß unvernünftig, leidenschaftlich mit ihnen sprechen; denn nicht die Vernunft fehlt ihnen, sondern die Unvernunft, die Leidenschaft, ohne welche der Verstand keine Füße hat. Sie

find ganz Kopf — caput mortuum. Europa gährt, steigt, klärt sich
auf! Deutschland trübt sich, sinkt und setzt sich ganz unten nieder. Das
nennen die Staats-Chemiker die Ruhe, den Frieden, den trocknen Weg des
Regierens.

Doch haben Göthe und Schiller das Recht, auf das Volk, dem sie an-
gehören, so stolz herabzusehen? Sie weniger als Einer. Sie haben es
nicht geliebt, sie haben es verachtet, sie haben für ihr Volk nichts gethan.
Aber ein Volk ist wie ein Kind, man muß es belehren, man kann es schelten,
strafen; doch soll man nur streng scheinen, nicht es seyn; man soll den Zorn
auf den Lippen haben, und Liebe im Herzen. Schiller und Göthe lebten
nur unter ausgewählten Menschen und Schiller war noch ein schlimmerer
Aristokrat als Göthe. Dieser hielt es mit den Vornehmen, den Mächtigen,
Reichen, mit dem bürgerlichen Adel. Der Troß ist zahlreich genug; es
kann wohl auch ein Unberechtigter ihrem Zuge folgen und sich unentdeckt in
ihre Reihen mischen; und er wird entdeckt, man duldet ihn oft. Schiller
aber zechte mit dem Adel der Menschheit an einem kleinen Tischchen
und den ungebetenen Gast warf er zornig hinaus. Und seine Ritter der
Menschheit wissen das Schwert nicht zu führen, sie schwätzen blos und lassen
sich todtschlagen; es ist kein deklamirender Komödianten-Adel. Marquis
Posa spricht in der Höhle des Tigers wie ein Pfarrer vor seiner zahmen
Gemeinde und vergißt, daß man mit Tyrannen kämpfen soll, nicht rechten.
Der Vormund eines Volkes muß auch sein Anführer seyn; einer Themis
ohne Schwert wirft man die Wage an den Kopf.

Wenn Gottes Donner rollen und niederschmettern das Gequicke der
Menschlein da unten: dann horcht ein edles Herz und jauchzet und betet
an; und wer angstvoll ist, hört und ist still und betet. Der Dämische aber
verstopft sich die Ohren und hört nicht und betet nicht und betet nicht an.
Schiller, während der heißen Tage der französischen Revolution, schrieb in
der Ankündigung der Horen: „Vorzüglich aber und unbedingt wird sich
die Zeitschrift Alles verbieten, was sich auf Staatsreligion und politische
Verfassung bezieht." So spricht noch heute jeder Lump von Journalist,
wenn er, um die Leser lüstern zu machen nach dem neuen Blatte, sie versichert, er werde das reine Gold der Novellen, der Theaterberichte und Cha-
raden mittheilen, ohne alle garstige Legirung mit Glaube und Freiheit.
Schiller war edel, aber nicht edler als ein Volk. So sprach und dachte auch
Göthe. Sendet dazu der Himmel der durstigen Menschheit seine Dichter,
daß Sie trinken mit den Königen, und daß wir, den Wein vor den Augen,
den sie nicht mit uns theilen, noch mehr verschmachten? und so denkend und
so sprechend, geziemt es ihnen zu klagen: „So weit ist es noch nicht mit der

Cultur der Deutschen gekommen, daß sich das, was den Besten gefällt, in Jedermanns Hände finden sollte?" Wie kann sich in Jedermanns Hände finden, wornach nicht Jedermann greift, weil es wie Religion und Bürgerthum, nicht Jedermann angeht. Soll etwa das deutsche Volk aufjauchzen und die Schnupftücher schwenken, wenn Göthe mit Myrons Kuh liebäugelt?

XI.

Soden den 20. Mai.

Ich habe Göthe's und Schillers Briefe zu Ende gelesen; das hätte ich mir nicht zugetraut. Vielleicht nützt es meiner Gesundheit als Wasser-Kur. Mich für meine beharrliche Diät zu belohnen, will ich mir die hochpreislichen Rezensionen zu verschaffen suchen, die über diesen Briefwechsel gewiß erschienen seyn werden. Ich freue mich sehr darauf. Was werden sie über das Buch nicht alles gefaselt, was nicht alles darin gefunden haben! Göthe hat viele Anhänger, er hat, als ächter Monarch, es immer mit dem literarischen Pöbel gehalten, um die reichen unabhängigen Schriftsteller in die Mitte zu nehmen und einzuengen. Er für sich hat sich immer vornehm gehalten, er hat nie selbst von oben gedrückt; er ist stehen geblieben und hat seinen Janhagel von unten drücken lassen. Nichts ist wunderlicher als die Art, wie man über Göthe spricht — ich sage die A r t ; ich sage nicht, es sey wunderlich, daß man ihn hochpreist; das ist erklärlich und verzeihlich. Man behandelt ihn ernst und trocken als ein Corpus Juris. Man erzählt mit vieler Gelehrsamkeit die Geschichte seiner Entstehung und Bildung; man erklärt die dunkeln Stellen; man sammelt die Parallelstellen; man ist ein Narr. Ein Bewunderer Göthe's sagte mir einmal: um dessen Dichtwerke zu verstehen, müsse man auch seine naturwissenschaftlichen Werke kennen. Diese kenne ich freilich nicht; aber was ist das für ein Kunstwerk, das sich nicht selbst erklärt? Weiß ich denn ein Wort von Shakespeare's Bildungsgeschichte, und verstehe ich den Hamlet darum weniger, so viel man etwas verstehen kann, das uns entzückt? Muß man den Macbeth zu verstehen, auch den Othello gelesen haben? Aber Göthe hat durch sein diplomatisches Verfahren die Ansicht geltend gemacht, man müsse a l l e seine Werke kennen, um jedes einzelne gehörig aufzufassen; er wollte in Bausch und Bogen bewundert seyn. Ich bin aber gewiß, daß die erbende Zukunft Göthe's Hinterlassenschaft nur cum beneficio inventarii antreten werde. Ein Göthe-Pfaffe, der so glücklich war, eine ganze Brieftasche voll ungedruckter Zettelchen von seinem Gotte zu besitzen, breitete einmal seine Reliquien vor meinen Augen aus, fuhr mit zarten frommen Fingern darüber her und sagte mit Wasser im Munde: „jede Zeile ist köstlich!" Mein guter Freund wird diesen Briefwechsel, der fünfzig tausend köstliche Zeilen von Göthe enthält, als ein grünes Gewölbe anstaunen; ich aber gebe lieber für das Dresdner meinen Dukaten Bewundrung hin.

Aber in dem letzten Bande der Briefsammlung ist es geschehen, daß Göthe einmal, ein einziges Mal in seinem langen Leben, sich zur schönen Bruderliebe wandte, weil er sich vergessen, sich verwirrt und vom alten ausgetretenen Wege der Selbstsucht abgekommen war. In der Zueignung des Buches an den edlen König von Baiern, worin er diesem Fürsten für die von ihm empfangenen Beweise der Gnade dankt, gedenkt er Schillers, des verstorbenen Freundes, und beweint, daß nicht auch er, da er noch lebte, sich solcher fürstlichen Huld zu erfreuen gehabt; ja ihn rührt der Gedanke, daß Schiller vielleicht noch lebte, wäre ihm solche Huld zu Theil geworden. Göthe sagt: „Der Gedanke, wie viel auch er von Glück und Genuß ver-„loren, drang sich mir erst lebhaft auf, seit ich Ew. Majestät höchster Gunst „und Gnade, Theilnahme und Mittheilung, Auszeichnung und Bereicherung, „wodurch ich frische Anmuth über meine hohen Jahre verbreitet sah, mich zu „erfreuen hatte . . . . Nun ward ich zu dem Gedanken und der Vorstellung „geführt, daß auf Ew. Majestät ausgesprochene Gesinnungen dieses Alles dem „Freunde in hohem Maße widerfahren wäre; um so erwünschter und för-„derlicher, als er das Glück in frischen vermögsamen Jahren hätte genießen „können. Durch allerhöchste Gunst wäre sein Daseyn durchaus erleichtert, „häusliche Sorgen entfernt, seine Umgebung erweitert, derselbe auch wohl in „ein heilsameres besseres Klima versetzt worden, seine Arbeiten hätte man „dadurch belebt und beschleunigt gesehen, dem höchsten Gönner selbst zu „fortwährender Freude, und der Welt zu dauernder Erbauung."

Dürfen wir unsern Augen trauen? Der Geheimerath von Göthe, der Karlsbader Dichter, wagt es, deutsche Fürsten zu schelten, daß sie Schiller, den Stolz und die Zierde des Vaterlandes, verkümmern ließen? Er wagt es, so von höchsten und allerhöchsten Personen zu sprechen? Ist der Mann jung geworden in seinem hohen Alter? Ach nein, es ist Alter-Schwäche; es war keine freie Bewegung der Seele, es war ein Seelenkrampf gewesen. Aber das verdammt ihn, daß er nicht vierzig Jahre früher und auch bei jedem Anlasse so hervorgetreten — das verdammt ihn, weil wir jetzt sahen und erkannten, wie er hätte wirken können, wenn er es gethan. Er hat durch die wenigen Worte seines leisen Tadels ein Wunder bewirkt. Er hat die festverschlossene uneindringliche Amtsbrust eines deutschen Staatsdieners wie durch Zauberei geöffnet! Er hat den fünf und zwanzigjährigen Frost der strengsten Verschwiegenheit durch einen einzigen warmen Strahl seines Herzens aufgethaut! Kaum hatte Herr von Beyme, einst preußischer Minister, Göthe's Anklage gelesen, als er bekannt machte: Um den Vorwurf, den Göthe den Fürsten Deutschlands macht, daß Schiller keinen Beschützer unter ihnen gefunden, wenigstens von seinem Herrn abzuwenden, wage er, die amtlich nur ihm bekannte Thatsache zur allgemeinen Kenntniß zu bringen, daß der König von Preußen, Schillern, als dieser den Wunsch geäußert, sich in Berlin niederzulassen, aus freier Bewegung einen Gehalt von dreitausend Thalern jährlich und noch andere Vortheile gesichert hatte. Warum hat Herr von Beyme diesen schönen Zug seines Herrn so lange verschwiegen? warum hat er gewartet bis eingetroffen was kein Gott vorhersehen konnte, daß Göthe einmal menschlich fühlte? Daß der König von Preußen strenge Gerechtigkeit übt, das weiß und preist das deutsche Vaterland; aber seinen Dienern ziemte es, auch dessen schöne Handlungen, die ein edles Herz gern verbirgt, bekannt zu machen, damit ihnen die Huldigung werde, die ihnen gebührt, und damit sie die Nachahmung erwecken, die unsern engherzigen Regierungen so große Noth thut.

In den europäischen Staaten, die unverjüngt geblieben, fürchten die Herrscher jede Geisteskraft, die ungebunden und frei nur sich selbst lebt, und suchen sie durch verstellte Geringschätzung in wirkliche Geringschätzung zu erhalten. Wo sie dieses nicht vermögen, wo ein Talent sich durchgeschlagen und sich Hochachtung erbeutet, da schmieden sie es an die Schulbank, um es fest zu halten, oder spannen es vor die Regierung, um es zu zügeln. Ist die Regierung voll und kann keiner mehr darin untergebracht werden, zieht man den Schriftstellern wenigstens die Staatslivrs an und giebt ihnen Titel und Orden; oder man sperrt sie in den Adelshof, nur um sie von der Volksstadt zu trennen. Daher gibt es nirgends mehr Hofräthe als in Deutschland, wo sich doch die Höfe am wenigsten rathen lassen. In Oestreich, wo die Juden seit jeher einen großen Theil der bürgerlichen und alle staatsbürgerliche Rechte entbehren; in diesem Lande, wo man an Gottes Wort nicht deutelt und alles läßt, wie es zur Zeit der Schöpfung gewesen, adelt man doch die niedergehaltenen Juden und macht sie zu Freiherrn, sobald sie einen gewissen Reichthum erlangt. So sehr ist dort die Regierung besorgt und bemüht, dem Bürgerstande jede Kraft, selbst den Reichthum und seinen Einfluß zu entziehen! Es ist zum Lachen, wenn man liest, welchen Weg der Ehre Schiller gegangen. Als er in Darmstadt dem Großherzoge von Weimar seine Räuber vorgelesen, ernannte ihn dieser zum Rath, der damalige Landgraf von Darmstadt ernannte ihn auch zum Rath: Schiller war also zwei Mal Rath. Der Herzog von Meiningen ernannte ihn auch zum Hofrath; der deutsche Kaiser adelte den Dichter des Wilhelm Tell. Dann ward er Professor in Jena, er bekam Brod, er mußte aber arbeiten, und nur wenige Jahre lebte er frei und seiner Würde angemessen in Weimar von der Gunst seines Fürsten. Kein zweiter übernahm die irdischen Sorgen dieses ätherischen Geistes, Gold hat ihm keiner gegeben. Doch ja — ein Erbprinz und ein Graf haben ihre beiden Herzbeutel zusammengeschossen, und haben in Compagnie dem Dichter auf drei Jahre einen Gehalt von tausend Thalern gegeben. Wen Gott empfiehlt, der ist bei unsern regierenden Herren schlecht empfohlen. Und wäre es denn Großmuth, wenn deutsche Fürsten das Genie würdiger unterstützen, da sie doch die alleinigen und unbeschränkten Verwalter des Nationalvermögens sind?

Göthe hätte ein Herkules seyn können, sein Vaterland von großem Unrathe zu befreien; aber er holte sich blos die goldenen Aepfel der Hesperiden, die er für sich behielt, und dann setzte er sich zu den Füßen der Omphale und blieb da sitzen. Wie ganz anders lebten und wirkten die großen Dichter und Redner Italiens, Frankreichs und Englands; Dante, Krieger, Staatsmann, ja Diplomat, von mächtigen Fürsten geliebt und gehaßt, beschützt und verfolgt, blieb unbekümmert um Liebe und Haß, um Gunst und Tücke, und sang und kämpfte für das Recht. Er fand die alte Hölle zu abgenutzt und schuf eine neue, den Uebermuth der Großen zu bändigen und den Trug gleisnerischer Priester zu bestrafen. Alfieri war reich, ein Edelmann, adelstolz, und doch keuchte er wie ein Lastträger den Parnaß hinauf, um von seinem Gipfel herab die Freiheit zu predigen. Montesquieu war ein Staatsdiener und er schrieb seine persischen Briefe, worin er den Hof verspottete, und seinen Geist der Gesetze, worin er die Gebrechen Frankreichs richtete. Voltaire war ein Höfling; aber nur schöne Worte verehrte er den Großen und opferte ihnen nie seine Gesinnung auf. Er trug eine wohlbestellte Perücke, feine Manschetten, seidene Röcke und Strümpfe; aber er ging durch den Koth, sobald ein Verfolgter um Hülfe schrie und holte mit seinen adeligen Händen schuldlos Gerichtete vom Galgen herab. Rousseau war ein kranker Bettler und hülfsbedürftig; aber nicht die zarte Pflege, nicht die Freundschaft, selbst der Vornehmen, verführte ihn, er blieb frei und stolz und starb als Bettler. Milton vergaß über seine Verse die Noth seiner Mitbürger nicht, und wirkte für Freiheit und Recht. So waren Swift, Byron, so ist Thomas Moore. Wie war, wie ist Göthe? Bürger einer freien Stadt erinnert er sich nur, daß er Enkel eines Schultheißen ist, der bei der Kaiserkrönung Kammerdienste thun durfte. Ein Kind ehrbarer Eltern, entzückte es ihn, als ihn einst als

Knabe, ein Gassenbube Bastard schalt, und er schwärmte mit der Phantasie des künftigen Dichters, wessen Prinzen Sohn er wohl seyn möchte. So war er, so ist er geblieben. Nie hat er ein armes Wörtchen für sein Volk gesprochen, er, der früher auf der Höhe seines Ruhmes unantastbar, später im hohen Alter unverletzlich, hätte sagen dürfen, was kein Anderer wagen durfte. Noch vor wenigen Jahren bat er die „hohen und höchsten Regierungen" des deutschen Bundes um Schutz seiner Schriften gegen den Nachdruck. Zugleich um gleichen Schutz für alle deutschen Schriftsteller zu bitten, das fiel ihm nicht ein. Ich hätte mir lieber wie einem Schulbübchen mit dem Lineal auf die Finger klopfen lassen, ehe ich sie dazu gebrauchte, um mein Recht zu betteln, und um mein Recht allein!

Göthe war glücklich auf dieser Erde und er erkennt sich selbst dafür. Er wird hundert Jahre erreichen; aber auch ein Jahrhundert geht vorüber und ewig sitzt die Nachwelt. Sie, die furchtlose, unbestechliche Richterin wird Göthe fragen: Dir ward ein hoher Geist, hast du je die Niedrigkeit beschämt? Der Himmel gab dir eine Feuerzunge, hast du je das Recht vertheidigt? Du hattest ein gutes Schwert, aber du warst nur immer dein eigner Wächter! Glücklich hast du gelebt, aber du hast gelebt.

XII.

Soden den 22. Mai.

Ich fühlte mich wohl in Paris. Mir war, als würde ich aus der Tiefe des Meeres, wo eine Taucherglocke mir kärglichen Athem gab, wieder hinaufgehoben in die freie Luft. Das Licht der Sonne, die Menschenstimme, das Geräusch des Lebens entzückte mich. Mich fröstelte nicht mehr unter Fischen; ich war nicht mehr in Deutschland.

Gute deutsche Freunde, die mein deutsches Herz besser kannten, als wortfressende Rezensenten, welche mich für einen Feind des Vaterlandes erklärten, waren doch auch verwundert, mich Frankreich anpreisen zu hören. — Du und dieses Land der Untreue, des Unglaubens und der Unwahrheit! — Nein, nicht so, meine Freunde. — Die großen Vorzüge, welche wir den Franzosen gegenüber haben: der freie Sinn, der fromme Glaube, die Gerechtigkeit und allgemeine Menschenliebe sind innere Güter, die jeder Deutsche mitbringen kann in jedes Land. Aeußere Güter verlassen wir nicht im Vaterlande und diese alle, die uns Allen fehlen, finden wir in Frankreich. Sein eignes deutsches Herz kann man nur in Frankreich froh genießen.

Dort ist es ein Ofen, der uns im kalten Lande wohlthätig wärmt; aber im dumpfen Vaterhause mit seinen festverschlossenen Fenstern und Läden, ist uns des Ofens Hitze sehr zur Last. Wozu die kindischen Abschiedsthränen? Eine Obrigkeit, gebratene Aepfel und den Schnupfen findet man überall.

Ein alter griechischer Dichter, den Plutarch im Leben des Demosthenes anführt, sagte: „Das Nothwendigste zum Glücke eines Menschen ist, in einer berühmten Stadt geboren zu seyn." Da nun glücklich seyn mehr ist als sein Glück machen, was der griechische Dichter meinte, so ist in unsern Tagen das Nothwendigste zum Glücke eines Menschen, in großen Städten leben, die da sind, was in der alten Zeit die berühmten waren.

Wer kein Wasser in den Adern hat, oder wem keine gütige Natur ein rosenrothes Blut gegeben, das wie ein Kind von Puls zu Puls durch das Leben hüpft: der wird in kleinen Städten leicht ein Menschenfeind, oder noch schlimmer, ein Lästerer Gottes und ein Empörer gegen seine weise Ordnung. Unter einer spärlichen Bevölkerung treten die Menschen und ihre Schwächen zu einzeln hervor, und erscheinen verächtlich, wenn nicht hassenswürdig. Große Verbrechen geschehen so selten, daß wir sie für freie Handlungen erklären, und die Wenigen, die sich ihrer schuldig machen, schonungslos verdammen. Ein großes Mißgeschick kehrt erst nach so langen Zeiträumen wieder, daß wir es für eine Regellosigkeit, für eine Willkür der Vorsehung ansehen und wir nurren über die böse Kometenlaune des Himmels. Aber ganz anders ist es in großen Städten, wie Paris. Die Schwächen der Menschen erscheinen dort als Schwächen der Menschheit; Verbrechen und Mißgeschicke als heilsame Krankheiten, welche die Uebel des ganzen Körpers, diesen zu erhalten, auf einzelne Glieder werfen. Wir erkennen dort die Naturnothwendigkeit des Bösen, und die Nothwendigkeit ist eine bessere Trösterin als die Freiheit. Wenn in kleinen Städten ein Selbstmord vorfällt, wie lange wird nicht darüber gesprochen, wie viel wird nicht darüber vernünftelt! Man klagt die Gewinnsucht, die Habsucht, die Genußsucht an; man tadelt die Verführung der Spielbänke, verdammt die Grausamkeit eigensinniger Eltern, welche Liebende zum Sterben gebracht. Lies't man aber in Paris die amtlichen Berichte über die geschehenen Selbstmorde, und wie in jedem Jahre die Zahl derselben sich fast gleich bleibt; wie so Viele aus Liebesnoth sich tödten, so viele aus Armuth, so viele wegen unglücklichen Spiels, so viele aus Ehrgeiz — dann lernt man Selbstmorde als Krankheiten ansehen, die, wie die Sterbefälle durch Schlagfluß oder Schwindsucht in einem gleichbleibenden Verhältnisse jährlich wiederkehren.

Das Kammermädchen einer deutschen Dame in Paris zündete sich aus Unvorsichtigkeit die Kleider an und verbrannte. Die Dame war in Verzweiflung über das unerhörte Unglück. Ich gab ihr die amtlichen Tabellen der Präfectur zu lesen, woraus sie ersah, daß jährlich sechzig oder achtzig in Paris durch Feuertod umkommen, und daß diese Zahl sich fast gleich bleibt. Das tröstete sie viel. Das Schicksal in Zahlen hat etwas sehr Beruhigendes, den Gründen der Mathematik widersteht keiner, und eine Arithmetik und Statistik der menschlichen Leiden würden viel dazu beitragen, diese zu vermindern.

Wer ein beschauliches Leben führt, wer, die Schlafmütze auf dem Kopfe, die Pfeife im Munde, den Kaffee auf dem Tische, bequemer als ein Fürst in der warmen Loge seines Bücherzimmers sitzt, Könige vor sich spielen läßt, sie beklatscht oder auszischt und über das Narren-Chor lacht, das ihnen gehorcht — dieser Glückliche wähle Paris zu seinem Wohnorte. Dort ist ein herrliches Schauspiel, wo alles dargestellt wird, was in allen Gegenden der Welt geschieht oder geschehen kann. Man bleibt in Paris so ruhig. Auch die schnellste Bewegung spüren wir nicht, weil Alles, der Boden, auf dem wir stehen, und der Luftkreis, in dem wir leben, sich mitbewegt. Ruhe ist Glück. In diesem Sinne ist es ganz wahr, was Frau von Stael von Paris sagt: C'est la seule ville du monde où l'on peut se passer du bonheur !

Ruhe ist Glück — wenn sie ein Ausruhen ist, wenn wir sie gewählt, wenn wir sie gefunden, nachdem wir sie gesucht; aber Ruhe ist kein Glück, wenn, wie in unserm Vaterlande, sie unsere einzige Beschäftigung ist.

In Deutschland gehe ich aus, Bewegung zu suchen und finde sie nie; in Paris ging ich nach Hause, um Ruhe zu suchen und fand sie immer. Dort ist das Leben gesellig, die Wissenschaft gesellig und das Bürgerthum ist es auch. Die Regierung ist offen und bildet keine geheime Gesellschaft, die mit dem Kinderspuke der Freimaurerei alle Schrecken eines Glaubens- gerichts verbände — Schrecken, wenn auch nur gemalte; ja diese beleidigen um so mehr, weil sie uns für Kinder erklären, für welche das genug ist.

Nur in der Jugend ist man wahrer Weltbürger; die besten unter den Alten sind nur Erdenbürger. Auch ich war jung! aber seit ich das Land der Phantasie verlassen, seit ich Deutschland bewohne habe ich die entsetzlichste Langeweile. Die Stille hier macht mich krank, die Enge macht mich wund. Ich liebe kein Solo-Geräusch. Auch wenn Paganini spielt, auch wenn Sie singt — ich halte es nicht lange aus. Ich will Symphonien von Beethoven oder ein Donnerwetter. Ich will keine Loge selbst für mich, auch noch so breit; aber auch keine über mir. Ich will unten sitzen, umgeben von meinem ganzen Volke.

Der Werth des Lebens wird in Deutschland unter der Erde, in mitter-
nächtlicher Stille, wie von Falschmünzern ausgeprägt. Die, welche arbeiten,
genießen nicht, und die welche genießen, die welche im Tageslichte das Werk
dunkler Angst in Umlauf setzen und geltend machen, sie arbeiten nicht. In
Frankreich lebt ein Lebensfroher das Leben eines Couriers, in Deutschland
das eines Postillons, der die nämliche Station immerfort hin und zurück
macht, und dem das Glück ein armseliges Trinkgeld reicht. Freilich ist uns
auch jeder Stein auf unsern zwei Meilen bekannt, und wir könnten den Weg
im Schlafe machen; wir haben so viel Genie als ein Pferd. Das nennen
wir g r ü n d l i ch seyn.

. Man nennt die Deutschen f r o m m, b e s c h e i d e n, f r e i s i n n i g.
Aber ist man fromm, wenn man den Menschen, Gottes schönstes Werk, in
Stücke zerschlägt? Ist man bescheiden, wenn man hochmüthig ist? Ist
man freisinnig, wenn man dienstsüchtig ist? Man findet bei den Franzosen
wohl auch Hochmuth; aber er ist p e r s ö n l i ch, seit dem alten Adam
herabgeflucht, es ist kein G e m e i n d e = H o ch m u t h wie bei uns; er ist
nicht organisirt. Es giebt keinen Beamtenstolz, keinen Hofrathsstolz, keinen
Soldatenstolz, keinen Adelstolz, keinen Professorstolz, keinen Studentenstolz,
keinen Kaufmannsstolz. In Paris wie in der kleinsten deutschen Stadt,
zündet sich jede Eitelkeit ihr Stümpfchen Licht an; aber der Lichtchen sind
so viele, daß eine prächtige Beleuchtung daraus wird. Der Umschwung des
Lebens ist dort so rasch, daß die kleinsten Erscheinungen, durch die kürzesten
Zeiten getrennt, ein erhabenes Ganze bilden. So leuchtet die matt glim-
mende Lunte als schönes Feuerrad, wenn man sie im Kreise schwingt.

In Deutschland gibt es keine große Stadt. Von Wien ist gar nicht zu
sprechen, und von Berlin nicht auf das Beste. Zwar ist dort mehr Geist
zusammengehäuft, als vielleicht in irgend einem Orte der Welt; aber er
wird nicht fabrizirt, er kömmt nicht in den Kleinhandel, es ist nur ein Pro-
duktenhandel. Es gibt in Berlin geistreiche Beamte, geistreiche Offiziere,
geistreiche Gelehrte, geistreiche Kaufleute; aber es gibt kein geistreiches Ge-
sammt=Volk. Das gesellige Leben ist dort ein Victualien=Markt, wo alles
gut, frisch, aber nur roh zu haben ist: Aepfel, Kartoffeln, Brod, auch schöne
Blumen; aber das Herz soll kein Markt seyn, durch die Adern der Gesellschaft sollen keine Kartoffeln rollen, sondern Blut soll fließen, worin Alles
aufgelöst ist, und worin man Kartoffeln und Ananas, Bier und Champagner,
Witz und Dummheit nicht mehr unterscheiden kann. Der gesellige Umgang
soll demokratisch seyn, keine Empfindung, kein Gedanke soll vorherrschen;
sondern alle Empfindungen und alle Gedanken sollen an die Reihe kommen.
Und in der gesellschaftlichen Unterhaltung muß es einen Mittelpunkt geben,

ein Etwas, von dem Alle sprechen, weil es Allen wichtig ist, und das Allen
wichtig zu seyn auch verdient. Der König ist gut, die Prinzen sind angenehm, das Theater ist schön, Rebhühner sind köstlich; aber immer vom
Könige sprechen, immer von Prinzen, immer vom Theater, toujours perdrix
— man wird es überdrüssig.

Wenn in Deutschland selbst die großen Städte kleinstädtisch sind, so muß
man, den Geist der kleinen zu bezeichnen, erst ein neues Wort erfinden. Wie
in England die Theilung der Arbeiten, ist bei uns die Theilung der Vergnügungen auf das Aeußerste getrieben. Man amüsirt sich homöopathisch: in
einem Kübel Langweile kömmt ein Tröpfchen Zeitvertreib. Eigentlich besitzt
jede Stadt Alles, was man braucht, eine angenehme Geselligkeit, einen
freundlichen Heerd zu bilden, um den man sich nach den Mühen des Tages
versammelt, dort, nachdem man sich zu Hause die Hände gewaschen, auch
das Herz zu reinigen. Aber bei uns sind die Erfordernisse zu solcher Bildung getrennt und zerstreut, und mit unglaublichem Eifer und bewunderungswürdiger Beharrlichkeit sucht man die Trennungen zu unterhalten.
Hier ist der Stein, dort der Stahl; hier der Zunder, dort die feuerschlagende
Hand; hier das Brennholz, dort der Heerd. Sie nennen das: Klubs,
Casinos, Ressourcen, Harmonien, Collegien, Museen. Da gesellen sich die
Gleichgesinnten, die Gleichbegüterten, die Gleichbeschäftigten, die Standesgenossen. Da findet jeder nur, was er so eben verlassen; da hört jeder nur
das Echo seiner eigenen Gesinnung; da erfahren sie nichts Neues und ver-
gessen sie nichts Altes. Eine solche Unterhaltung ist blos eine fortgesetzte
Tagesbeschäftigung, nur mit dem Nachtheile, daß sie nichts einbringt und die
Zeit rein verloren geht. In diesen Klubs herrscht die Stille eines Kirch-
hofes. Nichts hört man als das Beingeklapper der Billiardkugeln, Würfel
und Domino-Steine; nichts sieht man als Rauchwolken, die wie Geister
aus den Pfeifenköpfen steigen. Erst wenn neue Beamte gewählt, oder neue
Mitglieder aufgenommen werden sollen, besonders wenn die Vorgeschlagenen
Gegner haben, kömmt Bewegung in den Tod; dann ist ein Leben, wie es
auf dem altrömischen Forum war. So besteht jede deutsche Stadt aus
fünfzig kleinen Festungen, deren Besatzung auf nichts sinnt, als sich gegen
die Draußen zu vertheidigen. Sie sterben lieber aus Mangel an Unterhaltung, als daß sie ihre Thore öffnen; denn ihr Zweck und ihr Vergnügen
ist nicht die Vereinigung, sondern das Excommuniciren. Wenn Polizei-
Minister, Diplomaten, Central-Untersuchungs-Kommissäre auf Urlaub mir
versprechen wollen, bei jeder künftigen Gelegenheit artig gegen mich zu seyn,
so will ich ihnen etwas Wichtiges mittheilen, etwas Demagogisches. Es
gibt in Deutschland einige Tausend Casinos, und eine Million Menschen

üben darin täglich ihr Wahl- und Stimm-Recht. Zu welchem Zwecke? Die französische Regierung kann schon mit ihren achtzigtausend Wählern nicht fertig werden . . . . und so weiter. Ich habe es mit klugen Leuten zu thun, die schon wissen werden, was ich meine und was sie zu thun haben. Aber artig seyn!

Wenn mechanische Kräfte von gleicher Größe, mit gleicher Geschwindigkeit auf einander stoßen, halten sie sich wechselseitig auf und bleiben stehen. Sind aber die Kräfte oder ihre Geschwindigkeiten ungleich, treibt eine die andere fort und alle kommen in Bewegung. So ist es auch mit Geisteskräften. Das ist das Geheimniß der Verdrießlichkeit deutscher und der Annehmlichkeit französischer Gesellschaften. Wo nur Standesgenossen zusammenkommen, da wird immer die Langweile präsidiren und die Dummheit das Protokoll führen. Kömmt man als Fremder in eine deutsche Stadt und möchte den Geist der Bevölkerung kennen lernen, so ist das gar nicht zu erreichen. Man müßte erst ein Jahr lang alle Klubs, Casinos und Gesellschaften besuchen, und die Wahrnehmungen addiren, um zu einem Urtheile zu kommen. Und auch dann würde man sich verrechnen; denn es ist mit den geselligen Stoffen wie mit den chemischen; vereinigt bilden sie einen dritten neuen Stoff. Aber eben dieses unbekannte Dritte fürchtet man in Deutschland wie den Bösen und sucht seine Entstehung zu verhindern. Als ich in Hannover in das dortige Museum eingeführt worden, fragte ich den Sekretär, aus welchen Klassen von Bürgern die Gesellschaft bestünde? Daß die Gesellschaft k l a s s i s c h seyn werde, wie überall, konnte ich mir denken. Der Sekretär antwortete mir mit triumphirender Miene: „Es sind gar keine Bürger dabei, höchstens ein Paar, und wir haben zwei Minister." Das hannoverische Museum zu besuchen, hat ein Fremder nur drei Wochen das Recht. Ich kam aus Versehen einen Tag länger, was doch verzeihlich war, da schwangere Weiber sich in ihrer weit wichtigern Rechnung so oft irren. Man warf mich zwar nicht gleich zur Thüre hinaus, aber man gab mir begreiflich zu verstehen, man würde mich, wenn ich wieder käme, mit Schmerz zur Thüre hinauswerfen: die eingeführte Ordnung erfordere, daß man — grob sey. Die Ordnung! Ach und Wehe über die N o m o m a n i e der Deutschen! Man sollte diese lebendigen Corpora juris alle in Schweinsleder kleiden.

Auf meiner Reise nach Hannover blieb ich einen Tag in Braunschweig. Aus meinem Zimmer im Gasthofe konnte ich durch das Fenster eines kleinen Saales sehen, der menschenleer war und worin auf einem grünen Tische viele Zeitungen lagen. Ich schmachtete sehr nach der Frankfurter Didaskalia und sagte dem Kellner, er möchte mich in das Lesezimmer führen. Dieser antwortete, das ginge nicht an, das Zimmer wäre zugeschlossen, und es wäre eine geschlossene Gesellschaft. Die Zeit wurde mir lange, es war ein schöner Tag und ich fragte, wohin die Leute spazieren gingen. Man wies mich in Bartels Garten. Ich ging in Bartels Garten. Bartels Garten gefiel mir. Rechts war ein großer Saal, dessen Thüre offen stand; ich trat hinein. Viele geputzte und schöne Damen waren da versammelt und ein Tisch war gedeckt für mehr als hundert Personen. Ich nahm ein Messer, spießte zum Zeichen der Besitzergreifung des Gedeckes das darauf liegende Milchbrod lothrecht an und bestellte provisorisch einen Schoppen Medoc beim Kellner. Einige alte Weiber warfen mir lange durchdringende Blicke zu. Ich lächelte, denn ich dachte, sie wollten mich provoziren; aber sie waren ganz unschuldig. Der Kellner bemerkte mir mit nordischer Artigkeit, das wäre ein bestelltes Essen und eine geschlossene Gesellschaft. Ich warf mich zum Saale hinaus. Gegenüber links war eine Reihe anderer Zimmer, worin viele Herren Taback rauchten, Billard und Kegel spielten und andere deutsche Vergnügungen trieben. Ich wollte hineintreten, als ich an der Thüre einen Zettel bemerkte, worauf mit großen Buchstaben vermiethet geschrieben stand, und das nennt man einen öffentlichen Garten! Ich setzte mich unter die Bäume, wo noch sechs bis acht Gäste saßen, wahrscheinlich Excommunicirte wie ich. Bei dieser Gelegenheit machte ich von meiner gewohnten Lebensart eine fromme und lobenswerthe Ausnahme. Sonst pflege ich täglich nur Morgens und Abends zu beten: Hole euch der Teufel alle mit einander! Aber in Bartels Garten hielt ich dieses Gebet auch Nachmittags zum zweiten und vorletzten Male; am nämlichen Tage. Ich zahlte meine Bier-Kaltschale, sagte: hole euch der Teufel alle mit einander! und eilte voller Zorn hinaus. Bäume sehe ich auf der Landstraße genug; ich war gekommen, Menschen zu sehen und finde sie alle geschlossen wie die Spitzbuben.

Auf dieser nämlichen Reise übernachtete ich in Eimbeck, einem Städtchen zwischen Minden und Hannover. O ihr armen Eimbecker, wenn ihr wüßtet, welch' eine gräuliche Missethat ich damals gegen euch verübt, ihr würdet jammern, daß sich das Straßenpflaster erbarmte! Am 15. September 1828 bin ich nicht blos in euerem Casino gewesen, ohne Mitglied oder eingeführt zu seyn, sondern ich habe auch darin geschlafen, und habe mit dem Allerheiligsten, was sich in einem Casino nur findet, einen sträflichen Unfug getrieben. Ich kehrte in den Kronprinz ein. Der Kronprinz schien gut wie die meisten Kronprinzen, doch hielt er was er versprochen. Man schlug mein Bett in einem großen Saale auf. Das Mädchen erklärte mir auf meine Verwunderung: alle Zimmer wären besetzt, dieses wäre der Casino-Saal und im Sommer versammelten sich die Herren vor der Stadt in einem Garten. Ich ging im Saale auf und ab, und als Ehren-Mitglied des Casinos hielt ich es für Pflicht, stark zu rauchen. Auf dem Tische stand ein Gehäuse von grün lackirtem Blech, das ich anfänglich für einen Vogelbauer hielt, bei näherer Untersuchung aber als das Stimm-Gehäuse des Casinos erkannte. Es war sehr zierlich und hatte die Form eines Gartenhauses. Auf dem Giebel des Daches stand statt der Wetter-fahne eine dicke goldene Flamme. Im obern Stocke war ein rundes Fen-ster, ein Oeil de boeuf, so groß, daß man die Hand hineinstecken konnte. Aus diesem Loche führten zwei verschiedene Gänge in zwei Schubladen, die im unteren Geschosse waren und die Hausthüre vorstellten. Ueber der einen Schublade stand mit goldenen Buchstaben Ja, über der andern Nein geschrieben. Ich untersuchte die Schubladen und — was fand ich? Die guten Eimbecker werden schändlich betrogen und ahnen es nicht. Beide Schubladen stehen hinten durch ein geheimes Loch in Verbindung, so daß der Stimmsammler, wenn er die Hand in die Schublade bringt, die Stimm-kugeln herauszuziehen, unbemerkt jede Kugel aus Ja in Nein, und aus Nein in Ja werfen kann. Hierdurch wird die Stimmfreiheit trügerisch und der Casino-Präsect hat die Wahl ganz in seiner Gewalt. Im Eimbecker Casino wird aber nicht mit Kugeln gestimmt, sondern mit hölzernen Eicheln, vom Posamentirer mit grüner Seide überzogen. Ich steckte eine von den Eicheln ein, sie mit auf Reisen zu nehmen. Die Nacht schlief ich sehr un-ruhig; ich fürchtete, der Geist des beleidigten Gesetzes würde vor mein Bett kommen und mich erwürgen. Die gestohlene Eichel ließ ich in Hamburg auf eine grüne seidene Mütze nähen, welche Mütze ich ein Jahr später, da sie alt geworden war, einem Kutscher in Mainz schenkte. Wie schauerlich sind die Wege des Schicksals! Eine Stimm-Eichel aus dem Casino zu Eimbeck auf der Nachtmütze eines Mainzer Lohnkutschers! Und der Mensch jammert, daß er sterblich ist?

Giace l'alta Cartago, a pena i segni
De l'alte sue ruine il lido serba;
Mucciono le città, mucciono i regni,
Copri i tasti e le pompe arena e erba;
E l'uom d' esser mortal perche si sdegni?
O nostra menta cupida e superba!

XIII.

Soden den 25. Mai.

Eine Anekdote darf nie zu Fuße gehen, sie muß sich zu Pferde setzen und im Galoppe davon eilen. Aber es gibt Menschen, die brauchen längere Zeit, ein Geschichtchen zu erzählen, als die Zeit Zeit braucht, es geschehen zu lassen. Das sind die Generalpächter der Langenweile, die nicht dulden, daß ein Anderer, der nicht von ihrer Gesellschaft ist, auch nur das kleinste Langweilchen einführe.

— Der Bionom Butte gibt der Menschheit eine Lebensdauer von zwanzig tausend Jahren, welches nicht sonderlich großmüthig ist. Hätte es Herrn Butte etwas gekostet, sie zwanzig tausend Millionen Jahre leben zu lassen? Was nützt es uns übrigens, die Lebensdauer der Menschheit zu kennen, da wir darum doch nicht wissen, wie weit sie noch vom Tode hat, weil wir ihre schon verlebten Jahre nicht gezählt haben? Die Frau Menschheit ist gewiß älter als sie gesteht, ob man zwar, da sie eine ächte Schwäbin ist, glauben sollte, sie wäre noch keine vierzig Jahre alt. Herr Gruithuisen in München ist doppelt so freigebig als Herr Butte. Nach ihm würde der Mond in dreißig und etlichen tausend Jahren der Erde einen Besuch machen; es muß also angenommen werden, daß alsdann die Menschheit noch leben wird. Ließe sich denken, daß der Mond ein ausgestorbenes Haus besuchen, oder eine so weite Reise machen sollte, blos um eine Thräne am Grabe der Menschheit zu weinen? Nimmermehr. Diese etliche und dreißig tausend künftigen Jahre mit den schon verlebten zusammengerechnet, machten also vierzig tausend. Wer hat nun Recht, Herr Butte oder Herr Gruithuisen? Das ist eine Sache, worüber wir vernünftige Leute nicht urtheilen können; diese Frage gehört vor das Tollhaus.

— Bonifaciopolis nannte ein Kirchenrath Petri die Stadt Fulda in einem Liede, das er der abgereisten Landesmutter bei einem „Natur- und Staatsfeste" nachgesungen.

Landesmutter und Kirchenrath,
Bonifacius, Natur und Staat,
Geistlicher, betrunkene Gäst —
Sprecht! wie reimt man das am best'?
Bonifacius kam aus England;
Landesmutter ist verbannt;
Kirchenräthe treiben Tand;
Dem Staate ist zur linken Hand
Natur getraut in manchem Land;
Woher viel Uebel stammen. —
So reimt sich das zusammen.

— Das Leben Carnots von Körte, das ich in diesen Tagen gelesen, hat mir die alte Ueberzeugung verjüngt, daß bei der gegenwärtigen Einrichtung der bürgerlichen Gesellschaft ein tugendhafter Mann dem Staate durchaus keinen Vortheil bringt. Carnot war ein edler Charakter, im reinsten antiken Style gebildet; er war uneigennützig, jeder Regung seines Herzens, jeder eignen Meinung entsagend; er gehorchte immer den Gesetzen, er gehorchte selbst jeder Obrigkeit, sobald diese sich der Macht bemächtigt und vom Volke anerkannt war; er hatte mehr das Vaterland im Auge. Und doch muß man sich gestehen, daß wenn Carnot seinem Vaterlande gute Dienste geleistet, er dieses nicht d u r ch seine Tugend, sondern t r o tz ihr gethan, und daß jeder Schurke von Talent das Gleiche mit gleichem Nutzen für die öffentliche Sache hätte vollbringen können. Es ist eigentlich selbst in unseren Tagen nicht das W e s e n der Tugend, das man geringschätzt, sondern nur ihr S ch e i n, weil er mit allen Einrichtungen im Widerspruche stehend sich lächerlich darstellt. Auch der reinste Ton klingt widerlich, wenn er sich in eine Harmonie mischt, die ihm fremd ist. Wenn Carnot, da er einst als Kriegsminister mit einer Lieferantengesellschaft einen Contract für den Staat abgeschlossen, wenn dieser das in Frankreich bei solchen Anlässen immer üblich gewesene Geschenk nicht annimmt, einen Beutel mit dreitausend Louisd'or zurückgibt und man die Spitzbuben von Lieferanten ins Fäustchen lachen sieht; wenn er ein anderes Mal unter der räuberischen Direktorial-Regierung von einer Summe, die ihm zu einer Amts-Reise gegeben worden, nach seiner Rückkehr dasjenige Geld in den Staats-Schatz zurückschickt, das ihm übrig geblieben — muß man dann nicht bei aller Bewunderung solcher Tugend etwas spötteln? Ein tugendhafter Bürger, der heute der öffentlichen Sache dienen will, bedarf einer größern Entsagung als im Alterthum, denn er muß ein Opfer bringen, das selbst der Tugend zu schwer fällt; er muß seine Ehrlichkeit mit der Maske der Spitzbüberei bedecken. Den erhabensten Charakter eines guten Bürgers, und wie ihn die alten Zeiten nicht hatten, hat uns C o o p e r in seinem S p i o n aufgestellt. Viele Andere haben für das allgemeine Wohl einen schmerzlichen Tod erduldet; aber Cooper's Spion allein hat für sein Vaterland ein schmerzvolles Leben geführt!

Wie verzweifelnd die Lage Napoleons nach seiner Rückkehr von Elba gewesen, zeigt sich in nichts mehr, als daß er Carnot zum öffentlichen Dienste verwendete und ihn lieben und achten lernte. Aber solche Zeit der Noth kann für alle Fürsten eintreten und es wäre daher sehr weise, wenn sie in ihrem Schatze, unter ihren Kronjuwelen, auch einige Seltenheiten von ehrlichen Menschen aufbewahrten und neben ihren geheimen Räthen auch geheime

Widerräthe besoldeten. Die Höfe haben so viele Sinecur-Stellen — warum errichtet man nicht auch ein Ministerium der tugendhaften Angelegenheiten?

— Das Herz kömmt jeden Morgen warm und mürbe aus dem Backofen des Bettes, und Abends ist es kalt, hart und trocken, wie eine alte Semmel. Der Morgen, der Frühling des Tages, schmilzt die Bosheit des vorigen Abends weg. Ach! wenn der Schlaf nicht wäre, es wäre besser ein Krebs seyn, als Mensch und unter Menschen leben!

— Eine Kutsche fährt in den Hof; darauf ein Thurm von Schachteln gebaut. Das ist ja prächtig, es sind Frauenzimmer! Ich lag mit meiner langen türkischen Pfeife am Fenster des ersten Stockes und klopfte muthwillig mit dem Pfeifenkopfe auf einen Hut-Sarg. Da war es mir als flüsterte eine Geisterstimme zu mir hinauf; ich räche den Frevel! Eine kleine weiße Hand reichte eine Viertelstunde lang bewegliches Gut aus dem Wagen. Es war zum Sterben vor Ungeduld. Man klopfte an meiner Thüre, ich wendete mich um und als ich wieder hinaus sah, war der Wagen leer und der Nachzug eines grünen Schleiers schwebte ins Haus hinein. Wie heißt sie? frug ich den Wirth. — Madame Molli. — Wer ist ihr Mann? — Sie ist Wittwe. — Wittwe! sehr schön; aber eine Madame! Das ist schlimm! Ich besitze fünfzig Komödien von Scribe, die ein vollständiges Linneeisches System von allen Wittwen-Gattungen in der Natur aufstellen. Aber Scribe's Wittwen sind alle von Adel: Frau von Coulanges, Gräfin von Rozieres, Marquise von Depre. Wer lehrt mich mit einer bürgerlichen Wittwe umgehen? Ich versuche es. Bin ich doch der einzige Mann im Bade. Die Krankheit hat einige interessante melancholische Züge in meinem Gesichte zurückgelassen, und die Weiber trösten gern. Ich werde ihr unter den Bäumen begegnen und trübsinnig mit verschränkten Armen, ohne zu grüßen an ihr vorüber gehen. Ich fülle meine Taschen mit Kreuzern und vertheile sie rechts und links an die Dorfarmuth. Ja, ich kann in einiger Entfernung von ihr meine Uhr unter dem Rocke hervorziehen, sie küssen und an mein Herz drücken. Das Gold blinkt in der Sonne und sie wird es wohl für ein Medaillon ansehen. — Eine abwesende Geliebte? Oder ist sie todt? — O, das wirkt! Bei Weibern ist die Liebe so oft eine Tochter als die Mutter der Eifersucht. Und vor Allen du, mächtige Göttin, siegreiche Langeweile — du zauberst ihr wohl etwas von meiner Jugend, meiner Schönheit, meiner Liebenswürdigkeit vor. Aber wer mag die Andere seyn? Ihre Tochter? Nicht möglich. Warum nicht möglich? Ich weiß schon nicht mehr, was ich spreche. Ihre Schwester, ihre Cousine, ihre Freundin — gleich viel. Zwei, um so besser. Ich muß mich heute noch sehen laſſen. Ihr Fenſter geht nach dem Garten. Ich ſitze in der Laube, leſe Pfiſters Geſchichte der Deutſchen und ſtreiche eine Thräne aus meinen Augen. Das Buch iſt hellblau gebunden und kann etwas Romantiſches vorſtellen. Sie bemerken mich gewiß. Heute ſprechen ſie von mir, morgen über mich, übermorgen mit mir, in drei Tagen zu mir. Schließe deine Rechnung mit dem Himmel, Wittwe; dein Herz iſt mein, kein Gott kann dich retten!

XIV.

Soden den 27. Mai.

Wo Weiber einkehren, da folgt auch bald Vocal-Muſik. Schon früh Morgens hörte ich zwei angenehme weibliche Stimmen Conrad, Conrad durch das Haus tönen. Die eine Stimme betonte die letzte Sylbe und rief Conrad, die andere die erſte und rief Conrad. Wie ungeduldig! Wenn das die Stimme der Wittwe iſt, wird ſie mir viel zu ſchaffen machen. Ich bin aber auch für mein Alter noch ziemlich dumm. Ein erfahrener Mann würde eine Wittwenſtimme von hundert andern Stimmen unterſcheiden; denn ſie hat gewiß etwas Eigenthümliches.

— Nein, Madame Molli iſt nicht die Heftige. Ich begegnete ihr im Gange. Eine edle ſchlanke Geſtalt mit etwas blaſſem Geſichte. Das iſt eine ſchöne Bläſſe! Das ſchüchterne Blut meidet die freien Wangen; aber im häuslichen Herzen, da zeigt es ſich freudenroth und liebeswarm.

Sie hat eine Art ſich zu verneigen, die mir ungemein gut gefällt. Es iſt als wenn ein Lüftchen ſie beugte, es iſt als wenn uns eine Blume begrüßte.

— Während die Frauenzimmer ausgegangen waren, trat ich in das offen ſtehende Zimmer, worin das Mädchen ſäuberte. Dreizehn ausgeleerte Waſſerflaſchen ſtanden umher. Ich ſtellte ſie in Reihe und Glied vier Flaſchen hoch, und die dreizehnte als Lieutenantin voraus. Kämen ſie nur zurück und ſähen die Parade!

Sie haben auch Bücher. Die Stunden der Andacht. Was ſchadet's? Der Tag hat vier und zwanzig Stunden und Zeit für Alles. Heine's Reiſebilder. Oſſian. Vollney's Ruinen, aus der Leihbibliothek. Iſt das Ernſt oder glaubten ſie, es ſey eine Räubergeſchichte? Abraham a Sancta Clara. Das wunderte mich etwas von Frauenzimmern, die dreizehn Flaſchen Waſſer verbrauchen: jeder Humor hat doch etwas Unreinliches. Laßt die Todten ruhen von Raupach. Uhland's Gedichte. Der liebe Uhland! Er begleitet mich auf allen meinen Wegen. Ja, ſo laß ich mir es gefallen! Das iſt auch alte Zeit; aber ſie iſt kindlich, nicht kindiſch;

sie ist heiter, läuft nicht mit der Jugend, sondern spielt mit ihr. Das ist auch süße Minne; aber süß wie Zucker, nicht wie Syrup. Das sind auch treue Bürger; aber demüthig sind sie nicht. Das sind auch muthige Ritter: aber hochmüthig sind sie nicht. Das ist auch Königsglanz; aber er blinkt nicht wie kalte Sterne, er strahlt wie die Sonne herab und erwärmt die niedrigste Hütte. Golden und warm ist Uhland, wie die Krone in der Schäferin Hand.

— Habe Göthe's West-östlichen Divan geendigt. Ich mußte ihn mit Verstand lesen: mit Herz habe ich es früher einmal versucht, aber es gelang mir nicht. So mit keiner Schrift des Dichters, den Ante-Aulischen Werther ausgenommen, den er geschrieben, sich mit der zudringlichen Jugend ein für alle Mal abzufinden.

Welch' ein beispielloses Glück mußte sich zu dem seltenen Talente dieses Mannes gesellen, daß er sechzig Jahre lang die Handschrift des Genies nach-machen konnte und unentdeckt geblieben!

Nein, das sind keine Weingesänge, das sind keine Liebeslieder! Das sind keine losen, das sind feste Gedichte. Wohl anmuthig säuselt die Luft durch Zweige und Blätter und schüttelt sie freundlich; aber den starren Stamm bewegt sie nicht. Was wurzelt, ist halb der Nacht, halb dem Lichte und hat nur halbes Leben. Warum, ein freier Mann, orientalisch dichten? Gefangen sind jene, die durch das Gitter ihres dumpfen Kerkers hinaus-singen in die kühle Luft. Das Lied ist leicht, das Herz ist schwer. Selbst Salomo seufzte bei Wein und Kuß, und er war Herr; wie mochten erst seine Sklaven lieben und trinken!

Von den Orientalen stammen alle Religionen. Gottes Schrecken und Milde, Zorn und Liebe war in ihren despotischen Herrschern ihnen näher geführt, als den freien Abendländern. Ihre Poesie ist kindlich, weil aufge-wachsen unter dem Schutze und den Augen ihres Vaters; aber auch kindisch aus Furcht.

Das zahme Dienen trotzigen Herrschern hat sich Göthe unter allen Kost-barkeiten des orientalischen Bazars am begierigsten angeeignet. Alles andere fand er, dieses suchte er: Göthe ist der gereimte Knecht, wie Hegel der ungereimte.

Göthe's Styl ist zart und reinlich: darum gefällt er. Er ist vornehm: darum wird er geachtet — von Andern. Ich aber untersuchte, ob die so glatte Haut Kraft und Gesundheit bedecke, und ich fand es nicht; fand keine Ader, die von der lilienweißen Hand den Weg zum Herzen zeige. Göthe hat etwas Würdiges, aber diese Würde kömmt nicht von seiner Herrlichkeit, sondern von glücklicher Anmaßung, von Etikette. Wie ein König, hat er schlau und wohlbedacht Alles berechnet und angeordnet, statt Ehrfurcht, dieses ursprüngliche Gefühl, welches die gottentsprungene Macht erweckte, Ehre und Furcht zu erzwingen. Genug für die, welchen solche Huldigung genug ist; aber nicht genug für uns, die wir nur mit dem Herzen dienen. Blinzeln wir auch, wenn es uns um die Augen flittert, lassen wir uns doch nicht verblenden; stutzen wir auch wenn machtgewohnte Mienen und Worte uns entgegenkommen, kehren wir doch bald zurück und fragen: wo ist das Recht?

Göthe spricht langsam, leise, ruhig und kalt. Die dumme scheinbeherrschte Menge preist das hoch. Der Langsame ist ihr bedächtig, der Leise bescheiden, der Ruhige gerecht und der Kalte vernünftig. Aber es ist Alles anders. Der Muthige ist laut, der Gerechte eifrig, der Mitleidige bewegt, der Entschiedene schnell. Wer auf dem schwanken Seile der Lüge tanzt, braucht die Balancirstange der Ueberlegung; doch wer auf dem festen Boden der Wahrheit wandelt, mißt nicht ängstlich seine Schritte ab und schweift mit seinen Gedanken nach Lust umher. Seht euch vor mit Allen, die so ruhig und sicher sprechen! Sie sind ruhig aus Unruhe, scheinen sicher, weil sie sich unsicher fühlen. Glaubet dem Zweifelnden und zweifelt wenn man Glauben gebietet. Göthe's Lehrstyl beleidigt jeden freien Mann. Unter Allem, was er spricht, steht: tel est notre plaisir. Göthe ist anmaßend oder ein Pedant, vielleicht Beides.

Göthe's Gedanken sind alle ummauert und befestigt. Er selbst will, sein Leser kann nicht mehr hinaus, sobald er in sie eingedrungen. Das Thor schließt sich hinter ihm, er ist gefangen. Göthe, weil er beschränkt ist, beschränkt. Das Umflattern der Phantasie, der eignen wie der fremden belästigt ihn; er stutzt sie, und der flügellahme Leser preist den Dichter hoch, zu dem er sich nicht zu erheben braucht, weil er so gütig ist, auf gleichem Boden mit ihm zu stehen.

Göthe verbietet, ja selbst dem Eigenwilligsten verhindert er, das Selbstdenken. Und sage man nicht: es geschieht, weil er den Gegenstand bis auf den Grund ausschöpft, weil er der Wahrheit höchste Spitze erreicht. Der menschenliebende, gottverwandte Dichter entführt uns der Schwerkraft der Erde, trägt uns auf seinen feurigen Flügeln hinauf bis in den Kreis des Himmels, dann senkt er sich, auch seine andern Kinder zu heben: uns aber zieht die Sonne an. Sinken wir mit dem Dichter zurück, so ist es, weil er den irdischen Dunstkreis nicht verließ. Der wahre Dichter schafft seinen Leser zum Gedichte, das ihn selbst überflügelt. Wer nicht dieses vermag, dem ist nichts gelungen. Ein Gesell zieht er Gesellen an; aber er ist kein Meister und bildet keinen.

XV.

Soden den 30. Mai.

Was mich in Paris am meisten ansprach, war die Vermischung der Stände. Ich sah in einem Glase alle Bestandtheile der bürgerlichen Gesellschaft vereinigt: das zog sich an, stieß sich ab, gährte, zischte, schäumte, und am Ende mußte jeder von seiner Natur etwas ablassen und von der fremden etwas annehmen. Ich sah das Leben einmal auf dem nassen Wege, ich kannte früher nur das auf dem trockenen. Aber nicht blos dieser chemische Prozeß machte mir Freude, sondern auch so mancher unauflösliche Deutsche, der daran keine Freude fand. Von den Vielen unter uns, die keinen neben sich dulden können, und die, wenn sie keinen Herrn vor sich und keinen Diener hinter sich haben, sich für verlorene Menschen halten und wimmern — traf ich mehrere in den Pariser Gesellschaften. In ihrer Angst die feindlichen Stoffe zu vermeiden und die freundlichen im Wirrwarre aufzufinden, wußten sie gar nicht, wo sie sich hinwenden sollten, und gleich einer vom Wasserstrudel ergriffenen Nußschale drehten sie sich um sich selbst und kamen nicht von der Stelle. Diesen gefiel es gar nicht in Paris und sie waren recht froh, als sie wieder nach Hause kamen, jeder in seine heimathliche Schublade, worin jeder trocken blieb und alles galt.

Es trat einmal ein deutscher Freund noch spät Abends mit lautem Lachen in mein Zimmer und erzählte mir: er habe bei Lafitte zu Mittage gegessen und unter den Fremden wäre auch ein halbes Dutzend Frankfurter Bankiers gewesen, zur Hälfte christlichen, zur Hälfte jüdischen Glaubens. Lafitte dachte seinen Frankfurter Gästen keine größere Artigkeit erzeigen zu können, als wenn er sie alle neben einander setzte, und so kam durch eine fürchterliche Erderschütterung ein Frankfurter christlicher Kaufmann neben einem jüdischen zu sitzen. Die Christen verloren alle Haltung, rutschten auf ihren Stühlen unruhig hin und her und bekamen Zuckungen in den Ellbogen. Zuletzt aber brach die auf Lebenszeit eingesperrte Artigkeit gegen Juden in der Verzweiflung durch und warf Alles vor sich nieder. Der eine Jude, ein neckischer Mensch, versuchte mehrere Male seinen christlichen Nachbar zur Besinnung zu bringen, und ihn durch das einfache Mittel, daß er ihn um den Schinkenteller bat, gelinde daran zu erinnern, wer sie Beide eigentlich wären und was sie unterscheide. Aber es half Alles nichts, die Christen in ihrem Taumel blieben höflich den ganzen Abend. Ja, nach dem Essen nahm jeder seinen jüdischen Landsmann unter dem Arm, ging mit ihm im Caffee-Saale auf und ab und erkundigte sich auf das freundschaftlichste nach dem Befinden der Kanzen und Restanten.

Ein anderes Begegniß hatte ich in Paris mit einem deutschen Baron. Zwischen Edelleuten und Bürgerlichen Alles gleich gesetzt: Herz, Geist, Bildung, Sitte, ziehe ich den Umgang des Edelmanns dem des Bürgerlichen vor, wie den Sonntag dem Wochentage. Beim Bürgerlichen ist Alles Geschäft, selbst das Vergnügen; beim Edelmanne alles Vergnügen, selbst das Geschäft. Ich hasse daher keinen Edelmann, ich hasse nur alle Edelleute, und nicht wegen ihrer Fehler, die wir Bürgerlichen ja auch haben, sondern wegen ihrer schönen Eigenschaften, die sie ihren Vorrechten verdanken.

> Jemand lieb' ich, das ist nöthig;
> Niemand haß ich; soll ich hassen,
> Auch dazu bin ich erbötig,
> Hasse gleich in ganzen Massen.

Aber jenen Baron hasse ich nicht blos massiv, sondern auch insbesondere. Er war ein Prototyp von Hochmuth, und dem Hochmuthe gegenüber bin ich ein Prototyp von Ungeduld. Ich lernte ihn in den Bädern von Ems kennen, und er mich. Bei Tische häufte er einmal Knochen auf einen Teller, rief seinen Bedienten herbei und befahl ihm laut vor zweihundert Menschen, er solle das dem Hunde bringen. Der junge Bauersohn hatte mehr Ehre als der Edelmann und ward roth vor Scham. Ich ward blaß vor Aerger, häufte auch von meinen Resten einen Teller voll, reichte ihn dem Bedienten und sagte: ich hoffe der Hund werde auch bürgerliche Knochen nicht verschmähen. Der Baron schwieg ganz still. „Il n'y a pas de réparation" — hörte ich einmal im Concerte zu Frankfurt eine alte Gräfin zu einem jungen Gesandtschafts-Attaché sagen, als er ihr mit Lachen erzählte, es habe ihn so eben Jemand einen Schlingel geheißen, weil er einen Stuhl habe wegziehen wollen, auf den sich „sa bourgeoise" gelehnt.

Zu gleicher Zeit befand sich ein Hofrath in Ems, der die närrische Leidenschaft hatte, nach den Wappensiegeln aller adeligen Familien zu jagen. Er drängte sich an jeden Edelmann und kroch so lange an ihm herum und bettelte, bis ihm der gnädige Herr sein Pettschaft roth oder gelb abdruckte. Er nannte jeden Edelmann einen Baron, jeden Baron einen Grafen, zu jedem Grafen sagte er Ew. Erlaucht, und zu jeder Erlaucht Ew. Durchlaucht. So kam er auch in meiner Gegenwart zum Baron, der von alter Familie war, fragte ihn nach den Verzweigungen seines Geschlechts und bat gehorsamst um ein Siegel. Der Baron sagte es ihm mit Vergnügen zu, worüber ihm aber seine Cigarre verlöschte. Der dankbare Groß-Siegelbewahrer flog nach dem Lichte und brachte einen brennenden Fidibus zurück. Bei dieser Gelegenheit nahm ich mir die Freiheit, mich etwas über adelige

Wappen luftig zu machen und fragte unter andern: woher es käme, daß
meiftens Vieh darauf vorkomme? Man follte glauben, meinte ich, die Stifter
der edlen Familien feyen alle Viehhändler, Jäger oder Menagerie-Wärter
gewefen. Das wäre wohl leicht möglich — bemerkte ein anderer Plebejer,
der noch nafeweifer war als ich. Der Baron nahm uns das fehr übel;
aber er fprach kein Wörtchen. Was wollte er thun? Il n'y a pas de
réparation zwifchen einem Bürger und einem Edelmanne.

Der Baron war fehr kränklich und für feine Gefundheit noch ängftlicher
beforgt als es nöthig war. Er fcheute die freie Luft, den Wind, die Sonne,
die Nähe des Fluffes, war jeden Abend um fieben Uhr fchon in feinem
Zimmer und fchloß die Fenfter präcife mit Sonnenuntergang. Er war
befonders auf feinen Kopf bedacht, den er felbft bei Tifche mit einem rothen
ledernen Jakobiner-Mützchen bedeckt hielt und mit deffen fchwarzer Trottel
er etwas fokettirte. Nun gefchah es, daß der Herzog von Clarence, der damals in Ems war, zu Ehren einer jungen und fchönen Prinzeffin ein kleines
Feft im Freien gab. Alle Edelleute unter den Badegäften waren dazu
eingeladen. Meinen Baron hatte man vergeffen, er war in Verzweiflung.
Als endlich um zwei Uhr Mittags noch keine Einladung gekommen, ging er
in den Garten zum Bade-Commiffär, der die Einladungslifte für den Herzog verfertigt hatte, und fragte ihn, warum er allein zurückgeblieben fey?
Der Kommiffär entfchuldigte fich und als gerade ein Lakai des Herzogs die
Straße herauf kam, ging er ihm entgegen, zog den Hut vor ihm ab und bat
ihn höflichft, gegenwärtigen vergeffenen Baron nachträglich zu feiner Hoheit
einzuladen. Der Lakai fragte nach feiner Wohnung, der Baron erwiderte,
er ginge eben nach Haufe, ging wirklich dahin und der Lakai folgte ihm.
Als er unter die Thüre feiner Wohnung gekommen, blieb er ftehen, drehte
fich um und ließ fich einladen. Ich bewunderte die chinefifche Geiftesgegen-
wart fowohl des Lakaien als des Barons.

Die Gefellfchaft des Herzogs wurde im Garten der vier Thürme
gehalten, der zwifchen der ftaubigen Landftraße und dem zugluftigen Fluffe
liegt. Ich unter vielen andern Maulaffen ftand vor der Gartenmauer und
fah der Herrlichkeit zu. Es war lauter edler Pathos, und keine einzige
phthisis ignobilis dabei. Ich konnte mir gar nicht erklären, wie eine hoch-
geborne Bruft die Schwindfucht bekommen könne, und der vorübergehende
Brunnenarzt, deffen Weisheit ich in Anfpruch nahm, fah fich erfchrocken um
und fragte mich, ob ich des Teufels wäre? Der Herzog hatte den Hut auf,
alle übrigen Herren, felbft kleine regierende Fürften waren unbedeckt, mit
dem Hinterkopfe der fengenden Juli-Sonne, mit dem Vorderkopf der win-
digen Lahn blosgeftellt. So ftanden fie zwei Stunden lang, regungslos

wie die Hermen; sie machten keinen Schritt. Die Prinzessin, eine liebenswürdige und lebhafte Dame, ging umher und wechselte einige Worte mit
den Gästen; aber an unseren Baron kam diese Ehre nicht. Ich war vor
Erstaunen außer mir, daß ein so kranker und ängstlicher Mensch seine Gesundheit und Ruhe einer fruchtlosen Eitelkeit aufopfern, und sich in eine
Gesellschaft einbetteln mochte, in der er so wenig bemerkt wurde als ich, der
ich außen stand. Aus Schadenfreude drückte ich den Hut recht fest in den
Kopf hinein und hielt das Schnupftuch vor dem Munde, um an die Gefahr
des Staubes und des Windes zu erinnern. Der Baron stand hinter der
Gartenmauer mir ganz nahe, bemerkte meine diätetischen Maßregeln und
sah mich mit neidischen und kummervollen Blicken an. Den andern Tag
war er krank, ernsthaft oder in der Einbildung, und blieb im Bette.

Diesen Baron fand ich in Paris in der Abendgesellschaft einer Herzogin.
Als ich bei meiner Runde ihn bemerkte, ging ich artig, ja freundschaftlich
auf ihn zu, wie man sich in der Fremde immer freut, auch dem gleichgültig-
sten Bekannten zu begegnen. Er aber, als wäre er in einem deutschen
Bade, wo sich die Adeligen von den Bürgerlichen absondern, als hätten sie
die Krätze — sie oder sie — wendete sich um und wollte mich nicht gesehen
haben. Ich kam gerade aus dem V a r i e t é s und war voll der schönsten
Malicen. Ich machte eine halbe Tour um den Baron, bis ich seinem Gesichte gegenüber kam, reichte ihm die Hand und sagte: mon cher Baron,
ich bin ungemein erfreut, Sie hier zu finden. Dann m o n c h e r t e ich
ihn den ganzen Abend sehr laut und wich ihm nicht von der Seite. Als
die Parthieen arrangirt wurden, zwang ich ihn Ecarté mit mir zu spielen.
Die Herzogin kam auf einige Minuten an unseren Tisch. Ich stand auf,
nahm den Baron bei der Hand und sagte: ich empfehle diesen Freund und
Landsmann Ihrer Güte; er ist nach mir der liebenswürdigste aller Deutschen. — „Sie sind sehr bescheiden" — erwiederte die Herzogin. Ich durfte
mir aber schmeicheln, daß dieser Fächerschlag dem Baron gegolten und nicht
mir. Der Baron war so entzückt und verwirrt, als die Herzogin mit ihm
sprach, ob zwar deren Adel zwanzig Jahre jünger war, als sie selbst, daß er,
ohne es zu merken, mit dem Arme eine seiner vier Marken wegschob. Dadurch überholte ich ihn im nächsten Spiele und er verlor die Parthie, was
mir große Freude machte.

II.

Schilderungen aus Paris.

1822 und 1823.

I.

Französische Sprache.

Wir gemeinen deutschen Bürgersleute, die wir in unserer Jugend keine französischen Gouvernanten gehabt, ob zwar Gouverneurs genug, benutzen gern den Aufenthalt in Frankreich, uns in der französischen Sprache zu vervollkommnen. Wir erfahren aber bald, daß es damit schwer geht und sehr langsam; was Hänschen nicht lernt, holt Hans nicht nach. Bleibt ein deutscher Welt- oder Geschäftsmann ein Jahr oder auch längere Zeit in Paris, dann lernt er zwar mehrere Variationen über sein altes bon jour sprechen, doch das ist Alles. Hat aber ein Deutscher das Unglück, von der gelehrten Klasse zu seyn, und die Eitelkeit, sich als Mann von Verstand zeigen zu wollen, dann geht es ihm noch schlimmer. Diese Eitelkeit aber wird in Paris leicht rege gemacht. Die Franzosen haben vor einem deutschen Gelehrten einen ungeheuern Respekt, einen größern, als sie vor einer Encyclopädie in hundert Foliobänden haben, denn sie schätzen ihn zweihundert Bände stark. Kommt es aber zur Anwendung, zum Reden, Schreiben, zur künstlerischen Darstellung, zum Gespräche, dann lachen sie ihn aus, und wenn sie dem Gelehrten nicht sagen: Du bist ein Vieh! so unterlassen sie es blos aus Artigkeit, aber sie denken es gewiß. Nun wird der deutsche Gelehrte hitzig, und er will zeigen, daß etwas in ihm steckt. Aber was kann er in geselligen Zweikämpfen gegen Franzosen gewinnen? Der Witz der Franzosen ist ein Degen, der eine Spitze hat, aber keine Schneide; der Witz der Deutschen ist ein Schwert, das eine Schneide hat und keine Spitze, und der Stechende besiegt den Hauenden immer. Jetzt wird der Gelehrte noch hitziger, er mustert seine schönsten Gedanken, und rüstet sich fürchterlich. Da gewahrt er aber mit Schrecken, daß das Beste, was er weiß und fühlt, sich im Französischen gar nicht sagen läßt, und er senkt ganz demüthig seine Flügel. Vergebens bereitet er sich vor, vergebens durchblättert und zerknittert er das Wörterbuch der französischen Akademie; er findet keinen Ausdruck für seine innere Regung. Seit 1819 steht in meinem Tagebuch ein Gedanke, auf den ich mir etwas einbilde — wie nun jeder Mensch seine

Schwachheiten hat. Es ist der: „X. ist der Leithammel der deutschen Aristokratie......" Den will ich heute Abend anbringen, dachte ich. Wie gebe ich das französisch? Anfänglich wollte ich in meiner Unschuld Leithammel durch mouton Directeur übersetzen, und ich hätte vielleicht wohlgethan, dieser ersten Eingebung zu folgen. Aber um vorsichtig zu verfahren, suchte ich im Wörterbuche auf, wie Leithammel heißt, und da fand ich: Le mouton porte-clochette. Es sieht wohl Jeder ein, wie lächerlich ich mich gemacht haben würde, wenn ich gesagt hätte: Mr. d'X. est le mouton porte-clochette de l'aristocratie... Und darüber soll einer nicht toll werden? In Frankreich kann ich den Gedanken, in Deutschland darf ich ihn in den ersten hunderttausend Jahren nicht sagen, und soll er nicht ungenossen verderben, muß ich ihn fideikommissarisch auf meine späteste Nachkommenschaft zu bringen suchen.

Nachdem ich eine Zeit lang in Paris gewesen, kam eine wahre Leidenschaft über mich, das Theater und die Literatur der Franzosen in ihren eigenen Blättern zu kritisiren; aber gleich nach dem ersten Versuche verging mir alle Lust zu solchem Unternehmen. Einst las ich in einem Blatte einen Artikel, überschrieben: Bulletin musical, und unterzeichnet: Le vieux mélomane. Darin war unter andern von Webers Freischütz die Rede. Der alte Musiknarr fing damit an, sich zu entschuldigen, daß er sich etwas weniges „de cette pauvre Allemagne" beschäftigen werde. Deutschland, in Beziehung auf Musik, arm zu nennen, fand ich nur unverschämt, weil es kein gröberes Wort gibt, als unverschämt. Dann hielt er Maria v. Weber für ein Frauenzimmer, und das wollte ich nicht auf meine deutsche Schwestern kommen lassen; denn eine Frau soll keinen Lärm machen, nicht einmal einen musikalischen. Endlich erzählte er, der Freischütz habe bei den froids Allemands den lebhaftesten Enthusiasmus erregt, und hierüber auch glaubte ich Einiges bemerken zu müssen. Ich nahm mir also vor, einen Artikel dagegen zu schreiben. Ich versah mich gehörig mit Wörterbüchern, Synonymiken und Sprachlehren, und fing zu laboriren an. Da ich mich gleich französisch zu denken bemühte, so verdroß das einige patriotische Gedanken, sie blieben zurück und ließen mich im Stich. Für die Gedanken, die ich, ohne meinen Zweck zu verfehlen, nicht weglassen konnte, fand ich keine ganz entsprechenden französischen Ausdrücke; kurz ich hatte meine erschreckliche Noth. Endlich brachte ich mit saurer Mühe nachfolgendes Schreiben an die Herausgeber jenes Blattes zu Stande: „Permettez-moi, Messieurs, de rectifier une petite erreur statistique qui s'est glissée dans votre bulletin musical d'aujourd'hui.......... Vous parlez de l'opèra le Freischutz de Maria de Weber, après avoir timidement demandé la

permission à vos lecteurs, de vous occuper un peu de cette pauvre
Allemagne. Ma patrie, grace à la génerosité française, n'est pas aussi
pauvre, que le vieux mélomane parait le croire. Vos soldats ne nous
ont pris que notre argent, perte que nous avons réparée depuis . . . . .
Le vieux mélomane fait encore un plus grand tort à mes compatriotes,
en soutenant, que l'opéra le Freyschutz a excité leur admiration. Nous
aimons la musique de Weber, mais nous ne l'admirons pas, et nul Fran-
çais n'ignore, qu'on peut être aimable sans être admirable. Le plaisir
que Mr. de Weber nous a donné, quoiqu'étendu n'était pas profond
pour cela, et ce n'est que la profondeur d'un sentiment agréable qui
puisse éveiller l'enthousiasme. Le compositeur du Freyschutz est le
premier Allemand que ait créé une musique dramatique nationale, car
Mozart, pareil à Shakespeare, Raphael et à Buonaparte, était trop
grand pour être national, un vaste génie n'ayant jamais de limites
géographiques pour bornes. L'aristocratie et la populace en Allemagne
ont depuis longtems des opéra conformes à leur intelligence, mais le
Freyschutz est le premier, qui reponde au tiers-etat musical." Unterzeichnet: Un pauvre Allemand.

Nachdem ich den Artikel geendigt, und mich erholt hatte, brachte ich ihn
einem Freunde, daß er die Fehler darin verbeſſere. Mein Freund iſt zwar
ein Franzoſe, war aber lange in Deutſchland geweſen, und verſteht die
deutſche Sprache vollkommen. Bei dieſem fand ich deſſen Bruder, einen
Gelehrten, und noch einen Dritten, mir Unbekannten, dem es aber, wie
keinem Franzoſen aus dem wohlhabenden Stande, an literariſcher Bildung
fehlen konnte. Der Artikel wurde laut vorgeleſen. Im Vorbeigehen will
ich bemerken, daß ich den drei Herrn ihren Aerger darüber, daß ſich ein
Ausländer herausnehmen wolle, ſich über Franzoſen luſtig zu machen, ſehr
deutlich anſah. Jetzt fing mein Freund zu verbeſſern an. Zuerſt die
grammatiſchen Fehler; das war recht. Dann bemerkte er mir bald von
dieſer, bald von jener Phraſe, ſie ſey nicht im Geiſte der franzöſiſchen
Sprache. Ich erwiderte: das wolle ich leicht glauben, er ſolle nur den Satz
ändern und den Gedanken auf gut franzöſiſch ausdrücken. Mein Freund
drückte, ſein Bruder drückte, der Unbekannte drückte, aber ſie drückten nichts
aus noch heraus. Ich ging voller Schadenfreude im Zimmer auf und ab,
und ließ ſie ſich die Köpfe zerbrechen. Endlich blieb es dabei: das und
jenes könne man im Franzöſiſchen gar nicht ſagen. Nun bitte ich euch,
was iſt das für eine Sprache, in der man gewiſſe Dinge gar nicht ſagen
kann? Im Deutſchen kann man Alles ſagen. Kurz, die drei coaliſirten
Franzoſen richteten mir meinen Artikel dergeſtalt zu, daß weder vom Aus-

schon zwei Jahrhunderte von Vater zu Sohn fortgepflanzt. Allerdings
wäre dieses qu'il mourût schön, wenn es einsam stünde; aber Corneille hat
die Abgeschmacktheit begangen, es durch dreizehn nachfolgende Verse zu
paraphrastren und zu verdünnen, und auf den Donnerschlag ein langes
Kindergetrommel folgen zu lassen. Doch sey es so schön, wie es wolle —
wie würde man fertig werden, wenn man sich solche Schönheiten aus
Göthe's und Schiller's Tragödien merken wollte, Shakespeare's gar nicht
zu gedenken? In einer Fabel stritten sich Mensch und Löwe, wer von ihnen
stärker sey. „Schau dort!" sagte der Mensch, und zeigte auf ein Marmor-
bild des Herkules hin, der einen Löwen zerriß. „Wohl sehe ich," sagte der
Löwe; „aber wäre die That kein Wunder, hätte man sie nicht verewigt"...
Ein neuerer Schriftsteller hat vor Jahren, ich weiß nicht bei welcher Gelegenheit gesprochen von „des mots étonnés de se trouver ensemble."
Dieses ist allerdings gut gesagt. Begegnet aber seitdem auch der originellste
Schriftsteller jenem Gedanken auf seinem Wege, kann er ihm nicht ausweis-
chen; er sagt auch: „des mots étonnés de se trouver ensemble," und
wenn er sich auf den Kopf stellte, kann er den Gedanken nicht anders ausdrücken. So haben sie das unausstehliche Wort „brillant," das sie so
häufig anwenden, daß einem die Augen überlaufen. Alles, was sie loben,
ist brillant; eine Gesellschaft, eine Theater-Vorstellung, Napoleons Regierung, eine Sitzung der Akademie, ein Gemälde, die Tapferkeit, die Schönheit, jede Tugend. Von ihrer Jugend sagen sie: „La brillante jeunesse,"
ob sie zwar deren Vorzug, und die Bürgschaft, die sie gibt, daß sie besser
werden wird, als das vorige Geschlecht, gerade darin besteht, daß sie n i c h t
brillante ist, im Sinne des französischen Wortes. Jouy, in einem seiner
Werke, wo er empfindsam von seinen Jugendjahren spricht, erzählt von
jenen schönen Tagen, wo er noch „brillant de santé et de jeunesse" war.
Die deutsche Sentimentalität seufzt aus einer andern Tonart. Und eine
Sprache, die ihr seidenes Beutelchen so ängstlich mit allen Fingern umklam-
mert, wäre nicht arm zu nennen? Ich habe es diesem und jenem Franzosen oft selbst gesagt: „Eure Sprache ist eine wilde gegen die deutsche, die
ihr barbarisch scheltet; sie kann, wie die Peschärähs, nur bis zu fünf zählen,
und ich will euch das unwiderleglich beweisen. Gebt mir ein Buch, welches
ihr wollt, ich will es euch übersetzen, und ihr sollt selbst Richter seyn, ob der
Uebersetzung etwas fehle gegen das Original. Und vermag ich es nicht, so
liegt es an der Beschränktheit meines Talents, nicht an der deutschen Sprache,
und ein Besserer wird es besser zu Stande bringen. Dagegen will ich euch
Werke genug geben, mit welchen eure ersten Schriftsteller nicht fertig werden
sollen." Sie nahmen diese Herausforderung nicht an, aber überzeugt waren

sie doch nicht. Freilich machen sie sich seit einigen Jahren in Paris ganz munter an die schwersten Dinge. Sie übersetzen den Schiller, Göthe's Faust und Iphigenie, Werners, Müllners Tragödien — in Prosa, versteht sich — doch wie sie damit zu Stande gekommen, mag der Himmel wissen. Ich habe nie vermocht, mehr als vier Seiten von einer solchen Uebersetzung zu lesen. Der Uebersetzer von Werners Luther kündete mir einen Besuch an, mich über manches bei seiner Arbeit um Rath zu fragen. Er kam und fragte mich, was im Luther der Karfunkel bedeute — weiter fragte er nichts. Ich erwiderte ihm: Darüber solle er sich von einem Juwelier Auskunft geben lassen, bei mir käme er zu spät. Es wäre eine schöne Zeit gewesen, da hätte ich die Karfunkelpoesie am Schnürchen gehabt; ich hätte aber Alles rein vergessen. „La possie de l'escarboucle!" rief er voller Erstaunen aus. Ich legte geheimnißvoll die Finger an den Mund. Sollte der Uebersetzer des Buches etwas über Karfunkelpoesie gesagt haben, so ist es nicht meine Schuld, ich habe kein Wort verrathen.

Zum geselligen Umgang dagegen ist die französische Sprache viel geeigneter, als die deutsche. Und man halte dieses nicht für einen geringen Vorzug; es wird ihr damit ein großer sittlicher Werth zuerkannt. Die deutsche Sprache, wie schon bemerkt, zahlt in Kupfer oder in Gold. Das eine verursacht Gepäcke und wird lästig, das andere ist für die kleinen Bedürfnisse der Unterredung nicht zu gebrauchen. Die Franzosen aber kommen mit ihren Silberreden überall durch. In jeder Meinungsstreitigkeit, die oft die beste Würze der geselligen Unterhaltung ist, muß der Deutsche entweder seinen Gegner schonen, indem er nebenbei schlägt, und dann wird nichts entschieden, oder er muß ihn verwunden. Der Franzose aber hat an jedem spitzigen Worte einen ledernen Wulst, er trägt den Degen in der Scheide, und hat gar nicht nöthig, seinen Witz zu bezähmen, um seinem Gegner nicht wehe zu thun. Welche große Vorliebe für die Geselligkeit gewährt nicht schon das häufige Monsieur und Madame, das nach jedem dritten Worte gebraucht wird. Es werden in der Stadt Paris mehr Herren und Damen verkonsumirt, als im ganzen deutschen Lande. So ein Monsieur aber thut die Dienste eines Gensd'armes; er verhütet Zänkereien. Hat man aber einmal Monsieur gesagt, kostet es Mühe, hinzuzufügen: vous ètes une bête, oder eine andere Grobheit. Die Deutschen sind darin gewandter; sie sagen: Mein Herr, Sie sind ein Flegel! Doch in solchen Fällen wird das Mein Herr! ironisch gebraucht. Um ihre reine Sprache nicht zu beschmutzen, sind die Franzosen so sehr artig gegen einander. Je vornehmer einer ist, je höflicher behandelt er den Niedrigen. Ein französischer Minister, selbst wenn er in Amtssachen einen Bürger schreibt, unterzeichnet: „Ich habe die Ehre, zu verbleiben." Der König selbst, in seinen Ordonanzen, nennt auch den letzten seiner Unterthanen Herr, selbst wenn er ihn straft. Er verordnet: „Dem Herrn N. wird wegen häufiger Preßvergehen das Patent als Buchhändler entzogen." Aber jeder Amts-Sekretär, im kleinsten deutschen Städtchen, dekretirt: „Hat sich der Johann Christoph Peter unfehlbar morgen früh zehn Uhr auf der Amtsstube einzu-finden, um die ihm gnädigst bewilligte Gratifikation, gegen Bescheinigung, in Empfang zu nehmen." Der Deutsche ist nur gegen Vornehmere höflich: wie eine Sphinx lächelt er freundlich nach oben, und gebraucht nach unten die Krallen. Er führt über seine Courtoisie italienische Buchhalterei, hat er eine Schmeichelei ins Soll gesetzt, schreibt er schnell eine Grobheit in's Haben. Jeder Regierungs-Kanzlist hält sich für einen Statthalter Got-tes auf Erden, und ist von Gottes Gnaden ein Grobian. Möchten sich doch die deutschen Autoritäten ihr barsches Wesen abgewöhnen! Möchten sie doch bedenken, daß das Regiertwerden eine traurige Nothwendigkeit ist, die man so viel als möglich zu versüßen suchen soll! Möchten sie bedenken, daß im Staate die Freiheit der guten Bürger nur um der schlechten willen be-schränkt werden muß! Möchten sie besonders auf ihren Paß-Bureaus be-denken, daß, um eines einzigen Spitzbuben willen, der sich zuweilen unter tausend ehrlichen Leuten findet, neunhundert neun und neunzig ehrliche be-lästigt, aufgehalten und gequält werden müssen; möchten sie sie darum mit Freundlichkeit und Artigkeit behandeln, sie sitzen heißen, und ihnen auch einen Stuhl dazu hergeben, und sie gleichsam um Entschuldigung bitten, daß man ihnen so viele Mühe mache! Ja, wäre ich Herr im Lande, ich ließ in allen Paß-Bureaus meines Reiches den ganzen Tag Kaffee und Wein serviren, und den Reisenden angenehme Romane und Reisebeschreibungen in die Hände geben, damit ihnen die Zeit nicht lang werde, bis die Reihe an sie kommt. Das hielt ich für meine Schuldigkeit!

Sich die französische Umgangssprache anzueignen, fällt manchem Deut-schen schwer: sie wird, wie das Tanzen, am besten in der Jugend erlernt. Auch mit der Aussprache hat man seine Noth. Ich habe es in fünf Viertel-jahren noch nicht dahin bringen können, „des huitres" verständlich auszu-sprechen. Franzosen haben mich versichert, sie erkennten den Deutschen, auch wenn er schon Jahre lang in Frankreich gewesen, an der Aussprache des B und P, die er nicht gehörig zu unterscheiden wisse. Wenn der Deutsche B sagt, hört es der Franzose für ein P. Es ist dies um so schwieriger, da der Deutsche sein eigenes B und P gehörig unterscheidet, und er nicht aus-finden kann, worin der Zauber liegt. Ich kam einmal dadurch in eine kleine Verlegenheit. Mein Name fängt mit einem B an. Als ich das Erstemal

zu meinem Bankier kam, um Geld zu holen, fragte er mich, wie ich heiße?
Ich nannte mich. Darauf ließ er ein ungeheuer großes Kredit-Register-
buch nachschlagen, das alphabetisch eingerichtet war. Der Commis suchte,
und fand mich nicht darin. Ich hatte aber bemerkt, daß er weit hinten im
ABC gesucht, und sagte; „Ich schreibe mich nicht mit einem P, sondern mit
einem B.“ Das war aber tauben Ohren predigen, man verstand meine
Distinktion nicht. Der Prinzipal zuckte die Achsel und sagte: es wäre
nichts für mich angewiesen. Nun war in diesem Falle nicht zu spaßen, das
Mißverständniß konnte lebensgefährlich werden. Ich trat also an das Pult,
streckte meine ruchlose Hand nach dem heiligen Kreditbuch aus, blätterte das
ABC zurück, bis ich an das B kam, schlug dann mit der Faust darauf und
sagte, „Hier ist mein Platz!“ Prinzipal und Commis warfen mir grim-
mige Blicke zu; aber richtig, man fand mich dort.

Wenn ich, wie ich oben erzählte, wie mir in Paris mein kritisches Streben mislungen, dabei nicht bemerkt habe, daß dieses auch großen Theils an
meiner unzureichenden Kenntniß der französischen Sprache gelegen — so habe
ich das nur darum unterlassen, weil sich das von selbst versteht. Es wäre
aber sehr zu wünschen, daß ein guter deutscher Kritiker, der der französischen
Sprache vollkommen mächtig wäre, sich nach Paris begebe, und dort ein
kritisches Blatt schriebe. Ich übertreibe nicht, wenn ich behaupte: er würde
dadurch auf ganz Europa wirken. Zwar würde man ihn im ersten Jahre
nicht sehen und nicht hören, und sich um sein Daseyn gar nicht bekümmern.
Im zweiten Jahre würde er Aufmerksamkeit erregen, aber höchst wahrscheinlich im Verlaufe des Jahres todtgeschlagen werden. Doch lasse er sich dadurch nicht abschrecken. Hat er diese zwei Jahre mit Muth und Glück
überstanden, wird er ungeheuer wirken, und der französischen Literatur das
werden, was Luther der deutschen Kirche war. Die deutsche Reformation
bedarf aber zu ihrer eigenen Vollendung — eines Luthers in Frankreich.

***

II.
Lebens-Essenz.

Nicht einem Strome, einem Wasserfalle gleicht hier das Leben; es fließt
nicht, es stürzt mit betäubendem Geräusch. Die Zeit wird nicht mit tausend
Liebkosungen abgeschmeichelt, und der Hunger ist der einzige Zeiger, welcher
die Zahl der verbrauchten Stunden ehrlich angiebt. Wer lange leben
will, der bleibe in Deutschland, besuche im Sommer die Bäder, und lese im

Winter die Protokolle der Ständeversammlungen. Wer aber Herz genug hat, die Breite des Lebens seiner Länge vorzuziehen, der komme nach Paris. Jeder Gedanke blühet hier schnell zur Empfindung hinauf, jede Empfindung reift schnell zum Genusse hinan; Geist, Herz und Sinn suchen und finden sich — keine Mauer einer traurigen Psychologie hält sie getrennt. Wenn man in Deutschland das Leben distilliren muß, um zu etwas Feurigem, Erquicklichem zu kommen, muß man es hier mit Wasser verdünnen, es für den täglichen Gebrauch trinkbar zu machen. Paris ist der Telegraph der Vergangenheit, das Mikroskop der Gegenwart, und das Fernrohr der Zukunft. Es ist ein Register der Weltgeschichte, und man braucht blos die alphabetische Ordnung zu kennen, um Alles aufzufinden. Es ist schwer, hier dumm zu bleiben, denn habe der Geist auch keine eigenen Flügel, er wird von andern empor getragen. Doch verzweifle darum keiner, der Beharrlichkeit gelingt Alles.

III.

Geld = Schwindsucht.

Paris ist ein theures Pflaster, und was dieses Uebel noch größer macht, alle Landstraßen, die zur Hauptstadt führen, sind vier Stunden im Umkreise auch gepflastert. Die liebe Natur, mit ihren Wiesen und Feldern, ihren säuselnden Bäumen, ihrer erquickenden Luft, ihrer Milch, ihren Eiern, ihren Kirchweihfesten, Weinlesen und ländlichen Tänzen, ist eine so feine Spitzbübin, als ihre städtische Schwester, die Kunst. Es ist leicht in Paris, nicht blos sein Brod, sondern auch seinen Kuchen, seinen Wein, seine Austern zu verdienen, und was sonst noch der arme geplagte Mensch an Zubereitungen gebraucht, um einst von den Würmern schmackhaft gefunden zu werden. Aber sein Geld in der Tasche zu behalten, das ist schwer — unmöglich würde ich sagen, wenn das nicht ein Wort wäre, das dreißigjährige Sprachreinigung in dem Wörterbuche der Franzosen ausgestrichen hat. Sich gegen den Verbrauch von Hunderttausenden zu schützen, dafür gibt es ein sicheres Mittel — man braucht sie nur nicht zu haben; wie hält man aber wenige Tausende zusammen? Vergebens schnürt Ihr den Beutel mit hundert gordischen Knoten zu, durch zahllose Poren dünstet er unmerklich aus; sein hohes blühendes Gold verwandelt sich in bleiches Silber; das arme Geschöpf schwindet dahin, es stirbt, wir trauern.

Haben wir in unserer kleinen Heimath die fünf Pforten der Sinnlichkeit verschlossen, dann können wir uns unbesorgt auf die Polster der Tugend niederstrecken; in Paris aber erstürmen die Lüste unser Herz, oder sie schleichen sich verkleidet ein, oder sie suchen sich neue Wege. Man lernt dort wenigstens etwas Psychologie für sein Geld, denn viele Zweige der Begehrlichkeit lernen wir erst kennen, wenn sich Vögel darauf setzen und sie schütteln. In den Mauern kleiner Städte bewahren uns oft Trägheit und Ungeduld vor großen Ausgaben. Möchtet Ihr ein neues Kleid haben, müßt Ihr dort erst zum Kaufmann gehen, und um den Preis des Tuches streiten, dann zum Schneider, der, nachdem er eine Viertelstunde um Euch herumgezappelt, um das Maaß zu nehmen, Euch vierzehn Tage auf den Rock warten läßt, und geht es auf Pfingsten, vier Wochen. Ihr bedenkt diese Weitläufigkeit und unterlaßt den Kauf. Ein theures Buch zieht Euch an, glücklicherweise ist es nicht gebunden, und der Buchbinder sagt, wenn es planirt werden solle, müßte er trockenes Wetter abwarten, und er könne nicht bestimmen, bis wann er mit der Arbeit fertig würde. Ihr kauft das Buch lieber nicht. In Paris aber sind Kleider und Stiefel fertig und zu bestimmten Preisen, und die Bücher in allen Straßen gebunden zu haben. Alles ist gekocht, gebraten, vorgeschnitten, sogar die Nüsse werden geschält verkauft. Es hilft Euch nichts, daß Ihr die größere Hälfte des Tages im Zimmer bleibt, es wird Euch Alles ins Haus gebracht, bis auf das warme Bad, und die Wanne dazu. Jetzt geht Ihr aus, einen weit abwohnenden Bekannten zu besuchen. Den ersten Platz, wo Miethwagen stehen, seyd Ihr glücklich vorbeigekommen, auch den zweiten, aber die dritte Gelegenheit findet Euch müde zu gehen und zu entsagen, Ihr setzt Euch ein, und bedauert nur, es nicht früher gethan zu haben, denn der Preis für eine lange und kurze Fahrt ist der nämliche. Beim Einsteigen ist Euch unaufgefordert ein dienstwilliger Mensch behülflich; Ihr müßt ihn bezahlen. Beim Aussteigen öffnet Euch ein anderer höflicher Mensch den Kutschenschlag, und den müßt Ihr wieder bezahlen. Ihr seyd in die Nähe der großen Oper gekommen, die Plätze sind theuer, Ihr versagt Euch dieses Vergnügen, spaziert die Boulevards auf und ab, und stellt philosophische Betrachtungen an, die nichts kosten. Jetzt hält Euch einer jener tausend Betriebsamen ein Theaterbillet für die Hälfte des Preises unter die Augen. Den letzten Act der Oper und das Ballet könnt Ihr sehen; Ihr kauft es. Ihr kommt etwas weit hinten zu sitzen und bedauert, eine neue schöne Tänzerin nicht näher betrachten zu können. In dem Zwischenakte werden Ferngläser zum Verkaufe angeboten, gut, daß man funfzehn Franken fordert, für weniger hättet Ihr vielleicht eins gekauft. Aber da kommt ein Anderer, der Gläser auf den Abend vermiethet;

dieser Ausgabe entgeht Ihr nicht. Jetzt ist das Schauspiel geendigt, Ihr geht nach Hause, euer Weg führt am Caffé de Paris vorüber. Die Erfrischungen sind theuer, aber Ihr wollt die Abendzeitung lesen. Ihr seyd begierig zu wissen, wie Bertons Urtheil ausgefallen; Ihr tretet hinein, Mitternacht ist da, und Ihr seyd glücklich, wenn das Euere letzte Ausgabe war, und Ihr an diesem Tage nichts als Geld verschwendet.

Sparsam zu leben fällt hier Menschen von jeder Gemüthsart darum so schwer, weil Seele und Leib zu gleicher Zeit verführt werden. Keine sinnliche Lust findet sich so roh und niedrig, daß nicht ein Anhauch geistigen Lebens sie veredelte; und kein geistiger Genuß ist so rein abgezogen, daß nicht eine Beimischung körperlicher Reize seine Lockungen verstärkte. Der ärgste Lüstling, der sonst nie daran gedacht, seinem Geiste Nahrung anzubieten, wird hier ein Freund des Lesens, weil es Blumenwege sind, die ihn zum Ernste führen. Da ist ein Werk tiefsinniger Untersuchungen von Benjamin Constant, mit Bitterkeiten gegen die Machthaber überzuckert, wie sie eines Jeden Gaumen schmeicheln! Da ist ein neues Trauerspiel, worin erst gestern Talma gespielt! Da erscheint ein Gedicht eines sechzehnjährigen Mädchens, welches die Hingebung der barmherzigen Schwestern während der Pest von Barcelona besingt! Da ein anderes Buch, worin man Euch die Geheimnisse der Carbonari verräth, deren es, wie die französische Regierung neulich erklärte, sechszigtausend in Frankreich gibt, alle mit Dolchen bewaffnet, die in Deutschland verfertigt werden! Und dann die zwanzig Blätter, die täglich erscheinen, und die nicht gelesen zu haben lächerlich ist! . . . . Auf der andern Seite werden Menschen besserer Art mit geistiger Lockspeise in den Schlingen der Sinne gefangen. So könntet Ihr für weniges Geld Euch recht gut satt essen, auch seyd Ihr genügsam; aber Ihr kehrt dennoch bei den theuersten Speisewirthen ein. Nicht um feinere Leckereien, aber um feinere Gesellschaft zu finden. Man ergötzt sich an dem Gemische aller europäischen Völker, Sitten und Sprachen. Dort die grämlichen Engländer, die so verdrossen-emsig die Kinnbacken bewegen, als würden sie mit der Peitsche dazu genöthigt; hier die verlegenen Deutschen, die das Herz nicht haben, ein lautes Wort zu sprechen; hier die neuangekommenen Frauenzimmer, die mit Erstaunen die Spiegel und das Silbergeschirr betrachten; hier das drollige Lächeln der Kleinstädter, die zum erstenmale Austern essen!

Es ist angenehm, sich in Paris Menschenkenntniß einzusammeln, aber es ist kostspielig. Doch lasse sich darum Keiner von dieser Reise abhalten. Wir Männer sind ja darin so gut bedacht! Wo unser Geld aufhört, beginnt unsere Philosophie, und können wir in keinem Tillbury über die

Straßen fliehen, gehen wir zu Fuße und sind humoristisch. Aber die Frauen — wer zum Herrschen geboren, entbehrt ungeduldig! Wenn ihnen das Glück nicht aufs freundlichste lächelt, sollen sie die vaterländischen Freuden von Schwalbach und Kannstadt genießen, und ja nicht nach Paris kommen.

IV.
Das Gastmahl der Spieler.

Deutsche Handels- und sonstige Geschäftsleute, die sich weniger aus Büchern als aus Manuskripten machen, glauben gewöhnlich, wir Stubengelehrte wären dumm in allen weltlichen ungedruckten Dingen; sie halten uns für eine Art Nachtigallen, die nur im Stillen und Dunkeln munter sind. Ich selbst war lange dieser Meinung, und es war mir ein rechter Trost, zu wissen, daß meine Gelehrsamkeit nicht übermäßig groß sey. Ich bin aber von dieser Ansicht zurückgekommen, besonders seitdem ich in Paris lebe. Ich habe gefunden, daß die General-Geographen mit Kompaß und Sternkunde leichter selbst die Feldwege der großen Welt, als die Geschäftsleute mit ihrer Spezialkarte die Landstraßen darin finden. Ausgerüstet mit Hofbauers empirischer Psychologie und andern schönen philosophischen Kenntnissen, wußte ich, trotz meiner Jugend, mich in Paris vor jeder Prellerei zu schützen und verirrte mich nie auf den mäandrischen Wegen der List und Lust. Mehrere deutsche Geschäftsleute aber, die ich dort kennen gelernt, kamen schlimm weg, und wurden in allen Artikeln, die sie zu Hause nicht in ihrem Waarenladen führten, beillos betrogen. Ein Bremer Spediteur lobte mir seinen Lohnbedienten als die ehrlichste Haut von der Welt. Ich kam, hörte, kannte ihn; und schloß aus transscendentalen Gründen, daß der Kerl ein Spitzbube sey. Er hatte als rüstiger junger Mann der Bestürmung der Bastille beigewohnt, war während der Revolution, die Kaiserzeit eingerechnet, nacheinander Kutscher, Friseur, Wasserträger, Portier und Kommissionär gewesen, nach der Restauration aber, wie viele Andere, Lohnbedienter geworden. Sechs und fünfzig Jahre alt, war er noch voller Sentimentalität. Er sagte, all' sein Streben sey, so viel Geld zusammen zu sparen, in sein friedliches Geburtsdörfchen an den lieblichen Ufern der Loire zurückkehren zu können, um dort, fern von dem verdorbenen Paris, seine Tage zu beschließen. Er unterrichtete den Bremer von allen ihm noch unbekannten Wegen der Liederlichkeit, um ihn davor zu warnen. Er konnte ihm besonders die Spieler und Spielhäuser nicht schwarz genug schildern,

und sprach mit Wehmuth von den lasterhaften Mitteln, die angewendet
würden, Fremde ins Verderben zu führen. Da wäre unter Andern ein
großes Spielhaus, wo jede Woche zweimal offene Tafel für Fremde gehalten würde, an der man königlich speise. Der Bremer, der als reicher Mann
wohl schon fürstlich gegessen haben mochte, aber königlich noch nie, bezeigte
große Lust, einmal in dem Lockspeise-Hause zu essen. Der ehrliche Lohnbediente zuckte warnend die Achseln; aber den folgenden Tag erhielt mein
Freund eine höfliche Einladung von der Spiel-Direktion, für sich und noch
zwei andere Personen gültig, Er forderte mich auf, ihn zu begleiten. Um
fünf Uhr Nachmittags gingen wir in das bezeichnete Hotel. Mit der Zuversicht, wie sich ein tugendhafter Mann, Spitzbuben gegenüber, fühlt, trat
ich in das pallastähnliche Haus. Aber mein Gott, was ist der Mensch für
ein Narr, und wie schwach sind seine Augen, daß er sich von jeder erlogenen
Majestät, selbst der des schlechtesten Tombacks, blenden läßt! Es war im
Spieltempel Alles so feierlich, so ernst, abgemessen und anständig, daß das
humoristische Betragen, mit dem ich gekommen war, schnell verschwand, und
ich einige Stunden lang in der größten Verlegenheit war. Ich glaubte am
Hofe Philipp's II. zu seyn, und es bedurfte des Champagners und anderer
edlen Weine, mein schwaches Herz wieder zu stärken.

Schon auf der Straße, vor dem Hotel, ward uns schlimm zu Muthe.
Die glänzendsten Equipagen, Jäger hinten auf, kamen angefahren, und
heraus stiegen nur Leute mit Ordenssternen und Bändern. Wir waren
die einzigen Fußgänger, die sich zeigten. Der Portier, als wir seine Loge
passirten, rief uns zu, wohin wir wollten? Wir antworteten, wir kämen
mit den Spielern zu essen! Der Portier lachte, und sagte, hier äße man
nicht. Der Bremer zeigte seine Einladungskarte als Paß vor, und wir
durften weiter gehen. Wir traten in ein ebener Erde gelegenes Zimmer,
wo ein Dutzend übermüthiger Lakayen ihr Wesen trieb. Der Bremer
fragte: wo man äße? Erhielt zur Antwort: Hier nicht! — Wir gingen
wieder hinaus, eine Treppe hinauf, wo wir den Speisesaal entdeckten. Der
Bremer fragte die Bedienten, die noch mit Zubereitungen beschäftigt waren:
wann man äße? Die Schlingels gaben ihm keine Antwort. Wir stiegen
wieder hinab und gingen abermals in das Bedientenzimmer. Auf die Frage:
was wir suchten? zeigte der Bremer zum zweitenmale seine Einladungskarte vor, worauf man uns die Hüte abnahm und uns in die Gesellschafts-
zimmer wies. Beim Eintreten bemerkte ich, daß mir mehrere Herren
ernsthaft auf die Füße sahen, und ich gewahrte mit Schrecken, daß ich der
Einzige war, der in Stiefeln erschien. Ich setzte mich an einen Lesetisch,
um meine Füße zu verbergen, und nur Kopf und Herz zu zeigen, und las

einige Ultra-Blätter. Als ich wieder aufgestanden, kam ein großer, statt-
licher Mann, majestätischer Haltung, gleich der Ludwig XIV. zu mir,
und fragte, wer ich wäre und was ich wollte? Der Herr hatte das Kinn
im Halstuche, was ein schlimmes Zeichen war; den Studiosen der Menschenkenntniß muß ich die Lehre geben, daß man Leuten, die ihr Kinn im
Halstuch tragen, zwar trauen soll, aber nicht viel. Ich übersah sogleich das
Mißliche meiner Lage, und hatte die Geistesgegenwart, mich anzustellen, als
verstünd' ich ihn nicht. Da ich ihm aber antworten mußte, beschloß ich eine
Sprache mit ihm zu sprechen, die er auch nicht verstand. Aber welche?
Das war die Frage. Zwar kennt in der Regel ein Franzose nur seine
Muttersprache; aber Spieler sind Kosmopoliten und Polyglotten. Ich
bereitete also in der Schnelle ein Zungenragout vom deutschen Herr, dem
italienischen Signore, und dem englischen Sir. Die Olla Potrida that ihre
Wirkung. Es kam nämlich Alles darauf an, Zeit zu gewinnen, bis mein
Bremer Freund, der sich entfernt hatte, wieder herbei käme. Endlich erschien dieser, und ich gab pantomimisch zu verstehen, das sey der Mann, der
über mich die beste Auskunft geben könnte. Der stattliche Herr (wie ich
später erfuhr, ein Marquis, von der Spielgesellschaft angestellt, in diesem
Hause die Honneurs zu machen) fragte den Bremer, als ihm dieser unter
mehreren Kratzfüßen bemerkt, er habe mich mitgebracht, wer er sey? Der
Bremer nannte sich. Der Marquis erwiderte, er habe nicht die Ehre ihn
zu kennen; da zeigte der Bremer zum drittenmale seine Einladungskarte
vor. Jetzt hieß uns der Marquis willkommen, und als er vernahm, wir
wären Deutsche, bemerkte er, er sey auch in Wien gewesen: die Franzosen
nämlich halten Wien für die Hauptstadt Deutschland's, und wissen nichts
von unseren glücklichen kleinen Föderativ-Staaten.

Man ging zu Tische. Ich habe zwar schon mehrere deutsche Höfe speisen
sehen, aber nur aus der Vogelperspektive, von der Gallerie herab. Es war
das erste Mal, daß ich an einer fürstlichen Tafel thätigen Antheil genommen, als wirkliches Mitglied. Welche Pracht und Herrlichkeit! Zum
Glück war ich an jenem Tag nicht sentimental gestimmt, sonst hätte ich
keinen Bissen essen können. Ich hätte mir vorgestellt, daß alle diese Speisen
in Blut und Thränen gekocht sind, von den Selbstmördern und Verzweif-
lungsvollen vergossen, welche täglich in den Pariser Spielhäusern ausge-
plündert werden. Doch muß ich bemerken, daß es sich sämmtliche Gäste
sehr schmecken ließen, welches ein erfreuliches Zeichen von noch übrig geblie-
bener Tugend war; denn vollendete Spieler und Gauner leben bekanntlich
wie die Anachoreten, und essen und trinken wenig. In der Mitte der
eirunden Tafel saß der Marquis und Ceremonienmeister, über Alle hervor-

ragend an Gestalt und würdigem Betragen. Unaufhörlich, während der ganzen Mahlzeit, brachten ihm Adjutanten versiegelte Depeschen, in Duodez, klein Quart und groß Folio, deren Siegel von bedeutendem Umfange waren. Der Marquis erbrach sie, las sie ohne eine Miene zu verziehen, und reichte sie dann einem hinter ihm stehenden Lakayen. Es ging in seiner Nähe her, wie in einem Hauptquartier. Ich fragte meine empirische Psychologie, was diese häufige Korrespondenz zu bedeuten habe? Sie antwortete mir: es wären unschuldige Liebesbriefe, welche die Polizei mit dem Marquis wechselte. Jene stünde nämlich mit der Spiel-Direktion in den freund-schaftlichsten Verhältnissen, und beide theilten sich wechselseitig ihre anthropologischen Erfahrungen mit. Uebrigens ging es bei Tische langweilig genug her, und ich vermochte mir die Zeit nur dadurch zu verkürzen, daß ich in meinem Sinne scherzhafte und zeitgemäße Gespräche mit der Gesellschaft pflog. So dachte ich, wie artig es wäre, wenn ich beim Desert mich vom Stuhle erhübe, und riefe: Meine Herren, wir sind unter uns, lassen Sie uns dieses Glas auf das Wohl Napoleon II. leeren! — Oder wenn ich dem Marquis über die ganze Breite des Tisches die Frage zuschickte: ob er Schleiermachers Uebersetzung des Plato kenne? — Oder wenn ich mit meinem Nachbar links über die Verderblichkeit der Hazardspiele laut spräche und meinen Nachbar rechts fragte: Franchement, Monsieur, que pensez-vous des fausses années de voyage de Guillaume Meister, par Monsieur Pustkuchen?

Nach dem Essen und eingenommenen Kaffee begann das Spiel. Mein Bremer Freund bemerkte mir, wir Beide zusammen hätten wohl fünfzig Franken im Wirthshaus-Preise berechnet, bei Tische verzehrt, und es wäre doch sehr undelikat, wenn nicht Einer von uns spielen wollte. Ich erwiderte ihm, wenn er zart seyn wolle, hätte ich nichts dagegen; ich selbst aber würde nicht spielen. Der Bremer spielte, und trieb die Delikatesse so weit, daß er zwölfhundert Franken verlor. Ich wiederholte unterdessen einige Betrachtungen, die ich an Hazard-Spieltischen schon oft angestellt. Erstens die: daß die Ernsthaftigkeit, mit welcher die Bankhalter ihr nichtswürdiges Geschäft treiben, ganz unerträglich sey. Sie könnten immer etwas dabei scherzen; die giftigsten Schlangen hätten wenigstens eine schöne Haut. Aber freilich ist diese Ernsthaftigkeit eine der Todsünden der Menschen; der ihnen eingeborne Hochmuthsteufel spricht sich darin am deutlichsten aus. Friedrich Schlegel mag thun und sagen was er will, er wird nie das herrliche Wort vergessen machen, das er einst ausgesprochen: „Der Mensch ist eine ernsthafte Bestie." Ganz gewiß haben die alten römischen Senatoren, da die Gallier vor ihrer Stadt waren, kein wichtigeres Gesicht gemacht, als jeder Paß-Bureauist annimmt, wenn er uns signalisirt. Am ärgerlichsten war mir diese Ernsthaftigkeit immer an Bankiers und andern Handelsleuten gewesen. Geld zählen und verdienen, und den Gewinn berechnen, ist zwar ein sehr heiteres Geschäft, aber durchaus kein erhabenes, und es ist gar nicht zu begreifen, warum jene Herren, wenn man auf ihr Komtoir kommt, eine so ehrfurchtgebietende Miene annehmen! — Die zweite Betrachtung, die ich an Hazard-Spieltischen anzustellen pflege, ist folgende: Wenn man alle die Kraft und Leidenschaft, die Seelenbewegungen und Anstrengungen, die Aengste und Hoffnungen, die Nachtwachen, Freuden und Schmerzen, die jährlich in Europa an Spieltischen vergeudet werden, wenn man dieses Alles zusammensparte — würde es ausreichen, ein römisches Volk und eine römische Geschichte daraus zu bilden? Aber das ist es eben! Weil jeder Mensch als Römer geboren wird, sucht ihn die bürgerliche Gesellschaft zu entrömern, und darum sind Hazard- und Gesellschaftsspiele, Romane, italienische Opern und elegante Zeitungen, Casinos, Theegesellschaften und Lotterien, Lehr- und Wanderjahre, Garnison- und Wachtparaden-Dienste, Ceremonien und Aufwartungen, und die fünfzehn bis zwanzig anliegenden Kleidungsstücke, die man täglich mit heilsamem Zeitverlust an- und auszuziehen hat — darum ist dieses Alles eingeführt, daß die überflüssige Kraft unmerklich verdünste! Noch glücklich, daß es dem Menschen nicht mit der Natur gelingt, was sie mit der Menschheit zu Stande gebracht; sie hätten das Weltmeer schon längst in Springbrünnchen zertröpfelt, und Vulkane in chinesische Feuerwerke verpufft, daß Sturm und Lava ja kein Verderben drohe!

Wir gingen nach Hause; ich an Leib und Seele gestärkt, der Bremer aber sehr verstimmt. Er erzählte seinem ehrlichen Lohnbedienten, wie schlimm es ihm ergangen. Bei dieser Gelegenheit sah ich abermals, was die Franzosen für liebenswürdige Menschen sind. Ein pedantischer deutscher Sittenprediger, der, wie der Lohnbediente es gethan, den Bremer vor Spielern gewarnt, hätte diesen, nachdem er seine Warnung nicht geachtet, und dadurch in Schaden gekommen, mit Vorwürfen überhäuft und gesagt: Es geschieht Ihnen recht, warum haben Sie mir nicht gefolgt! Unser edler Lohnbedienter aber betrug sich ganz anders. Anfänglich, als der Bremer sein Mißgeschick erzählte, lächelte er und schwieg, und dividirte wahrscheinlich im Stillen, wie viel er von der Spielergesellschaft an Courtage zu fordern habe. Dann aber sagte er blos: Beruhigen Sie sich, mein Herr, Sie werden ein andersmal glücklicher seyn! Um ihn völlig aufzuheitern, erzählte er ihm mehrere Spieler-Anekdoten. Unter andern: Oben erwähnter Marquis, ehemaliger Emigrant und restaurirter Lump, habe das Glück gehabt, eine reiche Heirath zu schließen. In einer Nacht, da er sein ganzes

Vermögen verspielt, habe er zuletzt das Landgut seiner Gemahlin gegen einen Engländer gesetzt und es verloren. Der Engländer sey gleich vom Spieltische weg nach Mitternacht auf das vier Stunden von Paris entfernte Gut gefahren, und habe früh Morgens als Hausherr heftig an der Thürschelle gezogen. Die Hofhunde hätten gebellt, der Gärtner gefragt, was er so früh befehle? Der phlegmatische Engländer aber habe sich um Bellen und Fragen nicht bekümmert, sondern habe Alles mit Muße und Bequemlichkeit in Augenschein genommen. Endlich sey der Gärtner grob geworden, der Engländer habe ihn darauf bei der Brust gepackt, und ihn mit den Worten: „Scheer' er sich zum Teufel, ich brauche seine Dienste nicht mehr!" zum Thore hinausgeworfen. Darüber sey die Marquisin aufgewacht, wäre im Nachtkleide ganz erschrocken herabgekommen, und habe den Engländer gefragt: was ihm gefällig wäre? Dieser habe geantwortet: nichts, er wolle in seinem Park ein wenig spazieren gehen, und habe der Marquisin den Abtretungsschein des Landgutes vorgezeigt. Die arme Frau wäre bald darauf vor Gram gestorben. Die Pariser Spielgesellschaft aber habe sich gegen den Marquis, wie sie es gegen ihre Schlachtopfer zuweilen zu thun pflege, sehr großmüthig benommen, und ihn zum Honneurmachen in genanntem Hause angestellt, wofür er täglich hundert Franken Gehalt bekomme.

Diese artige Anekdote vermochte aber den verdrießlichen Bremer nicht aufzumuntern. Ich sagte ihm: „Wären Sie ein gewöhnlicher Süddeutscher wie ich, hätten Sie freilich Ihr Geld nicht verloren; weil Sie aber als Norddeutscher zartfühlend sind, haben Sie gespielt und sind in Schaden gekommen. Ihr Verlust entspringt also aus einer edeln Quelle, und Sie sollten sich darum trösten. Was liegt auch daran? Sie brauchen ja nur eine Kleinigkeit auf jedes Stück Callico zu schlagen, um sich reichlich zu entschädigen. Weil wir gerade von Callicos sprechen, lieber Freund, folgen Sie meinem Rathe, Sie werden mir es einst danken. Kaufen Sie so viele Callicos zusammen, als in Manchester aufzutreiben sind, und zahlen Sie, was man fordert. Ich sage Ihnen, die Welt ist rund; heute roth, morgen todt. Wir legen uns gut englisch zu Bette und stehen continentalsystematisch auf. Es ist heute Johannistag; denken Sie an mich!"... Das wirkte; der Bremer drückte mir freundschaftlich die Hand, und wir wünschten uns gute Nacht.

V.
Stern und Steuermann.

Schöne Namen für ein Lustspiel von Clauren, oder für eine Erzählung von Laun, und es ist eine wahre Verschwendung, daß sie hier dazu dienen müssen, einen verwachsenen diplomatischen Bericht zu zieren! Im Palais Royal auf dem Boulevard des Italiens und an einigen andern Orten zieht jeden Abend der Schein zweier Laternen die Aufmerksamkeit der Vorübergehenden an; denn ihr Licht fällt durch ausgeschnittene Buchstaben, die mit ölgetränktem, rothgefärbtem Papiere überzogen sind. Die eine Laterne zeigt einen Stern (l'étoile), und darunter die Worte: Journal du Soir; die andere gibt zu lesen: le Pilote, Journal du Soir. Die Etoile ist ein Ultra, der Pilote ein liberales Blatt. Vier Wochen hindurch habe ich kaum einen Abend versäumt, mich in der Nähe der Laternen zu setzen und aufzupassen. Ich kann auf Ehre versichern, daß gegen ein Exemplar der Etoile vierzig Exemplare des Pilote verkauft werden! Wenn man den Zeitungskrämern die Hand fordernd hinreicht, ohne sich zu erklären, welches Blatt man verlangt, geben sie Einem immer den Etoile. Ja mir, da sie meine Ausländerei gemerkt, gaben sie verschiedenemale das Ultra-Blatt, ohngeachtet ich den Pilote gefordert. Beweis, daß sie an ersterem mehr verdienen, weil man es ihnen wahrscheinlich unentgeldlich gibt. Die andern Nutzanwendungen kann man sich von selbst machen — sapienti sat sagt der Lateiner .... Das geht die Leserinen nichts an.

VI.
Die Läden.

Alexander der Große gab sich viele Mühe, die Welt zu erobern, nur damit die Athenienser von ihm sprächen. Das wäre eine ganze Welt zu viel, um die Pariser einen Tag, um sie ein Jahr lang von sich reden zu machen, eine Welt zu wenig. Es dahin zu bringen, müßte man die eroberte Welt auch wieder verlieren. Sich in dieser Riesenstadt hervorzuthun, sich in diesem Ocean als einzelne Welle bemerklich zu machen, erfordert große Uebung, die aber keinem Eingebornen mangelt. In Deutschland ist Charlatanerie die Krücke eines lahmen Verdienstes; hier ist sie die nothwendige Einfassung, von der entblößt, auch der ächteste Diamant keine Blicke anzieht.

6*

Man muß es den Parisern zum Lobe nachsagen: sie wissen jede schöne
Gabe zu würdigen, die Tugend sogar, nur muß sie lärmen; selbst Beschei=
denheit findet ihren Beifall, wenn sie zu reden versteht, ohne die Lippen zu
bewegen. Das Verdienst, das hier zu Grunde geht, an dem geht nichts zu
Grunde. Von allen den Kunstgriffen, die von jedem in seinem Kreise an=
gewendet werden, seine Person und seinen Besitz auf das Vortheilhafteste
geltend zu machen, könnte man ein großes Buch anfüllen. Ich will dieses=
mal nur einige der sinnlichen Mittel erwähnen, welche die Waarenhändler
gebrauchen, die Kauflust zu erwecken und die Kauflustigen anzuziehen. In
denjenigen Theilen der Stadt, wo die Theater, die öffentlichen Spaziergänge,
die andern Sehenswürdigkeiten liegen, wo daher die meisten Fremden woh=
nen und sich umhertreiben, gibt es fast kein Haus ohne Laden. Es kommt
auf eine Minute, auf einen Schritt an, die Anziehungskräfte spielen zu
lassen; denn eine Minute später, einen Schritt weiter steht der Vorüber=
gehende vor einem andern Laden, worin er auch die Waare findet, die er
suchte. Die Augen werden Einem wie gewaltsam entführt, man m u ß
hinaufsehen und stehen bleiben, bis der Blick zurückkehrt. Der Name des
Kaufmanns und seiner Waare steht zehnmal, neben, unter einander auf
den Thüren, über den Fenstern auf Schildern geschrieben, die Außenseite des
Gewölbes sieht aus wie das Schreibbuch eines Schulknäbchens, das die we=
nigen Worte der Vorschrift immer wiederholt. Die Zeuge werden nicht in
Mustern, sondern in ganzen aufgerollten Stücken vor Thüre und Fenster
gehängt. Manchmal sind sie hoch am dritten Stocke befestigt, und reichen
nach allerlei Verschlingungen bis zum Pflaster herab. Der Schuhmacher
hat die Außenseite seines ganzen Hauses mit Schuhen aller Farben bemalt,
welche bataillonsweise zusammen stehen. Das Zeichen der Schlosser ist ein
sechs Fuß hoher vergoldeter Schlüssel; die Riesenpforten des Himmels
brauchten keinen größern. An den Läden der Strumpfhändler sind vier
Ellen hohe weiße Strümpfe gemalt, vor welchen man sich im Dunkeln ent=
setzt, man glaubt, weiße Gespenster strichen vorüber. So hat hier jeder auch
für die kleinsten Fische, die er fangen will einen großen Haken. Auf eine
edlere und anmuthigere Weise wird aber Fuß und Auge durch die Ge mälde
gefesselt, welche vor vielen Kaufläden ausgehängt sind, und gewöhnlich die
Art des Verkehrs sinnbildlich ausdrücken. Die Gemälde sind nicht selten
wahre Kunstwerke, und wenn sie in der Gallerie des Louvre's hingen, wür=
den Kenner, wenn auch nicht mit Bewunderung, doch mit Vergnügen vor
ihnen stehen bleiben. Sie sind zugleich treffende Sittenbilder aus dem
Pariser Leben, und es ist darum so lehrreich als unterhaltend, sich mit ihnen
zu beschäftigen. Ich will einige, die mir aufgefallen sind, beschreiben. Den

Laden eines Shawls-Händlers ziert ein Bild mit sieben lebensgroßen Figuren ; es führt die Ueberschrift: au serment. Drei Männer überreichen dreien Frauen mehrere Shawls, und machen dabei mit den Händen feierlich betheuernde Bewegungen. Sie schwören, daß dieses ächte französische Shawls wären, und mögen wohl hinzusehen, daß brave Franzosen englische Waaren verabscheuten, denn ein im Hintergrunde stehender Engländer wirft erboste Blicke auf das merkantilisch-patriotische Triumvirat herüber. Das ist die offene Bedeutung des Bildes; es hatte aber früher noch eine versteckte. Bis vor zwei Jahren nämlich waren die dargebotenen Shawls von weißer, rother und blauer Farbe, und die Kaufherren schwuren, daß dieses die ächten, jedem Franzosen theuern Farben wären ; aber auf Gebot der hypochondrischen Polizei, die jedes Lüftchen fürchtet, mußte eine der Farben ausgelöscht werden.... Unweit dem vorigen hängt am Hause eines Perrückenmachers ein Bild, das zwar schlecht gemalt ist, aber eine drollige Vorstellung enthält. Der Kronprinz Absalon hängt mit den Haaren am Baume, und wird von einer feindlichen Lanze durchbohrt. Darunter die Verse :

Contemplez d'Absalon la déplorable sort,
S'il eût porté perruque, il évitait la mort.

Ein anderes sehr gut gemaltes Bild, ein Rosenmädchen vorstellend, das knieend aus den Händen eines Ritters den Kranz empfängt, schmückt die Ladenthüre einer Puhmacherin. Das Mädchen sieht so fromm und unschuldig aus, daß junge Leute ohne Erfahrung, deren es aber in Paris keine gibt, daran irre würden, und vorübergingen, ihre Handschuhe in einem andern Laden zu kaufen... Ein Vogelhändler zieht die Aufmerksamkeit durch ein Gemälde an, welches die Arche Noah vorstellt. Der ganze Prolog der Sündfluth ist darauf gemalt. Die Arche liegt ganz gemächlich im Trocknen und wartet bis die Fluth komme, sie flott zu machen. Vater Noah spielt mit einem Affen und macht ein diplomatisches Gesicht: er allein weiß was vorgeht. In einer unabsehbaren Reihe kommen die vierfüßigen Thiere herbeigelaufen, sich in die Arche zu retten. Sie gehen je zwei und zwei, aber ohne allen Geburtsrang, wie es in der Noth gewöhnlich ist; der Löwe folgt dem Pferde, der Fuchs geht dem Esel voraus, der Hase läuft dem Hunde nach. Es ist ein herrliches Bild! Am anziehendsten wird aber jeder, gleich mir, das Gemälde finden, das ein Professor der deutschen Sprache, und der seinem Namen nach ein geborner Deutscher ist, vor seiner Wohnung im Palais Royal hängen hat. Ein Mann in den besten Jahren und ohne Zweifel der Professor selbst, sitzt mit einem Buche in der Hand in einem Lehnsessel, beschäftigt, einem vor ihm stehenden

Knaben seine Lektion abzuhören. Etwas weiter zurück sitzt ein wunder-
schönes, junges Mädchen, und hinter ihm über dem Stuhle gelehnt, steht ein
r o t h e r   H u s a r e n = O f f i z i e r, der nach aller mimischen Wahrscheinlichkeit eine Liebes-Erklärung vorbringt. Das Mädchen zeigt mit dem
Finger auf eine Stelle des Buchs, und der französische Husar, die Hand
auf das Herz gelegt, scheint ihr nachzusprechen: i c h   l i e = b e. Ich habe aus
diesem Bilde mit großem Vergnügen ersehen, daß deutsche Professoren in
Paris Welt bekommen. In unserm Vaterlande wäre ein Sprachlehrer zu
schüchtern, durch ein Aushänge=Schild bekannt zu machen, daß er Schule
für den wechselseitigen Unterricht zwischen jungen Mädchen und rothen
Husaren=Offizieren halte.

Ich darf den neuen Bijouterie=Laden des Herrn Franchet in der Straße
Vivienne nicht vergessen. Sechs Monate wurde an diesem Laden gearbeitet
und die Glücklichen, welchen es gelang, einen Blick hinter die vorgehängten
Tücher zu werfen, konnten nicht Wunder genug erzählen. Endlich vor drei
Wochen, am Geburtstage des Herzogs von Bordeaux, wurde die Bude geöffnet; Herr Franchet ist nämlich der Juwelier der Herzogin von Berry:
Diese Bude, ein kleines Zimmer von höchstens zwanzig Fuß Länge, hat
vierzig tausend Franken gekostet, so prachtvoll ist Alles eingerichtet. Ueber
dem Eingange nach der Stadt zu sind in zwei goldnen Kreisen zwei sorgfältig
gemalte Wappen angebracht. Der eine Kreis umfaßt vereinigt das Wappen des französischen und neapolitanischen Hauses; der andere enthält ein
etwas mystisches Wappen. Es sind erst die Krystallisationspunkte zu künftigen Herrlichkeiten, Embryonen von Königreichen, Kronen in der Eierschale
— kurz es steckt etwas dahinter, und mag sich Alles auf den Herzog von
Bordeaux beziehen. Hiesige bevollmächtigte Gesandten, die ihr Geschäft
verstehen, werden gewiß nicht versäumt haben, ihre Späher hinzuschicken, um
zu untersuchen, ob nichts Erklecklichtes heraus zu ziffern sey.

VII.
Der Greve = Platz.

Ein aufgeschlagenes Buch ist Paris zu nennen, durch seine Straßen
wandern heißt l e s e n. In diesem lehrreichen und ergötzlichen Werke, mit
naturgetreuen Abbildungen so reichlich ausgestattet, blättere ich täglich einige
Stunden lang. Es war zwei Uhr, da ich aus dem Hause trat. Unfehlbar
um diese Zeit spielt der fleißige Tischler gegenüber ein Viertelstündchen mit

seinen Papageyen; dann wird der Hobel von neuem gerührt. Der deutsche Baron, mein Nachbar, war eben heimgekehrt, und hüpfte wie ein Spatz aus seinem Tillbury. Ein leichtfüßiger Herr! Das Pferd, auf dem Wege zum Stalle, wird kaum fühlen, daß seine Last leichter geworden. Bald kam ich in die Straße Vivienne. Hier ist das Paradies der weiblichen Welt, da findet sich Alles, was die Häßlichkeit braucht, sich zu verbergen, und die Schönheit sich zu verrathen. Hüte, Blonden, Schleier, Geschmeide von Gold und Edelsteinen, und Alles in so reichem und kostbarem Vorrathe, daß selbst eine Königin mit Bedenken wählen müßte. Vor einem Putzladen hielt eine glänzende Kutsche; der gemächlichen Dame öffnete ein Mohr den Schlag. Ich sah mir das Wappen an — ein ganzes Stickmuster von farbigen Feldern, nebst Klauen- und Schnabelthieren aller Art. Fünf Minuten später warf ich den Blick durch die geöffnete Pforte des Tempels der Eitelkeit, und sah für einen Hut einen Bankzettel hinlegen. Das waren, wenn nicht tausend, wenigstens fünfhundert Franken. Darauf wurden zwei Goldstücke herausgegeben. Der Hut war schöner als ihn eine männliche Feder beschreiben kann: ein Paradiesvogel mit seinem ganzen Gefieder umschimmerte den Kopf. Habe so etwas in meinem Leben noch nicht gesehen! Doch vielleicht hätte die edle Frau Rang und Reichthum gern für das hübsche Gesicht hingegeben, das, neben mir, lechzende Augen nach Hut und Bankzettel schickte. Ich ging weiter, ein kleiner Menschenkreis zog mich an, ich drängte mich durch. Zwei Lumpensammler waren in heftigen Wortwechsel gerathen. Ihr kümmerliches Gewerbe f o l g t dem des Bettlers. Der eine hatte einen handbreiten wollenen Lappen im Kuhmist ausgestöbert, der andere als gleichzeitiger Entdecker machte Ansprüche darauf, hob drohend seinen Stock mit eisernen Haken in die Höhe, und sprach mit wüthenden Geberden: veux-tu lâcher cela? Unweit davon zeichnete ein Mann, stehenden Fußes, etwas in seine Schreibtafel ein, so ernst, so andächtig dabei, als hätte ihm der liebe Gott seine zehn Gebote in die Feder gesagt. Ein schnarrendes Gare! weckte ihn aus seinen frommen Träumen. Er mochte wohl ein Wechselmäkler seyn, denn er war von der Seite der Börse hergekommen. Jetzt ging ich den Perron hinab in das Palais Royal. Dieses Lustlager ist wohl jedem bekannt. Alles findet sich hier, selbst menschliches Elend — nur nicht dessen Schein. Die Armuth ist vergoldet, der Hunger scherzt, das Laster lächelt.

So war ich zwei Stunden lang umhergewandert, und hatte auf allen Straßen das regste Leben gefunden. Es hüpfte, sang und lachte zwar nicht immer dieses Leben, es schlich, stöhnte und weinte wohl auch — doch es lebte. Und in dieser nämlichen Stadt athmeten vier Jünglinge ohne zu

leben, denn wenn nicht Verzweiflung, war Verklärung über sie gekommen, schon waren sie keine Menschen mehr. Die Soldaten, welche wegen Theilnahme an der Verschwörung von Rochelle zum Tode verurtheilt worden, sollten um vier Uhr auf dem Greve-Platze hingerichtet werden. Das hatte ich erst auf der Straße erfahren. Vielleicht eine Million Menschen erfuhr diese Hinrichtung erst aus der Abendzeitung. So ist Paris! Es war schon vier Uhr. Ich warf mich in ein Cabriolet, noch den fürchterlichen Schauplatz zu erreichen. Den Pallast der Tuillerien vorüber, den Tell's Enkel bewachen; das Louvre vorbei, aus dessen Fenster Carl IX. in der Bartholomäus-Nacht auf die Herzen seiner Unterthanen gezielt; am Pont-Neuf vorüber, worauf das Standbild des guten Heinrichs, dessen fromme Augen der Richtstätte gerade zugewendet sind; bis auf den Chatelet-Platz — weiter konnte ich nicht dringen, die Wachen hielten den Weg gesperrt. Eine Brücke, pont-au-change genannt, geht auf diesen Platz aus. Ueber diese Brücke, jenseits der Seine her, wo das Gefängniß ist, mußten die Verurtheilten geführt werden, um zum Greve-Platz, der am diesseitigen Ufer liegt, zu gelangen. Ein großes, mit einem Balkon versehenes Speisehaus gab den besten Standpunkt, den traurigen Zug, der kommen sollte, zu übersehen. Dieses Gebäude steht auf der Stelle, wo le grand châtelet war, eine Burg, die Julius Cäsar erbaute, und deren Grundmauern im Jahre 1802 niedergerissen worden. Ich stieg in den großen herrlichen Saal, wo viele Menschen guter Dinge waren. Ich sah mitleidige Weiber mit bleichen Wangen und schwer gehobener Brust; aber sie aßen und tranken doch. Der Dichter, welcher sang: „Süß ist's, vom sichern Hafen aus Schiffbrüchige zu sehen" — der kannte das menschliche Herz! Keiner wagte, die Empfindungen, die er hatte, laut werden zu lassen, nur die Spione sprachen Empfindungen aus, die sie nicht hatten. Für diese Würmer war heute gutes Wetter, denn die Fäulniß ist ihre Wiege. Höher als sonst spitzten die Horcher ihre Ohren, denn in diesem Saale konnten Wein und Mitleid auch ängstlich verschlossene Lippen öffnen. Einer kam, auch mir den Puls zu betasten. Einen Blick zum Fenster hinaus auf die Volksmenge und die bewaffnete Macht werfend, sprach er mit spöttischer Miene vor sich hin: „il leur faut quatre mille hommes pour quatre!" Ich schwieg. „Ces jeunes hommes ont bien mérité un petit châtiment, ils ont voulu renverser le gouvernement, mais . . . ." Ich schwieg. „Paris dort!" sagte der sentimentale Spion. Ich schwieg, aber ich dachte: Paris schläft nicht, es wacht, kennt die Furcht, bedenkt, zaudert und läßt geschehen. Denn schliefe dieser tausendarmige Riese, und reckte seine Glieder und wendete sich um, wie man es im Schlafe bewußtlos thut, dann würden an dieser gedankenlosen Bewegung die Bajonette dort zerknicken und vier Mütter weinten nicht um ihre Söhne.

Jetzt wälzte sich ein breites Gemurmel vom jenseitigen Ufer herüber. Wir sprangen von unsern Tischen auf und eilten auf den Balkon. Der Zug kam näher, die Verurtheilten in bürgerlicher Kleidung, mit entblößtem Haupte, saßen rückwärts je zwei auf einem Karren. Jeder hatte einen Geistlichen zur Seite. Die Jünglinge schenkten ihnen aber keine Aufmerksamkeit, sondern wendeten ihr Gesicht der andern Seite, der versammelten Menge zu, diese immerfort freundlich grüßend. Sie schienen ruhig, ja heiter. Sie zogen vorüber. Noch eine halbe Stunde vor ihrer Hinrichtung war der Prokurator des Königs im Gefängnisse bei ihnen. Das Geständniß der Wahrheit hätte die Hoffnungslosen vielleicht, eine willkommene Lüge sicher gerettet. Sie schwiegen und starben. Bald kehrten die Karren mit vier Leichnamen zurück. Die bewaffnete Macht ging auseinander. Die klugen Stellungen, welche diese genommen, das Volk im Zaume zu halten, hatte ich mit Bewunderung angesehen. Schaudernd verehrte ich die Macht des menschlichen Geistes, die Werke seiner Wasserbaukunst, wie er das Meer bändigt, und der kleinen Kraft die Herrschaft über die größere sichert. Da, zum erstenmal in meinem Leben, fiel mir bei: Regierungen sind wohl von Gott eingesetzt — wie hielten sich sonst manche!

Die Straße war frei geworden, ich ging nach dem Greve-Platz. Dort war man beschäftigt, das Schaffot auseinander zu legen. Eimer mit Wasser wurden über den blutgetränkten Boden ausgeschüttet. Ich dachte an der Lady Macbeth Hand. Ich fragte den und jenen, wie die Jünglinge gestorben. Sie waren festen Schrittes die rothe Treppe hinaufgestiegen. Vive la liberté! waren ihre letzten Worte.

Die Nacht war angebrochen. Die Uhr des Stadt-Hauses wurde beleuchtet. Eine nachahmungswürdige Einrichtung. Der Greve-Platz ist auf drei Seiten von Gebäuden umgeben. Die vierte Seite ist offen und der Seine zugewendet. Das Hôtel de Ville und alle Häuser auf dem Platze sind von alterthümlicher Bauart, wie auch in deutschen Städten Märkte und Rathhäuser beschaffen sind. Auf dem Greve-Platz findet sich viel nachzusinnen, was ist hier nicht Alles geschehen! Ich dachte: wenn Frankreich keine Humoristen hat, sie wohnen hier; wenn es keine Schelme hätte, sie wären gewiß hier zu finden; wenn es die Empfindsamkeit nicht kennt, hier sucht man sie nicht vergebens. Denn Allen, die seit drei und dreißig Jahren auf dem Greve-Platz wohnen — welche andere Wahl könnte ihnen bleiben, als über die Herren der Schöpfung zu lachen, Schelme zu werden, oder vor Wehmuth zu zerfließen? Ich hatte einen großen Gedanken:

die Hauptsache ist, daß man beim Leben bleibt! Die
erste Hinrichtung, die auf diesem Platze geschah, wurde im Jahre 1310 an
Margarethe Porrette, einer Ketzerin, vollzogen. Diese Unglückliche freilich hätte auch bei der größten Gunst der Parzen ihr Leben
nicht bis auf unsere Tage erstrecken können. Aber die sieben und
dreißig Bürger, die bei einem Aufstande am 24. August 1787, da
das Volk noch nicht Herr war, von einer einzigen Gewehrladung der bewaff-
neten Macht fielen? Aber alle die Schlachtopfer der Revolution, die hier
gemordet wurden? Aber Arena und seine vier Genossen, und der Chef
der Chouans, Cadoudal, der beschuldigt, dem ersten Konsul Bonaparte nach dem Leben getrachtet zu haben, hier hingerichtet worden? Wie
geehrt lebten sie jetzt! . . . Und was ist in diesem Rathhause nicht Alles
geschehen! Ein Tollhaus ist es zu nennen. Am 2. Nov. 1793 beschloß
die Stadtgemeinde, daß ferner den Zuckerbäckern für ihre Näschereien kein
Zucker verabfolgt werden dürfe. Am 29. Pluviose des nämlichen Jahres:
daß alle Personen für verdächtig zu erklären seyen, die bei den Speisewirthen
nur die Kruste vom Brode essen und die Krume liegen lassen! Ein Mitglied des Gemeinderaths bringt einige Wochen später eine Anklage gegen
diejenigen vor, welche die Haare der Guillotinirten kauften, besonders gegen
die alten Weiber, die sich Perrücken daraus machen ließen! Am nämlichen
Tage sendete die Polizei die Liste der gefangenen Personen ein. Deren
Zahl belief sich auf 7090, beiderlei Geschlechts. Am 21. Floreal des nämlichen Jahres besiehlt die Gemeinde, die mitgetheilte Nachricht, daß man
1684 Staatsverbrecher guillotinirt oder erschossen habe, wäre im Protokolle
mit Ehren zu erwähnen! Fünf Tage später wurde beschlossen, daß das
französische Volk ein höchstes Wesen anerkenne. Im Jahre 1804
gab die gute Stadt Paris in ihrem Rathhause dem Kaiser Napoleon, zur
Feier seiner Krönung, ein prächtiges Fest. Am 29. August 1814 gab
genannte gute Stadt auch Ludwig XVIII. ein Fest, seine Rückkehr zu feiern.
Lobenswerthe Unparteilichkeit!

So ist Paris, so ist der Mensch, so ist die Welt!

———

VIII.
Talma.

Es war das erstemal, daß ich ihn sah. Er trat auf und nach einer
Viertelstunde seines Spieles war ich erstaunt, nicht erstaunt zu seyn. Vielleicht beherrschte mich jene Sinnestäuschung, die wir auf Schiffen erfahren,
welche uns vorspiegelt, wir stünden stille, und die Ufer gingen. Fortge-

zogen, auf dem Strome der Empfindung, glaubte ich nicht bewegt zu seyn. Ich hatte keinen Maßstab für Talma's Größe, denn er stand zu entfernt von allen Schauspielern, die ich je gesehen, um ihn abzumessen. Die andern überrumpeln unser Herz und benutzen die Verwirrung, die sie angestiftet, uns diebisch zu rühren; Talma kommt uns keinen Schritt entgegen, er klopft nicht an unsere Brust, er öffnet die seine und läßt uns eintreten. So lange er spielte, glaubte ich den Ernst auf der Bühne und die Mummerei unter den Zuschauern zu sehen. Er stellte den Regulus dar in dem Stücke gleiches Namens von dem jungen Arnault, und besser als die Geschicht-schreiber, lehrte er uns die Seele jener großen Römer kennen, die so ungleich waren den Helden unserer Zeit, weil sie keiner kleinen Welt bedurften, um groß, und nicht gesiegt zu haben brauchten, um als Sieger zu erscheinen. Wem die Natur vergönnt hat, einen Blick zu werfen in das große Herz eines alten Römers, der weiß auch abwesend, wie Talma den Regulus ge-spielt hat; wem jenes die Natur versagt, der hätte auch anwesend Talma's Spiel nicht verstanden. Darum wäre es überflüssig oder fruchtlos, be-schreibend davon zu sprechen. Aber von den Zuschauern will ich reden — wenn es solche gab. Denn nur wir Fremden waren so zu nennen, die Fran-zosen Alle spielten mit und bildeten den Chor, ganz im Geiste der alten griechischen Tragödie, wenn auch in einer andern Gestalt. Unter Deutschen, die hundert Geschichten und keine Geschichte haben, möchte ich kein drama-tischer Dichter seyn; es ist schwer, dem kühlen Urtheile zu gefallen. Doch während der Fremde in einem Bildnisse nur den Maler sucht, findet der liebende Jüngling die wahren Züge seiner Braut in ihm und vergißt die Kunst. Dem Franzosen ist der dramatische Dichter ein Zeiger ihrer Geschichte. Gleichviel ob er von Gold oder von Eisen ist; er rückt von Erinnerung zu Erinnerung, und läßt er nur zur rechten Minute die Herzen schlagen, ist er des Beifalls gewiß. Die armen Bühnenzensoren hier sind sehr zu beklagen. Sie löschen in jedem neuen Stücke des Bedenklichen genug aus, da sie aber das Gedächtniß der Zuschauer nicht auslöschen können, bleibt Alles bedenklich, was ihre Feder übrig gelassen. Die Begeisterung, mit welcher jeder Vers beklatscht wurde, der auf alte Großthaten, alte Helden, auf neue Unfälle und neue Hoffnungen anspielte, vermag ich unmöglich zu beschreiben. Man kann sich des Mitleids nicht enthalten, wenn man sieht, wie heißhungrig diese Men-schen an dem Knochen ihres Ruhmes nagen. Ich aber, als das Schauspiel beendigt war, wiederholte in meinem Sinne die Worte, die der Carthaginienser Hamilcar gesprochen, als er, in Rom, Regulus, Senat und Volk erkannt:

Des vertus de fureurs, quel étrange assemblage!
Tout m'annonce aujourdhui la chute — — — de Carthage —

sagen Hamilcar und Reim.

IX.

LE ROI DE AULNES.
Elègie.

———

Sollte der Setzer ein Paar Buchstaben in der Ueberschrift glücklicher Weise vergessen haben, so wird der Herr Corrector diese Charade der klugen Nemesis verstehen, und den Druckfehler gewiß nicht verbessern wollen. . . . „Das ist eine kleinliche und heimtückische Kritik!" — denkt vielleicht der edelmüthige Leser. Freilich ist sie das; aber in Geisteskämpfen auch, ist die Art der Guerillas die wirksamste, wenn sich ein Volk gegen ungerechte Angriffe zu vertheidigen hat. Deutsche, die ihr Vaterland mit Verstand lieben, müssen es wissen, daß weniger die Leipziger Schlacht als der Leipziger Meß-Katalog uns über die Franzosen erhebt. Es ist wahr: so ganz schlechte und so viele schlechte Bücher, wie in Deutschland, werden in Frankreich nicht geschrieben. Es ist noch wahrer, daß die Franzosen weit mehr große und viel größere Schriftsteller als die Deutschen haben. Beneiden wir sie aber nicht um ihre Vorzüge, sie sind zu theuer bezahlt. Wir Deutschen leben in einer literarischen Republik; wir sind geistesfreie Menschen; bei uns darf jeder schreiben, und so schreibt nun auch jeder, wie ihm die Natur die Feder geschnitten hat. Das ist freilich Misbrauch der Freiheit; aber wo Freiheit misbraucht werden darf, da ist auch ihr Gebrauch verstattet. Die Franzosen aber siegen in einer literarischen Aristokratie; sie sind geisteigne Menschen; sie kriechen vor allen Regeln, und als literarische Höflinge denken, wollen und thun sie nichts anders, als was die gnädigen und großen Herren ihrer Literatur gedacht, gewollt und gethan. Die Deutschen sind Protestanten, die Franzosen sind Katholiken in Literatur und Kunst. Da nun bürgerliche Freiheit mit einer alleinseligmachenden Kunst und Wissenschaft nicht zu vereinen ist, so muß die politische Revolution der Franzosen auch eine literarische zur Folge haben, und diese Veränderung fängt schon an sich zu zeigen. Die literarische französische Welt theilt sich in zwei Parteien; deren eine mit Wort und That für die klassische, deren andere für die romantische Literatur streitet. Klassische nennen sie die altherkömmliche, legitime, vertragsmäßige Literatur; romantisch nennen sie jeden Schriftsteller, der seinen eigenen Weg geht, sich um Gesetz und Herkommen nicht viel bekümmert, und zuweilen ein Wort anders gebraucht und lauter ausspricht, als es im literarischen Oil-de-bœuf üblich war. Aber sowohl die Anhänger als die Gegner der romantischen Literatur wissen eigentlich gar nicht, worin die Natur des Romantischen besteht.

Wie die Griechen alle Ausländer Barbaren nannten, so nennen die Franzosen alle Literatur, die nicht f r a n z ö s i s ch ist, romantisch und da sie nichts, was nicht französisch ist, verstehen, so ist ihnen Alles, was sie nicht verstehen, romantisch. Es fehlt den Herzen und Köpfen der Franzosen gewiß nicht an Geräumigkeit, aber sie haben kein Hofthor, sie haben nur eine Hausthüre, durch welche nichts Großes eintreten kann; was daher die Manneshöhe überragt, ist ihnen romantisch. Da sie die Wolken für den Himmel ansehen, verschmähen sie oft den Himmel als Wolkendunst; und weil sie in jedem Brunnen mit Schaudern eine unendliche Tiefe erblicken, die zu den Antipoden führt, sehen sie jede Tiefe für einen Brunnen an, in den hinabzusteigen höchst lächerlich und gefährlich wäre, und aus dem man ja viel bequemer, so oft man Durst hat, einen Eimer heraufziehen kann. Ihr Herz schlägt nur bei der klassischen Witterung der Monate September und Mai behaglich; steht aber die Empfindung einige Grad zu weit von dem Gefrierpunkte ab, dann heizen sie ein oder trinken Limonade, und verwünschen das romantische Wetter. Den Humor, diese wilde und launische Demokratie der Gedanken und Empfindungen — das in der Breite, was die Romantik in der Höhe und Tiefe ist — kennen die Franzosen so wenig, daß sie ihren eigenen Rabelais nicht begreifen, und ihn für einen Satyriker halten. Die Magnet-Nadel ihrer Empfindung geht haarscharf nach Norden, und sehen sie sie abweichen, oder gar osciliren, erheben sie ein Jammergeschrei, als nahe der Untergang der Welt heran. Diese literarische Aristokratie, da sie, wie schon oben bemerkt, der Entwickelung der bürgerlichen Freiheit hinderlich ist, mußte den Franzosen endlich drückend werden, und manche ihrer jüngern Schriftsteller werfen die Fesseln ab, und suchen eine Freistätte im Lande der Romantik. Hierbei zeigt sich aber auch wieder eine höchst seltsame Erscheinung. Die Ultras nämlich suchen die romantische Literatur aufzubringen, und befördern hierdurch den Protestantismus der Wissenschaft und Kunst: die Liberalen hingegen suchen den alten blinden Glauben an die klassische Literatur in Achtung zu erhalten; denn beide politische Parteien kennen zwar ihr Ziel, aber nicht ihren Weg. Den Ultras gefällt die romantische Literatur, weil sie glauben, die in romantischen Dichtungen zuweilen vorkommenden Nebel, Gespenster, Kreuze und Jammer wären das Wesentliche dabei, und das Alles sey dienlich, das Volk furchtsam, abergläubisch, verliebt und dumm zu machen. Aus denselben Gründen sind die Liberalen der romantischen Literatur abgeneigt. Man erkennt hierin auch wieder, daß das Schicksal ein kluger Minister ist, und das Schaukelsystem so gut versteht als Einer. Er weiß die Parteien in Frankreich auf Umwegen so zu leiten, daß jede Partei die Absicht der feindlichen befördert, und dadurch die Ausschweifung ihrer eignen Leidenschaftlichkeit wieder gut macht. Ein Deutscher aber, der in Frankreich solches Treiben mit ansieht und wahrnimmt, wie so höchst geistreiche Menschen, als die Franzosen, in ihrer Volksthümlichkeit so tief verstrickt sind, daß sie nicht begreifen, was in Deutschland jeder Schuljunge versteht — lernt endlich wählen, und will lieber, wie deutscher Geist, nackt und barfuß seyn, wenn auch zuweilen etwas frieren, als wie französischer in engen Schuhen und Kleidern zusammengedrückt seyn, und glänzen. Freiheit ist das Schönste und Höchste in Leben und Kunst. Möge das deutsche Vaterland sich diese Freiheit um jeden Preis bewahren! Möge es stolz auf die Ungerechtigkeit seyn, mit der es seinen Göthe zu behandeln beginnt; möge es sich des Undanks rühmen, welcher den, der ihn erleidet, wie die, welche ihn begehen, auf gleiche Weise ehrt. Daß Freiheit in deutscher Kunst und Wissenschaft sich erhalte, mußte der literarische Ostracismus gegen Göthe endlich verhängt werden. Ihn tadeln, heißt ihn achten.

Das Kapitel von der französischen Unromantik auszuführen, ist eigentlich hier nicht der rechte Ort; es wird sich bald eine schicklichere Gelegenheit dazu finden. Ich habe es nur für anständig gehalten, die Erlkönigliche Majestät mit einigem Gefolge zu umgeben. Nämlich le roi des Aulnes, auf deutsch: der König der Erlen, soll so viel heißen als der Erlkönig, ob zwar zwischen einem König der Erlen und einem Erlkönig ein großer Unterschied statt findet. Und zwar soll es heißen, den Göthe'schen Erlkönig. Den haben sie in einer Pariser periodischen Zeitschrift neulich übersetzt, und sind dabei so ächt französisch verfahren, daß es den deutschen Lesern gewiß Spaß machen wird, etwas Näheres davon zu erfahren. Der Uebersetzer hat nämlich das Gedicht filtrirt, es von allen romantischen Schmutztheilchen befreit, so daß das reinste klassische Wasser übrig geblieben ist. Uebrig geblieben ist eigentlich der rechte Ausdruck nicht; denn trotz der Filtration hat sich die Masse des Gedichtes vermehrt, so daß die Uebersetzung noch einmal so groß als das Original ist. Hören wir:

> Qui passe donc si tard à travers la valée ?
> C'est un vieux chatelain qui, sur un coursier noir,
> Un enfant dans se bras, suit la route isolée.
> Il se plaint de la nuit qui voile son manoir;
> Et l'enfant (ah ! pourquoi troubler ces coeurs novices ?)
> Se rapelle en tremblant ces récits fabuleux
> Qu'aux lueurs de la lampe, au vague effroi propices
> Le soir, près des foyers, racontent les nourrices.

Il croit voir . . . . . . il a vu, sous les bois nébuleux,
Un de ces vains esprits, de ces antiques gnômes,
Qui, railleurs et cruels, doux et flatteurs fantomes,
Se plaisent à troubler le songe des. pasteurs :
Soit qu'ils poussent leur rire à de courts intervalles,
S'attachent aux longs crins des errantes cavalles,
Ou pretent à la nuit des rayons imposteurs.

Voilant de tous ses pas les rians artifices
    Le monstre, au bourd des priécipices,
Marche, sans les courber, sur la cime des fleurs,
    Et de sa robe aux sept couleurs
    Il a déployé les caprices.
A l'enfant qu'il attire il ouvre un frais chemin,
Fait briller sa couronne et sourit ; dans sa main
Flotte le blanc troëne et les nénuphars jaunes.
„Mon père, dit l'enfant, vois-tu les roi des Aulnes ?"

Jetzt folgt der eigentlich dramatische Theil des Gedichtes, wobei Göthe's Gediegenheit gehörig paraphrasirt, und in schöner breiter Scheidemünze aufgezählt wird. Endlich liegt das Kind in den letzten Zügen und spricht:

„Mon père ! . . . il m'a saisi, je souffre . . . . ah ! sauve-moi !"

Und nun folgt der Hauptsatz. Es heißt ferner und bis zum Ende, wie folgt:

Le chatelain frisonne : et l'enfant, plein d'effroi,
Se serre sur son coeur et demeure immobile.

Mais le vieux chatelain, pressant son coursier noir,
(Et l'enfant dans ses bras), regagne son manoir.
Voilà les hautes tours et la porte propice.
Le pont mouvant s'abaisse ; il entre ; et la nourrice
Apporte sur le seuil un vacillant flambeau..
Le père avec tendresse écarte son manteau
„Soyez donc plus discrète, il m'a durant la route,
J'assure, entretenu des esprits qu'il redoute;
Il criait dans mes bras, mais maintenant il dort;
Reprenez votre enfant — Oh! dit-celle, il est mort!"

Das ist ächt französische angewandte Romantik, und Jupiter, der in einer Kotzebue'schen Posse sich an seinen Blitzen die Tabacks-Pfeife anzündet, hat sich nicht hausbackener gezeigt! ... Am Schlusse des Gedichts steht die Bemerkung: Ce beau poème élègique, très peu connu, est de M. H. Delatouche, un des hommes le plus spirituels, et un des poetes les plus distingués de notre temps." Göthe mag sich dafür bedanken, daß man seiner bei dieser Gelegenheit nicht gedacht.

X.

Die Lese-Kabinette.

Im Jahre 1789 hatte Paris nur ein einziges Lese-Kabinet; jetzt gibt es kaum eine Straße von Bedeutung, in der man nicht wenigstens eines fände. Gut, daß sie in den freien Tagen dafür gesorgt, der Volksbildung Brunnen genug zu graben; denn bei dem Belagerungszustande, worin sich diese jetzt befindet, wäre sie verloren, wenn es nur eine Quelle abzuleiten gäbe. Das Lesen überhaupt, besonders das Lesen der politischen Zeitungen, hat in der Volkssitte tiefe Wurzeln geschlagen, und man müßte den französischen Boden vom Grunde aufwühlen, wollte man die allgemeine Theilnahme an bürgerlichen Angelegenheiten wieder ausrotten. Man muß es ihnen zum Ruhme nachsagen, daß es nicht blos eitle Neugierde ist, die sie zu den Zeitungen lockt; denn wenn es dieses wäre, könnten ihnen die Blätter, die öfters Betrachtungen als Geschichten enthalten, wenig Befriedigung geben. Alles lies't, Jeder lies't. Der Miethkutscher auf seinem Bocke zieht ein Buch aus der Tasche, sobald sein Herr ausgestiegen ist; die Obsthöferin läßt sich von ihrer Nachbarin den Constitutionel vorlesen, und der Portier lies't alle Blätter, die im Hotel für die Fremden abgegeben werden. Der Abonnent mag sich jeden Morgen die Arme müde klingeln, der Portier bringt ihm nicht eher sein Blatt, als bis er es selbst gelesen. Für einen Sittenmaler gibt es keinen reichern Anblick, als der Garten des Palais-Royal in den Vormittagsstunden. Tausend Menschen halten Zeitungen in der Hand und zeigen sich in den mannigfaltigsten Stellungen und Bewegungen. Der Eine sitzt, der Andere steht, der Dritte geht, bald langsamern, bald schnellern Schrittes. Jetzt zieht eine Nachricht seine Aufmerksamkeit stärker an, er vergißt, den zweiten Fuß hinzustellen, und steht einige Sekunden lang, wie ein Säulenheiliger, auf einem Beine. Andere stehen an Bäume gelehnt, Andere an den Geländern, welche die Blumenbeete einschließen, Andere an den Pfeilern der Arkaden. Der Metzgerknecht wischt sich die blutigen Hände ab, die Zeitung nicht zu röthen, und der ambulirende Pastetenbäcker läßt seine Kuchen kalt werden über dem Lesen. Wenn einst Paris auf gleiche Weise unterginge, wie Herkulanum und Pompeji untergegangen, und man deckte den Palais-Royal und die Menschen darin auf, und fände sie in derselben Stellung, worin sie der Tod überrascht — die Papierblätter in den Händen wären zerstäubt — würden die Alterthumsforscher sich die Köpfe zerbrechen, was alle diese Menschen eigentlich gemacht hatten, als die Lava über sie kam. Kein Markt, kein

Theater war da, das zeigt die Oertlichkeit. Kein sonstiges Schauspiel hatte die Aufmerksamkeit angezogen, denn die Köpfe sind nach verschiedenen Seiten gerichtet, und der Blick war zur Erde gesenkt. Was haben sie denn gethan? wird man fragen, und Keiner wird darauf antworten: Sie haben Zeitungen gelesen.

In den Lese-Kabinetten abonnirt man sich monatlich, oder man bezahlt für jeden Besuch, oder auch für jede einzelne Zeitung. Man findet dort alle Pariser, und in den bessern auch alle ausländischen Blätter. In dem Kabinette, welches der Buchhändler Galignani hält, das meistens von Engländern besucht wird, finden sich nicht blos alle englischen, schottischen und irländischen Zeitungen, sondern auch die aus den ost- und westindischen Kolonien. Der lange Tisch, worauf die englischen Zeitungen liegen, gleicht mit seinen Riesenblättern einer aufgehobenen Speisetafel, die mit hingeworfenen Servietten in Unordnung bedeckt ist. An Größe übertreffen die englischen Zeitungen alle übrigen europäischen; nach ihnen kommen die spanischen, dann die französischen, auf diese folgen die deutschen, und die italienischen kommen zuletzt. Ich wollte schon den Satz aufstellen, daß man an dem Format der politischen Blätter den Umfang der bürgerlichen Freiheit jedes Landes abmessen könne, als mich die Frankfurter Ober-Postamts-Zeitung, die in Folio erscheint, von dieser falschen Theorie noch zeitig abhielt. In mehreren Lese-Kabinetten fehlt es auch nicht an deutschen Blättern; man nimmt aber Einiges daran wahr, was einen Deutschen nicht wenig schmerzt. Die Allgemeine Zeitung etwa ausgenommen, werden keine deutsche Blätter in den Lese-Kabinetten eigens gehalten, sondern sie werden von den Pariser Zeitungs-Redaktoren, nachdem sie ihren Gebrauch davon gemacht, den folgenden Tag dahin abgegeben. Alle andern ausländischen Zeitungen werden den französischen gleich geachtet, jeden Morgen gefalzt, angenäht und gehörig aufgelegt. Die deutschen aber werden als verschmähte Aschenbrödel behandelt, und in einen dunkeln Winkel oder packweise in eine Mappe gesteckt. Diese so gutmüthigen, stillen und bescheidenen Zeitungen, die ihr letztes Stückchen Brod Jedem hingeben, der es fordert, und lieber verhungern, als versagen — wird der Himmel gewiß noch einst für ihre Demuth belohnen! Zieht man nun das deutsche Zeitungspack aus der Mappe hervor, so finden sich die Blätter zerrissen, zerknittert, die Nummern liegen nicht in Ordnung, viele fehlen, und die Zeitungen der verschiedenen Staaten und Städte sind neben und in einander in der größten Verwirrung gelegt. In der preußischen Staatszeitung findet man überrascht eine Beilage der Wiener Hofzeitung, in der Allgemeinen Zeitung steckt ein Kunstblatt, der Nürnberger Korrespondent schließt eine Bauernzeitung ein, der östreichische

Beobachter hält die Neckarzeitung liebend umschlungen, und will man ein verlorenes Stück des literarischen Wochenblattes lesen, muß man ein Morgenblatt herumdrehen, worin jenes, Kopf unten, steht. Das Journal de Francfort ist in seiner wahren und natürlichen Gestalt selten zu sehen. Es ist gewöhnlich ausgezackt wie ein Friseurkamm, weil die Pariser Zeitungs-Redaktoren, aus deren Bureau es kommt, die deutschen Nachrichten abgeschnitten, in die Druckerei schicken, und sich dadurch die Mühe des Uebersetzens ersparen.

Es herrscht in diesen Lese-Kabinetten die feierlichste Stille. Nicht das leiseste Wörtchen vernimmt man, ob zwar dort nicht, wie in musterhaften deutschen Lesegesellschaften, der Paragraph der Statuten, der das Sprechen verbietet, an die Wand genagelt ist, noch eine Schelle auf dem Tische steht, die Störenden zu mahnen. Wenn Franzosen schweigen, so ist dieses ein unwiderleglicher Beweis, daß ihre Aufmerksamkeit eifrig und ernst beschäftigt ist, denn bei den andern Gelegenheiten, wie an Spieltischen, machen die Franzosen einen größern Lärm, als der ganze weiße Schwan in Frankfurt am Main während der zweiten Meßwoche mit allen seinen Gästen. Die Zeitungs-Kabinette sind gewöhnlich mit Bibliotheken verbunden, die von den Besuchenden mit wahrhaft jugendlichem Schulfleiße benutzt werden. Es ist dieses für unbemittelte Studirende und Literaturfreunde, oder für solche, denen es an Bequemlichkeit häuslicher Einrichtung fehlt, eine sehr wohlthätige Anstalt. Man bezahlt monatlich sechs Franken, und für diese geringe Summe kann man den ganzen Tag in einem solchen Kabinet arbeiten, hat im Winter Feuerung und Licht unentgeldlich, und alle nöthigen Bücher bei der Hand. Viele sind dort einheimisch, und verlassen das Kabinet blos, wenn sie zu Bette gehen. Auch sieht man da manche ehrwürdige, narbenvolle Veteranen, die ernst, stolz und wehmüthig auf die Erbärmlichkeit der Zeit herabsehen, und, weil ihr Mund zu schmeicheln und ihr Arm zu drohen verschmäht, die Waffen mit den Wissenschaften vertauschen, und sey es, um Brod oder Beschäftigung zu finden, den ganzen Tag emsig lesen, Auszüge machen und schreiben.

XI.
Das englische Speisehaus.

In der Richelieu-Straße begegnete ich einem lieben deutschen Freund. Es erquickt mich immer, wenn ich ihm begegne. Ein Riesenjüngling, breite Brust; eine Stimme wie ein Bär. Schreitet er durch den Palais-Royal, zittern die zarten Krystallscheiben der Läden, und die Bänder der Hüte

flattern wild durcheinander. Ich möchte dabei seyn, wenn er einem Mädchen sagt: „Ich liebe dich!" Sie h ö r t ihn gewiß, und zwischen hören
und erhören liegt in diesem Falle nur eine kleine Pause. In seiner zierlichen französischen Kleidung gleicht er dem Herkules am Spinnrocken der
Omphale. Ein deutscher Händedruck, und — „wohin, mein Freund?"
fragte ich. — „Zu Little Garravays!" donnerte er. — „Ist es ein
d e r Little oder ein d i e Little?" — „Es ist ein d e r Little, ein englisches
Speisehaus, wo man meisterhaft ißt; kommen Sie mit!" — „Gut, ich
bin dabei."

Wir traten in einen kleinen Saal. Rule Britannia, God save the King,
und andere solche stolze englische Lieder kamen mir sogleich in den Sinn.
So bist du England! dachte ich. Bedarf es denn immer der Klaue, daß
man den Löwen erkenne? Auch nur eine Flechte seiner Mähne ist oft
genug. Die Franzosen essen am meisten mit den Augen. In ihren Speisehäusern ist das Erste, wonach sie sich umsehen, Brod, das Zweite Spiegel.
Die Tische dort, ob zwar auch nur für zwei oder vier Personen eingerichtet,
stehen in gemeinschaftlichen Zimmern nahe bei einander; man sieht sich und
man wird gesehen. Hier bei den Engländern aber ist Alles ganz anders
eingerichtet. Die Tische sind durch spanische Wände von einander geschieden,
so daß einem kein Fremder in den Mund sehen kann; der Saal ist in zwei
Reihen Klosterzellen eingetheilt. So bist du, Engländer! Du willst allein
seyn und lassen, du mit deinen eigenen, Jeden mit seinen Launen; du bist
ein unausstehlicher Mensch, du bist ein Republikaner. Du bist häuslich
auch außer deinem Hause, du willst etwas für dich selbst vorstellen, nicht
blos ein Mauerstein am Staatsgebäude seyn, unter einer gemeinschaftlichen
Kalkdecke mit tausend andern Steinen begraben. Recht so! . . . . Die
Tische sind zwar mit Tüchern bedeckt, aber Servietten bekommt man nicht.
Doch ist Jedem verstattet, das Tischtuch nach Belieben zu verwenden. Also
persönliche Freiheit! Suppe wird nicht gereicht, man müßte sie denn ausdrücklich fordern, und dann wird sie besonders bezahlt. Das Essen beginnt
mit Rostbeef, das sanft blutet. Es kommt aber nicht, wie in französischen
Speisehäusern, in elenden dünnen Scheiben auf den Tisch — ein Lurlei-
Felsen wurde uns vorgesetzt, so hoch und steil, daß selbst die Riesenhand des
deutschen Jünglings erst hinaufklettern mußte, um abzuschneiden. Ein her-
kulischer Senf, der auch den verstocktesten Augias-Kopf säubern könnte,
begleitete das Rostbeef. Dann folgte Gemüse, woran, wie an hetrurischen
Vasengemälden, nur die ersten naiven Regeln der Kunst sich aussprachen.
Es war nicht sauer, nicht süß, nicht gesalzen, und drang Niemandem einen
vielleicht unwillkommenen Geschmack auf. Aber neben dem Salzfasse steht

7*

auf jedem Tische auch eine Zuckerbüchse, so daß man sich sein Gemüse nach
Belieben zubereiten kann. Dann kommt eine Mehlspeise, die mild, doch
nicht ohne Kraft, wie sie sich für Männer ziemt. Den Schluß macht herrlicher Chester-Kaffee, der aber nicht, wie in Paris üblich, in Triangeln,
Parabeln, Hyperbeln, Ellipsen oder andern winzigen Kreis- oder Kegel-
schnitten, sondern in ganzen Hemisphären aufgetragen wird. Ein rasender
Porter wüthet und schäumt in den Gläsern und besiegt auch den Stärksten.

Der Habeas-Corpus-Akte erfreut man sich nirgends so sehr, als in diesem englischen Speisehause, und was dem Tische zur vollkommenen englischen
Verfassung fehlt, ist gerade das, was ihm am meisten zur Empfehlung
gereicht. Er hat nämlich keine magna Charta, wie die französischen Re-
staurationen, wo die Carte payante unmäßig groß ist. Der deutsche Jüngling glühte, und zum Boxkampfe ballte sich unwillkührlich seine Faust.
„Freund!" sagte ich, „wir wollen uns heute nicht zanken, wie neulich beim
Essen. Zwar bin ich selbst voller Wuth, denn so ein Rostbeef ist ein wahrer
Radikal-Reformer einer fehlerhaften Konstitution, und das hat doch gleich
ein anderes Ansehen. Also Friede!"

Aber um uns herum war Kriegsgetöse. Die Gäste, wenige Engländer
und viele Franzosen, lärmten, schrieen, lachten, schlugen mit Messern und
Gabeln auf den Tisch und klirrten mit den Gläsern. Die Sache ist auf-
fallend und muß erklärt werden. In den Pariser Speisehäusern betragen
sich die Franzosen so ruhig und bescheiden, als wären sie bei Privatpersonen
zu Gaste. Diese englische Restauration aber ist neu, erst seit Kurzem entstanden, die Speiseordnung weicht von der französischen ganz ab, und da
zeigte sich denn wieder die französische Nationalität. Nach Verhältniß des
kleinen Schauplatzes betrugen sie sich eben so übermüthig, als im vorigen
Jahre, da die englischen Schauspieler in Paris auftraten. Sie machten
sich über Alles lustig, sie riefen: „Brott!" womit sie auf englisch Brod
ausdrücken wollten. An einem der Tische saß eine kleine wilde Schaar.
Der Eine machte sich sein Gemüse mit Zucker, der Andere mit Salz zurecht.
Sie stritten, welches besser schmecke. Ein Dritter sollte entscheiden, und
wurde aufgefordert, dieses mit Unparteilichkeit zu thun. „Seyd ruhig,"
sagte er — „je les mangerai avec impartialité." Großes Gelächter, obzwar Jeder wußte, daß dieses Witzwort aus einem französischen Vaudeville
genommen. Es ist ein altes Stück, dessen ganze Handlung darin besteht,
daß man um die Vorzüge zweier Hühner aus zwei verschiedenen französischen
Provinzen sich streitet. Dort auch wird der Schiedsrichter zu strengem
Rechte ermahnt, worauf er sagt: „Je les mangerai avec impartialité."

Daß sich die Franzosen, wie erzählt, unartig betragen, muß man, bei dieser wie bei jeder andern Gelegenheit, nicht ärger nehmen, als es ist. Der Franzose ist nicht blos zu höflich, sondern auch zu gutmüthig, sich zu äußern, wenn ihm an einer einzelnen Person etwas lächerlich erscheint. Er ist aber an seinen Nationalsitten so verwachsen, daß, wenn er, fremden Sitten und Gebräuchen in Masse begegnet, er auf einer Maskerade zu seyn glaubt, und dann läßt er sich verleiten, sich Maskenstreiche herauszunehmen.

Die Deutschen, welche nach Paris kommen, werden gewiß das englische Speisehaus besuchen, es ist der einzige Ort in Frankreich, wo man deutsche Gründlichkeit findet. Das Haus liegt in der Rue Colbert, nahe bei der königlichen Bibliothek.

XII.
Der Garten der Tuilerien.

Es ist noch gar nicht lange (erst fünf Minuten), daß ich die Ursache entdeckt, warum ich in Paris stärker, häufiger und lieber philosophire, als ich in Deutschland gethan. Es ist damit so arg geworden, daß ich, um in die Tuilerien zu kommen, den Weg über die Kritik der reinen Vernunft nehme, welches der kürzeste Weg nicht ist, sondern der längste. Ich thue es blos aus einer hypochondrischen Aengstlichkeit für die Gesundheit meines Geistes, die mich in Paris befallen. Eine bekannte diätetische Klugheitsregel schreibt vor, man solle sich im nüchternen Zustande keinem ansteckenden Kranken nähern, sondern vorher etwas genießen; auch wird in diesem Falle angerathen, sich den Mund mit Weinessig auszuspülen. Das Philosophiren ist mein Weinessig, der mich gegen die mancherlei Seelenkrankheiten schützt, von denen man in Paris angesteckt werden kann. Man kann dort fangen: Habsucht, Unduldsamkeit, Gottlosigkeit, feinen Geschmack, und des verstorbenen Ritters von Zimmermann Personal- und Nationalstolz. Diesen Uebeln ist man ausgesetzt, so bald man öffentliche Orte besucht; ja, das zu Hause bleiben bewahrt nicht immer vor Ansteckung, denn die emsigen Zeitungen gehen mit Fiebern hausiren. Besucht man aber gar Salons und die Gesellschaften darin, so kann man noch gefährlichere Uebel erwischen. Man wird da Liberaler, Ultra, Bauchredner, Mouchard, Carbonaro, Mitarbeiter oder Stoff des Reveil oder des Miroir. Darum rathe ich jedem Deutschen, in Paris ohne Philosophie nicht auszugehen, und so oft er Gesellschaften besucht, zuvor einige: Unser Vaterland, still herzubeten.

Ich kann die Deutschen versichern, daß sie nichts verloren, seitdem ich in Frankreich bin, vielmehr sehr gewonnen. Ich liebe sie jetzt, und mit der wahrsten, reinsten, uneigennützigsten Liebe — denn was könnten sie einem gewinnsüchtigen Geiste in Kunst, in Wissenschaft und im Leben mehr anbieten, als die Franzosen? Aber sie haben und gewähren etwas, was den Franzosen mangelt: die Freiheit im Denken und im Fühlen. Die Zerstörung der Bastille hat in Frankreich nur die Zungen frei gemacht, die Herzen und Geister sind noch eingesperrt, wie früher. Wer aber diese meine Wahl nicht billigt, wer nicht gleich mir eine freie Wüste, und wäre sie von Löwen, Hyänen und Schlangen bevölkert, vorzieht einem geschlossenen Paradiese, und wäre es voll Goldäpfel, und würde von Cherubim bewacht — den tadle ich nicht, aber ich beweine ihn.

Aus jener heilsamen Neigung zu philosophiren sind nicht blos die bisherigen Betrachtungen geflossen, die gar nicht zur Sache gehören, sondern entspringt auch folgende Bemerkung, die nicht weniger überflüssig ist. Mit so großer Mühe lernt und lehrt der Mensch so Vieles und Mancherlei zu keinem andern Zweck, als um sich und Andern tausend Freuden zu verderben! Die Wissenschaft gleicht einer Chaussee, die ein schmales und langes Gefängniß ist, das man nicht verlassen darf, und rechts und links liegen die schönsten Felder und Blumenwiesen. Jede Kunstregel ist eine Kette, jedes Buch ein Thor — auch im andern Sinne des Worts — das sich hinter den Eingetretenen zuschlägt. Glücklich, die nichts wissen und nichts lesen! Wäre mir Hirschfeld's Theorie der schönen Gartenkunst bekannt, würde mir der Tuilerien-Garten wahrscheinlich abgeschmackt erscheinen; jetzt aber gefällt er mir, und ich werde ihn sehr loben. Er ist zweckmäßig eingerichtet, und die Zweckmäßigkeit zur Schönheitsregel zu erheben, ist so bequem und wirthschaftlich, daß sie gewiß in vielen Kompendien der Aesthetik als solche aufgestellt seyn wird. Engländern, die das Reisen lieben, und also auch gern das Bild des Geliebten vor Augen haben, ist ein Garten ein Miniatur-Europa, in dessen Zügen sie einen kleinen Schaffhauser Wasserfall, ein kleines Chamouny-Thal, einen kleinen Golf von Neapel mit Wohlgefallen erblicken. Auch viele Andere ziehen englische Gärten vor: Verliebte, Deutsche, Philosophen, glückliche, unglückliche Menschen. Wäre aber der Garten der Tuilerien nicht wie er ist, im besten französischen Geschmack, sondern im englischen, so wäre das sehr schlimm. Einen Trunkenbold, der täglich eine Flasche Rum trank, heilte sein Arzt — denn endlich hat man die Trunkenheit aus der Moral in die Medizin übergewiesen, und hoffentlich wird man auf diesem guten Wege fortschreiten, bis man dahin gelangt, die Robespierres-Leiden nicht in der Geschichte, sondern in Hufelands Journal der praktischen Heilkunde zu beschreiben — der kluge Arzt heilte ihn auf folgende Weise. Er ließ ihn täglich so viel Siegellack in die Flasche tröpfeln, als erforderlich ist, ein Pettschaft abzudrücken. Auf diese Weise ward die Flasche täglich etwas weniges voller an Siegellack und leerer an Rum, und der Trunkenbold kam allmählig zu Verstand und ohne Aufsehen zu erregen. War in diesem Fall der Abgewöhnung von geistigem Getränk solche Vorsicht nöthig, wie viel nöthiger wäre sie im Fall der Angewöhnung eines geistigen Genusses, und ein Sprung hierin wäre eben so gefährlich, als der Tuilerien-Garten, wenn er englisch wäre. Das Herz eines ächten Parisers würde krank werden durch Erkältung oder durch Erhitzung, wenn er aus dem Kunstkabinet des Palais-Royal schon nach wenigen tausend Schritten in das Naturgeschichtliche eines englischen Gartens träte — wenn sein Ohr, ohne Zwischen-Saiten, plötzlich vom Schlangengezisch des Rouletts zum Gemurmel eines Springquells, von den giftigen Locktönen einer Königin der Nacht zu den unschuldigen Liedern der Nachtigallen überspränge — wenn Ich sein Auge vom Pharao-Tische zu einem Bowlinggreen wendete — wenn sein Gefühl aus der breiten Sonnenfläche, worauf die, gleich Grenadieren des großen Kurfürsten, neben einander gesteiften und gedrechselten Bäume stehen, plötzlich in das schattige Gewimmel eines frischen Wäldchens träte. So aber bleibt er gesund, denn er tritt aus dem Palais Royal nur in einen Jardin Royal. Ich will den letzteren beschreiben, wie ich ihn an einem der ersten Frühlingstage gesehen.

Der Frühling kündigte sich im Garten nicht durch Blüthenstaub an, sondern durch irdischen. Die Bäume hatten die Augen noch geschlossen, denn als Städter stehen sie später auf, wie Landbäume. Verrückte Engländer fahren vorbei in großen Reisewagen; das Kammermädchen im seidnen Spencer inwendig, die Herrschaft unter bäuerlichem Strohhut auf dem Bocke. Sobald der Frühling kommt, verlassen die Engländer Paris, um nach der Schweiz, nach Italien oder nach England zu reisen. Ihnen ist die Reisekasse eine Spar- und Amortisationskasse. Wenn in Deutschland ein unzahlfähiger Schuldner die Flucht nimmt, um sich vor seinen Gläubigern zu retten, flüchtet ein Engländer, um seine Gläubiger zu befriedigen. Eine Guinee ist schon in deutschen Gulden nicht aufzutreiben, in französischen Franken noch weniger. Es ist, als würde außer dem Metallwerthe auch noch die Façon daran bezahlt, wie an einem Goldringe. Das reiche, glückliche Volk! Ein armer Teufel von Dichter in London, der nicht Geld genug hat, im November sein Steinkohlenfeuer zu bezahlen, schifft nach Frankreich, wärmt sich dort an der Sonne, und trinkt wohlfeiler feurigen Wein, als in seiner Heimath kaltes Bier. Geht es dem Schelme gar zu arg, ist er noch

enger beschränkt, dann muß er freilich nach Neapel wandern, dort für einen
halben Paol sein Abendmahl halten, und dabei die Sonne untergehen sehen
im blauen Meere! . . . Ich folge dem englischen Reisewagen mit den
Augen nach, die ganze Tivoli Straße hinauf, bis an das Garde-Meuble,
wo er umbiegt. Auf diesem Pallast spielt der Telegraph. Spielen?
Ach ja, er spielt wie eine Schlange in der Sonne. Fürchterlich, fürchterlich!
Die langarmige Tyrannei! Neulich reis'te ein englischer Schriftsteller von
Paris nach London. Er war schon drei Tage fort, stand in Calais am
Bord des Schiffes; die Segel wurden gerückt — da schoß ihm von Paris
der Telegraph wie ein Blitz nach. Er wurde fest gehalten, und mußte,
wegen Verdachts aufrührischen Briefwechsels, vier Wochen im Kerker
schmachten. Er ward unschuldig befunden. Ich habe mir vorgenommen,
den Moniteur durchzulesen, von 1789 bis jetzt, und ein Beispiel aufzusuchen,
daß je durch den Telegraphen eilende Wohlthat zugesendet, daß je Thränen
durch diesen Sturmwind getrocknet, daß er je dem Verurtheilten rasche Be-
gnadigung zugesprochen. Und finde ich nur ein einziges Beispiel solcher
Art, dann will ich mich mit dem Telegraphen aussöhnen. Doch ich vergesse
— werden nicht neunmal jeden Monat die gezogenen Lotto-Nummern von
dem Telegraphen durch ganz Frankreich gesendet, welche Trost bringen: der
weinenden Mutter unter hungrigen Kindern den Trost — sie werde glücklicher seyn in der nächsten Ziehung!

An jedem der Gitterthore des Tuilerien-Gartens stehen zwei Schild-
wachen, ein Schweizer und ein Franzose, die sich wechselseitig bewachen, und
an Treue mit einander wetteifern. Es machte mir das größte Vergnügen,
zwischen beiden stehend, mein weißes Taschentuch herausziehen und wehen zu
lassen, und so mit Hülfe des blauen Franzosen und des rothen Schweizers
ein aufrührerisches Farben-Trio öffentlich zu spielen, ohne daß mir ein
königlicher Prokurator etwas darum anhaben konnte. Diese armen Schild-
wachen sind sehr geplagt. Gewiß hatten sie in den Schlachten von Marengo
und Austerlitz ihre Flinten nicht so viel handthiert, als sie es hier thun.
Sie müssen nämlich vor Jedem, der ein Ordensband trägt, das Gewehr
präsentiren. Das endet nicht. Es ist erquickend, zu sehen, wie viele Verdienste in die Tuilerien eintreten, und wie sich der abgetriebene Bandwurm
immer wieder erneuert. Ich ließ es mir angelegen seyn, eine Viertelstunde
lang alle die zu zählen, die Ordensbänder trugen. Ich zählte zehnmalhun-
dert Vorübergehende, und unter jedem Hundert waren neunzehn bis zwei
und zwanzig Bebänderte, also je der fünfte Mann war ein Wohlthäter seines
Vaterlandes? Und dazu rechne man noch die Vielen, die ich im Gedränge
übersehen, oder die bescheiden ihren Ruhm unter dem Rocke trugen. Dann

zählte ich aber auch die vielen jungen, noch blühenden Männer, auf welche der Schlachten-Tod schlecht gezielt, und die nur einen Arm oder ein Bein verloren. Wofür haben sie gekämpft? Ich erstaunte, daß der Mensch so ein Lamm sey, und daß die Menge der Verstümmelten sich nicht auch fragt: Wofür haben wir gestritten? und nicht öfter, als es geschieht, den Kopf an das verlorne Bein setzen.

Unter den Bäumen stehen eine unzählige Menge Strohstühle neben einander gereiht: es sind Lehn-Stühle, kaum sitzt man darauf, kommt eine Frau, die Lehnspflicht einzufordern. Man zahlt zwei Sous; ist man aber ein junger Mensch vom feinsten Ton, begeht man eine Felonie, sagt keck, man habe schon gezahlt, legt zu den zwei ersparten Sous noch fünf Franken, und frühstückt gut. Schriftsteller, die statistische Notizen sammeln, müssen es sich merken, daß man in Paris zum Sitzen an öffentlichen Orten zwei Stühle gebraucht (sie können den Strohbedarf und den Ackerbau darnach berechnen); nämlich einen zum Sitzen, und den andern, die Füße darauf zu stellen. Man erkennt Ausländer, die erst in Paris angekommen, leicht daran, daß sie mit herabhängenden Füßen sitzen. Auch unterscheiden sich durch die Art des Sitzens die Ehemänner von den Anbetern ihrer Weiber. Erstere sitzen neben den Frauen, und haben, wie diese, ihre Füße auf dem Fußstuhle gestellt. Die Anbeter hingegen sitzen vor den Angebeteten, ihnen zu Füßen auf dem Fußstuhle, unterhalten sich mit ihnen französisch (in linguistischer und sittlicher Bedeutung des Worts), und wenden der Allee und der Welt darin den Rücken zu. Frauenzimmer, deren Herzen Ferien haben, bereiten sich, wie brave Studenten, auf das kommende Sommer- oder Winter-Semester gehörig vor, indem sie die vorübergehenden Herren fleißig ansehen und sich die wichtigsten Paragraphen notiren. Dieß ist eine löbliche Sitte; denn die Schamhaftigkeit wird durch nichts mehr gestärkt, als durch ihre Verletzung, nämlich durch Abhärtung derselben. Man braucht im Garten der Tuilerien gar nicht eitel zu seyn, sondern nur fremd, um sich vorzuschmeicheln, man habe die schönsten Eroberungen gemacht in der Weiberwelt.... Eine bürgerliche Frau geht vorbei, und fordert Kupfergeld ein; sie trägt Etwas versteckt und achtsam unter ihrer Schürze. Bettelt sie für einen Säugling, den sie mütterlich gegen Wind und Sonne schützt? Nein; sie trägt unter ihrer Schürze eine Art Gebackenes, das so leicht ist, wie gebackene Luft. Es heißt: Plaisirs des Dames. Das muß schnell und verhüllt herumgetragen werden, damit es nicht kalt werde. „Des plaisirs mes Dames! Des plaisirs!" ruft sie im Fluge, und wie im Traume schweben sie vorüber.

Wie der Tuilerien-Garten für die Mikropolitiker, für die Glücksritter und Glücksfußgänger ein Marktplatz ist, auf dem sie kaufen und verkaufen, so ist er für die Makropolitiker ein schöner Paradeplatz, auf dem sie exerciren und exerciren sehen. Sechs Zeitungs-Buden liefern patriotischen Herzen täglich das nöthige Brennholz. Ihr tretet heran, nehmt, ohne ein Wort zu sprechen, ein beliebiges Blatt, geht lesend spazieren, so lange es Euch gefällt, bringt dann das Blatt zurück und bezahlt einen Sous dafür. Waret Ihr drei- bis viermal an der nämlichen Bude, verwundert Ihr Euch, noch immer denselben wohlgekleideten Mann da zu finden, der schon vor zwei Stunden im Lesen vertieft dort gestanden. Er ist ein Lauerer, der sich an der Quelle der Ueberraschung lagert, und daraus jeden Tag frisch die Meinung der Zeitungsleser schöpft; denn wenige Franzosen können mit dem Munde schweigen; mit den Blicken aber, mit den Mienen, Händen und Füßen, das vermag keiner. Auf diese Weise wird in allen Pariser Straßen der öffentliche Geist zusammengekehrt, und nachdem die Besen schönen wie häßlichen Auswurf, Blumen wie welke Krautstengel, zu Koth zerstampft, wird der Unrath in die Kloacke der Polizei-Präfektur geworfen, die ihn gehörig abführt.

Der Garten wird auf beiden Seiten, seiner Länge nach, von zwei gemauerten Terrassen begränzt. Die eine, längs der Seine, gewährt eine herrliche Aussicht auf den Strom, auf die Brücken und den Pallast der Volks-Deputirten, der, nach dem Schlage, der ihn neulich getroffen, auf der linken Seite gelähmt ist. Die andere Terrasse führt die Straße Tivoli entlang, und heißt die Terrasse Feuillans, weil bis zur Revolution das Kloster der Feuillans da gestanden. In diesem Kloster hatte die National-Versammlung ihre Sitzungen. Zu jener Zeit, vor der Hinrichtung des Königs, beliebte es dem Volksmuthwillen, jene Terrasse mit einer dreifarbigen Schnur von dem übrigen Garten abzustecken, und er nannte sie le pays nationale, zum Unterschiede des pays de Coblence. Wehe dem Bürger, der im pays de Coblence spazieren ging, er wurde für einen Aristokraten angesehen und mishandelt. Ein junger Mann, dem diese geographische Eintheilung noch unbekannt war, stieg in das Koblenzer Land hinab. Zusammenlauf, wüthendes Geschrei, Verderben drohende Geberden. Da merkte der Unwissende, was er begangen, kehrte zurück, zog seine Schuhe aus, und wischte den Staub von den Sohlen. Jubel, Beifallklatschen, und der Jüngling wurde im Triumphe fortgeführt. Am Fuße dieser Terrasse, da wo sie, sich senkend, in Gestalt eines Hufeisens ausgeht, innerhalb des Kreisschnittes, liegt ein Platz mit Stühlen und Bänken versehen, den man nennt: La petite Provence, weil die Mittagssonne, deren Strahlen sich frei und ungehindert an der Mauer brechen, dort eine Wärme verbreiten, die in Wintertagen in jene südliche Provinz Frankreichs versetzt. Da ist der

tägliche Sammelplatz vieler hundert Kinder mit ihren Müttern oder Wärterinnen. Man denkt nicht gern daran, daß dort auch viele Frauen mit
Adoptivkindern sitzen und die empfindsame Mutterliebe spielen, um Adoptiv-
Väter anzulocken — man vergißt das gern, um, des Pariser Kunstlebens
voll und satt, sich in der reinen Kinderwelt zu erfrischen. Aber auch diese
Erquickung ist matt. Zu verderben war die Kindernatur nicht, aber sie
auch steckt in einem verzierten Etui, und man muß sie herausziehen. Da
haben sie ein Spiel, la corde genannt. An einem Stricke sind an beiden
Enden hölzerne Handhaben befestigt, daran faßt man ihn, schlägt ihn unter
die Füße durch, und springt so darüber. Es hieße die Romantik zu weit
treiben, wenn man tadeln wollte, daß diese Stricke keine rohen Natur- und
Galgenstricke sind, sondern feine Schnüre, wie sie sich ein türkischer Stran-
gulat von Stande nur wünschen mag. Aber das Folgende ist ärgerlich.
Nämlich außer jenen kleinen Schnüren zu Selbstsprüngen haben sie auch
lange Gesellschaftsstricke, die an beiden Enden von zwei Kleinen festgehalten
werden, und worüber alle anwesenden Spring-Dilettanten, mit größerer
oder kleiner Fertigkeit, springen, sowohl vorwärts als rückwärts. Da bildet
sich nun ein Zuschauerkreis von Erwachsenen, und man sieht dann sechs-
jährige Mädchen in der Koketterie debütiren, und den Beifall der Umstehen-
den, als spielten sie bei Franconi, mit anmuthigem Lächeln fordern und
einziehen.

Jetzt sinkt unter den elysäischen Feldern die Sonne unter, auch hier
herrlich! Denn die Königin der Erde geht in ruhiger Majestät vorüber,
unbekümmert, was sie mit ihren Blicken begegne, Paradiese, Schlachtfelder,
oder den Spielwaarenmarkt von Paris — sie lächelt nicht minder, sie zürnt
nicht mehr. Es wird getrommelt, und die große Wache des Gartens tritt
heraus. Sie laden scharf, mit Geräusch und Gepränge, damit es Jeder
erfahre, daß der wachende Mond am Thronhimmel die nächtlichen Schritte
der Räuber beleuchte. Dann sondern sich etwa zwanzig Mann ab, und
stellen sich zehn Schritte auseinander, eine Linie durch die ganze Breite des
Gartens ziehend. Darauf schreiten sie mit kleinen und langsamen Schritten
vor, das Volk vor sich hertreibend. Zurück darf Keiner, und so wird in
wenigen Minuten der Garten ausgekehrt. Dann werden die Thore geschlossen, und Todesstille herrscht um den Pallast. Wehe dem Betrunkenen,
dem Unachtsamen oder Unwissenden, der in der Nähe der Tuilerien während
der Nacht der fernzurufenden Schildwache nicht gleich antwortet. Dieses
Versäumen hat erst vor wenigen Tagen einem Jüngling das Leben gekostet;
die Kugel traf ihn ins Herz. O die unselige Herrschaft, die, einer exotischen
Pflanze gleich, in fremden Schiffen hergebracht, von Hofwärme ausgebrütet,

von der Gießkanne lohnsüchtiger Gärtner begossen, vor jeder Wolke, vor jedem Lüftchen zitternd, ein ängstliches Treibhausleben führt! Wie besser ist die andere, die, gleich einer deutschen Eiche in der Liebe des Volks wurzelt, von der Sonne geboren, vom Himmel selbst befruchtet, die der naschenden Axt freundlich wehrt, und dem Sturme mit Macht widersteht!

XIII.

Polichinel Vampire.

Steif seyn kann Jeder; aber es mit Grazie seyn, das ist eine seltene Gabe. Wer diese schöne Kunst würdigen und bewundern lernen will, der komme und sehe den Pantomimen Mazürier in Paris. Die Zauberei, aus dem Menschen eine Maschine zu machen, ist diesem Manne vollständiger als irgend einem gelungen, und wenn er in einem niedrigen Range stirbt, so hat er es wahrscheinlich nicht besser haben wollen. Die Natur hat ihre künstliche Schlosserarbeit ganz umsonst an seinem Körper verschwendet. Was sie befestigt, macht er frei, was sie beweglich gelassen, befestigt er; er öffnet, was sie verschlossen, und was sie offen ließ, schließt er zu. Er bewegt seine Glieder gegen alle Regeln der Bänder und Flechsen. Mazürier kann an allen menschlichen Todesarten sterben: aber den Hals brechen kann er nicht. Wie sich Mithridates durch häufige Giftversuche gegen Vergiftungen geschützt, so härtet sich Mazürier gegen äußere Verletzungen dadurch ab, daß er sich jeden Abend übt, seine Glieder zu brechen, ohne daran zu sterben. Seit zwei Monaten entzückt er die Pariser, und in die zwölf Tafeln der Mode-Gesetzgebung wurde eingegraben: „Une Dame ne pourra se montrer cet été, si elle ne prouve, qu'elle a assisté à une représentation de Polichinel dans une loge louée par elle." Vor einigen Tagen wohnte ich zum Erstenmale einer seiner Vorstellungen bei; das Haus war übervoll. Das in Paris für ihn verfertigte Ballet heißt Polichinel Vampire, und er macht den Polichinel darin. Nun spielt zwar die Handlung auf der Insel der Stummen, in einem Klima also, wo die Blutsauger ungemein gedeihen; aber Polichinel ist die beste Seele von der Welt, und er heißt Vampir blos darum, weil ihn seine Feinde, um ihm Händel zuzuziehen, für einen solchen ausgeben. Er kommt in einem Luftballon auf der Insel der Stummen an; der Luftballon zerreißt, und Polichinel stürzt ins Meer. Jedermann weiß, wie ein Theatermeer aus Pappendeckel und andern festen

Dingen zusammengesetzt ist; aber Polichinel schwimmt darin wie ein Fisch im Wasser mit der anmuthigsten Beweglichkeit. · Damit beginnt Mazürier seine künstlerische Laufbahn. Er wird halb todt ans Ufer geworfen, legt sich zusammen wie ein Taschenmesser,· und läßt den Kopf hängen, wie eine abgeschlachtete Gans. Dann ermuntert er sich, tanzt, springt, und macht, so zu sagen, unmögliche Dinge. Zum Beispiel er stellt sich auf das linke Bein, legt das rechte vorwärts auf die Schulter, nimmt es in den Arm und präsentirt es wie ein Gewehr. Der geneigte Leser wolle nicht zu schnell über dieses Erzählte hinausgehen, sondern sich durch eigene Nachahmungs- versuche überzeugen, daß beschriebenes Unternehmen höchst wundervoll ist. Polichinel, den auf ihn eindringenden Feinden zu entgehen, flüchtet sich auf einen Baum, und vertheidigt sich aufs Artigste. Ein anderesmal wird er überfallen und kann nicht mehr entrinnen, die Bauern schlagen mit Knütteln auf ihn zu, und — sein Kopf rollt zur Erde! Der Stumpf bewegt sich ohne Kopf. Wahrhaftig, es ist so! Polichinel sitzt erst und geht dann so vollständig ohne Kopf, daß er in diesem Zustande an manchen wichtigen Berathschlagungen mit Ruhm hätte Theil nehmen können. Freilich sagt die Logik: „Wahrscheinlich hält er den Kopf geschickt zwischen den Schultern versteckt, denn: a. der Mensch kann sich ohne Kopf nicht bewegen; b. Po- lichinel ist ein Mensch und bewegt sich; also c. hat Polichinel einen Kopf.“ Aber was vermag die Logik ohne die Sinne? Die Augen sehen Polichinel ohne Kopf, und damit gut. In einer andern Scene weiß sich Polichinel nicht anders zu retten, als daß er von dem Gipfel des Baumes, über die ganze Breite der Bühne, in das offene Fenster eines Hauses fliegt. Ein Draht mag ihm freilich dabei behülflich seyn, aber man sieht den Draht nicht — süßer Schauer durchrieselt den Busen aller Frauen, und das männ- liche Entsetzen bricht in ein donnerndes Beifallklatschen aus. Kurz, Ma- zürier ist ein Wunder, und daß ihm, als einem Neapolitaner, Geläufigkeit der Füße angeboren, vermindert seinen Ruhm nicht; denn er springt über seine Nationalität hoch hinaus. Deutsche Hof- und Volks-Theater könnten sich durch nichts mehr auf die Beine helfen, als wenn sie den genialisch höl- zernen Mazürier zu Gastrollen einladeten, und er kommt gewiß, erfährt er nur erst, wie sehr er sich dort in seiner Kunst noch vervollkommnen könne.

Die Handlung des genannten Ballets, worin Mazürier auftritt, ist, wie sich erwarten läßt, die abgeschmackteste Geschichte von der Welt. Sollte man nun wohl glauben, daß der Erfinder und Verfertiger des Ballets dem gedruckten Programme, das es erklärt, eine liberale Vorrede vorausgeschickt hat, worin er wie ein Demosthenes donnert? Als nämlich Polichinel Vampire zum Erstenmale aufgeführt wurde, ließ man einen gesprochenen

Prolog voranschreiten, welcher Prolog aber schrecklich ausgepfiffen wurde. Der Dichter sagt: sein Prolog wäre ursprünglich himmlisch gewesen, aber die Zensur habe ihn verdorben. Einen „prince ridicule" habe er verwandeln müssen in einen Mr. Pandolphe, und der Zauberer Merlin habe nicht auf einem „Dauphin" reiten dürfen, sondern nur auf einem Dragon. Dadurch sey alles Salz verloren gegangen. Die Zensur habe die schönsten Stellen gestrichen: „phrases ultra-innocentes que dans leur sollicitude prétendue monarchique les conseillers du St. office littéraire ont condamnées impitoyablement et sans les avoir entendues" . . . . . Es gibt nichts Komischeres, als zu sehen, wie alle dramatischen Dichter in Paris, wenn ihre Stücke mißfallen, dieses den Zensoren zuschreiben, die sie für Genie-Räuber erklären. Wenn Zensoren aus Büchern den Verstand wegnehmen, muß ihnen ein unwiderstehlicher Diebssinn angeboren seyn: denn daß sie aus Eigennutz stehlen, das werden ihnen ihre ärgsten Feinde nicht nachsagen.

XIV.
Versailles.

•

„Diese beiden Palläste rechts und links von so edler Bauart? Wahrlich, die Götter Roms hatten keine schönere Tempel." — Das waren die Pferdeställe des Köngs. — „Und dort?" — Es gehörte den Hunden des Königs. „Jenes auf der andern Seite?" — Darin wurden die jungen Hunde gefüttert und erzogen, bis sie ein Jahr alt und diensttauglich geworden.— „Dort drüben, das unermeßliche Gebäude?" — Es enthielt tausend Zimmer, und zweitausend königliche Diener wurden darin ernährt. Mit dem Verkaufe der Schüsseln, die unverzehrt von den Tischen kamen, gewann der Ober-Beamte der Küche 150,000 Franken jährlich. — „Links, jenes fürstliche Haus?" — Es wurde von der Dubarry bewohnt, die, sammt ihrer Familie, innerhalb fünf Jahre, dem Staate vier hundert Millionen gekostet! — „Das auf der andern Seite?" — Das Ballhaus, worin Frankreich die Geduld verlor und die Freiheit fand.

Das königliche Schloß. Schon ist das Gitter, welches den Hof umgiebt, unter der gegenwärtigen Regierung neu vergoldet worden. Schon ist man beschäftigt, einen Theil der Zimmer bewohnbar zu machen. Man wird nach und nach weiter rücken. Dem ganzen Pallaste den alten Glanz zu geben, würde mehr als zehn Millionen kosten. Auch tritt man leise auf, um der öffentlichen Meinung unbemerkt in den Rücken zu fallen. Aber welch' ein Tag der Siegeswonne wird es für die Höflinge seyn, an dem sie sich zum erstenmale wieder im Oeil de boeuf versammeln! Wer kennt dieses berüchtigte Vorzimmer nicht, worin die Schmeichler dreier Könige ihre Zunge gewetzt, und die Blutsauger dreier Menschengeschlechter durstig herumgekrochen! Als der erklärende Lakay den Namen des Zimmers nannte, war ein Geflüster der Verwunderung in der ganzen Gesellschaft zu hören, und auf manchem Gesichte sah man ein Lächeln tugendhafter Schadenfreude. Wir gingen mit bestäubten Stiefeln durch die Prachtgemächer Ludwigs XIV. Die Zerstörungswuth der ersten Freiheitsmänner konnte den Marmorwänden nichts anhaben, und die Deckengemälde von Lebrün's Meisterhand nicht erreichen. Daß die großen Künstler so kleine Menschen sind! Sie schmeicheln jeder Macht. Die sogenannten Großtha'en Ludwigs XIV. auf allen Wänden mit knechtischer Verehrung dargestellt. Der König als Mars, als Apollo, als dieser oder jener Gott, und auf dem unsterblichen Haupte die unvermeidliche Allongeperrücke.

Die Wasser sprangen heute, als Vorfest des nahen Ludwigstages. Wohl sechszig Tausend Menschen waren von Paris herbeigeströmt, die Thränen ihrer Voreltern fließen zu sehen, die zu Sturzbächen vereinigt, die Wasserkünste bildeten. Mehr als tausend Millionen hatte Ludwig XIV. allein, ungerechnet was seine Nachfolger gethan, auf Schloß und Garten von Versailles gewendet. Auf diesem kleinen Raume wurde das Mark des ganzen Reichs verzehrt. Ein einziges Feuerwerk, bei der Vermählung Ludwigs XIV. im Park abgebrannt, hatte sechs Millionen gekostet. Die Aufführung jeder Oper, im Theater des Schlosses, kostete an Beleuchtung und andern Zurüstungen 100,000 Franken .... Und man spricht noch von den dummen Streichen, die das französische Volk während der Flegeljahre seiner Freiheit begangen!

———

XV.

Die Estaminets.

———

Das Wörterbuch der französischen Akademie sagt: „Estaminet ist ein Ort, wo man sich versammelt, um zu trinken und zu rauchen." Dürre Worte! Saftlose Worte! Ihr müßt einen Deutschen fragen, was ihm in Paris ein Estaminet ist, Ihr müßt ein deutsches Herz aufschlagen; darin findet Ihr die bessere Erklärung, welche folgt.

Sie rauchen nicht, die schmucken Pariser — sie sind aber auch darnach! Ist es uns nicht möglich, wie die alten Griechen, Anmuth mit Kraft, wie der Münster zu Straßburg, Feinheit mit Größe zu verbinden, zugleich hell und tief zu seyn, wie — wie — ja, wie wer? wie was? Ich habe noch nichts gesehen, das zugleich hell und tief war, als der Brunnen der Festung Königstein in Sachsen, da man einen angezündeten Kronleuchter hinabließ, uns Neugierigen das Wasser unten zu zeigen! Muß man ein Bengel oder ein Weib seyn, ein Deutscher oder ein Franzose? Wo ist die goldne Mitte, wo ist das schöne Rheinthal, in dem Ernst und Scherz als treue Brüder wohnen? Die zierlichen Franzosen rauchen nicht, denn Rauchen ist ein romantisches Vergnügen, eine Ossians-Lust, und die Franzosen lieben den Nebel nicht, dieses Salz der schönen Natur; sie mögen keinen grauen, sie mögen nur blauen Dunst. Der Deutsche raucht, denn er hat ein volles Herz und leere Stunden; der Franzose hat, weil kein volles Herz, auch keine leeren Stunden, und darum raucht er nicht. Der Deutsche raucht, denn er liebt zu schwärmen im gedankenlosen Denken; der Franzose aber denkt nur Gedanken, und fragt seinen wandernden Kopf, wie ein Paß-Aussteller: Wohin? Ueber welche Orte? Auf wie lange? In welchen Geschäften? Ach, ich werde es nie vergessen, wie es mir erging, als ich, von Deutschland kommend, im Gasthause einer französischen Gränzstadt den kleinen Rest holländischen Tabacks, den ich kühn und listig durch die Cerberus-Schaar der Zöllner geführt, aufzurauchen unternahm! Nun gedenke man der alten Erfahrung, daß jedes Volk an der Gränze seines Landes den stärksten Patriotismus hat — den schönsten hat es in der Mitte. Ich war an deutscher Gränze, und darum gröber und rauchsüchtiger als je. Die Wirthin des Gasthauses — oder war es die Tochter der Wirthin, sie zählte kaum zwanzig Jahre — fühlte sich auf französischer Gränze, und hatte gegen Taback den feinsten Pariser Abscheu. Sie war schön wie eine junge Rose, und hatte zärtliche Taubenaugen. Ich steckte die Röhre in den Mund, und die Taube — die Grazien mögen mir das rauhe Wort vergeben — die Taube fuhr wie ein Kettenhund auf mich los. Vor Entsetzen ließ ich die Pfeife fallen, die Tabacksasche entflog dem Kopfe. „Monsieur!" gurrte die Taube, und der Schmerz erstickte ihre Stimme, sie konnte nichts weiter sprechen. Der Stall, die Küche, die ganze Hausdienerschaft wurde herbeigeschrieen; sie kamen mit Schaufeln, mit Besen, mit Tüchern, mit Sand, mit Wassereimern; es wurde gekehrt, gerieben, gewaschen; die unglückliche Wirthin kniete zur Erde nieder, um zu sehen, ob der Schandfleck an dem Boden ausgelöscht sey. Dann wurden alle Fenster geöffnet und tausend Winde herbeigelebt. Ich aber war voll abergläubischer Furcht, weil am Rubikon des höflichen Landes mein Pferd gestolpert.

Erst nachdem ich schon mehrere Monate in Paris gewesen, entdeckte ich eine der Freistätten, wo das sittenverbrecherische Rauchen Schutz findet gegen Spott und Gewalt. Einen solchen Ort nennt man eben Estaminet. Ich stieg hinauf — ach, wie ward mein Herz erquickt! Ich sah Rauch, ich sah Deutschland wieder. Da war nicht die schwüle Stille, die man in andern Kaffeehäusern findet; da wurde geschwatzt, geschrieen, da knallten die Stöpsel der Bierflaschen, da schlugen die Billardkugeln, da klapperten die Domino- und Damensteine. Da sieht man nicht die augenkränkenden Taschenausgaben von Stereotypen-Physiognomien, die man in Paris unter allen Dächern, auf allen Straßen findet; da gibt es leserliche Folio-Gesichter, tüchtiges Volk, ehrliche Leute, aufrichtiges Lumpengesindel, Zahnärzte, Spieler, Kaufleute, Kreolen, Amerikaner, Holländer und jüdische Lieferanten, die aus Deutschland gekommen, in Spanien Thron und Altar retten zu helfen, nämlich Ochsen zu führen übernommen, bis hinab zur Säule des Herkules. Die Kellerjungen — o die glücklichen Südländer, sie sind unreinlich und natürlich wie ihre Natur! — die Kellerjungen räumten die Pfeifenköpfe mit denselben Korkziehern aus, mit welchen sie die Flaschen öffneten, und es war Keiner, den das verdroß. Doch glaube man ja nicht, daß Alles nordisch und deutsch gewesen; durch den Schleier der Rauchwolken entdeckte man französische Zierlichkeit genug; der Essig deutscher Romantik war mit dem Oele französischer Klassicität im gehörigen Maaße vermischt. Es waren glänzende Zimmer mit seidenen Vorhängen, mit Standuhren, mit Vasen; ein schönes Mädchen am Zahltisch; die ausgestellten holländischen Pfeifen waren in Fasces-Bündeln malerisch geordnet; die Cigarren mit ihren Strohspitzen ragten als Amorpfeile aus einem goldgefärbten Köcher hervor; und hohe Spiegel rings umher an den Wänden, denn diese kann der Franzose nicht missen, und er zahlt gern doppelt für sich und für sein Bild im Spiegel, das mit ihm ißt und trinkt. Aber welch' ein Dampf! Mir kam Schillers Romanze: Der Handschuh, in den Sinn, welche anfängt:

    In seinem Löwengarten,
    Das Kampfspiel zu erwarten,
    Saß König Franz —

Würfe eine schnippische Pariserin — dachte ich — ihren Handschuh in ein Estaminet, in den diksten Rauch, und spräche zu ihrem Anbeter: „Herr Ritter! Ist euere Liebe so heiß, so holt mir den Handschuh" — wahrlich, das duftende Ritterchen würde sagen: „Den Dank, Dame, begehr ich nicht!" ließ den Handschuh liegen, und verließ sie zur selben Stunde. Sicher, die Pariserinnen wissen nichts von der grauen Pest, die in manchen Häusern des

Palais Royal wüthet; ihr liberaler Zorn fände Nahrung und spräche: „Hier, da ist ein Cordon sanitaire zu ziehen; was kümmert uns das weit entfernte Barcelona!"

Lichtenberg sagt, er habe noch kein Genie rauchen sehen. Es wäre schlimm, wenn er Recht hätte! Nicht blos für mich, der ich den Taback liebe, sondern auch für die sechs Herren dort am Tische, die Deutsch sprechen und alle rauchen. Ich will die Sache untersuchen. Ich trat an den vater-ländischen Tisch. — „Landsleute!" rief ich, und machte vergnügte Augen. Fünfe von den Sechsen sahen mich verdutzt an — sie waren Kaufleute ohne Zweifel, die haben kein Vaterland. Der sechste aber, ein junger Arzt, wie ich später erfuhr, rückte mir freundlich seinen Stuhl herbei. Ich warf meine Cigarre mit gespieltem Zorn auf die Erde. — „Nein, sprach ich, das schlechte französische Zeug rauche ein Anderer, ich vermag es nicht!" Auf dem Tische gewahrte ich ein Päckchen Taback, mit lieblich-schauerlichen holländischen Worten darauf. Wie ward mir der Mund so lüstern! Ich streckte meine Hand darnach aus. „Myn Heer!" sagte der Eigenthümer, und wälzte seine Hand über die meinige: die Hand war saftig und schwer, und machte dem holländischen Schlachtvieh Ehre. Der Hartherzige bot mir nichts an von seinem Ueberfluß, und gequetscht und leer zogen sich meine Finger zurück. Die fünf Handelsherren gingen fort, ich blieb mit dem Arzte allein. Er war ein gemüthlicher, verständiger Mensch; wir sprachen über Allerlei. „Sehen Sie, sagte er mir lächelnd, der dicke Herr, der dort an der Ecke saß, war ein Nordamerikaner; den hat die Freiheit nicht sehr hold gemacht; er sprach immer von Kaffee und Buenos-Ayres-Häuten, und gähnte, als ich mit Wärme von Manuel redete." — „Freund, erwiderte ich, thun Sie die-sem Manne und thun Sie der Freiheit nicht Unrecht. Sie gleicht der Gesundheit; die erworbene ist schön, aber die angeborne ist gut. Die Frei-heit, für die man kämpft, ist eine Geliebte, um die man sich bewirbt; die Freiheit, die man hat, ist eine Gattin, die uns unbestritten bleibt. Glauben Sie, daß ein braver Mann sein Weib nicht liebt, weil sein Herz still und friedlich ist? Laßt sie ihm untreu scheinen, wie wird seine Brust pochen; laßt sie krank werden, und wäre es tief im Winter der Ehe, Ihr werdet sehen, daß der Greis noch Liebesthränen hat, und dem geretteten alten Mütterchen um den Hals fällt, wie in den schönen Tagen der heißen Be-werbung! Laßt den fetten Amerikaner Einen an seine Freiheit tasten, und Ihr werdet sehen, wie er die Feder wegwirft, und nach dem Schwerte greift, wie ein katalonischer Jüngling! Das Paradies selbst ist ja nur des Glückes Gewohnheit." ... „Also wäre die Hölle des Unglücks Gewohnheit?" — sprach der Arzt. „Aber diesen höllischen Taback, ich rauche ihn schon hunderthalb Jahre, und ich habe mich noch nicht daran gewöhnt."—„O still davon, erwiderte ich, denke ich daran, dreht sich mir das Herz um und um. Schönes Frankreich, glückliches Land! Wie ist dein Himmel so blau, wie ist deine Erde so reich, wie ist deine Luft so milde! Wie wohlschmeckend ist dein Brod, wie saftig dein Fleisch, wie feurig sind deine Weine! Deine Mandeln, deine Nüsse, deine Feigen, deine Orangen, wie sind sie so süß! Und Alles, was der Mensch erfindet und verfertigt, die Stoffe, die Kunstwerke, die Geschmeide, wie schön, wie vollkommen, wie lockend und befriedigend ist Alles! Und Alles mit geringem Aufwande zu genießen, und auch dem Halbbegabten nahe gestellt! . . . . Nur ein Naturerzeugniß gibt es, was Menschenkunst verdirbt, theuer und ungenießbar macht, und dieses Eine unter allen Erzeugnissen, das verdorben, theuer und ungenießbar ist, wird von der Regierung gepflanzt, verfertigt und verkauft — es ist der Taback!" — „Bedenken Sie aber, erwiderte der Arzt, daß die französische Regierung jährlich sechszig Millionen am Taback gewinnt, und daß diese Einkünfte zum Besten des Landes verwendet werden."—„Nein, so ist es nicht ganz. Das rohe Einkommen vom Taback beträgt sechszig Millionen, der reine Gewinn etwa vierzig. Aber schon oft haben die Tabacksbauer, Tabacksfabrikanten und Händler der Regierung einen größern Gewinn angeboten, wenn sie den Verkehr des Tabacks frei gäbe. Sie hat sich aber dessen immer geweigert, denn zwanzig Millionen wendet sie jährlich an die Unterhändler und Verwaltungs-Beamte, und wenn dies aufhörte, würde sich die Zahl ihrer Anhänger vermindern, das sitzende Heer schwächer werden. O die Stiefkönige!"

Der Arzt warf mir einen bedenklichen Blick zu. Ein Schleicher hatte sich an unsern Tisch gedrängt, und seinen Ohren konnte das letzte Wort nicht entgangen seyn. „Seyen Sie unbesorgt, rief ich lachend, und wenn er auch Deutsch verstünde und ein Angeber wäre, der Polizeikommissär, dem er berichtet, versteht kein Deutsch, und wie will er Stiefkönige übersetzen?"— „Er kann das nennen: Les Roi beau „paternels." — „O, dann hat es keine Gefahr. Die französische Polizei, ob zwar kosmopolitisch wie jede, ist doch vor Allem französisch, sogar vor ihrer Pflicht. Ueber etwas Lächerliches muß sie lachen, und das entwaffnet ihren Zorn. Höchstens kann mir geschehen, daß ich, auf ein Gutachten der französischen Akademie, wegen meiner linguistischen Umtriebe in Charenton eingesperrt werde. . . . Ach ja, Charenton! Sie sind ein Arzt, und gewiß sind Sie schon dort gewesen. Sagen Sie mir, wie sind die französischen Wahnsinnigen? Die klugen Franzosen gleichen sich alle ; ist das mit den Verrückten auch so? Sind sie klassische Narren nach den Regeln des guten Geschmacks, oder sind

8*

sie romantisch-toll, wie wir Deutsche? Ich bin sehr begierig, mich darüber zu unterrichten." — „Uebermorgen Vormittag um zehn Uhr können Sie mich in Charenton finden; wenn Sie sich umsehen wollen, werde ich Ihnen Alles zeigen." — „Es bleibt dabei; auf Wiedersehen in Charenton.

XVI.
Das Ludwigsfest.

Am Tage vor dem Feste freie Schauspiele, die um ein Uhr Nachmittag anfingen. Schon um sechs Uhr Morgens war die große Oper umlagert: mehr Beine als Strümpfe harrten des Eintritts. Wer keine starken Rippen und Ellenbogen hatte, durfte sich nicht in das Gedränge wagen. Abends war ein Theil des Tuileriengartens beleuchtet, die Musikbanden verschiedener Regimenter spielten hier und dort. Auf dem Balkon des Schlosses gaben die vereinigten Sänger der verschiedenen Opern ein herrliches Konzert, hundertstimmige Lieder zum Lobe des Königs schlossen mit einem vive le Roi. Schade daß ein Echo fehlte! Am Eingange des Gartens wunderkleine papierne Fähnchen mit der Inschrift: vive le Roi! vive le duc de Bordeaux! für einen Sous zum Kaufe angeboten. Aber die liberalen Gassenbuben verstanden den Wink nicht. Nur zwei Bürgerweiber sah ich mit solchen Fähnchen in der Hand, sie als Fächer gebrauchend; die Luft war heiß. Am folgenden Tage, am eigentlichen des Festes, verschiedene Wachtparaden im Schlosse der Tuilerien. Auch die Kriegszöglinge von St. Cyr wurden gemustert. Der kleine Herzog von Bordeaux auf den Armen seiner Wärterinnen lächelte den alten und jungen Kriegern freundlich zu, streckte seine Händchen aus, und rief, als die Musik aufgehört: encore, encore! Nachmittags, Einweihung der Reiter-Statue Ludwigs XIV. auf dem Place des Victoires. Schon früher stand eine auf dieser Stelle länger als hundert Jahre, sie wurde in der Revolution umgeworfen, und jetzt mußten sie die Narren auf ihre eigenen Kosten wieder aufrichten lassen. Der König in römischer Tracht, auf dem Kopfe die Allongeperrücke von Lorbeeren umkränzt, sitzt auf einem wilden Pferde, das schnaubt und sich bäumt. . . . „Mais Louis le Grand n'est pas effrayé" — sagte die Quotidienne. Wirklich zeigte er auch ein ruhiges und selbstgefälliges Gesicht, das zu sagen scheint: Seht, ich fürchte mich nicht. Franconi könnte sich kein schmeichelhafteres Denkmal wünschen. Man hatte dem Künstler vorge-

worfen, er habe die Beine des Königs zu fein und zu elegant gemacht.
Genannte Quotidienne vertheidigt das und bemerkt: il est reconnu que
Louis XIV. avait une jambe très remarquable. Nach Vollendung dieser
Feierlichkeit ging es in die Elisäischen Felder. Dort wurden die Herzen des
Volks mit Wein aufgewärmt, und Würste und Brode ihnen an die Köpfe
geworfen. Sie balgten sich darum, weniger aus Heißhunger, wie mir schien,
als aus Muthwillen. Unter hundert tausend Menschen begegnete ich nur
drei Betrunkenen, und auch diese stammelten nicht einmal den schuldigen
Dank für die Bewirthung. Ich könnte manches erzählen, denn kein Polizei-
Spion in ganz Paris hat an diesem Tage mehr herumgehorcht als ich;
aber das gehört nicht hieher. Abends wurde ein Feuerwerk abgebrannt,
über das man sich in französischer, englischer und deutscher Sprache lustig
gemacht; denn es war gar zu winzig. Und so endigte das Ludwigsfest...
Mehrere öffentliche Blätter erzählten den andern Morgen Wunderdinge von
der allgemeinen Begeisterung des Pariser Volks. Der Himmel weiß, wo
sie alle die schönen Lügen hergenommen!

— — —

XVII

Gloire.

Die Franzosen könnten mich mit ihrer „Gloire" in einen Sumpf
treiben, bliebe mir zu meiner Rettung sonst keine Zuflucht übrig. Der
deutsche Ruhm ist wenigstens ein Mann, ob er zwar auch nicht viel taugt:
die Gloire der Franzosen aber ist eine so widrige, abgeschmackte und unverschämte Kokette, daß sie gar nicht zu ertragen ist. Geht hin, und seht den
verbannten Marius mit seinem Riesenherzen wehmüthig sinnend auf den
Trümmern Karthago's — schön und erhaben ist der Anblick! Sieht man
aber die Pariser bei den Scherben ihrer Herrlichkeit greinen, möchte man
ihnen das Sacktüchelchen aus der Weste ziehen, um ihnen Wange und Nase
damit zu säubern. Menschen, die von Morgen bis Abend von Freiheit
reden, wissen noch nicht einmal, daß jedes Volk in der Freiheit, die es andern
Völkern geraubt, seine eigene verloren, und daß Ruhm der Honig an der
Wagendeichsel ist, womit Münchhausen den Bären gefangen! Die römische
Geschichte wurde von den Franzosen dramatisirt, das Drama ist unter dem
Namen: Die Revolution, bekannt. Das Gedicht hat glänzende
Vorzüge, und machte bei der Aufführung großen Eindruck; die besten
Schauspieler traten darin auf; Musik, Tanz, Dekorationen und die andern

Nebendinge waren auf das Schönste angeordnet — aber es war Alles doch nur ein Schauspiel. Was in Napoleon Größeres und Würdigeres gewesen, als in Talma, ging für die Erkenntniß der meisten Franzosen verloren. Komödianten sind sie, und Komödianten werden sie noch lange bleiben. Wien, Berlin, Moskau erobert zu haben, gefiel ihnen freilich, weil solche kriegerische Einzüge noch weit prachtvoller waren, als die in der Vestalin und im Titus. Jetzt, da der Vorhang gefallen, (nicht das Stück, nur ein Akt erst ist geendigt,) jammern sie, denn die Zeit wird ihnen lange. Wären es die Feldherrn und Soldaten allein, welche trauerten und klagten, daß man ihnen die ganze Beute ihrer zahllosen Siege wieder abgenommen — ihnen wäre zu verzeihen. Wenn aber Menschen, die nie etwas geführt, als die Feder, und auch diese nur, seitdem keine Gefahr dabei ist — denn unter Napoleons Herrschaft waren sie stumm, oder gebrauchten nur zum Schmeicheln ihre Zunge — wenn diese verlorenen Nationalruhm beweinen, so ist es lächerlich und abgeschmackt. Daß sie wenigstens, was sie sich selbst als Ruhm angerechnet, auch andern Völkern als Ruhm möchten angedeihen lassen! Aber davon sind sie weit entfernt. Rußland, Oestreich, Preußen besiegt zu haben, scheint ihnen glorreich; daß aber die Russen, Oesterreicher und Preußen als Sieger nach Frankreich gekommen, erklären sie für gemein und niedrig, und sie reden davon, als hätten sich die verbündeten Heere bei Nacht und Nebel auf den Zehen nach Paris geschlichen, und hätten wie Diebe mit Nachtschlüsseln die Thore der Hauptstadt geöffnet. Delavigne, ein junger dramatischer Dichter, der alles Lob verdient, und der unter dem Titel: Messéniennes, auch ziemlich gute Elegien und Oden herausgegeben, singt:

> L'étranger qui nous trompe, écrase impunément
> La justice et la foi sous le glaive étouffées :
> Il ternit pour jamais sa splendeur d'un moment,
> Il triomphe en barbare et brise nos trophées : ·
>   Que cet orgueil est misérable et vain !

Ein anderesmal reimt er:

> Et vous, peuples si fiers du trépas de nos braves,
>   Vous, les témoins de notre deuil,
>   Ne croyez pas, dans votre orgueil,
> Que, pour être vaincus, les Français soient esclaves.
> Gardez-vous, d'irriter nos vengeurs à venir;
> Peut-être que le ciel, lassé de nous punir,
>   Seconderait notre courage;
>   Et qu'un autre Germanicus
> Irait demander compte aux Germains d'un autre age
>   De la défaite de Varus.

Kaiser Augustus, als er die Herrmanns-Schlacht erfuhr, stieß sich den Kopf an die Wand; Horaz aber war nicht so gemein, um den Schmerz seines Gebieters zu beschwichtigen, in einer Ode auf die Germanen zu schimpfen. Noch häßlicher tritt die National-Eitelkeit des Dichters da hervor, wo er von der „Verwüstung des Museums" singt. Daß man den Franzosen die Kunstwerke, die sie ja selbst als Sieger erbeutet, nachdem sich der Sieg gewendet, wieder abgenommen — gibt es etwas natürlicheres und billigeres als das? Aber Delavigne findet dieses um so schlechter und spitzbübischer, da die barbarischen Italiener, Deutschen und Engländer Kunst und Kunstwerke nicht zu schätzen wissen. Er sagt:

> Muses, penchez vos tetes abattues;
> Du siècle de Léon les chefs-d'oeuvre divins
> Sous un ciel sans clarté suivront les froids Germains
> Les vaisseaux d'Albion attendent nos statues.
> Des profanateurs inhumains
> Vont-ils anéantir tant de veilles savantes?
> Porteront-ils le fer sur les toiles vivantes,
> Que Raphaël anima de ses mains?

Es ist gar nicht zu zweifeln, daß die Musen die Köpfe hängen ließen, als ihnen Delavigne's poetische Klage zu Ohren kam. Das „ciel sans clarté" und „froids Germains" ist bemerkenswerth. Man fragt sich: wie ist es möglich, daß die Franzosen so wenig von der Geographie Deutschlands gelernt, da sie doch dieses Land fünf und zwanzig Jahre lang durchstrichen? Es scheint, daß man sie in ihren Schulen nur das Deutschland des Tacitus kennen lehrt. Ein Franzose, dem Mozarts Figaro nicht übel gefallen, und der, weiß der Himmel durch welchen Zufall, erfuhr, daß dieser Tonkünstler in Wien gelebt, konnte sich nicht satt wundern, daß unter einem so rauhen Himmel so zarte Musik hat gedichtet werden können! Ich erinnere mich, daß ich mit einem jungen Franzosen aus Deutschland nach Frankreich reißte. Es war im Oktober, und das Wetter war rauh. Eine halbe Stunde vor Kehl fiel ein starker Regen; der junge Mann, der keinen Mantel hatte, fror, und rief einmal über das andere aus: quel détestable pays! quel détestable pays! Als wir auf der Kehler Brücke bei der französischen Schildwache angelangt, sprach er jubelnd: ah, me voilà dans ma patrie! knöpfte sich die Weste auf und rieb sich mit derjenigen Bewegung die Hände, mit der man es zu thun pflegt, wenn man im Winter aus dem Freien in ein geheiztes Zimmer tritt.

Delavigne ist so erbost über die Plünderung des Museums, daß er dem Apollo von Belvedere die größten Beleidigungen sagt, weil er sich auch, ohne sich zu wehren, hat fortführen lassen. Er spricht zu ihm:

Dieu du jour, Dieu de vers, ils brisent ton image.
O'en est fait : la victoire et la divinité
　　Ne couronnent plus ton visage
　　D'une double immortalité.
O'en est fait : loin de toi jette un arc inutile,
Non, tu n'inspiras pas le vieux chantre d'Achille;
Non, tu n'es pas le Dieu qui vengea les neuf soeurs
　　Des fureurs d'un monstre sauvage,
Toi qui n'as pas un trait pour venger ton outrage
　　Et terrasser les ravisseurs.

Wenn Apollo reden könnte, hätte er wahrscheinlich Folgendes geantwortet: „Was vermag ich armer Schelm? Ihr habt den großen Napoleon
gehabt, ihr seyd zu Hunderttausenden gewesen, euere Sache war's, mich zu
vertheidigen. Tröstet euch, so gut ihr könnt, ich gehe nach Italien, und es
wird mir auch dort an Bewundrern nicht fehlen. Freilich werde ich so feine
Schmeicheleien nicht mehr hören, als ich in Paris vernommen; keiner wird
mir sagen, ich wäre la crème de la sculpture; aber ein stiller Seufzer ist
mir auch genug. Lebt wohl!"

Mit dieser ihrer Gloire sind sie aber in der jüngsten Zeit gar sehr
in die Klemme gekommen. Es versteht sich von selbst, daß ich hier blos
von den Liberalen spreche; denn was die Ultras betrifft, so sind diese guten
Leute, in Frankreich wie überall, nur mit ihrem Hauswesen und ihren
Familienangelegenheiten beschäftigt, und um Gloire, Patrie, Liberté und
andere solche Allotrien bekümmern sie sich gar nicht. Die Pariser Liberalen
also hatten, seit dem Sturze Napoleons, jede Anspielung auf den alten
französischen Waffenruhm mit Heißhunger aufgefangen. In Büchern, in
Zeitungen, in Gedichten, in Bildern, in Schauspielen, auf dem Theater, in
allen Winkeln gruben sie nach italienischen, deutschen, spanischen und russischen
Alterthümern. Das Herbarium Vivum von ihren getrockneten Lorbeeren
könnten hundert Packpferde nicht schleppen. Die arme Theater-Zensur
mattete sich ab, daß es zum Erbarmen war. Sie strich und strich; aber
wie wäre es möglich, einer so geistreichen und scharfsinnigen Nation, als die
französische ist, und die ihren Geist überall in der Tasche mit herumträgt —
wie wäre es möglich, ihr Alles wegzustreichen? Behielt die Gelegenheit
nur ein einziges Haar, wurde sie daran festgehalten. Die französischen
Komödien können so wenig, als die deutschen, der Lieutenants entbehren,
und so oft sich auf der Bühne eine Uniform zeigte, brach das Gloire-Fieber
aus, und des Jauchzens war kein Ende. So war es. Jetzt aber kam
der spanische Krieg, den die Liberalen nicht haben mochten, und das Blatt
wendete sich. Von Gloire wollten sie nichts mehr hören, sie wurden

fromm wie die Lämmer, und fanden nichts lieblicher, als daß sich jedes Volk redlich im Lande ernähre, und sich um fremder Völker Thun und Lassen nicht bekümmere. Es wurde also anbefohlen, ruhmvolle Anspielungen fortan mit Kälte aufzunehmen, und sich von jeder Theater-Scene, die nach Pulver rieche, mit Abscheu wegzuwenden. Aber das Pariser Parterre läßt sich nicht so schnell unter einen Hut bringen, und in den ersten Tagen der neuen Ordnung klatschen die feurigen Patrioten, wie sie es gewohnt waren, bei jedem großen Worte der großen Nation. War darauf in den liberalen Theater-Zeitungen ein schrecklicher Lärm, und sie logen, daß man gar nicht begreift, wo sie die Unverschämtheit alle hergenommen. Sie behaupteten ganz keck: von der Polizei angestellte Leute hätten Kriegsscenen beklatscht, die das Publikum mit Mißbilligung angehört. Die liebe Polizei hingegen, die Ober-Hofmeisterin der Prinzessin Europa, hat seitdem ihre Rolle gegen die ehemalige der Liberalen vertauscht. Zwar hat sie durch den spanischen Krieg einige neue Aengsten bekommen. So mußte eine Mamsell M i n a, die in einem Kotzebue'schen Stücke vorkommt, in K a r o l i n e umgetauft werden, und in einem andern Stück wurde das Wort paix, mit welchem man Stille gebot, in chut! verwandelt. Im Uebrigen aber hat die Zensur jetzt bessere Zeiten, und kann sich ausruhen. Von der Gloire, die ihr sonst ein Dorn in den Augen war, ist sie die beste Freundin geworden. Die Pariser Straßen sehen jetzt ganz graziös aus. Die Boulevards, die Quais, Alles behängt mit Bildern, versteckt hinter Büchern, umstellt von Ofen-schirmen, die Waffenthaten erzählen und abbilden; ruhmvolle Hunde, tapfere Schulbuben, und selbst darauf wird nicht Rücksicht genommen, ob Napoleon oder Bayard der Held der Schlachten war. Ich habe sogar bemerkt, daß kurz vor der Kriegserklärung gegen Spanien vier neue und schöne Rever-béren an den Winkeln der Vendome-Säule aufgestellt wurden — da wo sonst keine waren — damit man den Ruhm auch im Dunkeln sehe.

XVIII.

Gefrorenes.

Wie Schade, daß die heißen Tage vorüber sind, — vielleicht hätte meine kleine Beschreibung von dem hiesigen künstlichen Winter der Einbildungs-kraft der deutschen Leser einige Kühlung gegeben, das ihnen erwünscht ge-wesen wäre. Denn wie man mir aus Deutschland geschrieben, hat es dort diesen Sommer sehr an Eis und Kälte gemangelt. In welchen Zeiten leben

wir, was erlebt man nicht Alles. Aber den Engländern ist es nicht besser
gegangen; auch sie hatten Mangel an Eis. Zwar hatten sie Schiffsladun-
gen davon aus Schottland herbeigeholt, während sie sich aber in den Häfen
mit den Zöllnern herumgestritten, ob diese Waare zu verzollen sey oder nicht,
war der Gegenstand des Rechtsstreites zu Wasser geworden — ein Umstand, der bei Prozessen nicht selten eintritt. Noch größeres Mißgeschick
hatten andere britische Handelsleute erfahren, welche Schiffe auf den Eis-
fang nach Island ausgeschickt. Zwei der Schiffe gingen mit Mannschaft
und Ladung zu Grunde. Diese Gefahren hatte der deutsche antipiratische
Verein wahrscheinlich vorher berechnet, sonst hätte er sicher bei dem ihm
eignen Unternehmungsgeiste seine durch den Schrecken der Raubstaaten
müßig gewordenen Flotten benützt, dem deutschen Bunde heilsame Abküh-
lung zu verschaffen! . . . . . Aber ich bin von meinem Wege abgekommen.
In Paris hat man Eis in Ueberfluß; von wo man es herbekommt, mag
der Himmel wissen. Das beste Gefrorne findet man bei Tortoni auf dem
Boulevard des Italiens. Man hat dort jeden Abend die süße Noth,
zwischen dreizehn Sorten zu wählen. Ich will sie nennen: Vanille, pistache,
caffé blanc, fraise, groseille, framboise, citron, pèche, ananas, raisin,
melon, pain d'Espagne, biscuit glacé a la fraise. Worin besteht das
Wesen eines biscuit glacé? Ich habe es nicht herausgebracht, es ist eine
Zuckerbäcker-Charade. Ein Chemiker müßte ich seyn, es nach seinen Be-
standtheilen, ein Dichter es würdig, ein Stoiker es mit Gleichmuth zu beschreiben. Anfänglich dachte ich: das wird wohl wieder eine französische
Windbeutelei, dieser sogenannte Biscuit glacé wird nichts als gewöhnliches
Eis, nur mit der Form und Farbe eines Biscuit seyn! Ich genoß, und
schämte mich meiner Uebereilung. Es war wirklich Biscuit, aber ein
durchfrorner. So mag Ambrosia munden. Aber Ambrosia ist auch nur
ein Wort — man komme und schmecke. Was kann ich von genannter Eis-
Art Rühmlicheres erzählen als Folgendes? Ich habe mit meinen Augen
gesehen, daß eine wunderschöne junge Frau, die eifrig davon gegessen, und
ihr Glas schneller ausgeleert, als ihr väterlicher Gatte das seinige, in dieses
mit ihrem Löffel lächelnd Eingriffe gethan, so daß der des Entzückens un-
gewohnte Ehemann sich triumphirend herumgesehen, und allen anwesenden
jungen Leuten zu verstehen gegeben, sie sollten daraus entnehmen, wie wenig
für sie zu hoffen sey — so sehr liebte die junge Frau gefrorenen Biscuit.—
Diejenigen meiner Leserinnen, die je in Paris, und während dem schön, oder
jung, oder reich gewesen (dem Reichthum verkauft man, der Schönheit
bringt man, die Jugend nimmt sich dort Alles), die lächelten gewiß voll
seliger Erinnerung, da ich von Tortoni und dem Boulevard des Italiens

gesprochen. In schönen Sommernächten da sitzen … säuselnde Bäume … umgaukelnde Bewunderer … von tausend Lichtern zauberisch umflossen … eine herrliche Zitter tönt herüber … drollige Savoyarden mit ihren tanzenden Affen betteln um ein Lächeln und einen Kupferpfennig … und dabei den süßen Schnee herabzuschlürfen, wie das köstlich ist! Ach es denkt keiner daran, wie theuer sich oft die Natur ihre Schmeicheleien der menschlichen Lüsternheit bezahlen läßt!

XIX.
Die Schwefelbäder bei Montmorency.

Ach, wäre ich nur schon der Rührung frei, wie munter wollte ich herumhüpfen auf dem Papier! Aber Thränen umdämmern meine Augen — und sie haben weit zu sehen, über Frankreich weg, bis hinüber in das Vaterland; aber meine Hand zittert — und sie soll doch Kranken einen Heilbrief schreiben. Tausend frische Zweige säuseln mich vom dürren Pulte weg, tausend Vögel zwitschern mich hinaus; denn sie säuseln, denn sie zwitschern: Rousseau! Rousseau! Die Kastanienbäume dort, ernste Greise jetzt, sie haben in schönern Jahren Rousseau gekannt, und mit Schatten bewirthet seine glühende Seele. Das Häuschen gegenüber — ich sehe in die Fenster — darin ist Rousseau's Stübchen; aber er ist nicht daheim. Dort ist der kleine Tisch, an dem er die Heloise gedichtet; da steht das Bett, in dem er ausgeruht von seinem Wachen. O heiliges Thal von Montmorency! Kein Pfad, den er nicht gegangen, kein Hügel, den er nicht hinaufgestiegen, kein Gebüsch, das er nicht durchträumt! Der helle See, der dunkle Wald, die blauen Berge, die Felder, die Dörfchen, die Mühlen — sie sind ihm alle begegnet, und er hat sie alle gegrüßt und geliebt! Hier der Schatten vor meinen Augen — so, ganz so hat ihn die Frühlingssonne um diese Stunde auch seinen Blicken vorgezeichnet! Die Natur rings umher — die treulose, buhlerische Natur! In Liebesthränen lag er zu ihren Füßen, und sie sah ihn lächelnd an, und jetzt, da er fern ist, lächelt sie an gleicher Stelle auch mir, und lächelt Jeden an, der seufzend vorübergeht! — —

Drei Stunden von Paris, und eine halbe Stunde von Montmorency entfernt, liegt, zwischen den Dörfern Enghien und St. Gratien, ein See, welchen die Franzosen den Teich nennen, l'étang. Darüber mag man sich billig wundern! Sie, die Alles vergrößern, die inländischen Tugenden und die ausländischen Fehler, müßten den See — sollte man meinen — das stille Meer von Montmorency heißen, so groß und stattlich ist er. Wahrlich, als ich ihn gestern Vormittag sah — das Wetter war etwas stürmisch — schlug er hohe Shakspeare's Wellen, und war unklassisch bis zur Frechheit. Ich brauchte, bei freiem Herzen, zwanzig Minuten, ihn zu umreiten; Liebende zu Fuß können ihn eine ganze schöne Stunde umschleichen. Herrliche Baumgänge umschatten seine Ufer, zierliche Gondeln hüpfen über seine Wellen. Diesem See nahe sind die Badehäuser angebaut, alle auf das Schönste und Bequemste eingerichtet. Die Bestandtheile des Wassers kenne ich nicht genau, die chemische Analyse, die der berühmte Fourcroy davon gegeben, habe ich nicht gelesen; nur so viel weiß ich, daß Schwefel darin ist — dieses herrliche Mittel, das, in Schießpulver verwandelt, kranke Völker, zu Arzneipulver gestoßen, kranke Menschen heilt. Wahrscheinlich hat das Badwasser von Montmorency die größte Aehnlichkeit mit dem von Wiesbaden, welches, nach dem Conversations=Lexikon — diesem sächsischen Reichs=Vikar nach Ableben des deutschen Kaisers, der den deutschen Völkern geistige Einheit gibt, und dessen zehn Bände das Andenken der ehemaligen zehn Reichskreise mnemonisch bewahren — kohlensaure Kalkerde, Bittererde, salzsaures Natrum, salzsaure Kalkerde und Bittererde, schwefelsaures Natrum und schwefelsaure Kalkerde, Thonerde und etwas mit kohlensaurem Natrum aufgelöstes Eisen enthält. Aber Montmorency ist ungleich wirksamer als Wiesbaden und alle sonstigen Schwefelbäder Deutschlands und der Schweiz. Die nothwendigste Bedingung zur Heilung einer Krankheit durch Schwefelbäder, ist, wie die Erfahrung lehrt — die Krankheit; weßwegen auch gute Aerzte, da wo sie keine Krankheit vorfinden, ihr Heilverfahren damit beginnen, eine zu schaffen. Paris liegt aber so nahe bei Montmorency, daß die erforderliche Krankheit auf das Leichteste zu haben ist. Aus dieser vortheilhaften Lokalität entspringt für deutsche Kurgäste noch ein anderer ganz unschätzbarer Nutzen: daß sie nämlich gar nicht nöthig haben, sich auf der großen Reise von Deutschland nach Paris mit einer Krankheit zu beschleppen, welches besonders bei Gichtübeln beschwerlich ist, sondern daß sie sich gesund auf den Weg machen, und sich erst in Paris mit den nöthigen Gebrechen versehen, von wo aus sie gemächlich in zwei Stunden nach Montmorency fahren, um dort Heilung zu suchen. Sollten sie diese nicht finden, oder gar unglücklicher Weise in Paris sterben — denn es versteht sich von selbst, daß man dort alle seine Zeit zubringt, und nur Sonntags zuweilen nach Montmorency fährt, um unter den Kastanienbäumen hinter der Eremitage die feine Welt tanzen zu sehen, so hat man die Reise doch nicht vergebens gemacht. Es gibt nichts Angenehmeres auf der Welt, als in Paris zu sterben: denn kann man dort sterben, ohne auch dort gelebt zu haben?

Der Vorzüge, welche das Schwefelbad von Montmorency vor allen übrigen Schwefelbädern hat, sind noch gar viele, und ich werde ein andermal darauf zurückkommen. Jetzt aber habe ich von etwas Wichtigerem zu sprechen, nämlich von der zweimonatlichen Vorbereitungskur, welcher sich, besonders die deutsche weibliche Welt, zu unterwerfen hat, ehe sie die Reise nach Montmorency antreten darf. Ich weiß freilich nicht, ob auch junge Frauenzimmer von Stand zuweilen die Gicht bekommen, und ob ich nicht gegen die Pathologie und Courtoisie verstoße, wenn ich dieses als möglich annehme. Sollte ich aber fehlen, so entschuldigt mich meine gute Absicht gewiß. Wäre ich nun ein halbes Dutzend Dinge, die ich nicht bin: jung, reich, schön, verheirathet, gesund und ein Frauenzimmer, würde ich, sobald ich im Morgenblatte die Anpreisung des Montmorency-Bades gelesen, wie folgt verfahren. Ich nehme an, ich lebte seit fünf Jahren in kinderloser, aber zufriedener Ehe. Mein Mann wäre ein Graf und reich. Er wäre nicht geizig, verwendete aber mehr auf seine landwirthschaftlichen Baue, Parkanlagen und Merino-Schafe, als auf meine Launen und Luftschlösser. Er liebte die Jagd sehr, mich aber nicht minder. An Wochen- und Werkeltagen thät ich ihm in Allem seinen Willen, und nur an Festtagen, die ich mir zu diesem Zweck alle beweglich gemacht, behielte ich mir die Herrschaft vor. Wir lebten zurückgezogen auf unsern Gütern. Mein Mann wäre Tage und Wochen auf seinen entfernten Maiereien, und wir hätten selten eheliche Zwiste. Nun käme er eines Abends — — — aber, um es den Leserinnen bequem zu machen, will ich in der dritten Person, wie Cäsar, und im Indikativ, wie die Weltgeschichte, von mir erzählen.

An einem schönen Mai-Abend — die Dorfglocke verhallte schlaftrunken, der Himmel löste seine rothen Bänder auf, die Sterne wurden angezündet — kehrte Graf Opodeldoc von der Jagd zurück. In das Hofthor eingetreten, sprach er zu seinem Oberjäger: „Lieber Herr Walther, seyn Sie so gut, und lassen Sie meiner Frau sagen, daß ich da bin." Der Graf war gegen seine Jagddienerschaft ein gar milder und lieber Herr. Im Gartensaale legte er seine Tasche ab, und zog die Ladung aus der Büchse; die Jagd war sehr unglücklich gewesen, nichts, keine Rabenfeder war ihm aufgestoßen. Sophie, das Kammermädchen, der Gräfin, kam schüchtern herbei, und sprach mit ängstlicher Stimme: „Erschrecken Sie nicht, Herr Graf, es hat gar nichts zu bedeuten, bis morgen ist es vorüber, Sie brauchen sich gar nicht zu beunruhigen." Der Graf stieß zornig seine Büchse auf den Boden. — „Elster, Staarmatz, Gans, was schnattert Sie da? Was hat nichts zu bedeuten, worüber soll ich nicht erschrecken?" Das Kammermädchen erwiderte: „Sie können ganz ruhig seyn, die gnädige Gräfin befinden sich etwas unwohl und haben sich zu Bette gelegt." — „Schon gut,

brummte der Graf, schick' Sie mir den Heinrich." — Heinrich kam, seinem
Herrn die Stiefel auszuziehen. Wie gewöhnlich, benahm er sich ungeschickt
dabei, und bekam einen leisen Fußtritt; so sanft hatte Heinrich den Herrn
nie gesehen. Nachdem der Graf in Pantoffeln und Schlafrock war, ging
er in das Zimmer seiner Frau. Die schöne Gräfin richtete sich im Bette
auf; sie hatte den Kopf mit einem Tuche umbunden — Amor trug die
Binde nur etwas tiefer. „Was fehlt dir, mein Kind?" frug der Graf so
zärtlich, als ihm möglich war. — „Nichts, lieber Mann.; ich bin froh, daß
du da bist, jetzt ist mir schon viel besser. Heftiges Kopfweh, Schmerz in
allen Gliedern, große Uebelkeiten." Die Gräfin, obzwar eine geübte Schauspielerin, die schon in bedeutenden Rollen aufgetreten, stotterte doch, als sie
diese Worte sprach, und ward rosenroth im Gesichte. Der Graf — er besaß
große Allodialgüter und war seiner ganzen Collateral-Verwandtschaft spin-
nefeind — als er seine Gemahlin erröthen sah, faßte ein freudiges Mißverständniß, und drückte der Gräfin so fest und zärtlich die Hand, als er es
lange nicht gethan. Diese schrie ein langgedehntes Au! zog die Hand zurück, bewegte krampfhaft die Finger, und wiederholte im Sechsachtel-Takt:
Au! au! au! Au ist zwar ein unfeines Wort; aber der Schmerz hat
keinen guten Styl, und einen schönen Mund kann auch ein Au nicht verunzieren. Der klugen Leserin brauch' ich es wohl nicht zu sagen, daß jenes
Au nichts war, als die erste Scene einer kleinen dramatischen Vorgicht.
„Ich habe dich oft gewarnt, Abends nicht so spät in der Laube zu sitzen;
du hast dich gewiß erkältet; das kommt dabei heraus!" Nach diesen
Worten wünschte der Graf seiner Gemahlin gute Nacht, und ging brum-
mend fort.

Am andern Morgen fand sich die Gräfin beim Frühstück ein, und erklärte sich für ganz wieder hergestellt. Der Graf fragte, wie gewöhnlich,
nach dem Morgenblatte, das der Bote jeden Abend aus der Stadt brachte.
Man suchte darnach, es fand sich nicht. „Steht etwas Interessantes
darin?" fragte der Graf. Die Gräfin erwiderte, sie habe es gestern, weil
sie sich zu Bette gelegt, nicht gelesen.. Sie war ungemein hold und liebenswürdig, und schlürfte ein Löffelchen aus der Tasse ihres Mannes, ehe sie
ihm dieselbe hinreichte, um zu versuchen, ob der Kaffee süß genug sey — eine
zarte Aufmerksamkeit, die sie für feierliche Gelegenheiten versparte. Darauf
brachte sie ihre eigene Tasse an den Mund, vermochte sie aber nicht zur
Hälfte zu leeren. Sie klagte über Appetitlosigkeit, und daß ihr der Mund
so bitter wäre. „Meinst du nicht, liebes Kind — sagte der Graf — daß
es gut sey, den Arzt aus der Stadt holen zu lassen?" — „Ich halte es für
nicht nöthig, erwiderte die Gräfin, es fehlt mir eigentlich nichts, indessen,

wenn es dich beruhigt, thue es immerhin." Ein Reitknecht wurde abgefertigt, und nach zwei Stunden fuhr der Arzneiwagen in den Hof. Der Doktor fühlte den Puls, frug herüber, frug hinüber, schüttelte den Kopf; Frank, sein Polarstern, zog sich hinter Gewölk, und vom menschlichen Herzen, diesem Kompasse auf dem Meere zweifelhafter Geschichten, verstand der gute Doktor nichts. In seiner Spezial-Inquisition erlaubte er sich verbotene Suggestionen; die Gräfin verwickelte sich in ihren Antworten, klagte über die widersprechendsten Leiden, stotterte, ward wiederum roth. Der Graf lächelte abermals und sprach: „Herr Doktor, ich will Sie mit meiner Frau allein lassen."

Als Graf Opodeldoc fort war, waren die Leiden der schönen Gräfin auch fort. Sie ließ sich vom Doktor die jüngsten Stadtneuigkeiten erzählen, und fragte diesen endlich: „Waren Sie schon draußen auf dem Freihof beim Baron Habersack gewesen? er ist krank." — „Ich bin sein Arzt nicht," erwiderte der Doktor seufzend. — „Ich weiß das, sagte die Gräfin, aber ich habe vor einigen Tagen mit der Baroneße von Ihnen gesprochen, sie wird Sie rufen lassen." — Der Doktor machte einen Bückling der Erkenntlichkeit. — „Der Baron hat das Podagra, fuhr die Gräfin fort. Die Baroneße, die ihn zärtlich liebt, glaubt, daß nur ein Bad ihn herstellen könne, aber der Baron ist eben so geizig, als seine Gemahlin großmüthig ist. Sie verläßt sich auf Sie, daß Sie ihm eine Badereise als unerläßlich zu seiner Heilung vorschreiben werden." — „Gnädige Gräfin, eine Badereise wäre Ihnen vielleicht auch anzurathen." — „Meinen Sie, Doktor? (Das ausgelassene Herr machte den Doktor völlig zum Sklaven der Gräfin.) Aber welchen Badeort würden Sie empfehlen?" — „Sind Sie für Wiesbaden, gnädige Gräfin?" — „Ich will nichts davon hören, man begegnet da nur verkrüppelten Männern, und möchte sterben vor Langeweile." — „Was halten Sie von Ems?" — „Man erkältet sich dort Abends zu leicht." — „Lieben Sie Kannstadt?" — „Ich hatte mir dort sehr gefallen; schade nur, daß die Esel fehlen, welche die Bäder in der Nähe von Frankfurt so lustig machen. .... Doktor, was denken Sie von Montmorency bei Paris, die dortigen Schwefelbäder werden sehr angerühmt, und scheinen mir für meine Umstände ganz zu passen?" — „Ich kenne sie; glauben Sie doch der französischen Charlanterie nicht. Einen Schwefelfaden in ein Glas Wasser geworfen, und sich damit gewaschen, thut dieselben Dienste, wie das Bad von Montmorency." — „Aber, lieber Doktor, bedenken Sie, die angenehme Reise, Paris, die Zerstreuungen." — „Freilich, gnädige Gräfin, Sie haben Recht, die milde Luft Frankreichs wäre Ihren Nerven gewiß sehr heilsam." — „Doktor, reden Sie mit meinem Manne, seyn Sie geschickt, Sie werden Mühe haben." „Gnädigste, ich führe eine Schlange in meinem Wappen."

Während oben Kriegsrath gehalten wurde, ging Graf Opodeldoc im Garten auf und ab, und wartete auf den Doktor. Er machte große Schritte und rieb sich vergnügt die Hände, denn er hoffte heute noch seinen nahbegüterten Collateral-Verwandten eine schadenfrohe Botschaft zu bringen. „Wartet nur, naseweiser Bruder — sprach er lachend vor sich hin — und Sie, hochmüthige Frau Schwägerin, wir wollen eine Suppe zusammen essen, die gesalzen seyn soll." Endlich kam der Arzt, er stürzte ihm entgegen, faßte ihn an beiden Händen und sprach: „Nun, lieber Herr Doktor, was macht meine gute Frau? Trinken wir eine Flasche Madera?" Der Doktor zuckte bedeutend die Achseln. — „Man kann noch nichts sagen, werthester Herr Graf. Man muß der Natur Zeit lassen, sich zu entwickeln. Ich habe eine Kleinigkeit verschrieben, zum Versuch blos. — „Aber was fehlt ihr denn eigentlich?" — „Es ist eine unausgebildete Gicht, die man zu befördern suchen muß." — „Gicht! Doktor. Meine Frau ist erst drei und zwanzig Jahre alt, so jung und schon die Gicht! Ich habe sie oft gewarnt, das kommt von den weiten Fußreisen, von dem tagelangen Reiten."— „Im Gegentheil, Herr Graf, mehrere und stärkere Bewegung wäre der gnädigen Gräfin zuträglich. Die frühzeitige Gicht findet sich jetzt häufig bei jungen Damen von Stande; das kommt vom übermäßigen Zuckerwasser-Trinken." — Graf Opodeldoc ließ sich das gesagt seyn; er war ein kenntnißvoller Pferdearzt, aber von der Menschheit in ihrem gesunden und kranken Zustande wußte er nicht viel. Nachdem der Arzt fort war, ging der verdrießliche Ehemann in das Zimmer seiner Frau, ergriff beide dort stehende vollgefüllte Zuckerdosen, und schüttete ihren Inhalt zum Fenster hinaus. Alles Hof-Geflügel kam herbeigeflattert, und schlich langsam und verdrießlich wieder fort, als sich nichts zu picken vorfand.

Vier Wochen lang wechselte die schöne Gräfin Opodeldoc zwischen Wohlbefinden und Uebelbefinden mit vieler Kunst und Ueberlegung ab. Der Arzt kam, der Arzt ging, die Krankheit blieb. Endlich schien die Arznei anzuschlagen — sie mochte wohl sympathetisch gewirkt haben, denn Sophie, das Kammermädchen, pflegte ihre Privatnelken damit zu begießen. Schon seit acht Tagen war keine Klage gekommen aus dem Munde der Gräfin. Terpsichore hatte diese glückliche Verabredung mit Hygieia getroffen; denn am neunten Tage schickte die Baronesse Habersack eine Einladung zu einem Balle, auf dem sie vor ihrer Abreise ins Bad alle ihre Freunde vereinigt sehen wollte. Die Gräfin schmückte sich aufs Herrlichste, sie war schön wie — ein Engel. (Warum ist die christliche Mythologie so arm an guten Bildern?) Sophie, das Kammermädchen, stand, wie Pygmalion vor seinem Marmorbilde, mit Liebesblicken vor dem Kunstwerk ihrer Hände, und flehte

die Götter, sie möchten die Gräfin beleben, und in einen Mann verwandeln.
Der Graf selbst zeigte starke Spuren innern Wohlgefallens beim Anblicke
seiner Gemahlin; denn die Hoffnung, daß seine hagere Schwägerin auf dem
Balle etwas bersten würde vor Neid, hatte sein ästhetisches Gefühl ungemein
geschärft. Er nannte die Gräfin einmal über das Andere: Mein Mäuschen!
Endlich bot er ihr den Arm, sie hinab an den Wagen zu führen. Auf der
Mitte der Treppe — o unvergleichliche That menschlicher Seelenstärke, einzig
in der Weltgeschichte! o glorreichste Heldin des weiblichen Plutarchs! —
mitten auf der Treppe, von Rosen umduftet, von Seide umwallt, von Gold
und Perlen umglänzt, von Kunst und Natur bis zum Blenden umschim-
mert, auf dem Wege zum Tanze, auf dem Wege zu tausend süßen Trium-
phen ... stieß die Gräfin Opodeldoc einen durchdringenden Schrei aus,
und wollte zusammensinken. Der Graf stützte sie und fragte: „Was hast
du, mein Mäuschen?" Die Gräfin konnte vor Schmerz nicht antworten.
Man mußte sie die Treppe wieder hinauftragen. Sie legte sich zu Bette.
Sophie, ob sie zwar als Kammermädchen hinter den Koulissen stand, ward
überrascht von dem Staatsstreiche ihrer Gebieterin, dessen Geheimniß sie
nicht wußte, da die Gräfin, wie jede Frau, ein Allerheiligstes hatte, in das
auch die Priesterin Sophie nicht treten durfte, sondern nur sie selbst als hohe
Priesterin. Der kranke Fuß wurde bis zur Ankunft des Arztes ohne Erfolg mit Hausmitteln behandelt. Der Doktor kam und hatte mit der
Gräfin eine lange geheime Unterredung. Vor dem Weggehen begab er
sich zum Grafen und sagte mit feierlicher Stimme: „Herr Graf, ich halte
es für meine Pflicht, Ihnen zu rathen, daß Sie einen andern Arzt kommen
lassen." — „Noch einen? rief der Graf. Ein Kongreß! Steht es so
schlimm mit meiner Frau? Ist eine gefährliche Revolution in ihr vorge-
gangen?" — „Nein, werthester Herr Graf, so schlimm ist es nicht; aber
die gnädige Gräfin scheinen kein Zutrauen in mich zu setzen, und wollen
meinen Rath nicht befolgen. Ich habe Ihrer Gemahlin eine Badecur verordnet, aber sie will nichts davon hören. Sie sagt, das Geräusch der
Badeorte sey ihr verhaßt, und sie hat mir verboten, mit Ihnen, Herr Graf,
davon zu sprechen. Aber meine Pflicht ..." — „Herr Doktor, ich liebe
die Badeorte auch nicht; können Sie meine Frau nicht auf anderm Wege
heilen?" — „Werthester Herr Graf, wir können nicht zaubern, wir Aerzte.
Der Arzt und die kranke Natur sind der Blinde und der Lahme; die Natur
zeigt uns den Weg, den wir sie tragen sollen. Um einen Kranken zu
heilen, müssen wir in ihm den gesunden Punkt, den Punkt des Archimedes
auffinden, wo wir den Hebel ansetzen. Die Gicht ist eine Krankheit, die
sich aufs Hartnäckigste vertheidigt, sie ist mit Gewalt gar nicht einzunehmen,

weswegen sie auch im Conversations-Lexicon unmittelbar auf Gibraltar folgt...." Der Doktor sprach noch länger als eine Viertelstunde gelehrt und unverständlich, um der Gräfin Zeit zu lassen, ihre Rolle zu rekapituliren. — „Sie werden meiner Frau Wiesbaden verordnet haben?" — „Nein, Herr Graf, das Wasser ist zu stark." — „Oder Ems? Nicht wahr, Doktor, Ems, das hilft." — „Trauen Sie ihm nicht, Herr Graf, das Wasser allein thut's dort nicht; die Nachtluft — die Nachtluft ist dort schädlich." — „Welches Bad rathen Sie denn?" — „Das zweckmäßigste wäre Barrège in den Pyrenäen." — „Träumen Sie, Herr Doktor? Wollen Sie meine Frau der Armée de foi zuführen? Soll uns der Trappist attrappiren?" — „Freilich, Herr Graf, Barrège hat seine Bedenklichkeit. Das Wasser von Montmorency bei Paris ist ungefähr von gleicher Beschaffenheit." — „Herr Doktor, wenn unser Einer nach Paris reist, so kostet das gleich ungeheures Geld. Muß es denn seyn? Thut es kein anderes Bad? Haben Sie Erfahrungen, ob es hilft?" — „Schon Hippokrates, in seinem Buche von den Winden, rühmt das Bad von Montmorency. Aber, Herr Graf, ich fürchte, Ihre Frau Gemahlin ist nicht zu bewegen." — „Das wird sich finden; wenn ich will, muß sie wollen; ich bin Herr, Herr Doktor."

Graf Dodeldoc brauchte länger als vierzehn Tage, seine Gemahlin für die Schwefelbäder von Montmorency zu gewinnen. Endlich willigte sie ein. „Ich will deiner liebevollen Besorgniß dies Opfer bringen," sprach sie mit matter Stimme. Sie ward täglich schwächer und verließ das Bett nicht mehr. „Liebes Kind" — sagte der Graf eines Morgens — „ich reite in die Stadt, ich will dir die Putzmacherin herausschicken, du wirst für die Reise noch Allerlei bedürfen." — „Nein, guter Mann," erwiderte die Gräfin, „das Nöthigste habe ich, und ein Leichentuch finde ich überall. Ich fühle, wie sich Alles in mir auflöst, bald schließt mich der Tod in seine kalten Arme." — „Kinderpossen! du wirst in Paris wieder aufleben; dann brauchst du Flitter genug, und dort ist Alles doppelt theuer." — „O mein Gatte, wozu noch Tand und Flitter? Laß mich den Blick abwenden von allem Irdischen, laß mich gegen den Himmel meine Gedanken richten!" — „Wie du willst!" — brummte der Graf. — Die Vorbereitungen zur Reise waren getroffen, das Gold ward unter Seufzen eingerollt. — Der Graf liebte die Napoleons sehr, doch, als guter Deutscher, nur im Plurial. Die Gräfin wurde in den Wagen gehoben. Schon am zweiten Tage fühlte sie sich gestärkt, und in Strasburg vermochte sie mit Leichtigkeit den Münster hinaufzusteigen. Oben auf der Platform sagte der Graf: „Mäuschen, du blühst ja wieder wie eine Rose." Die Gräfin erschrack, bedachte, wie wenig entfernt sie noch von der Heimath wären, und blickte in die unter-

gehende Sonne, um ihre Wangenröthe hinter dem Widerschein der Abend-
gluth zu verstecken. Als sie an der Barrière St. Martin an das Thor
gelangten, durch das man, von Deutschland kommend, in Paris einfährt,
wollte der Postillion, wie es ihm auf der Station geheißen, rechts ab gleich
nach Montmorency fahren, wo das Quartier voraus bestellt war. Aber
die Gräfin befand sich plötzlich so übel, daß man sich entschließen mußte,
über Nacht in Paris zu bleiben. Der am andern Morgen herbeigeholte
Arzt erklärte die Krankheit für ein fièvre non malignn, und gebot, das
Zimmer zu hüten. Der Graf ging aus, Adressen abzugeben, machte Besuche, empfing Besuche, nach einigen Tagen war die Gräfin hergestellt, und
ward von ihrem Manne in den Strudel von Paris hineingeführt. Die
deutsche unlegitime Garderobe wurde in der Vwienne-Straße restaurirt.
Der Graf selbst fing an, sich in Paris zu gefallen. Er hatte einen wackern
Colonel auf halbem Solde kennen gelernt, der wie er ein leidenschaftlicher
Jäger war, und der ihm Gelegenheit verschaffte, seine Lust zu befriedigen.
Die Gräfin aber hatte vom ersten Augenblicke an eine unüberwindliche Ab-
neigung gegen den Colonel gefaßt, und da sie ihren Widerwillen nicht ver-
barg, führte dieses zu häufigen Zwistigkeiten mit ihrem Manne. „Er ist
ein wilder Mensch!" sagte die Gräfin oft. — „Wir gedienten Leute sind
nicht anders!" erwiderte jedesmal der Graf. Wochen, Monate gingen vorüber, der Herbst nahte heran, die Rückreise konnte nicht länger verschoben
werden. Der Wagen war angespannt, der Colonel umarmte seinen Freund.
„Adieu, mon ange!" sagte er zu Sophie, ihr die Wangen streichelnd; aber
vergebens suchte er unter Scherzen seine Rührung zu verbergen, Thränen
entstürzten seinen Augen. Er faßte die Hand der Gräfin, sie zu küssen,
diese zog sie zurück und ließ ihren Schleier fallen. Als sie im Wagen
saßen, sagte der Graf: „Du hast dich aber auch gar zu unartig gegen den
Colonel benommen! Er ist ein herrlicher Mann, ein ächt deutsches Herz"
... Während auf der ersten Station hinter Paris die Pferde gewechselt
wurden, schlug sich der Graf plötzlich vor die Stirn und rief: „Rein
vergessen!" Mit freudigem Schreck frug die Gräfin hastig: „Deine
Brieftasche? Ich habe sie auf dem Kamin gesehen. Laß uns schnell zurück-
fahren, ich fürchte, ich habe auch Manches dort vergessen; wenn wir nicht
eilen, ist Alles hin." — „Die Brieftasche habe ich — erwiderte der Graf —
ich meine, wir haben ja ganz vergessen, uns in Montmorency umzusehen."
— „Ueber's Jahr!" lispelte die Gräfin mit einem leisen Seufzer, und warf
einen feuchten Blick auf den Dom der Invaliden zurück, dessen goldene
Kuppel in der Abendsonne leuchtete.

Graf Opodeldoc lebte wieder im alten Gleise auf seinen Gütern. Die

9*

Nachbarinnen waren der Reihe nach gekommen, die Pariſer Hüte zu bewundern, welche die Gräfin mitgebracht. Dieſe hatte ſich müde erzählt von den Wunderwerken der herrlichen Stadt — wenn es für Männer angenehm iſt, in Paris zu ſeyn, iſt es für Frauen noch angenehmer, dort geweſen zu ſeyn und davon zu berichten. Die Herbſtwinde raſchelten, die Blätter fielen. Es kam der erſte November, des Grafen fünfzigſter Geburtstag. Der Graf ſchlief an dieſem Tage, wie gewöhnlich, länger als gewöhnlich, um zu allen Vorbereitungen zu ſeiner Ueberraſchung Zeit zu laſſen. Er ging hinab in den Saal, und wünſchte ſeiner Gemahlin mit erkünſtelter Gleichgültigkeit und Kälte einen ſchönen guten Morgen. Bei ſeinem Eintreten ſagte die Gräfin zu ihrem Kammermädchen: „Geh', Sophie!" indem ſie ihr einen ſanften Schlag gab. Sophie hatte eine ganze Spitzbubenherberge voll Schelmerei auf ihrem Geſichte und ſchlüpfte lachend hinaus. „Väterchen! ſprach die Gräfin mit entzückender Holdſeligkeit — der Graf kam näher — Väterchen! — der Graf ſtand vor ihr — Petit Papa!" — Sie ergriff ſeine Hand, drückte ſie feſt und zärtlich, er zog ſie zurück, ſie lächelte, er erröthete.

— Das macht' ſich ſo!

XX.
Die Vendome-Säule.

Man muß ſehr lachen, wenn man der drolligen Verlegenheit einiger franzöſiſchen Schriftſteller begegnet, welche Beſchreibungen von Paris zum Gebrauche der Fremden verfaßt haben. Viele Bauwerke, in neuerer Zeit entſtanden, erregen und verdienen die Bewunderung Aller; aber wie davon ſprechen? Napoleon hat ſie geſchaffen. Um dieſer ſtechenden Wahrheit auszuweichen, ſieht man jene armen Herren ſich wie Raupen krümmen. Sie reden in mancherlei Windungen, und ſtellen für ſchreibende Höflinge die ſchönſten Styl-Muſter auf. Sie ſagen: alle Bauwerke der kaiſerlichen Regierung wären ſchon unter Ludwig XIV. beſchloſſen worden; Ludwig XV. habe wohl daran gedacht, die Entwürfe ſeines Vorgängers auszuführen, habe aber, um das dazu nöthige Geld zu holen, die benachbarten Staaten nicht erobern wollen; Ludwig XVI. ſey auf Gleiches bedacht geweſen, habe es aber unterlaſſen, um ſeine Unterthanen nicht mit Abgaben zu beſchweren. Dann ſagen ſie: Napoleon habe nur aus Eitelkeit viel bauen laſſen. Dann, um die Schnelle, mit welcher unter ihm ſo viele und große

Werke entstanden, der Bewunderung zu entziehen, sagen sie: Bonaparte habe zu Pferde der Unsterblichkeit zueilen wollen. Ferner: er habe wohl begriffen, daß ihm jene Kunstwerke größern Nachruhm bringen würden, als seine verheerenden Schlachten. Ferner: es habe ihm geahnet, daß es mit seiner Herrlichkeit nicht lange dauern würde, und darum habe er sich beeilt, ein gefälliges Andenken zurückzulassen. Endlich, weil sie fürchten, noch nicht genug geschmeichelt, Napoleon noch nicht genug gelästert zu haben, sagen sie: er habe die Baukunst n i c h t geschätzt, die Baukünstler n i c h t aufgemuntert, n i c h t belohnt, sie vielmehr gehaßt, weil ihn, da er noch Lieutenant gewesen, ein Architekt wegen einer Schuld bei dem Friedensrichter verklagt hatte. Wenn dieses wahr ist, muß man sich wundern, daß Napoleon nicht auch die Ammen und Kindermädchen verfolgt, weil ihm, als er noch Kind war, höchst wahrscheinlich eine dieser Personen irgend ein Pätschchen gegeben. Bei Gelegenheit der Vendome-Säule sagen jene immergrünen Schmeichler: Napoleon hat die Säule jener des Trajans zu Rom sklavisch nachbilden lassen, weil er den Künstlern nicht vergönnen mochte, eigenem Schöpfungsgeiste zu folgen. Daß er ein Taugenichts war, wissen wir auswendig genug, aber mit der Vendome-Säule hat er Recht gehabt. Die Künstler unserer Tage haben nur gelernt, den Reichen und Mächtigen zu gefallen. Ein Bildchen, zwischen hölzernen Stäben eingesperrt, in der warmen Stube aufgehängt, von Gardinen gegen die Sonne, von Schloß und Riegel gegen freie Untersuchung geschützt — das ist ihr höchstes Thun. Aber ein Bauwerk unter freiem Himmel, auf dem Markt des freien Urtheils hinzustellen, Allen verständlich, Allen gefällig, und das groß in die großen Augen des Volks einzieht — das vermögen sie nicht. Aber die alten Römer vermochten es, und darum war es wohl gethan, eines ihrer Werke nachzuahmen. Die Vendome-Säule ist das schönste unter allen Bauwerken Napoleons; unter solchen nämlich, die eine s i t t l i c h e V o r s t e l l u n g ausdrücken. Denn was die Gebäude betrifft, die dem Vortheile des thierischen Menschen gewidmet sind: Märkte, Wein-, Getreide-Hallen, Schlachthäuser, die der französische Kaiser aufführen ließ, so muß man gestehen, daß die alte Welt nichts Aehnliches vorzuzeigen hatte.

Die Säule auf dem Platze Vendome soll, wie bekannt, die Siege der Franzosen im Jahr 1805 verherrlichen. Sie ist rundum bis zu ihrer Spitze mit Bildwerken halb erhabener Arbeiten bedeckt, wozu zwölfhundert eroberte Kanonen das Metall gegeben. Ein schönerer Baustoff, als den der türkische Kaiser zu verwenden gedenkt, welcher, wie eine deutsche Zeitung schmunzelnd erzählt hat, bei seinem Barte geschworen, in Griechenland eine Moschee von Christenschädeln aufrichten zu lassen! Die Spitze der Säule krönt eine Kuppel, auf welcher bis zur Rückkehr der Bourbonen die Statue Napoleons stand. Sie war, wie ihr Urbild, so fest auf den Beinen, daß man sie absägen mußte. Aus dem Leibe des Helden wurde später das Pferd gegossen, worauf Heinrich IV. auf Pont-Neuf sitzt. Eine finstere Treppe führt zur Gallerie, welche die Kuppel der Säule umgiebt. Mit einer Laterne in der Hand steigt man den ängstlichen Weg hinauf, der so eng ist, daß man den Herabkommenden zurufen muß, oben zu warten, denn zwei sich Begegnende können sich nicht ausweichen. So sind die Wege des Ruhms! Von der Höhe der Säule hat ein Held der alten Garde sich vor einigen Jahren herabgestürzt. Beargwohnt von der Schwäche, geneckt, verfolgt, ward ihm das Leben zur Last. In fünfzig Schlachten war er den Lanzen und Schwertern des Feindes kühn entgegengetreten — vor den Nadelstichen der Polizei nahm er feig die Flucht. Von dieser Säule des Ruhms schaut man auf das heutige Paris hinab — ein Anblick, der einem Deutschen wohlthun würde, wenn es die Binse größer und stärker machte, daß der Sturm die Eiche niederwarf. Auch haben sie, um der Weltgeschichte Höflichkeit zu lehren, die Inschrift vertilgt, die am Fuße der Säule deren Bestimmung ausdrückte. Die Inschrift war in lateinischer Sprache, und die Wenigsten hatten sie verstanden: die leere Tafel kann jetzt jeder dumme Bauer lesen.

XXI.
Gretry's Herz.

Deutsche Advokaten, Notare, Gerichts-Präsidenten und Räthe, Gerichts-Sekretäre und Pedelle haben schon manche Versiegelung mit Vergnügen veranstaltet; aber die eines bürgerlichen todten Herzens ist ihnen sicher noch nicht vorgekommen. Sie überlassen mit Recht dergleichen romantische Streiche der Jugend und den deutschen Calderonen. Ich aber habe eine solche Versiegelung mit angesehen, und sie hat mich gerührt. Die Eremitage in der Nähe von Paris, früher von Rousseau bewohnt (ihm war die ganze Welt eine), kam später in den Besitz des berühmten Tondichters Gretry. Er lebte viele Jahre und starb daselbst. Im Garten liegt sein Herz unter einer gestutzten Marmorsäule begraben, die seine Büste trägt und die Inschrift: Grétry! ton génie est partout, mais ton coeur n'est qu'ici. Das mais ist sehr schaffig; die Franzosen können keine Grabschrift machen, sie verstehen das Leben, aber nicht den Tod, und jenes nur, so viel man es

ohne diesen begreifen kann. Am 17. Mai kamen Abends drei Gerichtsper-
sonen aus Paris, mit schweren Akten unter den Armen, und traten mit
amtlichen Schritten und Mienen in den Garten der Eremitage. Es däm-
merte schon — und es war eine süße Mai-Dämmerung — aber weder dieses,
noch der Gesang der nahe nistenden Philomele konnte die Priester der
n a ch t w a n d e l n d e n Themis irre machen. Sie zogen juristische Bücher
aus der Tasche, umschlangen damit Gretry's Grabsäule, knüpften sie an
das umherlaufende Geländer fest, träufelten grünes Wachs auf die erforderlichen Stellen, und siegelten gehörig. Es war dieses der letzte Akt eines
romantischen Prozeß-Drama's, von dem ich nur eine leichte Federzeichnung
zu geben brauche; denn, erzähle ich juristischen Lesern, daß sich die Prozeßkosten auf zehntausend Franken belaufen, so wird das ihrer Einbildungskraft
Farben genug mischen, daß sie sich meine Zeichnung selbst werden ausmalen
können.

Gretry starb am 24. September 1813 in der Eremitage, und wurde,
seiner testamentarischen Verfügung gemäß, in Paris auf dem Kirchhofe
des Père Lachaise begraben. Vor dessen Beerdigung machte Herr Flammand, der Gemahl einer Nichte Gretry's, als Familienoberhaupt, Trauer-
anführer und Mann von Gefühl, den Antrag, man sollte das Herz des
Verstorbenen herausnehmen und einbalsamiren; aber einige Glieder der
Familie widersetzten sich dem. Die Leiche wurde in ein vorläufiges Grab
gesenkt, bis das Gewölbe, das sie aufnehmen sollte, vollendet seyn werde.
Nach zwei Monaten, als dieses Gewölbe fertig war, wurde Gretry's Leiche
wieder ausgegraben. Diesen Umstand benutzte Herr Flammand und ließ
das Herz im Geheimen, damit es die übrigen Glieder der Familie nicht erfahren, jedoch mit Bewilligung der Polizei, herausnehmen, einbalsamiren,
und in eine zinnerne Büchse legen, die er in Verwahrung nahm. Darauf
schrieb er der Stadt Lüttich, Gretry habe bei seinem Leben den Wunsch geäußert, daß sein Herz in seinem Geburtsort ruhen möchte, und dieses Wun-
sches gedenkend, sey er bereit, das Herz auszuliefern. Der Maire jener
Stadt schrieb zurück: Er nehme das Geschenk an, und man solle es ihm
d u r c h d e n n ä ch s t e n P o s t w a g e n schicken. Er soll auch hinzugefügt
haben, er erwarte das Herz p o r t o f r e i; indessen wird dieses komischen
ökonomischen Verhältnisses in den Prozeßakten nicht gedacht. Der Lütticher
Maire glich in diesem Verfahren den edelsten der alten Römer, die dem
Dienste des Vaterlandes jede Empfindung aufopfern. Aber das heiße
Gefühl des Herrn Flammand zischte auf und dampfte, als der kalte, prosaische, kanzleistilistische Brief sich darüber hergoß; er beantwortete ihn nicht,
und behielt das Herz. Noch andere eingetretene Umstände hatten seinen

früheren Entschluß abgeändert. Erstens hatte er unterdessen die Eremitage an sich gekauft, zu welcher Erwerbung früher keine Hoffnung war; das war also der angemessenste Platz für Gretry's Herz. Zweitens war Lüttich von Frankreich abgerissen worden und an das Königreich der Niederlande gekommen. Herr Flammand dachte mit Recht, der Pariser Friede sey hart genug und er wolle nicht la France auch noch des kostbaren Ueberrestes eines seiner großen Männer berauben. Er ließ also im Garten der Eremitage ein Denkmal setzen, worunter das Herz gelegt werden sollte. Ehe dieses ausgeführt werden konnte, kamen die verbündeten Heere zum zweitenmale nach Paris und breiteten sich in der Umgegend aus. Herr Flammand flüchtete sich und sein Herz vom flachen offenen Lande in die sichere Stadt, wo das Palais-Royal auch Baschkiren zähmt. Da wurde ihm nach einiger Zeit gemeldet, die deutschen Truppen, die in der Gegend von Montmorency lagerten, hätten die Eremitage, aus Ehrfurcht vor dem Genius eines großen Mannes, mit Schonung behandelt, und gegen jede Zerstörung bewacht und geschützt. Er eilte froh mit seinem Herzen hinaus, und traf zwei junge preußische Offiziere knieend vor Gretry's Grabmal liegen. So erzählt er; ich glaub' es aber nicht. Eher haben wohl jene edeln Jünglinge vor Rousseau's Denkmal gekniet, das sich, von der Epinai eitlen Sorgfalt aufgestellt, im nämlichen Garten befindet. Endlich am 15. Juli 1816 wurde Gretry's Herz mit großen Feierlichkeiten in der Eremitage beigesetzt.

Die Stadt Lüttich schien ihre alten Ansprüche aufgegeben zu haben, und ließ sich mehrere Jahre nicht weiter vernehmen. Erst im Jahre 1820 brachte sie die Sache wieder in Anregung, und forderte von Herrn Flammand das Herz. Dieser beantwortete den Brief nicht. Darauf schlug der Bürgermeister von Lüttich einen schlauen Weg ein. Er beauftragte nämlich eine Demoiselle Keppenn, Modehändlerin, die in eigenen Geschäften von Lüttich nach Paris reis'te, dem Herrn Flammand auf diese oder jene Art sein Herz zu entreißen. Demoiselle Keppenn, in solchen Eroberungen geübt, übernahm gern den Auftrag. Aber die zuversichtliche Modehändlerin verkannte den Geist der Zeit, ob sie zwar die Zeit, als ihre Waare, genau kennen sollte. Sie bedachte nicht, daß Herr Flammand über die Jahre der Jugend hinaus sey, und als sie nun mit ihren Absichten und Reizen vorrückte, wurde sie zurückgeschlagen. Da nahm sie zu den alten beliebten Intriguen ihre Zuflucht, und war dabei glücklicher. Es gelang ihr nämlich, die Gretry'sche Familie zu entzweien, und sie wußte sich von einigen Gliedern dieser Familie die schriftliche Erklärung zu verschaffen, daß es ihr Wunsch und Wille sey, daß Gretry's Herz nach Lüttich geschickt werde. Darauf verklagte die Stadt Lüttich Herrn Flammand bei den französischen Gerichten, und verlor den Prozeß in der ersten Instanz. Sie appellirte und gewann ihn definitiv. Zwar hat sich jetzt Herr Flammand an das Cassations-Gericht gewendet, doch ist zu einem veränderten Urtheile keine Hoffnung. Die Form ist gegen ihn, und die Seele des Rechtes folgt, wie jede, ihrem Körper nach — welches freilich traurig genug ist.

Glücklich diejenigen, deren Herz erst nach dem Tode beunruhigt wird, gleich dem des guten Gretry! Dieses hatte vor zehn Jahren aufgehört zu schlagen; zwei Monate lag es in Paris begraben, in seinem Körper; dann wurde der Körper, und ihm das Herz herausgezogen; dann machte es einige Jahre oft den Weg von Paris nach Montmorency und zurück, und jetzt, nachdem es sieben Jahre in der Eremitage gelegen, muß es seine Ruhestätte verlassen, um nach den Niederlanden zu wandern. Was geschieht aber mit der Grab-säule im Garten? Sie kann bleiben, und man hat nur die Worte: Ton coeur n'est qu'ici, in die: Ton coeur ne fut qu'ici umzuwandeln. Es wäre dieses nicht das erste Beispiel einer conjugirten Grabschrift, welche Art zu conjugiren etwas Angenehmes hat, weil sie Leben in den Tod bringt. Auf Rousseau's Grabmal in Ermenonville standen die Worte: Ici repose l'homme de la nature et de la vérite; nachdem aber während der franzö-sischen Revolution Rousseau's Gebeine nach Paris gebracht worden, änderte man in jener Inschrift das Wort repose in reposa. Herr Flam-mand ist übrigens Willens, Gretry's Grabschrift in der zweiten Auflage nicht blos zu verbessern, sondern auch zu vermehren, und dabei einige Ironie gegen die französischen Richter anzuwenden, welche la France des Herzens beraubt hätten. Gute deutsche Lapidar-Stylisten werden ersucht, mir dar-über ihre ästhetischen Vorschläge zu machen, da ich nicht ohne Einfluß auf die Sache bin.

XXII.
Die Anschlagzettel.

Wenn man in Paris Langeweile hat und kein Geld (doch trifft das Eine seltener ein, als das Andere), kann man sich die Langeweile auch ohne Geld vertreiben. Zu den vielen dazu dienlichen öffentlichen Unterhaltungen gehören auch die Anschlagzettel, die man ganz unentgeldlich, zwar nicht benutzen, doch lesen kann. Paris hat, wie jede deutsche Stadt, seine Intel-ligenz-Blätter, petites-affiches genannt; ich habe aber in einer großen Sammlung derselben nichts Merkwürdiges weiter gesehen, als ein protestantiſches Dienſtmädchen, das als Köchin in ein Haus zu kommen ſucht, wo ſie „ihrer Religion obliegen könne." Es iſt leicht zu erklären, warum die feinern Spitzbübereien und Bedürfniſſe in dieſen petites-affiches nicht angeboten werden. Erſtens, weil ſie von Fremden und höhern Ständen wenig geleſen werden, und zweitens, weil ſie den Anzeigenden nicht Platz genug gewähren, ſich gehörig auszuſprechen. Die Pariſer loben ihre Waaren und andere Kunſterzeugniſſe niemals im Lapidar-Styl, und wenn ſie, weil ihnen etwas gelungen, ſich ſelbſt loben, ſagen ſie nicht wie Cäſar: „Ich kam, ſah, ſiegte!" — ſie ſind zu beſcheiden — ſondern ſie gebrauchen viele und große Worte, und erzählen ihre Feldzüge umſtändlich. Die Anſchlagzettel ſind ihre Kommentarien. Man findet dieſe an hundert Häuſern und Mauern, die ihnen als Sammelplätze dienen. Hier ſind es aber keine Narrenhände, welche die Wände beklebt, ſondern ſehr kluge Leute. Sie wiſſen nämlich, mit wem ſie es zu thun haben — mit Franzoſen, die mit ihren Augen nicht blos ſehen, ſondern auch hören, riechen, fühlen und ſchmecken. Darum ſind die Zettel von ungeheurer Größe. Man könnte auf manche derſelben ein ganzes Quartal des Berliner Freimüthigen abdrucken, man brauchte bloß die Sperre der Original-Ausgabe aufzuheben. Auch bedienen ſie ſich ſeit einiger Zeit der großen engliſchen Buchſtaben von durchbrochener Arbeit, an welchen die weißen leeren Stellen in den ſchwarzen Balken als egyptiſche Hieroglyphen räthſelhaft erſcheinen. Ich will einige gute Muſter von dieſen Anſchlagzetteln zur Kenntniß des wißbegierigen Leſers bringen und dabei den Text mit den nöthigen moraliſchen Anmerkungen begleiten.

Die erſte Ankündigung, die ich las, fiel mir darum auf, weil ſie nur auf einem Folioblatte gedruckt war; ſie leuchtete durch ihre Beſcheidenheit hervor. Sie bietet Schreibluſtigen Plumes sans fin an, d. h. unendliche Federn, Federn, die unaufhörlich ſchreiben — eine in Deutſchland längſt bekannte Erfindung. Schriftſteller, die ſich ihrer bedienen, brauchen nur dafür zu ſorgen, daß ihnen die Gedanken zufließen; denn was die Tinte betrifft, ſo fließt dieſe aus einem kleinen hohlen Gefäße von Metall, das der Feder angeſchraubt wird, unaufhörlich von ſelbſt zu. So oft die Feder trocken geworden iſt, gibt ihr der Schreibfinger einen leichten Druck, und dann rollt ſich ein Tropfen Dinte in die Spalte hinab und erfriſcht ſie.

Neben dieſem Zettel breitet ſich ein anderer aus, der zwei Ellen feine holländiſche Leinwand lang iſt. Die Buchſtaben wechſeln in allen Farben des Regenbogens ab, die ſchwarzen ungerechnet. Oben ſtehen die Worte, und zwar flammenfarbig, wie es ihr mordbrenneriſcher Sinn erfordert: A bas les perruques! In manchem Schweizer- und deutſchen Ländchen würde das als ein Aufruf zur Empörung gegen die Behörden angeſehen werden; hier aber durfte man so etwas, sogar unter Aufsicht der Polizei, drucken lassen! Doch scheint es, daß sich die Pariser Polizei auch später eines Bessern besonnen hat; denn in einer zweiten Auflage des nämlichen Zettels heißt es nicht mehr: A bas les perruques! sondern, zwar ironischer, aber minder staatsgefährlich: Adieu les perruques! Der Perrücken-Tödter macht bekannt: „Enfin malgré l'envie, l'eau merveilleuse de Mr. Brescon triomphe. Le plus incrédule est maintenant convaincu, que cette eau fait croître les cheveux sur les têtes le plus chauves, les conserve et les empêche de blanchir." O, du Haarkräusler, was hast du gethan! Du hast die weißen Haare zerstört, die Schneedecke des Lebens weggezogen — woran soll man künftig Jünglinge von Greisen unterscheiden? Wo soll man Weisheit, wo Schönheit und Stärke suchen? Was soll Mädchen und Fürsten in ihrer Wahl leiten? Das hättest du Alles wohl bedenken sollen, Haarkräusler! — Diesem Zettel schließt sich verwandtschaftlich folgender an: „Madame Saint-Ginet et ses Demoiselles ont l'honneur de prévenir, qu'elles se chargent de teindre ou d'épiler les cheveux blancs, telle quantité qu'on en ait. Elles se transportent en ville, si les Dames le désirent." Der gefühlvolle Leser wird schon von selbst wissen, was er hierbei zu denken hat. — Nützlicher ist die folgende Ankündigung von neuen Spar-Kochtöpfen, Caléfacteurs genannt. Es heißt von ihnen: „La cuisson commence par quelques centimes de combustible, continue sans feu et sans soins pendant six heures, au bout desquelles le liquide d'abord bouillant, ne s'est éloigné de l'ébullition que de quelques dégrés." Eine schöne Erfindung! Jetzt kommt es nur noch darauf an, daß einer Etwas zu kochen habe. Der unglückliche arme Teufel aber, welchem es daran fehlt, kann sich zwar, vor wie nach, erhängen, erschießen, vergiften; aber ersäufen kann er sich nicht mehr in Paris. Das lehrt ein Zettel mit der Ueberschrift: On ne peut plus se noyer! Eine neuerfundene Schwimm-Maschine verhindert dieses. Diese Maschine wird größer und kleiner verfertigt, je nach der körperlichen Größe der Person, die sich ihrer bedient, so daß sie immer den fünfundzwanzigsten Theil des Körpergewichtes schwer ist. Nach diesem Verhältnisse kostet sie 30 bis 180 Franken. Leichtes Volk erhält sich also wohlfeil über dem Wasser, wichtigen Leuten aber kostet dieses viel. Auf dem festen Lande ist es gerade so.

„Gallerie métallique de la fidélité!" Was heißt das? Es wird zur Subscription auf eine Medaillen-Sammlung eingeladen, in der alle fidelen Franzosen abgemünzt werden sollen. Da werden sie viel zu thun haben: die fidélité métallique ist gar groß in Frankreich. Der Prospektus führt zum Motto: „Le premier devoir de l'homme est la fidélité à son roi !" — wodurch auf eine feine Art zu verstehen gegeben wird, daß die Schweizer, Amerikaner und Frankfurter keine Menschen sind. — **Bücher-Anzeigen.** "L'art de choisir une femme et d'être heureux avec celle" — kostet 30 Sous.   Aber „L'art de se faire aimer de son mari, à l'usage des Demoiselles à marier" — kostet 3 Franken.   Also das Doppelte.   Ist das eheliche Glück der Männer weniger werth, als das der Weiber?   Oder ist die Kunst, mit Männern glücklich zu seyn, eine schwerere Kunst, die sich der Lehrer theurer bezahlen läßt?   Eins von beiden muß wohl der Fall seyn. — **Cravatiana**... Das Uebrige kann ich nicht lesen, der Zettel hängt zu hoch. Wahrscheinlich ein Lehrbuch über die Kunst, das Halstuch zu knüpfen.   Eine der wichtigsten der freien schönen Künste! Die Sybillinischen Bücher der Pariser Moden erzählen: Im grauen Alterthume, unter Buonaparte's Konsulat, wäre einst ein schöner Jüngling drei Stunden vor dem Spiegel gestanden, und habe versucht, sich das Halstuch malerisch umzubinden; es sey ihm aber nicht geglückt.   Endlich habe er verzweiflungsvoll die Halsbinde umgeworfen, und mit Thränen der Wuth die Schleife gezogen.   Doch im Zufall sey ein Gott gewesen.   Nie früher habe die langsame Kunst so Herrliches zu Stande gebracht, als hier der rasche Geist der Natur, und acht Sommertage lang wäre die Schleife des schönen Jünglings Regel geblieben. — **Verlorne Sachen.** Jemand hat zwei Dinge verloren. Erstens, einen dunkelgrünen Papagey — wer ihn zurückbringt, erhält fünfzig Franken zur Belohnung.   Zweitens, das Miniaturportrait einer Frau, auf Elfenbein gemalt — dem ehrlichen Finder werden zehn Franken angeboten. Man sieht daraus, daß der Eigenthümer verheirathet, und daß das Elfenbein theuer ist in Paris. . . . . Ein junger Mensch „au désespoir" hat 8000 Franken verloren — wer sie zurückbringt, erhält 2000 Franken zur Belohnung.   Mit großen Buchstaben steht auf dem Zettel gedruckt: Appel à la conscience! Man hat aber wenige Beispiele, daß dieses Appellations-Gericht, das Urtheil der ersten Instanz, welche entschieden, der Finder solle das Geld behalten, reformirt habe.   Gleich nebenbei ist eine andere Bekanntmachung, die dem Finder von verlornen 1500 Franken (in Banknoten) ganz naiv bemerkt: er brauche davon nur 1000 Franken dem Eigenthümer unter Couvert zuzuschicken, die übrigen 500 Franken aber könne er für sich behalten. Es muß also in Paris doch nicht ganz an Beispielen von ehrlichen Leuten fehlen, denn sonst würde man die Druckkosten zu solchen Anschlagzetteln nicht verschwenden. Mit dem Gelde, das junge Commis oft verloren zu haben erklären, hat es aber manchmal die Bewandtniß, daß sie das Geld verspielt.   Erst kürzlich wurde ein wohlgesitteter junger Mensch von seinem Prinzipal mit 50,000

Franken ausgeschickt. Zufällig führt ihn sein Weg durch das Palais-Royal.
Der böse Geist kommt über ihn, er spielt, verliert das Geld, und stürzt sich
in die Seine. Ueber eine Naivetät der französischen Regierung konnte ich
mich nicht genug wundern. Neulich erschien die a m t l i c h e Statistik der
Stadt Paris. Darin wird bemerkt: unter — ich weiß nicht mehr wie
vielen Selbstmorden, die sich im vorigen Jahre in Paris ereignet, wären
228 Folgen der Spielsucht gewesen. Und das erzählen sie selbst! · Als
wenn die Spielsucht wie die Schwindsucht wäre, deren Tödtlichkeit man
nicht verhüten könne! Sie sagen zwar: öffentliche Spielhäuser wären nothwendige Uebel in Paris; denn ohne sie würde heimlich gespielt werden, und
dann könne die Polizei keine Aufsicht halten. Das sind aber leere Aus-
flüchte! Die Polizei könnte eben so gut jedes geheime Spielhaus entdecken,
als sie Jeden, der ihr politisch verdächtig geworden ist, ausfindig macht,
wenn ihr an dem Einen so viel gelegen wäre, als am Andern. Die Sache
liegt daran: erstens zieht die Polizei jährlich fünf Millionen Spielpacht,
welches Geld sie auf ihre eigenthümlich edle Art verwendet. Zweitens
werden die Spielhäuser als die Kloaken angesehen, wo alles schlechte Volk
zusammenfließt, die also die Reinhaltung der Stadt erleichtern. Und drittens
dienen die Spielhäuser der Polizei als Sklavenmärkte, wo sie ihre geheime
Agenten anwirbt und zusammenkauft.

Da finde ich unter den Windbeuteln den Namen eines ehrlichen Deutschen. Was will der? Er bietet seinen Unterricht in der deutschen, englischen und italienischen Sprache an; die Stunde zu 6 Franken. Den
Schülern, welche nach Verlauf von einigen Monaten finden werden, daß sie
nichts bei ihm gelernt, will er ihr Geld zurückgeben. Deutsche Treue! —
Madame Garnerin steigt den nächsten Sonntag in einem Luftballon auf.
Man muß das Schauspiel selbst mit ansehen; am Zettel ist nur das merkwürdig, daß die ersten Plätze 40 Franken die Person kosten. — Dort das
Riesenblatt mit einem großen Holzschnitte am Kopfe? Es ist ein Kapaun
am Bratspieß...... Nein, es ist ein ungeheures Ochsenauge, von einem
Messer durchstochen, welches eine Staarnadel vorstellen soll. Ein Médicin
oculiste bietet seine Dienste an. Gut, daß Blinde den Zettel nicht sehen
können; das Schwert im Auge würde sie abschrecken. Der Okulist bemerkt
schlau: „Rien sans lui!“ Er führt, mit Namen und Wohnungen, eine
Liste der Personen an, die er operirt; aber der Kürze wegen erwähnt er
nur die geheilten, die andern nicht. Er handelt auch mit allerlei kleinen
optischen Waaren, und gibt nicht blos die Gläser, sondern auch die Augen
dazu her. Er hat eine „Collection considérable d'yeux artificiels hu-
mains, qui imitent parfaitement la nature.“ Wer sie in Dutzenden kauft,

erhält sie wohlfeiler. Da der Okulist auch Thränenfisteln heilt, so gehört seine Ankündigung in das Fach der romantischen Literatur. Er wohnt sehr malerisch in der Rue de la Monnaie. — Ein Zettel in englischer Sprache lautet wie folgt: „Should the following lines be seen by the young Gentleman, who was drinking his Caffè in the Palais-Royal on Sunday the 20. July last, he is most earnestly requested, to come to the hôtel de Londres Nr. 15 Rue de l'Echiquier, where he will see that relation, who so much astonished him on passing by at that time. Paris, 4. Aug." Sehr räthselhaft! Ist es eine Männer- oder eine Weiberstimme? Ist es eine Herausforderung? Ist es ein Syrenenlied? Hat ein Engländer unglücklicher Weise seiner Frau begegnet, die ihm von Dover nachgeschifft, und ist er schnell und erschrocken an ihr vorbeigeschlüpft? Doch, was es auch sey, könnte eine gefundene Stricknadel dem Kotzebue Stoff zu einem Schauspiele in fünf Akten geben, so ist diese Anzeige mehr als genug, einen Roman in drei Bänden daraus zu machen.— Auch an Zetteln in italienischer Sprache fehlt es nicht; aber deutsche Ankündigungen habe ich noch nicht gesehen. Die einzige öffentliche deutsche Inschrift, die mir in Paris vorgekommen, steht, in goldnen Buchstaben, an der Glasthüre eines Kaffeehauses, und lautet: D e u t s c h e s   F r ü h s t ü c k. Wahrscheinlich ist dieses Frühstück aus den ewig denkwürdigen Jahren 1814. und 1815 übrig geblieben. Worin es bestehen mag, weiß ich nicht; vielleicht in Biersuppe und im Allgemeinen Anzeiger.

XXIII.
Die Septennalite.

Sie stirbt daran . . . Vielleicht besser so, daß ihre Leiden enden . . . . . Wir brauchten eine von Erz . . . Ihr werdet sehen, es ist ihr Salto mortale . . . Er liebt die Wüsten, wo man horcht der Stimme der Natur . . . der Silberstimme der Natur . . . die Schande? Eine Flasche Jordan-Wasser wäscht alle Flecken rein." — Die Reden wurden immer saurer, Adelens Blicke auf Alphons immer süßer. Die Gute hatte auch ihrem armen Vaterlande ein stilles Kämmerchen in ihrem Herzen eingeräumt, und sie klopfte manchmal an, zu hören wie es ihm ging. Auch jetzt horchte sie, und fragte ihre Mutter: Mama, was ist denn die Septennalite? Doch Frau von Beauvais hätte zwanzig Zungen haben können, und sie hätte Adelen nicht geantwortet. Sie für sich allein glich an Emsigkeit einem Ameisenhaufen. Zucker, Salz, Essig, spanischen Pfeffer und andere Mundgewürze, die ihr bald dieser, bald jener reichte, mischte sie zusammen, eine schmackhafte Unterhaltung zu bereiten, damit es morgen heiße: der Abend gestern war köstlich! — „Mama!" — Frau von Beauvais begnügte sich, ihre linke Hand auszustrecken, doch ohne dieser nachzusehen, und sprach: laß dir das von dem Herrn erklären, Adele. — Welchen Herrn hat sie gemeint? Der funkelnde Diamant am ausgestreckten Zeigefinger warf zwei Strahlen, einen auf mich, einen auf Alphons; doch Alphons war jung und geliebt, und da faßte Adele mich bei der Hand, zog mich in ein himmelblaues Stübchen, das von einer Milch-Lampe erhellt, wie im Mondlichte schwamm, und legte die Thür bei, damit das Waffengetöse der streitenden Zungen uns nicht störe. — Ach, die häßliche Zeit, wo schöne Kinder uns ohne Zittern die Hände drücken, und ohne Furcht mit uns allein sind, im himmelblauen Stübchen! „Nun, mein Herr, was ist die Septennalite?" — Zum Glücke schlug die Pendüle Mitternacht, und ich hatte zwölf Secunden Zeit, mich auf eine Lüge zu besinnen. Der letzte Schlag war schon fünf Minuten ausgeklungen, und ich sah immer noch auf die Uhr; denn die Uhr stand vor dem Spiegel, und vor dem Spiegel saß auch Adele in einer Bergere. Wer dieses Mädchen einmal sah, wünschte sie immer zu sehen, oder sie nie gesehen zu haben. Maler würden ihre Pinsel und ihre Palette wegwerfen, und Raphael einen Stümper schelten. Dichter wendeten den neun Bettlerinnen verächtlich den Rücken zu, und ein Criminalrichter jammerte wohl über die Qual, auf das Rad ihres großen Auges geflochten zu seyn! — „Nun, mein Herr? . . . Sie seufzen? . . . Sie sind nicht wohl?" — Nein, Adele, es war die letzte Saite meines Herzens, die gesprungen.

Es war einmal ein König, der hatte einen bösen Traum . . . „Glauben Sie an Träume, mein Herr?" — Werde ich dürfen, Adele? — „Was träumte der böse König?" — Sie müssen mich besser hören, Adele: ich sprach von keinem bösen König, ich sprach von des Königs bösem Traum. . . . Er träumte, er stünde am Ufer eines großen Stromes, und aus dem Flusse stiegen sieben Kühe, die waren fett. Dann kamen sieben andere Kühe, die waren mager. . . . „Das waren vierzehn Kühe; ach, mein Herr, wie wäre ich da fortgelaufen!" — Sie dürfen mir nicht in die Rede fallen, Adele. Sie bringen mich ganz in Verwirrung. Was habe ich sagen wollen? Nein, das war es ja gar nicht!

Vor viertausend Jahren lebte ein Jüngling, der Jakob hieß. Zu diesem sprach eines Tages sein alter Vater: — hast du nie geliebt? . . . „Nie, mein Vater . . . Nie mein Vater," erwiderte Jakob. — Adele ward purpurroth. Beneidenswerther Alphons, es war die Morgenröthe deines

Glückes, welche flammte! — ... So gehe hin, mein Sohn, und lerne
lieben. Als der Morgen graute, nahm Jakob seines Vaters Segen und
den Stab, und wanderte, bald an dürren Ufern heißer Ströme, bald durch
Palmenwälder, bald über Cedernberge. Am Abend des dritten Tages, da
er müde und durstig war, hörte er eine Quelle murmeln, und er folgte ihrer
Stimme. Er sah ein Mädchen, das sich bückte, den Stein wegzuwälzen,
mit welchem Hirten die Mündung der Quelle verschlossen. Jakob nahte
sich unbemerkt, dem Mädchen zu helfen. Die Hirtin richtete sich auf,
gewahrte Jakob, ein Himmelsstrahl spaltete sich, zündete in Beider Herzen,
und sie sanken sich lautlos in die Arme. Jakob erwachte zuerst aus dem
Entzücken, schaute dem Mädchen in das leuchtende Auge und sprach: Wie
nennst du dich? — Ich bin Laban's Tochter, und Rahel nennt mich der
Vater. Und du? — Ich bin der Sohn Isaac's und Rebecca's, und Jakob nennt mich die Mutter. — Jakob drückte Rahels Hand an seine Brust,
und sprach: Hier, hier, wo die Seele sitzt, da war es mir wie gebunden;
jetzt bin ich frei. Freiheit, süße Freiheit! Du, Rahel, reichtest mir der
himmlischen Luft unvermischten Trank. — Rahel sprach zu Jakob: Hier,
hier wo es mir im Verborgenen schlägt, ach, da war es mir so bang und
düster! Jakob mein Hort und Licht, ich zittere nicht mehr, es ist mir nicht
mehr dunkel. — Willst Du mein Weib seyn, Rahel? Das Mädchen erröthete n i c h t, und sprach: fordere mich von meinem Vater. Dort hinter
dem Hügel lagert er, unter seinen Knechten und Heerden, und das ganze
Land ehrt und fürchtet den mächtigen Laban. Sie gingen den Hügel
hinauf, hinter ihnen sprangen die Lämmer. Sie gingen den Hügel hinab,
und Rahel zeigte ihres Vaters Zelt, das im Lager hervorragte. Jakob,
Rahel, an der Hand, trat kühn und frank vor Laban, und sprach: Gottes
Segen über euch, Herr Fürst! Ich heiße Jakob, gebt mir eure Rahel zum
Weibe! — Laban war ein mächtiger und schlimmer Herr, und der Zorn
kochte in seinem Herzen über des Jünglings kühne Rede. Doch Laban war
ein Schelm, und er lächelte nur. — Herr Jakob! sprach er, Rahel kann ich
Euch nicht gewähren, doch wollt Ihr dort meine Tochter Lea zum Weibe, so
nehmt sie, und mit ihr Knechte und Heerden, so viel Ihr begehrt. — Herr
Fürst! erwiderte Jakob, Eure Heerden begehre ich nicht, nach Rahel steht
mein Sinn. — Guter Jakob, sprach Laban sanft und lächelte wieder, Ihr
seyd zu jung für meine Rahel. Wartet bis Ihr älter geworden. Dient
mir sieben Jahre, treu, wie es einem Knechte geziemt; dann führt Rahel in
Euer Zelt. — Das will ich thun, Herr Fürst! sprach Jakob; und treu
diente er seinem Herrn. Jakob und Rahel liebten sich, sie sahen sich, und
ungezählt gingen sieben Jahre vorüber. Aber die tückische Lea, tückischer

weil sie verschmäht war, kränkte oft ihre Schwester, verläumdete Jakob bei
ihrem Vater, und Rahel weinte im Stillen. Jakobs Dienstzeit ging zu
Ende, und der verheißene Tag seines Glücks kam. Die Flamme loderte auf
dem Altare, die Braut, von einem dichten Schleier verhüllt, der ihr bis zu
den Füßen wallte, stand davor; der Priester sprach den Segen. Während
dieser murmelte, vernahm Jakob eine weinende Stimme. Es ist Lea —
dachte er. Sie hat Rahel oft betrübt; doch sie ist unglücklich; ich will ihr
Freund seyn. — Der Segen war gesprochen: die Anvermählte hob ihren
Schleier auf — Jakob trat blaß und erschrocken zurück. Es war nicht
Rahel, es war Lea, der Jakob angetraut, und die weinende Stimme, die er
vernommen, war der getäuschten Rahel ihre. Laban, der Schelm, hatte ihn
betrogen. — Ergrimmt nahm Jakob einen Feuerbrand vom Altare, und
stürzte auf Laban zu; der wurde bleich. Doch Laban war alt und schwach,
und dem Jüngling sank der drohende Arm. Da lächelte Laban, der Schelm,
und sprach: Seyd nicht böse, guter Jakob! Ihr seyd zu alt für meine
Rahel. Dient mir sieben andere Jahre, bis Rahel mehr herangewachsen,
dann sey sie Euer. — Jakob begegnete Rahels flehendem Blicke — und er
willigte ein. Laban lächelte. Auch diese sieben Jahre gingen vorüber:
doch Laban verschob von Morgen zu Morgen seiner Pflicht Erfüllung.
Da kam gerechter Zorn über Jakob, und er sprach: Gewalt gegen Gewalt,
Trug gegen Trug. In einer Nacht führte er Heerden weg, so viel ihm
gebührte; wählte unter den Knechten, die ihm alle folgen wollten, denn sie
liebten ihn, eine auserlesene Schaar, und entfloh mit Rahel. Laban, der
Schelm, setzte ihm nach .... „O bitte, mein Herr, nur einen Augenblick!
Mama hat mich gerufen.“

Der Augenblick ward zur Minute, der Minute folgten noch viele andere
Minuten: aber Adele kam nicht zurück. Ich trat in den Saal. Man
stritt noch immer; Frau von Beauvais wirthschaftete so emsig wie zuvor:
man lachte, scherzte, aß Gefrornes und spielte Karten. Aber Adele saß
am Fenster neben Alphons, und koste die letzte Wolke der Eifersucht von
seiner Stirne weg. Sie hatte Laban, Rahel, mich und die Septemalite
vergessen. Glücklicher Alphons! Liebe ist noch schöner als Freiheit!
Liebe, Alphons, und wenn du satt bist — hasse!

———

III.

Menzel der Franzosenfresser.

J'aime mieux ma famille que moi, ma patrie que
ma famille, et l'univers que ma patrie. FENELON.

Qui ne se subordonne pas à sa patrie, sa patrie
au genre humain, et le genre humain à Dieu, n'a pas
plus connu les lois de la politique, que celui qui, se
faisant une physique pour lui seul, et séparant ses
relations personnelles d'avec les élémens, la terre et
le soleil, n'aurait connu les lois de la nature.
BERNARDIN DE SAINT-PIERRE.

Freunde und Gleichgesinnte machen mir oft Vorwürfe, daß ich so wenig
schreibe, für das taubstumme Vaterland so selten das Wort ergreife. Ach!
sie glauben, ich schriebe wie die Andern, mit Tinte und Worten; aber ich
schreibe nicht wie die Andern, ich schreibe mit dem Blute meines Herzens
und dem Safte meiner Nerven, und ich habe nicht immer den Muth, mir
selbst Qual anzuthun, und nicht die Kraft, es lange zu ertragen.

Und doch wäre wohlgethan, ihnen wieder einmal um die Ohren zu
summen. Wie fest sie schlafen und wie sie lächeln! So schlief Herkules
nach seiner letzten großen That, so lächelt im Reiche der Träume wer dort
König ist.

Aber was hilft es? Die Sinne kann man wecken, doch wo der Muth
schläft, da ist es ein Todesschlaf. Den Geist kann man wecken, daß er denke,
aber nicht das stille Herz, daß es schlage; wo es zu schlagen aufgehört, da
hat es zu leben aufgehört.

Jene Freunde sagten mir: Es thäte ihnen Allen so leid, daß ich dem
Lügenweber Menzel nicht in sein Zeug gefahren, und daß ich diesen Franzosenfresser ungestört hätte verdauen lassen. Ich erwiderte ihnen: Menzel
ist gerichtet; noch ist er frei, er ist Kontumaz, aber sein Schicksal erwischt
ihn endlich. Soll ich sein Häscher seyn, die Leiter seines Glückes? Zu so
edler Rache ist man nicht alle Tage gestimmt.

Und was könnte ich ihm auch anthun! Wie kann man mit Menschen
siegreich rechten, die nie aus ihren Monologen heraustreten, die auf unsere
Fragen keine Antwort geben, in die Luft antworten auf Fragen, die sie
nicht gehört, und auf ihre eigene Fragen keine Antwort annehmen? Wie
sollte ich Menzel einholen, der, während ich hart auftretend, mit langsamen

(149)

fingt? Solcher wäre eher ein liebenswürdiger Taugenichts zu nennen. Was ist denn so wunderlich an mir, das einer kunstreichen Enträthselung bedarf? Ich bin standhaft geblieben während Andere umgewandelt. Mich haben die Zeiten gegerbt, ich bin rauh aber fest, während Andere, früher gleichgesinnt mit mir, der Essig des deutschen Liberalismus, in dem sie eine Weile gelegen, so mürbe gebeizt hat, daß sie an den gelinden Feuer gnädiger Augen in wenigen Minuten gar geworden. Nach einem guten Frühstücke sich auf das Sopha hinstrecken, einige auserlesene moralische Kapitel in Paul de Kocks Romanen lesen, dann einschlafen und träumen; Mittags mit fröhlichen Gesellen schmausen; Abends mit angenehmen Frauenzimmern plaudern und mit Bankiers und Wechselagenten gegen die Republikaner losziehen, die uns unser Geld wegnehmen und uns den Hals abschneiden wollen — das wäre auch meine Lust, hörte ich nicht auf die Stimme des bessern Genius in mir. Es komme ein wackerer Mann, der mich ablöse, und für unser elendes Vaterland das Wort rede; ich werde ihn als meinen Erretter, als meinen Wohlthäter begrüßen. Ich bin müde wie ein Jagdhund, und möchte Florentinische Nächte schreiben.

Herr Menzel ist ein grimmiger Franzosenfeind; aber das vierzehn karatige Deutsch mit zehn Karaten französischer Legirung, welches der bekannte verstorbene Schriftsteller schreibt, findet er ungemein liebenswürdig. Was doch ein Zusatz von Gold nicht thut; selbst das schlechte Franzosenthum kann es veredeln! Meinem groben Fanatismus und demokratischen Cynismus stellt Herr Menzel die aristokratische Grazie des Fürsten Pückler gegenüber, den er den thümmelhaftesten Schriftsteller und geistreichsten Spötter unserer Zeit nennt. An den Thorheiten, Leiden oder kranken Einbildungen des deutschen Volks seinen Witz zu schärfen, ist freilich sehr edelmännisch; mir aber ist mein Vaterland zu werth, um es als Schleifstein zu gebrauchen, und ich will lieber ohne Grazie als ohne Herz befunden werden.

Ich will dem Herrn Fürsten Pückler seine Grazie gar nicht streitig machen, ich erkenne sie mit dem größten Vergnügen an; es ist mir nur daran gelegen zu zeigen, wie lächerlich es ist, daß der Plebejer Menzel die Grazie zur gnädigen Frau macht, der er demüthig den Rock küßt, als könne eine bürgerliche Seele nicht auch Grazie haben. Um nicht von Heine zu sprechen, der in jeder Zeile seiner Reisebilder mehr Grazie hat, als der Fürst Pückler in seinen sämmtlichen Werken; um nur von mir zu reden, findet sich in meiner Person und meinen Schriften nicht eben so viel Grazie, als in denen des Fürsten Pückler, wenn man so billig ist, wie diesem, so auch mir den Reiseapparat als Grazie anzurechnen? Ich sollte es meinen, wenn

ich mich mit den Auszügen zusammenstellte, die Menzel von den Reisebeschreibungen des Verstorbenen mittheilt, den er so liebreizend und kützlich
findet. Semilassos Reisewagen ist schwarz lakirt und mit himmelblauer
Seide ausgeschlagen; der meinige ist grün lakirt und ausgeschlagen wie ein
österreichischer Soldat. Aber grüner Lack und weißes Tuch sind eben so
graziös und dabei viel dauerhafter und achtungswürdiger, als schwarzer Lack
und blauer Taffet. Semilasso reis't mit einer grünen Perrücke; ich freilich
führe nur ein fuchsrothes Eichhörnchen mit mir; wenn ich aber in meiner
künftigen Reisebeschreibung das Eichhörnchen nicht Eichhörnchen, sondern
Ecureuil nenne, wird es nicht an Grazie mit der grünen Perrüche
wetteifern können? Auf Semilasso's Bock sitzt ein blondgelockter junger
Jäger; mein Conrad ist nun zwar weder blond noch jung; indessen brauchte
ich ihn nur mit einem Federhute zu versehen und der Jäger wäre fertig, und
mit ihm der Edelmann, und mit diesem die Grazie. Semilasso erzählt in
seiner Autophysiologie, daß er reichlich bei der Hälfte seines Lebens angelangt; das bin ich auch. Daß seine wohlgeformte Gestalt mehr Zartheit
als Stärke, mehr Lebhaftigkeit als Festigkeit verrathe; ganz wie bei mir.
Daß bei ihm das Cerebralsystem besser als das Gangliensystem ausgebildet.
Leider auch hierin mir ähnlich; leider, denn was hilft mir mein gebildetes
Cerebralsystem? Das Gangliensystem, diese Canaille des menschlichen
Körpers, hat sich alle Herrschaft angemaßt, und mein allerhöchster Kopf
muß sich von den Cortes des Unterleibes gängeln lassen. O mit Recht
heißen sie Ganglien! Semilasso erzählt, daß ihm jeder Menschenkenner
augenblicklich ansehe, daß er im vornehmen Stande geboren; auch ich habe
dieses Schicksal. Jeder, der nur einmal Schulden gemacht und einen Wechsel
unterschrieben, sieht es mir an, daß ich jenem vornehmsten Stande angehöre,
dessen Adel älter ist als der aller christlichen Fürstenhäuser, sogar des Fürst
Pücklerischen Hauses. Semilasso's Züge sind fein und geistreich, die meinigen auch; wenigstens hat mich das einmal eine Schauspielerin in Lauch-
städt versichert, als ich ihr eine goldene Kette geschenkt. In Semilasso's
Natur herrscht das weibliche Element vor, in der meinigen auch, und zwar
so stark, daß mir selbst der hysterische Nagel nicht fremd ist. Das sollte ich
freilich in Gegenwart Menzels nicht eingestehen, denn jetzt kann er sagen:
seht Ihr's, wie recht ich habe? Er hat den hysterischen Nagel und kann
darum nicht begreifen, wie vortrefflich Deutschland regiert wird!

Semilasso sitzt auf dem Bocke graziös zurückgelegt; hierin muß ich
freilich nachstehen, denn ich habe in diesem Punkte sehr weislich die Grazie
der Bequemlichkeit aufgeopfert. Ich liege in meinem Wagen in aller Länge
ausgestreckt, denn es ist ein Wiener Schlafwagen, demjenigen ähnlich, in dem

einst Göthe nach der Champagne gereist, und der ihm so werth war, und von dem er so viel erzählte, daß er ganz die französische Revolution darüber vergaß. Der Glückliche!

Ich lege kein Gewicht darauf, daß ich, gleich dem Fürsten Pückler auf der Reise eine rothe Mütze trage; denn man könnte mir einwenden, daß sie kein loyaler tunesischer Fez, sondern eine Jakobinermütze sey. Ich gehe auf eine wichtigere Vergleichung über.

Menzel lobt besonders an dem Verstorbenen, daß ihm die C o n f o r t s so unentbehrlich wären, und daß er nie verfehle ihrer zu gedenken, wo er sie vermisse, und Winke zu geben, wie man sie sich verschaffen könne. Zur Unterstützung dieses Lobes theilt er ein Kaffee-Rezept mit, das Semilasso bekannt zu machen die Gewogenheit hatte. Nun ist es zwar sehr löblich, wenn deutsche Edelleute für die materiellen Interessen des deutschen Pöbels Sorge tragen, und durch Verbreitung guter Kochbücher die Zungen der raisonnirenden Kanaille unschädlich zu beschäftigen suchen. Indessen ist ein Kaffee-Rezept ein Werk der Tugend, nicht der Grazie, und ein bürgerlicher Schriftsteller kann, ob zwar nicht hoffähig, dennoch rezeptfähig seyn. Sollte aber ein Kaffee-Rezept wirklich ein Werk der Grazie seyn, so könnte ich mich auch hierin dem Fürsten Pückler nicht blos gleich, sondern triumphirend gegenüberstellen. Das Kaffee-Rezept, welches der Fürst Pückler mittheilt, ist alt und bekannt, und es ist zum Erstaunen, daß der gelehrte Menzel nichts davon wußte. In hundert orientalischen Reisebeschreibungen ist es zu lesen, und ich habe es zuletzt noch in Trelawneys adventures of a younger son gefunden. Ich aber kann ein Rezept mittheilen, das ich nicht abgeschrieben, sondern selbst erfunden habe, ein Chokolade-Rezept. Ich würde meinen schönen Leserinnen das Chocolade-Rezept gern mittheilen, damit es dieser gelehrten und plebejischen Schrift nicht an aristokratischer Grazie fehle. Doch nach reiflicher Ueberlegung fand ich besser, es für meine künftige Reisebeschreibung aufzusparen, deren Zierde es werden soll. Ich will nur erzählen, wie ich zu der wichtigen Entdeckung gekommen, da die Kochkunst sonst mein Fach nicht ist.

Vor drei Jahren geschah es zum erstenmal, daß es mir sehr leid that, mit der diplomatischen Welt in so schlechtem Vernehmen zu stehen. Es war an dem Tage, da ich in den Memoiren der Herzogin von Abrantes las, daß bei einem Frühstücke, welches der österreichische Gesandte gab, man eine Chokolade servirt habe, die so schaumig und zart gewesen, daß man eine Viertelstunde vor dem Mittagessen achtzehn Tassen davon habe trinken können, ohne sich im mindesten den Appetit zu verkleinern. Ich schmachtete sehr nach der Schaum-Chokolade; da es mir aber leichter schien, hinter das

Geheimniß ihrer Verfertigung zu kommen, als die Freundschaft der nordi=
schen Mächte zu erlangen, so nahm ich mir vor, über ersteres nachzudenken.
Nach wenigen Tagen wußte ich die herrlichste Schaum-Chokolade zu bereiten.
Das genügte mir aber nicht, ich strebte höher. Ich erfand ein Chokoladen=
gas, welches die Grazie selbst ist und wovon man hundert Tassen trinken
kann, ohne im mindesten davon belästigt zu werden.

Herr Menzel hat sich gehütet, aus den Schriften des Herrn Fürsten
Pückler allzuviel Geist zu ziehen; denn er fürchtete mit Recht, die unge=
wohnten Leser des Literatur=Blattes möchten davon berauscht werden. Doch
da jetzt neun Monate verflossen sind, seit Herr Menzel seinen Lesern zu
trinken gegeben, darf ich wagen, ihnen von dem Geiste des Herrn Fürsten
von neuem einzuschenken.

„In meiner übeln Laune blieb ich fast den ganzen Tag im Bette liegen, und las
Zeitungen nebst den Paroles d'un Croyant vom Abbé Lamennais. Ueber dieses Buch
ärgerte ich mich noch mehr. Nie ist wohl ein heterogeneres Ragout von Philosophie und
Mystizismus, von revolutionärem und monarchischem Unsinn, von St. Simonismus
und Obscurantismus — Alles in eine Sauce prophetischer Insolenz getunkt, und mit eini=
gen Brocken unseres Herrn Christus affaisonnirt zusammengekocht worden. Daß ein so
albernes Machwerk sechs Editionen hat erleben können, ist ein wahrhaft trauriges Ereigniß.
Arme Zeit! die an einem solchen Strohhalm sich vom Ertrinken zu retten hofft.“

Wir bedauern ungemein, daß es dem deutschen Apostel der Conforts
nicht gefallen hat, uns bürgerlichen Lesern das Rezept zur Insolenz=
Sauce mitzutheilen. Er hätte dadurch zu unserer Civilisation viel mehr
beigetragen, als einst der heilige Bonifacius, der auch aus England kam,
aber uns nichts mitgebracht, als das Christenthum.

— Als der Herr Fürst in einem Schlachthause einen Ochsen schlachten,
und gleich darauf einen zweiten herbeiführen sah, zur nämlichen Bestimmung,
rief er aus: le boeuf est mort, vive le boeuf! Es ist freilich unendlich
viel Geist und Grazie in diesen Worten, doch habe ich den schönen Gedanken
schon vor vier Jahren gehabt, mich aber gefürchtet, ihn drucken zu lassen.
Da die Abendzeitung, ob ich zwar nie in jener Art geschrieben, von mir
gesagt hat, ich stünde auf dem Punkte, wo der Mensch in den Tiger
übergeht; so hätte sie, wenn ich auch gerufen: der Ochs ist todt,
es lebe der Ochs! mich gewiß zum Könige der Krokodille erklärt.

— Wozu man Fürst ist, wenn man die Furchtsamkeit eines deutschen
Unterthanen hat, das begreife ich nicht. Der Herr Fürst von Pückler=
Muskau wagte nicht einmal die Liebenswürdigkeit des Dichters Beranger,
mit dem er sich bei Tische fand, zu loben, ohne hinzusetzen, daß er dessen
Meinungen nicht theile. Es hätte Niemand daran gezweifelt — so wenig
als dessen Liebenswürdigkeit.

— Der Herr Fürst hat ein seltenes Glück auf seinen Reisen. Alle liebenswürdige Personen, mit denen er zusammentrifft, sind entweder Fürsten oder Günstlinge derselben, oder Prinzessinnen, oder Hofdamen, oder reich an Einfluß oder an Geld. Letzteres sogar ohne mittelalterliche Vorurtheile; es heiße einer Ferdinand oder Salomon, sobald er liebenswürdig ist, ist er auch reich. Nur dann verläßt den Herrn Fürsten sein gewohntes Glück, wenn er mit Liberalen und Schustergesellen zusammentrifft. Die sind immer arme Teufel und sehr unliebenswürdig. Der Herr Fürst weiß aber in solchen Fällen sein böses Geschick mit edler Seelengröße zu ertragen und es mit dem Geiste und der Grazie zu schildern, die wir an ihm bewundern. So begegnete er eines Tages auf einer Fußwanderung in Franken zweien Schustergesellen; er redete sie an und sprach:

> Ich seh, gewährt mir die Bitte,
> In Eurem Bunde der Dritte.

Das bewilligten ihm die Schustergesellen mit plebejischer Höflichkeit. Der eine Gesell war lang und der andere war kurz, und das Gespräch, das sie mit ihrem edlen Begleiter führten, hatte etwas vom Langen und etwas vom Kurzen, es war zugleich langweilig und kurzweilig, und es nahm folgenden Ausgang:

„Nun heute ist's dafür desto wärmer, lieben Freunde," sagte der Lange, denn ein glühender Wind ging eben über sie her wie heißes Wasser.

„Der kömmt von Oestreich!" meinte der Jüngste.

„Ja, 's ist ein verdammt aristokratischer Wind," fiel der Andere ein.

„Was Teufel wollt Ihr damit sagen?"

„Nun, weil er uns den letzten Schweißtropfen auspreßt."

„Ihr Narren, habt Ihr nie das Sprüchwort gehört: Schuster bleib bei deinem Leisten? Tolles Wesen heut zu Tage mit solcher leidigen Halbaufklärung! Habt keinen Kreuzer in der Tasche und könnt doch 's Raisonniren und Politisiren nicht lassen. Wundert Ihr Euch noch, daß man Euch in jedem Dorfe den Paß abfragt und auch auf den Geringsten von Euch ein wachsames Auge hat. Glaubt mir, der schlimmste Wind für Euch ist der liberale, denn er verdreht Euch den schwachen Kopf."

Der Geselle lachte höhnisch. „Es ist noch nicht aller Tag Abend, lieber Herr, und wer es erlebt, wird sehen, daß es anders in der Welt werden muß. So hundsföttisch, wie 's jetzt ist, kanns nicht lange mehr gehen."

Die leidige Halbaufklärung, das ist eben so neu als rührend, und der liberale Wind ist höchst dichterisch. Aber warum wundert sich der Herr Fürst, wie einer, der keinen Kreuzer Geld in der Tasche hat, raisonniren mag? Wer soll denn raisonniren? Wer Geld hat, braucht keinen Verstand. Auch wollten wir ihm nicht rathen, in diesem Tone mit den deutschen Handwerkern in Paris zu sprechen; denn bei diesen ist die leidige Halbaufklärung in die noch leidigere Vollaufklärung übergegangen, und sie wären im Stande, wenn man sie Narren nennte, es nicht beim Raisonniren bewenden zu lassen.

— Aus Böhmen theilt uns der Herr Fürst eine Reihe böhmischer Bemerkungen mit, die köstlich sind; wären sie nicht ungeschliffen, könnte man sie als Granatenkette gebrauchen.

„Böhmen kömmt mit dem Aeußern nach weniger civilisirt als unser Vaterland vor (ich meine das Königreich Preußen); Armuth, Schmutz, Bettelei sind hier häufiger. D a g e g e n findet man, was man bei uns vermißt, eine gewisse treuherzige Höflichkeit aller Klassen, und eine keineswegs sclavische, aber sich an ihrem Platze stellende déférence der niederen und mittleren Stände für die Vornehmeren. Das Gegentheil bleibt in Monarchien eine gefährliche und folglich unverständige Anomalie. Werdet Menschen im edleren Sinne, werdet ächte Christen! Dann hören die Vornehmen wie Krieg und Pest von selbst auf! So lang Ihr aber dazu weder den Muth noch den Willen habt, so lange fügt Euch den Vorurtheilen, und vorzugsweise denen, die Euch am wenigsten schaden, die am wenigsten unsinnig sind. So würd' ich den Liberalen zurufen, wenn ich ein constitutioneller Minister wäre; als legitimer würde ich es gar nicht so weit kommen lassen."

Wie geschickt es der Herr Fürst an den Tag zu bringen weiß, daß er eben so brauchbar zu einem constitutionellen, als zu einem legitimen Minister sey! So kann es ihm in keinem Falle fehlen. Und wie Recht hat Herr A z a i s! Alles compensirt sich in der Welt. In dem einen Lande herrscht allgemeiner Wohlstand, d a g e g e n fehlt die déférence der niedern Stände für die Vornehmen; in dem andern Lande herrschen Armuth, Schmutz und Bettelei, d a g e g e n findet sich dort jene schöne déférence. Es kömmt auf eines heraus. Doch daß wir ächte Christen werden müßten, um den Adel loszuwerden, davon sehe ich die Nothwendigkeit nicht ein. In der französischen Nationalversammlung war nicht ein einziger ächter Christ, und doch wußten sie sich vom Adel zu heilen, ohne Gebet und ohne Weihwasser. Der Herr Fürst stellt den Preis der Gesellschaft sehr hoch, um uns von deren Ankauf abzuschrecken; aber es ist hier gar nicht von kaufen die Rede. Die Freiheit ist Gemeingut, wie die frische Himmelsluft, und wir brauchen nur aus unserm dumpfen Zimmer herauszutreten, um sie unentgeldlich einzuathmen. Es gibt freilich Vorurtheile, die noch unsinniger sind als das, sich dem Adel zu unterwerfen; nämlich das Vorurtheil, diese Unterwerfung zu verlangen. Werdet Menschen im edlern Sinne, werdet ächte Christen, Ihr Edelleute! Dann werdet Ihr eure Narrheiten selbst verlachen.

Die guten Oesterreicher, wie ich hier erfahre, sind noch ganz so wie sie vor dreißig Jahren waren. Mit Entzücken erinnere ich mich, daß ich in meiner Jugend mit meinem Vater eine Reise nach Wien gemacht. Mein Vater war gewohnt, gute Trinkgelder zu geben, und alle Postillione unter der Ens nannten ihn Ew. Gnaden und mich einige Mal den Junker. Der Lohnbediente im Ochsen zu Wien nannte mich in der dritten Person nie anders, als den jungen gnädigen Herrn (ich gab ihm oft Papierscheine gegen Conventionsmünze einzuwechseln) und die vornehmen und reichen Leute in den Gesellschaften erhoben mich förmlich, jedoch tagfrei in den Adelstand und nannten mich Herr von Baruch. Ich schmunzelte damals eben so sehr über meinen vornehmen Stand, als der Herr Fürst von Pückler-Muskau über den seinigen; denn ich war noch jung und dumm. Als ich aber älter und klüger geworden war, lernte ich ein Land bedauern, wo Einer, der nicht von Adel ist, so gar nichts ist, daß jeder gebildete Mann, wenn er mit einem Nichtadlichen in Berührung kömmt, aus Höflichkeit und aus Achtung gegen sich selbst, ihn für einen Edelmann zu halten sich anstellen muß.

Es war dem Herrn Fürsten von Plebejern als eine eitle Vornehmthuerei vorgeworfen worden, daß er in sein Deutsch so viele französische Redensarten menge, und bei jedem dritten Worte wie den Paß vorzeige, um seinen hohen Stand zu beweisen. Der Herr Fürst sucht sich gegen diesen Vorwurf zu vertheidigen. Sobald sich einer vor dem Volke zu rechtfertigen sucht, sind wir sehr geneigt, ihn unschuldig zu finden, und wenn wir ihn doch für schuldig erklären, müssen wir unsere guten Gründe haben. Hören wir, was der Herr Fürst sagt:

„Es ist mir so oft vorgeworfen worden, meinen Styl durch französische und andere fremde Phrasen zu verunstalten, daß ich ein Wort darauf erwidern muß. Es thut mir nur leid, nicht mehr Kenntniß fremder Sprachen zu besitzen, sonst würde ich in den gerügten Fehler absichtlich noch viel öfter verfallen. Wenn ich Briefe schreibe, oder auch für das Publikum, so ist meine Absicht keineswegs, deutsche Stylübungen zu drechseln, sondern auszudrücken, was ich fühle und denke. Wie dies nun sich im Geiste eines fremden Idioms in mir entwickelt, so verliert oft ein Gedanke alle Grazie, seinen Duft so zu sagen, wenn er übersetzt wird. In solchem Fall laß ich ihn in seiner ursprünglichen Form."

Das ist es eben; man soll nicht in die Noth kommen, Stylübungen drechseln zu müssen. Die wahren Gefühle brauchen keinen künstlichen Schmuck, und die guten Gedanken springen, der Minerva gleich, schon gerüstet aus dem Kopfe ihres Vaters. Wenn der Herr Fürst, um das, was er fühlt und denkt, auszusprechen, sich eines fremden Idioms bedienen muß, so beweist das, daß seine Gedanken und Gefühle auf einem fremden Boden gewachsen sind, und nicht in seinem eigenen Geiste und seinem eigenen Herzen. Daß er den Grazien opfert, ist sehr schön von ihm; wenn die Grazien nur von dem Opferduft der Deutschen leben müßten, wären sie schon längst Hunger gestorben. Wir glauben aber, daß deutsches S i l b e r g e s c h i r r, besonders wenn es schwer ist, eben so viel Grazie hat, als französische V a i s - s e l l e, und wir sind überzeugt, daß wenn der Herr Fürst statt zu sagen:

„Die Elster eclipsirt die Taglioni, gesagt hätte: „Die Elster ver-
„dunkelt die Taglioni," weder die Taglioni noch die Elster im mindesten
von ihrem Dufte und ihrer Grazie dadurch verloren hätten. Wir bleiben
also dabei, es ist nichts als Vornehmthuerei, und die eitle Sucht, sich unter
den deutschen Schriftstellern als einen hoffähigen Mann auszuzeichnen.

Ende
der aristokratischen Grazie.

Grazie gegen Grazie gehalten, was hätte nun der Fürst Pückler vor
meinem demokratischen Cynismus voraus? Er ist gereis't und hat erzählt;
wenn ich reisen werde, werde ich auch erzählen können. Mit dem Lord
Brougham Senf essen, an dem Tische eines Königs die glänzende und
funkelnde Vaisselle und die Profusion der Speisen bewundern—Vaisselle
—Profusion— die Journalisten der Volkspartei tolle Hunde nennen,
das ist weder so schwer noch so graziös, wie Herr Menzel meint, und der
dritte Stand ist vollkommen im Stande, solche wichtige Dinge zu erleben
und zu berichten. Der dritte Stand in Deutschland ist noch mehr zu thun
im Stande: er ist fähig, das was folgt, zu schreiben und drucken zu lassen,
ohne roth zu werden, und es zu lesen, ohne aus der Haut zu fahren. Der
dritte Stand hat viel edelmännisches an sich.

„Der Fürst von Pückler-Muskau — sagt der Franzosenfresser Menzel —
vereint mit angeborner Eleganz zugleich die feinste Berücksichtigung aller Tendenzen der
Zeit, die ihn aus einem dunkeln aristokratischen Daseyn zu einer glänzenden und doch im
strengsten Sinne nur bürgerlichen Rolle herausgedrängt haben, und er weiß der Neuheit
dieser Situation jeden Reiz abzugewinnen. Er hat von seinem Stande nur die Conforts, nur den feinen Epikurismus, die schönen Sitten beibehalten, und wenn er auch
einmal seiner „Wappenvögel" gedenkt, so ist doch unpassend, ihm daraus ein Vorwurf
zu machen, denn seine ganze literarische Erscheinung ist weit eher
eine Concession, welche die hohe Aristokratie dem Zeitgeist
macht, als eine Reklamation. Es ist eine Erscheinung, die ohne
die Revolutionen des Jahrhunderts und insbesondere ohne
die socialen Umwälzungen in Frankreich unmöglich wäre. Es
ist ein Schlaglicht, aus Frankreich nach Deutschland herüberge-
worfen, und der Fürst Pückler verhält sich zu dem bürgerlich
gewordenen neuen Frankreich, wie Friedrich der Große zum
philosophisch gewordenen alten sich verhielt."

Schlaglicht ist ein gutes Wort; das Licht, das die hohe deutsche
Aristokratie aus Frankreich aufgefangen, ist eine Folge der Schläge, die sie
zwanzig Jahre hintereinander von den Franzosen bekommen. Nimmer
hätte ich gedacht, daß Herr Menzel so muthwillig seyn könne. Herr Menzel
erklärt, die ungeheure Umwälzung in Frankreich und alle ihre Töchter

Revolutionen wären erforderlich gewesen, um die hohe deutsche Aristokratie
in den Stand zu setzen, einen Schriftsteller hervorzubringen, der leserlich
schreiben kann. Es ist die Sache der hohen deutschen Aristokratie, sich für
dieses Compliment zu bedanken. Es ist wahrlich noch Niemand so tief in
das Wesen und die Bedeutung der französischen Revolution eingedrungen,
als Herr Menzel, und das heutige bürgerliche Frankreich wird mit Erstaunen erfahren, in welchem Verhältnisse es zum Fürsten Pückler stehe, daß die
Tutti frutti des hohen deutschen Adels von dem Baume der französischen
Revolution gepflückt worden, und der Berg des Convents eine so lächerliche
Maus geboren. Das deutsche Volk aber und der Zeitgeist müßten sehr
unverschämt seyn, wenn sie an die hohe deutsche Aristokratie noch weitere
Forderungen machen wollten. nachdem ihnen diese freiwillig die große Concession gemacht, eines ihrer Mitglieder auf die Leipziger Büchermesse abzu-
ordnen, um dort zum besten des dritten Standes ein Kaffee-Rezept zu
votiren.

Nachdem Herr Menzel die Verdienste des Fürsten Pückler mit Lust
aufgetrieben, und die Seifenblasen seines Lobes an der Sonne hat glänzen
lassen, spricht er:

„Diesem heitern Fürsten steht ein finsterer Republikaner gegenüber, in dem der Geist
der französischen Revolution fortlebt, dessen Cynismus von der Eleganz jenes Fürsten
himmelweit verschieden, und gleichwohl desselben französischen Ursprungs ist.‟

Wäre Herr Menzel kein Stümper in der Weltklugheit, hätte er meinen
Cynismus, um seiner schönen Schwester willen, schonender behandelt. Wer
kann vorhersehen, wie es endet? Unsere Mutter, die Revolution, lebt noch,
und wer weiß, wie sie ihr Testament macht, wer weiß, ob die Ausstattung
der schönen Eleganz nicht einst ganz allein von der Großmuth ihres Bruders
Cynismus abhängen wird? Wird die Treue des Herrn Menzel diese Prüfung überstehen? Wird er einer Bettlerin den Hof machen?

So oft sich meine Gegner in der Gefahr sehen, am Börne zu scheitern,
und mit ihrem Verstande Schiffbruch zu leiden, werfen sie ihren Nothanker
Baruch aus. Herr Menzel ist noch vorsichtiger, als die Andern; er
fängt nicht eher gegen mich zu manövriren an, als bis er sich in meinem
Judenthume fest geankert. In der Verzweiflung, mich mit Gründen der
Wahrheit und des Rechts zu widerlegen, macht er mich interessant und weiß
mich so romantisch zu schildern, daß man eine Novelle aus mir machen könnte.

„In Frankfurt am Main, wo der große Goethe als Patrizier-Kind aufgehätschelt
wurde, kam ein kleines kränkliches Kind zur Welt, der Jude Baruch. Schon den Knaben
verspotteten die Christenkinder. Täglich sah er an der Sachsenhäuser Brücke das schändliche Steinbild, das Juden vorstellt, auf das anstößigste gruppirt mit einer Sau. Der

Fluch seines Volks lastete schwer auf ihm. Als er auf Reisen ging, setzte man ihm höhnisch in den Paß: Juif de Francfort. Bin ich nicht ein Mensch wie ihr Andre? rief er aus. Hat Gott nicht meinen Geist ausgestattet mit jeder Kraft, und Ihr sollet mich verachten dürfen? Ich will mich auf die edelste Weise rächen, ich will Euch kämpfen helfen für Eure Freiheit."

Das wäre Alles sehr schön, wenn es nur wahr wäre; ja es würde mich freuen, wenn es wahr wäre; aber so ist es nicht. Nie glomm auch nur ein Funke des Hasses gegen die christliche Welt in meiner Brust; denn ob ich zwar die Verfolgung der Juden lange schmerzlich an mir selbst gefühlt, und immer mit Erbitterung verdammt, so erkannte ich doch gleich darin nur eine Form des Aristokratismus, nur eine Aeußerung des angebornen menschlichen Hochmuths, von den Gesetzen, statt gebändigt, frevelhaft begünstigt; ich stieg dann wie gewohnt zu der Quelle des Verderbens hinauf, mich um einen seiner Ausflüsse nicht bekümmernd. Nie habe ich mich für erlittene Schmach, nicht einmal auf eine edle Art zu rächen gedacht. Und wie hätte ich es auch vermocht seit den Jahren, da ich durch die Schrift zu wirken gesucht? Hätte ich tausend Dolche, und tausend Gifte, und tausend Flüche, und das Herz eines Teufels, sie alle zu gebrauchen — was könnte ich meinen alten Feinden denn noch anthun? Sind sie jetzt nicht meine Glaubensgenossen und Leidensbrüder? Ist nicht Deutschland der Ghetto Europa's? Tragen nicht alle Deutsche einen gelben Lappen am Hute? Könnte ich zumal gegen meine Vaterstadt noch den kleinsten Groll haben? Sind jetzt nicht alle Frankfurter, meine ehemaligen Herren, den Juden von früher gleich? Sind nicht die Oesterreicher und Preußen ihre Christen? Und der Schimpf, den sie dort einst, Gering und Vornehm, Jung und Alt, bei Tag und Nacht, jedem Juden zugerufen: Mach' Mores Jud! müssen sie ihn jetzt nicht selbst anhören? Der hohe Senat und die löblich regierende Bürgerschaft und die gestrengen Herren Bürgermeister, und die Herren Actuare und die reichen Seidenhändler — klingt es ihnen nicht in die Ohren, so im Rathe wie auf dem Markte, so in der Weinschenke wie zwischen ihren Hauswänden, klingt es nicht höhnisch und grell: Macht Mores! Wahrlich und sie machen Mores und ziehen den Hut ab vor Oesterreich und Preußen, so schnell und so demüthig, als es nie früher ein Jude vor ihnen gethan. Hätte mein Herz auch brennend nach Rache gedürstet, es wäre jetzt betrunken! Aber es ist nüchtern an Lust, es fühlt nur den Schmerz des Vaterlandes; und wenn es ihn allein fühlt und für Alle, so ist es das Verbrechen der Empfindungslosen, nicht das meinige.

Nicht durch Geduld, durch Ungeduld werden die Völker frei. Ist es etwa anders, so mögen der Schlesische Herr Menzel, der Würtembergische Herr Menzel und der Preußische Herr von Raumer, die für den Nothfall zusammen einen Historiker vorstellen können, ihre Loyalität und ihren Scharfsinn vereinen, um uns unsere aufrührerische Thorheit zu beweisen. Sie mögen in den Büchern der Weltgeschichte uns einen einzigen Fall aufzeigen, wo ein Volk dadurch die Freiheit erlangt, daß es geduldig die Knechtschaft ertragen und gewartet, bis entweder durch ein Wunder ihm die Ketten abgefallen, oder durch ein größeres Wunder sie ihm von seinen Tyrannen abgenommen worden. Sie würden aber vergebens darnach suchen. Erst vor einigen Tagen sprach H u m e in einer Meeting: „Ja wenn das Volk „sicher seyn will, die Abhülfe seiner Beschwerden zu erlangen, so muß es seine „Angelegenheiten selbst besorgen. Während meiner langen politischen Lauf„bahn habe ich auch nicht einen Fall erlebt, wo es dem Volke gelungen wäre, „die Aufhebung eines Misbrauchs zu bewirken, oder sich von einer drücken„den Last zu befreien, wenn es nicht, nach dem Ausdrucke Benthams, sein „Betragen so eingerichtet, daß es den Schlaf seiner Beherrscher zu stören „wußte." Ist dieses in England der Fall, wie vielmehr in Deutschland. Jene genannten deutschen Herren, und so viele die ihnen gleichen, wie sie auch seyn mögen, wissen das so gut als wir; sie wissen aber noch besser als wir, daß zwischen der Lüge und der Wahrheit sich die Mauern der Censur hinziehen, und ein undurchdringlicher Wald von Bajonetten starrt, und daß sie von den Widersprüchen der Gleichgesinnten oder Besserwissenden nichts zu fürchten haben. So geschützt lügen sie furchtlos im Angesichte des ganzen Landes, so geschützt trat auch Herr Menzel in Stuttgart gegen mich hervor.

Welch einen großen Vorrath von schönen Adjectiven und Bildern, die man zu den kostbarsten Romanzen und Liedern hätte verwenden können, hat nicht Herr Menzel verbraucht, um die Unbeweglichkeit und Unempfindlichkeit des deutschen Volks als etwas Gutes, Gedeihliches, Herrliches und Beneidenswerthes darzustellen. Er nennt das einen g e s u n d e n S c h l a f, einen P f l a n z e n s c h l a f, ein s t i l l e s, g e d e i h l i c h e s W a c h s t h u m, ein Z e i c h e n i n n e r l i c h e r F r u c h t b a r k e i t, das W o h l b e h a g e n e i n e r h o f f n u n g s v o l l e n M u t t e r, eine b e t r ä c h t l i c h e m u s i k a l i s c h e P a u s e. Für Pause — es sey; doch wäre es nur wenigstens eine Pause von bestimmter Dauer, die man abzählen könnte! aber nein, es ist keine Pause von bestimmter Dauer, es ist eine F e r m a t e, während welcher die Herren Benefizconcertgeber ihre C a d e n z e n nach Willkühr ausdehnen, und Ihr könnt Jahrhunderte warten, bis sie Euch durch einen huldvollen Triller das Zeichen zum Einfallen geben. Sich gedulden, bis die Herren Solospieler der Alleinherrschaft müde geworden? Das abwarten? O Blödsinn! Unterdessen könnte das ganze Orchester nach Hause gehen, zu Nacht essen, sich schlafen legen, heirathen, Töchter ausstatten, Enkel schaukeln, kann sterben, dann wieder von vorn erben und sterben, und so immer fort und fort, die Pause endet niemals gutwillig. Am hellen Tage faullenzen und schlafen; aber schlafen wie eine Blume ohne zu schnarchen; die Augen träumend nach den Wolken aufschlagen, die Hände auf den hoffnungsvollen Mutterleib legen und warten, was dabei herauskömmt; beträchtlich pausiren, bis man ihnen zuruft: Jetzt wacht auf, jetzt sind wir wieder in Noth, jetzt helft uns! — das Männern anrathen — einem Volke von dreißig Millionen — o! Herkules — dieses anzuhören und gelassen zu bleiben, und deine Keule nicht zu schwingen — diese dreizehnte Arbeit hättest du nicht vollbracht.

Aber ich will Herrn Menzel mit seinen eigenen Worten reden lassen; ich will nicht mit ihm verfahren, wie er mir gegenüber verfahren ist: daß er sich nämlich um meine Gedanken und Reden gar nicht bekümmerte, sondern aus meinen Ansichten, die er unterschlug, eine Summe zog, wie er sie brauchen konnte; nimmermehr! Herr Menzel soll selbst seine Rechnung machen. Seine Gesinnungen sollen von Gänsefüßchen eskortirt werden, und gegen jeden Andrang gedeckt, ungestört ihren Marsch fortsetzen.

„Die jetzige Stille ist der deutschen Art vollkommen angemessen, die Deutschen befinden sich wohl dabei. Nennt es Börne einen Schlaf, nun so ist es ein gesunder Schlaf, und wohl dem, der ruhig schläft. Ich möchte es einen Pflanzenschlaf nennen, ein stilles, gedeihliches Wachsthum. Dies gilt von unserem physischen, wie vom geistigen Zustande. Im Ganzen hat der äußere Wohlstand zugenommen, und eine unübersehliche Menge von Mißbräuchen der alten Zeit ist abgeschafft. Auch die Literatur beweist, daß wir geistig fortschreiten, und das letzte Jahrzehnt, so unscheinbar es sich gegen das vorletzte ausnimmt, ist innerlich viel reicher an Keimen der Kraft und Entwicklung gewesen. Am höchsten Maßstab des Ideals darf man nie einen menschlichen Zustand messen; unter allen Tyranneien verträgt der Mensch die der Vernunft vielleicht am wenigsten. Man verlangte zu viel auf einmal, jetzt wuchern wir mit dem Wenigen, was wir wirklich haben, und das ist der einzige solide Weg, sich zu verbessern. Daß wir bei unserer gegenwärtigen und anspruchlosen und tüchtigen Arbeitsamkeit das „Sich unglücklich fühlen" der alten Enthusiasten nicht mehr recht begreifen und leiden können, ist ein recht gutes Zeichen, sollten wir auch deßhalb einer noch verstockteren Helotengeduld bezüchtigt werden. Börne hat bei all seinem Haß gegen das Alte zu wenig Liebe für das Junge; seine Imagination vertieft sich zu sehr in die Verwesung des Vergangenen, und er sieht unter der morschen, zu Mehl aufgeweichten Rinde der alten Weidenstümpfe zu wenig die jungen grünen Keimsprossen hervorblicken."—

„Vergleichen wir unsern gegenwärtigen Zustand mit dem vor Auflösung des Reichs, so müssen wir auch einsehen, daß wir in kurzer Zeit einen großen Schritt vorwärts gethan haben. Man darf nur vergleichen, um billig zu seyn. Ich will die gewerblichen, wissenschaftlichen, und auch politischen Vortheile, der wir uns jetzt erfreuen, nicht einzeln aufzählen. Es genüge, darauf hinzuweisen, daß wir den unschätzbaren Vortheil des vorgerückten Alters genießen, eine Menge von Thorheiten durchgemacht zu haben, und durch die Zeit selbst klüger geworden zu seyn. Dieses Klügerwerden der Deutschen in Masse läßt sich troß der vielen alten Dummheiten einzelner Schulen und Parteien nicht abstreiten. Ich glaube nun auch, die Klugheit kommt nicht gleich, wenn man die Dummheit einge- sehen, sie kommt erst wenn man sie verschmerzt hat, es gehört eine beträchtliche Pause, eine Zeit der Vernarbung dazu. So lange man sich noch ärgert, nicht klüger gewesen zu seyn, so lange ist man noch nicht klug. Schon deswegen glaube ich, daß wir in zehn Jahren klüger oder erst klug geworden sind, während wir vor zehn Jahren nur voreilig glaubten, es schon zu seyn. Wir befinden uns jetzt in jener beträchtlichen Pause, ja wohl, wir pausiren, aber diese Pause gilt etwas in der Musik; der Komponist der Weltgeschichte muß hier das Pausenzeichen machen. Gewiß ist die Stille, in welcher das deutsche Leben sich jetzt in sich selbst versenkt hat, ein Zeichen seiner innerlichen Fruchtbarkeit, und ich finde sie mehr dem ruhigen Wohlbehagen einer hoffnungsvollen Mutter zu vergleichen, als dem thierischen Winterschlaf eines Bären, wie sie uns Börne darstellt. Es ist nicht die Zeit, unmuthig und grollend in Lethargie zu versinken; anspruchslose Thätigkeit in allen Zwei- gen des praktischen und wissenschaftlichen Lebens darf sich ihrer ungestörten und gedeihlichen Wirksamkeit freuen!"

Diese der deutschen Literaturgeschichte des Herrn Menzel ausgezogene Stellen, eine wahre Klatschrosenpredigt und ein Polizei-Eija-Popeija, haben so viel Angähnendes, Einschläferndes, Nachtmützenartiges und Eintölpelndes, daß man, schon schlaftrunken, nach der ersten besten Frohnvogtei hintaumeln möchte, und dort ehrerbietig stammeln: „Wir pausiren zwar beträchtlich, „sind nur im Stillen fruchtbar, warten geduldig auf unsere Niederkunft und „schlafen unsern guten deutschen Pflanzenschlaf; doch könnte es geschehen, „daß wir einmal im Schlafe ungebührlich mit den Blättern flüstern; darum „sperrt uns ein, lieber Herr Vogt, um uns gegen unsere eigene Exaltation „sicher zu stellen. Thut das, lieber Herr!"

Wäre Herr Menzel ein Demosthenes, dann müßte ich ein Aeschines seyn, um mich seiner Rede pro corona entgegenzustellen; aber glücklicherweise ist er es nicht und wir reichen gerade für einander aus. Ja, ich habe noch den großen Vortheil über ihn, daß ich nicht zu fürchten brauche, mir den Mund zu verbrennen; denn in Frankreich ist die Politik jetzt eine kühle Schüssel. Wer hieß aber auch Herrn Menzel, die lächerliche Rolle eines Käßchens zu übernehmen, das lüstern und furchtsam um den heißen Brei schleicht? Warum hielt er sich nicht an die kalte Küche der deutschen Philosophie? Hier aber muß ich ausdrücklich bemerken, daß ich es als etwas Unedles, ja Gemeines, weit von mir abweisen würde, meine vortheilhafte freie Stellung, dem Herrn Menzel gegenüber zu benutzen, wenn es sich bei ihm und bei mir nur um etwas Persönliches handelte. Mir ist recht gut bekannt, daß man in Deutschland den Teufel nicht beim Namen nennen darf, selbst nicht um ihn zu bannen, und daß man ihn, wenn man ihn austreiben will, nicht anders heißen darf, als den Gott sey bei uns. Ich weiß, daß Herr Menzel nicht die Freiheit hat, die ich genieße, Grundsätze und Meinungen, die er bekämpfen möchte, sich in ihrer ganzen Breite ausdehnen zu lassen. Aber es handelt sich hier um nichts Persönliches, es betrifft die große Angelegenheit eines ganzen Volks, und da wäre großmüthige Zurückhaltung unzeitig, ja frevelhaft.

„Die Exaltation, die unser deutsches Phlegma einst in Begeisterung und Witz elektrisch versetzte, ist niedergeschlagen." Niedergeschlagen — sehr gut. Ich erfahre zwar mit Ueberraschung zum ersten Male, daß das Phlegma aus Begeisterung und Witz zusammengesetzt sey; wenn es indessen der Experimentalphysik des Herrn Menzel gelang, den phlegmatischen Stoff in solche Bestandtheile zu zersetzen, so bewundere ich und glaube. Da aber wenig daran gelegen ist, von Professoren und Diplomaten verstanden zu werden, sondern Alles daran liegt, daß uns das Volk verstehe, will ich hinter dem gelehrten Sinnbilde des Herrn Menzels den gemeinen Sinn hervorholen. Die deutschen Fürsten, welche, wenn es darauf ankömmt, den Uebermuth jedes Mächtigern als sie, geduldig ertragen, eben so phlegmatisch sind, als ihre Völker, wurden von den Franzosen so lange gerieben, daß sie, ohne es zu wollen, zu wahren Elektrisirmaschinen wurden. Als sie diese neue Kraft in sich spürten, suchten sie ihre Völker damit anzustecken, und es gelang ihnen so gut, daß die hellen Funken stoben. Den Völkern sagten sie, Napoleon sey ihr einziger Tyrann, und sein Untergang wäre der Aufgang ihrer Freiheit. Die deutschen Völker glaubten das, und in ihrem elektrischen Zustande bestegten sie den Kaiser der Franzosen. Darauf kamen sie mit großen Schnappsäcken herbei, um von den Schlachtfeldern die erbeutete Freiheit nach Hause zu tragen; aber die Fürsten, die sie schon früher eingesackt, lachten das dumme Volk aus, und als es raisonnirte, prügelten sie seine vorlaute Begeisterung durch, oder, um mich mit Herrn Menzel chemisch auszudrücken: sie schlugen sie nieder. Der geschlagene Enthusiasmus flüchtete aus dem Herzen in die Dachkammer des Kopfes, und hielt sich dort unter dem Namen Witz versteckt. Aber welcher Art war dieser Witz? Kein solcher, der gegen den Beleidiger, sondern einer, der gegen sich selbst stach. Das deutsche Volk spottete seiner eigenen Begeisterung, seiner Ungeschicklichkeit und Uebertölpelung. Es nannte sich den Deutschen Michel und gab sich Ohrfeigen, und das bekannte Buch: Welt und Zeit, das Herr Menzel noch heute bewundert und anpreist, war eines der schmachvollen Zeichen der schmachvollsten Selbsterniedrigung. Herr Menzel denkt: das sey Alles mit sehr natürlichen Dingen zugegangen, denn keine Ueberspannung könne lange dauern, die Abspannung müsse ihr bald nachfolgen. Das denke ich auch; das ist aber eben der Jammer. Haben denn die Deutschen, Titanen gleich, den Himmel zu stürmen gesucht?

Haben sie mehr als das Irdische und Menschliche gewollt? Ich sage, das ist die Schmach, daß das deutsche Volk seine Kräfte überspannen mußte, um nur zwei Jahre das zu wollen, was die Franzosen schon ein halbes, die Spanier schon ein viertel Jahrhundert gekonnt, ohne sich niederschlagen zu lassen, und ohne Erschöpfung zu verrathen. Das ist der beweinenswerthe Jammer, daß, wie Herr Menzel sagt, die jetzige Stille der deutschen Art vollkommen angemessen ist, und daß sich die Deutschen dabei wohlbefinden. Herr Menzel und Alle die ihm gleichen, werden freilich bei ihrer „gegenwärtigen anspruchslosen und tüchtigen Arbeitsamkeit," diese alte Geschichte, die ihnen ein alter Enthusiast erzählt, nicht mehr recht begreifen können. Aber die alte Geschichte kann sich einmal verjüngen, man kann zum zweiten Male das deutsche Phlegma zu elektrisiren suchen, und dann ist es gut, daß die Vergangenheit der Zukunft zur Warnung diene. Und Herr Menzel selbst thäte wohl daran, diese Warnung zu benutzen. Er ist alt genug, um sich zu erinnern, auf welche Weise Jahn, Arndt, Görres, und die andern Ober-Hof-Franzosenfeinde für ihren Patriotismus belohnt worden; und jung genug, um noch einst ein gleiches Schicksal erfahren zu können.

Herr Menzel sagt: „Am höchsten Maßstab des Ideals darf man nie einen menschlichen Zustand messen." O Himmel! Für die Deutschen, für das gebildetste, geistreichste, tüchtigste und tugendhafteste Volk der Welt, das fordern, was Portugal und Spanien, Frankreich und England, Belgien, Holland und die Schweiz, was das kleine schwache, von tausend Banden der europäischen Diplomatie umstrickte Griechenland, durch seinen Muth und edlen Trotz, selbst gegen den Sohn des Königs von Baiern zu behaupten wußte; was selbst die Neger-Kolonien in Sierra Leone und Liberia — Neger, von vielen Naturforschern vollkommener menschlicher Bildung ganz unfähig erklärt — was selbst diese besitzen: Preßfreiheit, öffentliche Gerichte, Geschwornen, und alle die andern Institutionen, die mündigen Völkern zukommen, und deren Entbehrung ein Volk zu verächtlichen Sklaven und lächerlichen Schulbuben herabwürdigt — dieses für unser Vaterland verlangen, das nennt Herr Menzel den höchsten Maßstab des Ideals anlegen! Herr Menzel ist kein Freund von Idealen, er verehrt nur Substanzen und spricht wie Fichte und der Egoismus: ich bin ich, und was außer mir, ist nur Lebensmittel. Es ist darin keine Eigenthümlichkeit; denn wie Herr Menzel, denken und handeln die meisten deutschen Gelehrten, die, sobald sie einmal ihr Ich gesetzt, meinen, jetzt sei alles in Ordnung.

Herr Menzel behauptet: eine unübersehliche Menge von Mißbräuchen der alten Zeit wäre in Deutschland abgeschafft worden, und wenn man den gegenwärtigen Zustand des Landes mit dem vor Auflösung des Reichs vergleiche, müsse man gestehen, daß man in kurzer Zeit einen großen Schritt vorwärts gethan habe. Welch' ein albernes Wiegenlied! Nein, in langer Zeit wurde nur ein kurzer Schritt vorwärts gethan. Und dieser kleine Schritt, haben ihn die Fürsten freiwillig gemacht, oder hat etwa das deutsche Volk durch seinen Muth und seine Beharrlichkeit ihn zu erzwingen gewußt? Nicht das eine, nicht das andre. Es war Frankreich, welches das deutsche Reich aufgelöst, das aus Mangel an Luft und Wärme nicht verfaulen konnte. Es war Frankreich das einen Theil der zahllosen Mißbräuche, an welchen wir krank lagen, zerstört hat. Es war Frankreich, welches das deutsche feudale Staatsgebäude so erschüttert, daß alle Stützen der Angst und der Vorsicht es nicht vor dem Einsturze bewahren werden. Es war Frankreich, das die deutsch-lutherische politische Moral so lächerlich gemacht, daß sie sich nie mehr wird davon erholen können. Wenn die Franzosen nicht wären und ihre Thaten; wenn sie nicht unbeweglich in ihrer drohenden Stellung blieben; wenn sie nicht die Leibwache der Völker Europens bildeten, wie die Kosacken die Leibwache der europäischen Fürsten bilden: dann würden in Deutschland, wie überall, schnell alle alten Mißbräuche zurückkehren, aber mit verjüngter Kraft und vermehrter Bösartigkeit. Darum ist ein Verräther an seinem Vaterlande, welches auch sein Vaterland seyn möge; darum ist ein Feind Gottes, der Menschheit, des Rechts, der Freiheit und der Liebe, wer Frankreich haßt, oder es lästert aus schnöder Dienst-Gefälligkeit.

Herr Menzel sagt von mir:

„Nur darin hat er es immer verfehlt, daß er die Irrthümer gleich sehr verhöhnte, wie die Laster, und dem langsamen Entwickelungsgange nie eine Concession machen wollte. Er beleidigte dadurch nicht selten die redlichsten Männer und schadete jener allmählichen Entwickelung. Ein Terrorismus der Worte ohne Nachdruck der That, eine Faust im Sacke, ein ungeduldiges Eifern auf einem hölzernen Gaul, der doch einmal nicht fort will, macht zuletzt eine ganz entgegengesetzte Wirkung."

Was meine Faust betrifft, so dächt ich, daß ich sie immer offen genug gezeigt, und wenn meine Worte keine Thaten hervorgebracht, ist das meine Schuld? Soll ich Deutschland befreien? Auch ist keiner im Lande, der es lächerlicher findet, als ich selbst es finde, daß ich mich ungeduldig auf einem hölzernen Gaul eifere, der doch einmal nicht fort will; aber kam es Herrn Menzel zu, darüber zu spotten? Ihm, der doch diesen hölzernen Gaul immerfort als ein edles Roß geschildert? Ich hätte die Irrthümer gleich sehr verhöhnt, wie die Laster! Aber das Laster haßt man, man verhöhnt es nicht; der Spott gebührt den Irrenden. Wenn Kinder fallen,

hebt man sie mitleidig auf; aber wenn Männer fallen und mit einer Beule
aufstehen, und dabei wie Kinder greinen, lacht ein Jeder und wäre er noch
so gutmüthig.

Ich hätte dem langsamen Entwicklungsgange nie Concessionen machen
wollen! Aber was hat sich denn in Deutschland mit selbstthätiger, selbst-
bestimmender Kraft von innen heraus entwickelt? wurde nicht Alles am
Rande der Zeit durch Fußtritte abgesponnen, und hörte nicht jede Bewegung auf, sobald die Werkmeister mit ihren Händen und Füßen stille hielten?
Haben die Deutschen ihre Abgaben, die auch sie dem Geiste der Zeit ent-
richten mußten, je anders abgetragen, als wie man jede Abgabe bezahlt,
verdrossen, zögernd, feilschend; mußten sie nicht zu jeder Steuer gezwungen, mußten sie nicht an jedem Zahlungstermine von ihrem Schicksale aus-
gepfändet werden? Heißt das langsam vorwärts schreiten, wenn man
immerfort zurückgeht? Welche Fortschritte hat denn Deutschland seit
zwanzig Jahren gemacht? Herr Menzel spricht von Kunst und Literatur,
von Handel und Gewerben; er sagt, die Deutschen wären in Masse klüger
geworden, denn sie hätten schon so viele Thorheiten durchgemacht, daß ihnen
wenig mehr zu machen übrig blieben. Aber es ist hier weder von der Thorheit noch der Klugheit der Deutschen, weder von Handel noch Gewerben,
noch von Kunst und Literatur die Rede. Es ist davon die Rede, was
Herr Menzel so gut begreift als wir, was er aber in seiner Schlauheit oder
Furchtsamkeit gar nicht zu bemerken sich anstellt: von der Freiheit und der
Herrschaft, von dem Ruhme und der Schande, von der Ehre und der Be-
schimpfung des deutschen Volkes, davon ist hier die Rede. Haben die
Deutschen an Freiheit, Ruhm und Ehre gewonnen, seitdem sie das Joch
der Franzosen abgeschüttelt? War es nicht ein jämmerliches Feilschen und
Schachern und Betteln um jeden einzelnen Faden der Unterthänigkeit von
dem sie erlöst seyn wollten, und mußte nicht jedesmal das Schicksal, um dem
Markte ein Ende zu machen, mit eiserner Scheere den Faden zerschneiden?
Sprangen nicht die deutschen Fürsten, so oft die Katze Revolution nicht zu
Hause war, wie Mäuse auf dem Tische herum, alles zernagend, was sie
erreichen konnten? Thaten sie je für ihre Völker mehr als sie mußten, und
früher als sie es mußten? Aber wehe den Fürsten wie den Völkern, die
der Zeit gehorchen statt ihr zu gebieten! Die Zeit wird sie verschlingen.
Die Zeit war es nicht, die Frankreich gemacht, Frankreich war es, das seine
Zeit gemacht.

Ich hätte durch meine Schriften und mein Betragen nicht selten die
redlichsten Männer beleidigt, und jener allmähligen Entwickelung der deutschen Herrlichkeiten sehr dadurch geschadet — meint Herr Menzel. Wer

hätte sich je träumen laffen, daß ich der Mann bin, der die deutsche Bundesverfammlung leitet! Wahrlich, unfere politifchen Nimrode haben es feit zwanzig Jahren in ihrer Freiheits-Vogeljagd nicht viel weiter gebracht, und das muß ein rechter Gimpel feyn, der fich von ihren Polizei-Pfiffen in das Garn locken läßt. Durch lautes Fordern einer Freiheit, deren ftille Gewährung verhindern — durch Misbrauch der Preffe der guten Sache fchaden — o! wir kennen diefen Ton. Und es trocken herauszufagen: ein Deutfcher kann die Preffe gar nicht misbrauchen. Da wo Cenfur herrfcht, hat jeder, der fich von ihr frei zu machen wußte, in feinen öffentlichen Aeußerungen nur das Sittengefetz und die Stimme feines Gewiffens zu berathen, aber kein bürgerliches Recht, kein Staatsgefetz, keine gefellige Schicklichkeit. Jede Tyrannei ruft das Urrecht der Natur hervor, und Gewalt tritt gegen Gewalt.

Wenn es wahr ift, daß ich redliche Männer beleidigt, fo thut mir das von Herzen leid; doch möge Herr Menzel unter den Männern, die fich von mir beleidigt fühlten, umherblicken, und da wird er finden, daß jene Männer, fo edel fie auch feyn mögen, doch nur für ihr Wiffen leben und ftreiten und nicht für ihren Glauben. Aber das Wiffen ift eitel und der Glaube ift ftolz. Ich, der ich glaube, habe mich nie von einem meiner Gegner beleidigt gefunden, ja noch nie war mir in den Sinn gekommen, daß mich einer ihrer hat beleidigen wollen. Und wurde nicht das härtefte gegen mich vorgebracht? Und habe ich es nicht immer felbft verbreitet? Habe ich nicht allen Geift und allen Witz, den Preußen und Sachfen gegen mich ausgefchickt, in meinen eignen Schriften beherbergt? Und woher kam mir denn die ftolze Zuverficht mit den erhabenften Geiftern Berlin's und Leipzig's fertig zu werden? Sie kam mir aus meinem Glauben, aus dem Bewußtfeyn meines reinen Willens. Wir allein glauben, die Andern glauben nicht. Unfere Gegner denken nur anders als wir, wenn fie aufrichtig find; oder wenn fie heucheln, reden fie nur anders als wir; aber fie haben keinen Glauben dem unfrigen entgegenzufetzen. Und darum werden wir fiegen, und unfere Feinde werden zu Schanden werden.

Wie glücklich wäre ich, wenn ich die Wahrheit, oder das, was ich dafür halte, verbreiten könnte, ohne einem Menfchen dadurch wehe zu thun. Aber wie vermöchte ich das? Ich vergeffe mich immer, ich denke nie daran, daß es viele Menfchen gibt, die mir nicht gleichen, die für ihren Schriftfteller-Ruhm, für ihre Künftler-Ehre, für ihre philofophifche Würde beforgt find. Mir find folche Sorgen fremd. Ich ftrebte nie nach dem Ruhme eines guten Schriftftellers, ich wollte nie für einen Schreibkünftler gelten. Meine Natur hat mir ein heiliges Amt aufgetragen, das ich verrichte so gut ich kann. Gedanken, Worte, sind meine Werkzeuge, die ich nur schätze, so lange ich sie brauche, und wegwerfe, sobald ich sie gebraucht. Nie hat es meine Eigenliebe weder erfreut noch betrübt, wenn einer meine Werkzeuge gelobt oder getadelt; nur mein Werk wollt' ich anerkannt sehen. Wenn es nicht so, wenn ich wäre wie die Andern, wie hätte ich dann vermocht, gegen Herrn Menzel nur ein einziges unfreundliches Wort hervorzubringen, gegen einen Mann, der mich als Schriftsteller immer mit der größten Nachsicht, ja mit Vorliebe und Gunst, beurtheilt hat? Mancher, vielleicht er selbst, wird mich darum undankbar schelten. Ich muß das ertragen wie vieles. Herr Menzel stehet bei dem Feinde, ich kann ihn nicht schonen. Der Soldat im Gefechte darf seine Kugel nicht zurückhalten, aus Bedenken, in den Reihen, gegen die er zielt, stehe ein edler Mann, sein Freund, stehen so viele, die den Krieg gar nicht verschuldet. Die Kugeln dieser treffen auch. Das ist das traurige Recht und das harte Gebot des Kriegs : nur den Besiegten darf man lieben, nur ihm darf man verzeihen.

Alle bisherigen Meinungen und Urtheile des Herrn Menzel über mich, die ich zu beleuchten gesucht, sind aus dessen „Deutsche Literatur" genommen, und mußten für ihren Theil dazu dienen, diesem nützlichen und allgemein faßlichen Buche, die ungehinderte Verbreitung in Oesterreich und Preußen zu sichern. Da aber dort die Beurtheilung meiner Gesinnung und Denkungsart sich auf meine deutschen Schriften gründete, die in vieler Leser Hände sind, so war Herr Menzel nicht ganz frei, mit meinen Worten und Gedanken nach Willkür zu schalten. Er konnte zwar unterdrücken, verstümmeln, deuteln, mußte sich aber auf etwas stützen, das ich wirklich gesagt. Doch jetzt will ich mich zu demjenigen Urtheile des Herrn Menzel wenden, wozu er den Stoff aus einigen französischen Artikeln, die ich in Paris bekannt gemacht, und die in Deutschland nur von sehr wenigen gelesen worden, zu nehmen vorgab. Hier hatte er völlige Freiheit, mich sagen zu lassen, was er wollte, und der öffentlichen Meinung auf meine Kosten eine Lection zu geben. Es ist die Kritik meiner Person und Meinungen, die im Literaturblatte unter dem Titel „Herr Börne und der deutsche Patriotismus," steht. Die allgemeine Zeitung hatte den liebenswürdigen Eifer, mit den besten Bissen jenes Artikels, die deutsche Diplomatie zu bewirthen; doch dieser mache ich keine Vorwürfe darüber. Man muß Beharrlichkeit in jeglicher Gesinnung achten, auch wenn sie nicht die unsrige wäre. Es ist aber hinlänglich bekannt, wie die allgemeine Zeitung, seit bald vierzig Jahren, ihrer glühenden Liebe für das deutsche Vaterland, und ihrem unauslöschlichen Hasse gegen Frankreich immer treu geblieben. Der Franzosenhaß des Herrn Menzel aber ist noch jung, und man kann hoffen ihn zu bessern.

Wenn Herr Menzel meine in französischer Sprache geschriebenen Artikel nur aus den Uebersetzungen und Bruchstücken der deutschen Blätter beurtheilt, so hat er leichtsinnig, albern oder gewissenlos gehandelt, sich darauf zu stützen; denn er konnte recht gut wissen, daß kein deutsches Blatt die Freiheit hatte, meine Meinungen über Deutschland und Frankreich unverfälscht und unverstümmelt mitzutheilen. Wenn er sie aber in der französischen Ursprache gelesen, so war alles, worauf er meine Verdammung gegründet, gelogen.

Herr Menzel sagt: ich hätte den deutschen Patriotismus für eine Narrheit erklärt, aber den französischen Patriotismus gelten lassen. Ich zöge gegen die Deutschen im Interesse der Franzosen zu Felde, und wollte unter der Maske der Freiheit nur das Franzosenthum ausbreiten. Ich verhöhnte die Geister der deutschen Helden, die für ihr Vaterland geblutet. Ich hätte mich von der deutschen Nation losgesagt, ohne mich vorher umzusehen, was ich durch den Uebertritt zu einer andern Nation gewinnen könnte. Die Demoralisation in Frankreich hätte ich getadelt, aber die in Deutschland hätte ich gelobt. Ich suchte den Deutschen selbst alles Deutsche gehässig, verächtlich, lächerlich, alles Französische aber wünschenswerth zu machen, und den Franzosen alle Mittel und Wege zu zeigen, wie sie über die Deutschen Meister werden können. Und mehr dergleichen Dinge sagte Herr Menzel. Ich werde später Herrn Menzels Vorwürfe ausführlich und wörtlich anführen; vorher aber meine Aeußerungen, die ich in der Balance, Frankreichs und Deutschlands wechselseitiger Stellung gemacht, so weit es hierher gehört übersetzen. So wird der Leser selbst vergleichen und urtheilen können.

Ich sagte in der Einleitung der Balance:

„In den Werkstätten der Menschheit finden wir zwei Völker, welchen die Vorsehung die Aufgabe gestellt zu haben scheint, die Arbeiten aller andern Völker zu übersehen und zu leiten, ihnen ihr Tagewerk anzuweisen und ihren Sold auszuzahlen; es sind die Franzosen und die Deutschen. Den ersteren wurde die Leitung der praktischen Arbeiten, der Künste und Handverrichtungen, den andern die Leitung der theoretischen Arbeiten, der Wissenschaften und Spekulation anvertraut."

„Die Theorie ist furchtsam und zaudernd, die Ausübung ist unbedacht und vorschnell; daher die Entzweiung zwischen ihnen; daher die Unverträglichkeit des deutschen Geistes und deutschen Gemüths mit dem Geiste und dem Gemüthe der Franzosen; daher sind beide Völker, ob sie zwar mit den Grenzen sich berühren, doch durch einen unermeßlichen moralischen Raum geschieden."

„Es ist die Aufgabe der Franzosen, das alte baufällige Gebäude der bürgerlichen Gesellschaft zu zerstören und abzutragen; es ist die Aufgabe der Deutschen, das neue Gebäude zu gründen und aufzuführen. In den Freiheitskriegen wird Frankreich immer an der Spitze der Völker stehen; aber auf dem künftigen Friedenskongresse, wo sich alle Völker Europen's versammeln werden, wird Deutschland den Vorsitz führen."

„Die Geschichte Frankreich's und Deutschland's ist seit Jahrhunderten nur ein beständiges Bemühen, sich zu nähern, sich zu begreifen, sich zu vereinigen, sich in einander zu schmelzen; die Gleichgültigkeit war ihnen immer unmöglich, sie müssen sich hassen oder lieben, sich verbrüdern oder sich bekriegen. Das Schicksal, weder Frankreichs noch Deutschlands, wird nie einzeln festgesetzt und gesichert werden können. — — —"

„Die alterreifen Männer beider Länder sollten sich bemühen, die junge Generation Frankreichs mit der jungen Generation Deutschlands durch eine wechselseitige Freundschaft und Achtung zu verbinden. Wie schön wird der Tag seyn, wo die Franzosen und die Deutschen auf den Schlachtfeldern, wo einst ihre Väter sich unter einander gewürgt, vereinigt niederknien und sich umarmend, auf den gemeinschaftlichen Gräbern ihre Gebete halten werden!"

„Die unwandelbare Freundschaft und der ewige Friede zwischen allen Völkern, sind es denn Träume? Nein, der Haß und der Krieg sind Träume, aus denen man einst erwachen wird. Welchen Jammer hat nicht die Liebe des Vaterlandes schon der Menschheit verursacht! Wie viel hat diese lügnerische Tugend nicht an wilder Wuth alle anerkannten Laster übertroffen! Ist der Egoismus eines Landes weniger ein Laster, als der eines Menschen? Hört die Gerechtigkeit auf, eine Tugend zu seyn, sobald man sie gegen ein fremdes Volk ausübt? Eine schöne Ehre, die uns verbietet, uns gegen unser Vaterland zu erklären, wenn die Gerechtigkeit ihm nicht zur Seite steht!"

„Ich liebe Deutschland mehr als Frankreich, weil es unglücklich ist, und Frankreich nicht; im übrigen bin ich so viel Franzose als Deutscher. Was mich betrifft, so war ich, Gott sey Dank, nie ein Tölpel des Patriotismus; dieser Köder des Ehrgeizes, sey es der Könige, sey es der Patrizier oder der Völker, hat mich nie gefangen."

„Das gesellige und geistige Leben der Deutschen leidet an Uebeln und wird von Bekümmernissen gestört, welche die Franzosen nie gefühlt noch begriffen, oder die sie nicht mehr fühlen und vergessen haben. Dieser Umstand könnte unsere Bemühungen zuweilen aufhalten und unsere Lage sehr peinlich machen. Die Nationen sind nicht weniger Egoisten, als die Individuen; sie achten gewöhnlich nicht viel auf die Leiden anderer Völker, und langweilen sich bald bei ihren Klagen. Sie sind aller Zeit bereit, ihre eigne glückliche Lage ihrem Muthe, ihrer Beharrlichkeit, ihrer Geschicklichkeit zuzuschreiben; und das Mißgeschick der anderen Völker, deren Schwäche, Unbeständigkeit oder Tölpelei. Vielleicht würde man in Frankreich jetzt veraltet finden, gegen den Adel zu eifern oder seiner zu spotten; man könnte vielleicht die Klagen der Deutschen über ihre geheime Criminaljustiz, ihre dumme Censur, und über die unverschämten Beleidigungen, welchen ihre persönliche Freiheit jeden Augenblick blosgestellt ist, sehr verdrießlich finden. Sollte mir das begegnen, sollte mir unglücklicherweise nicht gelingen, die Sympathie der Franzosen für mein Vaterland zu gewinnen, dann würde ich mich an ihren Egoismus und an ihren Vortheil wenden, indem ich ihnen zeigte, daß ihre Freiheit und ihr Glück nur unsicher sind, so lange nicht auch die Freiheit und das Glück Deutschlands festgestellt sind, und daß die Säule der französischen Freiheit nicht auf dem Platze der Bastille, sondern an den Ufern der Elbe einen festen Grund finden wird."

„Deutschland bildet die Gebirgskette, welche die Civilisation von der Barbarei, die Franzosen von den Kosacken trennt. Frankreich liebt die Republik nicht, man sagt es; aber gewiß liebt es noch weniger die Kosacken, und es hat zu viel Ehrgefühl, um nicht selbst die blutige Beredsamkeit eines Danton der unverschämten Rhetorik eines gekrönten Hetmanns vorzuziehen. Nun wohl! Deutschland allein kann Frankreich von der traurigen Wahl zwischen dem populären und monarchischen Despotismus retten; aber un= glücklicher Weise wurde diese Lage der Dinge von den Franzosen jeder Meinung und jeder Partei seit fast fünfzig Jahren verkannt.— — —"

„Frankreich und Deutschland vereinigt, können Alles vollbringen und Alles verhin= dern. Ein Krieg zwischen Rußland und England könnte niemals ernstlich den Frieden Europens stören, so lange Frankreich und Deutschland neutral bleiben, und weder Eng= land noch Rußland könnten für Frankreich gefährlich werden, wenn ihnen nicht Deutsch= land Beistand leistete. Von der Einigkeit Frankreichs und Deutschlands hängt also nicht bloß ihr eigenes Wohl, sondern auch das Schicksal ganz Europens ab."

„Frankreich, welches sich seit bald fünfzig Jahren damit belustigt, die Welt wie einen Kreisel umherzupeitschen, hat wohl das Recht, jedes Volk, das ihm sein Bündniß anbietet, zu fragen: Was habt Ihr zu Stande gebracht? Wozu könnt Ihr uns nützen? Welche Hülfe bringt Ihr? Welche Bürgschaft leistet Ihr uns? In Wahrheit zu reden, Deutsch= land hat seit drei Jahrhunderten nichts gethan, und es hat Alles geduldig ertragen, was ihm Andere haben anthun wollen. Aber eben darum haben Arbeiten, Leidenschaften und Genüsse die jungfräulichen Herzen und die keuschen Geister Deutschlands noch nicht erschöpft; es bildet die Reserve der Freiheit, und wird ihren Sieg entscheiden. Sein Tag wird kommen, und um ihn zu wecken, braucht es nur sehr wenig: Ein Moment guter Laune, ein Lächeln des Zufalls, etwas Himmelsthau, einen Eisgang, einen Narren mehr oder einen Narren weniger, ein Nichts; das Glöckchen eines Maulthiers ist genug, die Lawine fallen zu machen. Alsdann wird Frankreich, welches sich über nichts mehr ver= wundert, dieses Frankreich, welches in drei Tagen das mühsame Werk eines Jahrhunderts aus dem Stegreife vollbracht und aufgehört hat, über sich selbst zu erstaunen — es wird über das deutsche Volk erstaunen, und dieses Erstaunen wird nicht bloß Ueberraschung seyn, sondern Bewunderung."

„Frankreich sollte endlich Deutschland, diese Quelle seiner Zukunft, kennen lernen; es sollte sich endlich überzeugen, daß es sich nicht selbst genug und nicht alleiniger Herr seines Schicksals ist. Für die Freiheit kämpfen, das heißt noch nicht frei seyn, das heißt nur zeigen, daß man der Freiheit würdig sey. Ein Volk, das Tag und Nacht seine Freiheit bewachen muß, ist nicht frei, wie ein Mensch, der auf seine Gesundheit Acht haben muß, nicht gesund ist. Frankreich hat in weniger als fünfzig Jahren das Leben von fünf Jahrhunderten verbraucht; es ist groß und bewunderungswürdig, aber sein Ruhm hat keine Früchte getragen."

„Frankreich hat Deutschland immer falsch beurtheilt, und was schlimmer ist, es hat es gar nicht beurtheilt, es hat sich nicht darum bekümmert. Deutschland hingegen hatte immer die Augen auf Frankreich gerichtet, ohne es darum besser zu begreifen. Anfänglich war es die Bewunderung, dann der Haß, und in der letzten Zeit eine Art höchst lächerlicher Geringschätzung, die sein Urtheil blind gemacht. Die Deutschen, welche niemals vorwärts gehen, kommen nie in die Lage, umkehren zu müssen, und jetzt werfen sie den Franzosen vor, daß sie so oft Rückschritte machten! — — —"

„Für jeden redlichen Mann ist es eine Qual, durch die Wahrheit gezwungen zu wer= den, von seinem Vaterlande übel zu sprechen; die Landsleute, die Fremden selbst sehen darin nur eine strafbare Verrätherei. Allein, hören Freimüthigkeit und Unparteilichkeit auf, Tugenden zu seyn, sobald man sie auf einen Gegenstand seiner Liebe wendet? Die Deutschen haben, seit sie Frankreich mit Erfolg bekämpft, eine National=Eitelkeit bekom= men, von der sie früher frei waren. Der National=Empfindlichkeit der Franzosen ging wenigstens der Ruhm voraus; ohne Zweifel wird der Ruhm auch einst den Deutschen nicht fehlen; aber bis heute haben sie noch nicht genug gethan, um sich der Zuversicht hinzugeben, daß man nicht ihr stolzes Selbstgefühl für Einbildung nehmen werde. Indem es Frankreich besiegte, hat Deutschland nur ein Joch von ausländischem Holze gegen ein Joch von inländischem Holze vertauscht, und den glänzenden Despotismus Napoleons gegen die Scheidemünze seiner armseligen Zwergtyrannen gewechselt. Und dann, ist nicht in jeder National-Eitelkeit etwas Kindisches, ja selbst Unsinniges? Ein einzelner Mensch kann entschuldigt werden, wenn er gegen das, was man von ihm denkt und spricht, sich empfindlich zeigt; denn der Einzelne gilt nur so viel er geschätzt wird; da aber der Preis einer Nation immer ihrem wirklichen Werthe gleich kömmt, so ist die Eitelkeit von ihrer Seite ganz nutzlos und nichts als Einfältigkeit. Uebrigens wäre es leicht zu beweisen, daß oft, was die verschiedenen Völker Großes gethan, nur durch ihre Fehler zu Stande gekommen, und was andere Völker erduldet, sie nur wegen ihrer Tugenden erlitten. Es ist also in jedem Lobe eines Volkes etwas, seine Zufriedenheit zu mäßigen, und in jedem Tadel etwas, die Beschämung zu versüßen. — — —"

„Indem wir Deutschland und Frankreich zu vergleichen gedenken, haben wir keineswegs die Absicht, die überlegenen oder untergeordneten Eigenschaften des Einen oder des Andern darzuthun, denn es führte zu nichts. Man hat die Gewohnheit, Menschen und Völkern Moral zu predigen, als wäre ihnen möglich, ihren Charakter zu ändern; aber in Wahrheit ist das unmöglich. Weder die Individuen noch die Nationen können alle Tugenden vereinigen; es gibt Tugenden, die unvereinbar, es gibt gewisse gute Eigenschaften, die nothwendig mit gewissen Fehlern verbunden sind. Das aber ist die wahre nützliche Aufklärung, die man den Völkern geben kann: ihnen zu zeigen, wie sie in außerordentlichen Fällen, wo sie zum Handeln oder zum Widerstehen gute oder schlimme Eigenschaften, die ihnen selbst fehlen, nöthig hätten, dieselben bei fremden Völkern suchen oder zum Besten gebrauchen sollen."

„Frankreich und Deutschland müssen, um mächtig und unabhängig zu seyn, einander ihre Kräfte leihen und eines von dem andern abhängen. Die Dienste, welche sie sich wechselseitig zu leisten haben, sind leicht festzusetzen. Im Allgemeinen herrscht bei den Franzosen der Verstand (le caractère), bei den Deutschen der Geist vor; es kömmt also letztern zu, zu unterscheiden, was man zu thun, den Andern, wie man es zu vollbringen habe. — — —".

— Ein Artikel über Uhland und Beranger enthielt unter andern folgendes:

„Die Deutschen üben eine edle Gerechtigkeit gegen Alles, was groß und schön ist, in jeder Gattung, in jedem Lande, und zu jeder Zeit, und sie theilen ihre Liebe und ihre Bewunderung zwischen alle Verdienste mit einer strengen und bewunderungswürdigen Unparteilichkeit. — — —"

„Wären die Menschen immer glücklich, dann würde Beranger ihr Apostel seyn, und dessen Lieder ihnen zum Evangelium dienen. Wären die Menschen immer unglücklich, dann wäre Uhland ihr Prophet, und dessen poetische Moral ihre heilige Schrift. Da aber das Leben aus Lust und Schmerz gemischt ist, muß man Beranger und Uhland zugleich verehren, sich abwechselnd an ihren Schriften erbauen, bald Franzose, bald Deutscher seyn, Gott und Lisette lieben. Im Frühlinge des Lebens und in den schönen Tagen der ersten Liebe erstickt man fast, ein Deutscher zu seyn; aber wenn die Witterung kalt ist, gewähren

euch eure Kamine und eure feuchten Gefühle nur eine Wonne für das Auge. Wie wohlthuend würdet Ihr alsdann einen deutschen Ofen und ein deutsches Herz finden! — —"

„Beranger ist liebenswürdig und Uhland ist achtungswürdig: sie sind von ihrem
Lande; die Franzosen sind frei und glücklich, und die Deutschen verdienen es zu seyn.
Wenn eines Tages die Deutschen, irregeführt von den Lügen und Ränken ihrer Fürsten,
dem kindischen Wesen ihrer Poeten und der Unwissenheit ihrer Gelehrten, zum zweiten
Male sich mit einem selbstmörderischen Hasse gegen Frankreich begeisterten, dann würden
die Lieder Berangers ihren Zorn verständigen und entwaffnen. Wenn die Franzosen sich
von ihrer National-Eitelkeit oder von dem Ehrgeize eines kriegerischen Oberhauptes von
neuem gegen Deutschland treiben ließen, dann mögen sie Uhlands Lieder lesen, um zu
erfahren, daß ein Volk, das seinen Ruhm in die Gerechtigkeit setzt, und dem das Recht als
Schild dient, nie unterjocht werden kann, und daß seine Freundschaft vortheilhafter ist,
als der Sieg selbst.— — —"

— In einem französischen Artikel über M e n z e l s Franzosenfresserei
sagte ich:

„Wie! Ihr seyd ein Volk von drei und dreißig Millionen Menschen, und Ihr beklagt Euch, von Napoleon beschimpft und verachtet worden zu seyn? Hat Napoleon etwa
auch die Engländer und Spanier verachtet, die seine Feinde waren? Hat er etwa die
Polen verachtet, die seine Verbündete waren? Aber beruhigt Euch, Ihr unglückseligen
Ennuchen der Nationalehre, die nicht Euch gehört und die Ihr nur für den Gebrauch Eurer
Sultane bewacht; nicht Euch, das deutsche Volk, die deutschen Fürsten hat Napoleon
verachtet, jene Fürsten des Rheinbundes, die vor ihm gekrochen, die in seinem Vorzimmer
wie Bediente Wache gehalten; die um den Titel eines Königs, eines Großherzogs, eines
Herzogs, die um die Erlaubniß, sich der armseligen Reste von Freiheit zu bemächtigen,
die ihren Unterthanen von ihrem ganzen Erbe noch übrig geblieben, und um die Nachsicht
in ihren Präfekturen die Despoten spielen zu dürfen, ihm ihre Völker verkauften und ihm
halfen, ihre Landsleute zu unterdrücken, und Preußen zu vernichten, das sie gegen Oesterreich geschützt, und Oesterreich, dessen Vasallen sie waren. Diese Fürsten waren es, welche
Napoleon mit Recht, aber zu seinem Verderben nicht genug verachtet, denn er hat sich von
ihnen betrügen lassen.— — —"

„Ergreift die Waffen, Ihr hochherzigen Vertheidiger der Nationalehre, erobert das
Elsaß wieder; aber eilt Euch, die Sache ist dringend, bald werden die Festungen Spielberg, Olmütz, Spandau, Magdeburg, Ehrenbreitenstein, Hohenasberg für die väterlichen
Bedürfnisse Eurer Regierungen nicht mehr ausreichen; nehmt Straßburg mit Sturm ein,
damit es eine Citadelle mehr gäbe, um Eurem Patriotismus als Prytaneum zu dienen.
Allein bevor Ihr Euch den Gefahren des Ruhms aussetzt, fragt die Elsasser, ob sie einwilligen, wieder Deutsche zu werden, ob sie sich glücklich schätzen würden, ihren König
gegen einen der deutschen Bundesfürsten, ihre Deputirten-Kammer gegen die Frankfurter
Bundesversammlung, die Freiheit der Presse gegen die schändliche Censur, die Nationalgarde gegen die Gendarmerie, die Oeffentlichkeit der gerichtlichen Verhandlungen gegen
geheime Tribunale, die Jury gegen abhängige Richter, und die Gleichheit der Stände
gegen den Hochmuth, und die Unverschämtheit des Adels und der Satrapen zu vertauschen. Fragt sie das und sie werden Euch antworten: wir sind die glühendsten und
treuesten Patrioten unter allen Franzosen, gerade weil wir an der deutschen Grenze
liegen.— — —"

„Geht doch, Ihr stümpernden Liebhaber der Nationalehre! Es ist ein Unglück, aber keine Schande, von einem fremden Volke besiegt worden zu seyn, das ist allen Völkern und den tapfersten begegnet, aber es ist eine Schande, in seinem Vaterlande Sklave zu seyn. Der fremde Sieger macht uns wenigstens das Recht nicht streitig, ihn zu hassen und uns an ihm zu rächen; indem er uns unterjocht und niederdrückt, verlangt er nicht zugleich unsere Liebe und unsere Achtung; aber die inländischen Tyrannen zwingen uns, die Hand zu küssen, die uns züchtigt. Die Ehre eines Volkes ist, daß es wisse frei zu seyn, ein Bedientenvolk hat keine Ansprüche auf Achtung zu machen. Was habt Ihr nöthig, zwei Jahrhunderte zurückzugehen und im Elsaß Eure Nationalschande zu suchen? Sie liegt Euch unter den Händen, sie ist von gestern. In Spanien, dem Vaterlande der Inquisition, besteht Preßfreiheit, und in Deutschland, dem Vaterlande Luthers, herrscht die Censur! Ihr hungert nach Nationalehre, Ihr füttert Euch mit dem Siege, den vor achtzehn hundert Jahren Arminius über die Römer gewonnen, Ihr ernährt Euch armselig mit der Asche Eures Ruhms, und die Varus von Frankfurt beschimpfen und bedrohen Euch alle Tage! Wisset, daß dort die Schande ist und daß auch dort die Ehre könnte seyn. — — —"

— Ein Artikel über H e i n e enthielt folgendes:

„Das deutsche Leben gleicht einer hohen Alpengegend; es ist groß, königlich, die Krone der Erde, die mit ihren ewigen Gletschern schimmert. Deutschland ward das reinste Sonnenlicht, den andern Ländern die Wärme der Sonne. Seine unfruchtbaren Höhen haben die Welt zu ihren Füßen befruchtet. Dort sind die Quellen der großen Ströme der Geschichte, der großen Nationen und der großen Gedanken. Den Deutschen das Genie, den Franzosen das Talent den einen die schöpferische, den andern die anwendende Kraft. Aus dem deutschen Boden sind alle jene großen Ideen hervorgegangen, die von geschickteren, unternehmenderen oder glücklicheren Völkern ins Werk gesetzt und benutzt worden sind. Deutschland ist die Quelle aller europäischen Revolutionen, die Mutter jener Entdeckungen, welche die Gestalt der Welt geändert haben. Das Schießpulver, die Buchdruckerei, die religiöse Reform sind aus ihrem Schoose hervorgegangen — undankbare und vermaledeite Töchter, die Prinzen geheirathet und ihre plebeische Mutter verhöhnt haben. — — —"

„Die Franzosen klagen oft und spotten zuweilen über den Nebel, der den Geist der Deutschen umhüllt. Aber diese Wolken, welche den Franzosen das Leben verhindert, sind nur zu den Füßen der Deutschen gelagert; sie selbst ragen mit ihrer ganzen Größe über die Wolken hinaus und athmen unter einem blauen Himmel eine reine und strahlende Luft. — — —"

Das ist es, was ich den Franzosen von Deutschland, was ich den Deutschen von Frankreich gesagt. Und jetzt betrachte man die Lügenstickerei, mit welcher Herr Menzel meinen guten und reinen Stoff zu bedecken suchte.

„Herr Börne gibt in Paris ein in französischer Sprache geschriebenes Journal: l a B a l a n c e, heraus. Im ersten Heft desselben erklärt er den Patriotismus für eine Narrheit und dankt Gott, daß er jederzeit davon frei gewesen sey. Er sagt aber kein Wort gegen den französischen Patriotismus. Diesen läßt er gelten. Nur gegen den deutschen zieht er, selbst ein Deutscher, zu Felde, und in welchem andern Interesse, als in dem der Franzosen?"

Wo findet sich denn in meinen Worten oder auch nur in meinen Gedanken, daß ich den deutschen Patriotismus für eine Narrheit erklärt, den
französischen aber für Weisheit? Wo steht das? Mir braucht Herr
Menzel nicht zu sagen, wo es steht, ich weiß es — es steht in seiner Instruktion. Er hat sich darum nicht mit mir zu verständigen, sondern nur mit
jenen unschuldigen und gutmüthigen Lesern, deren es in Deutschland so
viele gibt, die zwar als Knaben schon den Livius und den Tacitus gelesen,
aber nur lateinische Vokabeln und Wendungen, nicht aber die uralten Ränke
der Aristokratie, und die ewigen Tücken des Despotismus daraus gelernt.
Gegen jene unwissenden Leser hat sich Herr Menzel zu rechtfertigen, die von
dem Maschinenwesen der öffentlichen Meinungsfabrik nicht die geringste
Kenntniß haben, und von der Bauchrednerei der politischen Gaukler und
Taschenspieler gar nichts ahnden. Diesen, nicht mir, zeige er die Stelle,
wo sich das findet, was er mir zum Vorwurfe macht. Ich habe nicht den
deutschen Patriotismus allein, ich habe auch den französischen und jeden
andern verdammt, und ich habe ihn nicht für eine Narrheit erklärt, sondern
für mehr, für eine Sünde. Will Herr Menzel darüber mit mir streiten, ob
der Patriotismus eine Tugend sey oder nicht, so bin ich gern dazu bereit.

„Doch es scheint, wir müssen bei Herrn Börne voraussetzen, er betrachte den Unterschied der Nationen als ein Hinderniß der allgemeinen Freiheit, er halte den Patriotismus
nicht für etwas Angebornes, Natürliches und Heiliges, sondern für eine Erfindung, für
etwas, das den Völkern aufgeschwatzt worden sey, um sie an einander zu hetzen und sich
wechselseitig zu unterdrücken.“

„Wollten wir auch dies Prinzip zugeben, was wir nicht thun, so würde doch daraus
folgen, daß Herr Börne nicht bloß dem deutschen, sondern auch dem französischen Patriotismus den Krieg ankündigen müßte, wenn er dem Verdacht entgehen will, er wolle nur
den Franzosen und ihren Interessen auf Kosten der Deutschen schmeicheln, und statt der
Freiheit oder unter ihrer Maske nur das Franzosenthum ausbreiten.“

„Ist denn aber das Prinzip überhaupt richtig? Kann man so in aller Geschwindigkeit den Patriotismus in der Welt ausrotten? Und ist es wahr, daß der Patriotismus
der Freiheit verderblich sey? Im Gegentheil. Es gibt gar keine Freiheit ohne Patriotismus. Was Herr Börne lehrt, ist genau dieselbe Lehre, die gerade die Feinde der Freiheit von jeher gepredigt haben, die Lehre der Welteroberer, der Stifter großer Welt-Monar-
chien, der Hierarchien. Nur diese waren es von jeher, welche die Nationalunterschiede
auszurotten und die ganze Menschheit in eine Uniform zu zwingen trachteten, weil sie wohl
wußten, daß sie die Freiheit auf keine andere Weise unterdrücken könnten, als indem sie
die Nationalität unterdrückten. Aus demselben Grunde war es auch immer nur der
Patriotismus, das heilige Gefühl der Nationalehre, welche die Freiheit rettete oder wieder
eroberte. Nur deutscher Patriotismus war es, der einst den Römern sagte: bis hierher
und nicht weiter! und dadurch die allgemeine Demoralisation der Sklaverei, die außerdem
unausbleibliche Folge der römischen Kaiser-Despotie, aufhielt. Nur deutscher Patriotismus war es, der den Päpsten zurief: bis hierher und nicht weiter! und den ganzen Nor-

den losriß von unerträglichem Joch. Nur deutscher Patriotismus war es, der auch dem weltstürmenden Corsen zurief: bis hierher und nicht weiter! und dadurch erst jene neue Basis schuf, auf der so viel gebaut wird. Herr Börne selbst müßte vielleicht jetzt als französischer Polizeipräfect in seiner Vaterstadt figuriren und Programme zu kaiserlichen Namensfesten schreiben, wenn nicht eine halbe Million ehrlicher Deutscher ihr Blut auf den Schlachtfeldern vergossen hätten, um ihm die Sicherheit zu erobern, in der er jetzt in Paris sitzt und schreibt und die Geister der Helden verhöhnt."

Ich betrachte keineswegs, wie Herr Menzel voraussetzt, **den Unterschied der Nationen als ein Hinderniß der allgemeinen Freiheit**, wenigstens gibt es größere Hindernisse, die meine Aufmerksamkeit viel stärker in Anspruch nehmen. Doch was heißt **Unterschied der Nationen**? Herr Menzel gebraucht oft Worte, welchen sich zu widersetzen ebenso unmöglich ist, als die Luft durchzuhauen. Ich halte den Patriotismus, ganz wie Herr Menzel, für etwas **Angebornes, Natürliches und Heiliges**. Er ist ein angeborner Trieb, und darum natürlich, und darum heilig, wie Alles was von der Natur kommt. Aber welches Heilige wurde nicht schon misbraucht, ja mehr misbraucht als alle gemeinen Dinge, weil eine ehrfurchtsvolle Scheu jede genaue Untersuchung zurückschreckte, und den Schändern des Heiligthums freien Spielraum gab? Was ist heiliger als Gott, und was wurde mehr misbraucht? Ich halte den Patriotismus nicht für eine **Erfindung der Machthaber**, denn diese haben nie etwas Gutes erfunden. Aber die Fürsten haben auch das Pulver nicht erfunden, und dennoch gebrauchen sie es blos zu ihrem alleinigen Vortheile und oft zum Verderben ihrer eignen und der fremden Völker. Das Pulver haben die Machthaber den Völkern **abgeschwatzt**, und von Patriotismus, von Vaterland haben sie ihnen eine ganz falsche Bedeutung **aufgeschwatzt, um sie aneinander zu hetzen und sich wechselseitig zu unterdrücken.** Das ist es freilich was ich meine.

Die Neigung, stäte Bereitwilligkeit und der unerschütterliche Muth, für das Glück, die Ehre, den Ruhm, die Freiheit und die Sicherheit seines Landes thätig zu seyn, und dabei kein Opfer, keine Anstrengung zu scheuen, sich von keiner Gefahr abschrecken zu lassen: das ist es, was wir Liebe des Vaterlandes nennen. Das Glück, der Ruhm, die Freiheit und die Sicherheit eines Landes können von zwei Seiten bedroht werden, von außen und von innen. Die Uebel, die von außen kommen, sind seltener, es sind gewaltsame Verletzungen, und sie gleichen den Verwundungen des menschlichen Körper's. Sie sind schmerzlich, aber nicht bösartig, und können den stärksten und gesundesten Staat treffen. Die Uebel, die von innen kommen, gleichen den Krankheiten; sie sind häufiger und bösartiger, denn sie setzen

verdorbene Säfte, eine fehlerhafte Constitution, oder ungeregelte Lebens-
ordnung voraus. Nun haben aber die Machthaber, welche die öffentliche
Meinung, Moral und Erziehung nur zu ihrem eigenen Vortheile lenken,
die Liebe zum Vaterland, die sich gegen die innern Feinde hülfreich zeigt,
nie als eine Tugend geltend zu machen gesucht; sondern vielmehr als das
größte aller Laster verdammt und unter den Namen Landesverrätherei und
Majestätsverbrechen, durch ihre Gesetze mit den härtesten Strafen bedroht.
Diejenigen Bürger haben sie für die besten Patrioten erklärt, die ihren un-
heilbringenden Gesetzen am meisten Ehrfurcht und Achtung bezeigten, indem
sie nur für sich und ihre Familie Sorge trugen, sich aber um die Kränkun-
gen, welche ihre Mitbürger und ihr Vaterland erlitten, nie bekümmerten.
Nur denjenigen Patriotismus, der sich äußeren Feinden des Vaterlandes
entgegensetzt, haben sie als eine Tugend angepriesen und belohnt, weil er
ihnen nützte, weil er ihre Herrschaft sicherte, und sie in den Stand setzte,
jeden fremden Fürsten oder jedes fremde Volk, die sie befeinden wollten, als
Feinde ihres Volkes darzustellen.

Die Liebe des Vaterlandes, sie mag sich nach außen oder nach innen
offenbaren, ist eine Tugend, so lange sie in ihren Schranken bleibt; darüber
hinaus wird sie ein Laster. Wenn Herr Menzel sagt, für das Vaterland handelt man immer schön, so ist das eine alberne Floskel,
albern und lästerlich zugleich. Nein, man handelt nur schön für das Vaterland, wenn man das Gerechte will; man handelt nur schön für das Vaterland, wenn es das Vaterland, für das man sich bemüht, nicht aber ein
einzelner Mensch, ein Stand oder ein Interesse, die durch Ränke und Gewalt
sich für das Vaterland geltend zu machen wußten. Die Vaterlandsliebe
ist für den Bürger, was die Familienliebe für den Hausvater ist. Wenn
nun Religion und Sittlichkeit den Hausvater lehren: Du sollst deinen
Nebenmenschen lieben wie dich selbst, du sollst ihn nicht hassen, nicht kränken;
wenn das Staatsgesetz gebietet: Du sollst deinen Mitbürger nicht bestehlen,
nicht berauben; ihn nicht in seiner Ehre, seinem Rechte, seinem Eigenthum
kränken; und wenn auch dein Weib und Kind vor deinen Augen verhun-
gerten, so darfst du doch deinem reichen Nachbar kein einziges Brod entwen-
den — wollten sie damit lehren oder verbieten, daß man sein Weib und
Kind nicht lieben, daß man seine Familie verrathen sollte? Aber was man
nicht thun darf für seine Familie, darf man auch nicht thun für sein Vaterland. Das Recht ist ein unentbehrlicheres Lebensmittel als das Brod, und
Tugend ist schöner als Ruhm.

Herr Menzel fragt: Ob man so in aller Geschwindigkeit
den Patriotismus in der Welt ausrotten könne? Es ist

aber nicht die Rede von dem, was man kann, sondern von dem, was man soll. Vom Ausrotten des Patriotismus ist gar nicht die Rede, sondern nur von der Vertilgung aller Schändlichkeiten, die der Egoismus der Fürsten und der Völker mit dem Namen Patriotismus umschleierte. Von aller Geschwindigkeit ist am wenigsten die Rede. Wir gewähren noch ein halbes Jahrhundert, bis die Völker Europens, bis besonders die Franzosen und die Deutschen zur Einsicht gelangen, daß von ihrer Einigkeit ihr Glück und ihre Freiheit abhängen. Ehe das geschieht, werden noch manches Jahr die Kosackenpferde in der Rhone trinken, und mancher deutsche Dom wird von den Türken unter russischer Kriegsführung zum Stalle entweiht werden, und wird ein Meer von Blut das Glück und das Leben von Millionen Menschen des Festlandes begraben.

Die Fürsten sind einig; aber weil sie wissen, daß die Einigkeit ihrer Völker ihre eigne fruchtlos machen würde, suchen sie diese zu verhindern. Kein Fürst ereifert sich darüber, wenn ein fremdes Volk sein eignes anfeindet. Herr Menzel, der in dem schulbübisch censirten Deutschland alle mögliche Freiheit genießt, die Franzosen zu verlästern, sie bei den Deutschen zu verläumden, und diese gegen sie aufzuwiegeln — er versuche es einmal gegen Louis Philipp, der doch auch ein Franzose ist, ein feindliches Wort zu äußern! Aber ich bin gewiß, daß es Herr Menzel nicht versuchen wird; denn er weiß die feinsten Tendenzen seiner Zeit eben so gut als der Fürst von Pückler zu berücksichtigen, der auch von dem Könige der Franzosen alles Mögliche, von dessen Volke aber gar wenig Gutes zu sagen wußte.

Was Herr Menzel am angeführten Orte weiter sagt, fand ich so ermüdend dumm, daß ich mich erst etwas erholen muß, ehe ich darauf eingehe. „Er ist nicht eitel,“ rühmt mich Herr Menzel; aber ich muß zu meiner Beschämung gestehen, daß ich es manchmal doch bin. So oft ich mich gezwungen sehe, zu spießbürgerlichen Erörterungen hinabzusteigen, regt sich mein Stolz in mir, und ich erröthe, keinen ebenbürtigen Gegner zu haben. Herr Menzel darf es mir glauben, daß er nicht halb so viel von Politik versteht, als meine französische Köchin, ob sie zwar Eulalia heißt und dieser Name voll Menschenhaß und Reue, voll Melancholie, Empfindsamkeit, Mondlichtszitterschein und andern Deutschthümlichkeiten, die allergrößte Unbekanntschaft mit Politik, Diplomatik und übrigen Spitzbübereien zu verrathen scheint.

Herr Menzel sagt: was ich lehrte, hätten zu jeder Zeit die Welteroberer gelehrt; diese hätten immer um die Freiheit zu unterdrücken, alle Nationalität auszurotten und die ganze Menschheit in eine Uniform zu zwingen getrachtet. O Geduld! oder hätte ich nur einen einzigen Zoll von einem Welteroberer, daß ich die Geduld entbehren könnte! Wie hätte denn je ein Eroberer entstehen, wie hätte je der Fürst eines Landes sein Volk so dumm bereitwillig finden können, mit Blut und Leben seiner Raubsucht und seinem Ehrgeize zu dienen, wenn er ihm nicht vorher eine falsche Bedeutung des Patriotismus aufzuschwatzen verstanden, wenn er ihm nicht vorgelogen hätte, das Ausland hassen, heiße sein Vaterland lieben? Und wenn die Eroberer auch wirklich darin ihren Vortheil fanden, den Nationalegoismus der von ihnen unterjochten Völker zu unterdrücken, was könnte man damit beweisen? Die Ehrgeizigen gebrauchen alle Mittel, auch edle; der Zweck heiligt selbst diese in ihren Augen. Die Eroberer, die Unterdrücker haben die National-eigenthümlichkeiten der von ihnen unterjochten Völker zu zerstören gesucht, so lange sie glaubten, daß dieses ihre Herrschaft erleichtere und sichere; sobald sie aber zu besserer Einsicht gekommen, sobald sie begreifen gelernt, daß man verschiedene Völker am sichersten beherrsche, wenn man sie in wechselseitiger Eifersucht, wenn man ihren Patriotismus erhalte, und so eines von dem andern bewachen lasse, haben sie mit dem größten Eifer alle Nationalver-schiedenheiten zu unterhalten gesucht. In dem österreichischen Staate giebt es, genau gezählt, neun verschiedene Patriotismen. Die Fürsten Oester-reichs haben die Nationalverschiedenheiten und Charakterzüge aller von ihnen beherrschten Völker immer mit solcher ängstlichen Sorgfalt unterhalten, daß sie sich sogar gescheut, die noch hier und da sich findenden Grabsteine längst verstorbener, längst verfaulter Freiheiten zu zerstören, sie, welchen doch im-mer selbst vor jedem Zeichen der Freiheit schauderte? Thaten sie so zum Vortheile der Freiheit oder zum Vortheile des Despotismus? Ist Oester-reich ein freier Staat? Möchte Herr Menzel in Wien schreiben? Doch wer weiß, vielleicht möchte er es.

Was hat man nicht schon den Menschen als Patriotismus aufgebunden! Die Oesterreicher sind so treuherzige und gutmüthige Menschen, daß man unter ihnen findet, was sonst nirgends in der ganzen Welt zu finden ist; nämlich Polizei-Spione unter den ehrlichsten Leuten. Wenn ein solcher ehrlicher Spion seinen Nachbar, seinen Freund, seinen Bruder verräth, schwört er darauf, er sey ein guter Patriot und stirbt so selig wie der heilige Antonius.

Ich könnte dem Herrn Menzel ein großes Geheimniß anvertrauen; ich könnte ihm zeigen, daß die Deutschen für den Patriotismus gar nicht gemacht sind, daß sie darum keinen haben, daß es ihre schöne Bestimmung ist, keinen zu haben, und es daher gut sey, daß sie nicht frei sind, und wie sich dieses einst zum Glücke der europäischen Menschheit wenden werde. Doch um das

Alles klar zu machen, müßte ich mich mit Herrn Menzel auf einen hohen Standpunkt stellen, und ich fürchte, da gäbe er mir Recht, hielte mich fest, und ließe mich nicht wieder herunter. Man weiß es ja, wie himmlisch wohl es allen deutschen Gelehrten auf sehr hohen Standpunkten ist; denn dort oben in den Wolken gibt es keine Polizei. Darum bleibe ich lieber unten und fahre in meinen ebenen Betrachtungen fort.

Wenn vielleicht Herr Menzel mir den Arminius, den Luther und den Napoleon an den Kopf geworfen, um mit meiner schwachen Fassungskraft zu scherzen, die es mir immer unmöglich machte, die Herrlichkeit des deutschen Patriotismus, ja auch nur sein Daseyn aufzufinden, so lasse ich mir es gefallen; denn ich kenne und liebe den Scherz. Herr Menzel wollte mich dann nur necken, weil er wußte, daß ich jedesmal toll werde, wenn ich von der Teutoburger Schlacht, und wenn ich jene gar zu jämmerlichen und ungeschickten Schmeichler höre, die, um das deutsche Volk zu loben, das wie jedes Volk des Lobes nie bedarf, ihm nur zwei große Thaten auf achtzehn Jahrhunderte vorzuschmeicheln wissen, und eines neunzehnten Jahrhunderts bedurften, um die dritte That hinzuzufügen. War es aber Herrn Menzel Ernst mit dem Teutoburger Walde, der Reformation, und dem korsischen Tyrannen; waren es nicht blos die alten Possen aus der Befreiungs-Komödie, wollte er vielmehr wie viele Andere, und wie befohlen, die Deutschen damit einschläfern, und ihnen rathen, sich auszuruhen von den drei großen Werken, die sie in neunzehn hundert Jahren vollbracht — so muß ich es wohl als Ernst annehmen, und ein Wort darüber sprechen.

Herr Menzel hat selbst eine Geschichte der Deutschen geschrieben, und zwar mit einem so feurigen anachronistischen Turner-Patriotismus, daß Arminius und Blücher sich wie zwei Brüder ähnlich sehen. Ich bitte ihn daher, in seinem eignen Werke die Kriege der Germanen mit den Römern nachzulesen, und mir dort eine Spur von Patriotismus aufzuzeigen. Die deutschen Völkerschaften kämpften damals weder für ihren Boden, noch für ihre Stammgenossen, noch für ihren Nationalruhm, noch für ihre Freiheit. Sie kämpften nur für ihre Führer, und fochten mit gleicher Lust und Tapferkeit in der Reihe der Römer gegen ihre Landsleute, wie in der Reihe ihrer Landsleute gegen die Römer. Die deutschen Häuptlinge und Fürsten stritten für ihren Ehrgeiz und ihren Vortheil, und je nachdem diese wechselten, wechselten sie mit ihren Verbündeten und ihren Feinden. Bald bekämpften sie die Römer, bald die Deutschen. Zwischen den deutschen Fürsten und Völkerschaften war selbst im eigenen Lande ein unaufhörlicher Krieg. Der Bruder des Arminius kämpfte in den Reihen der Römer, und Arminius selbst wurde, nachdem er Varus besiegt, von andern deutschen Fürsten, worunter seine eigene Verwandte waren, heimlich todtgeschlagen. Herr Menzel sieht, daß schon in uralter Zeit der deutsche Patriotismus einen so schlechten Lohn fand, als in unsern Tagen. Wäre der brave Blücher älter geworden, hätte er vielleicht auf der Citadelle von Magdeburg sich mit dem Schicksale des Arminius trösten müssen, das doch noch trauriger gewesen, als seines; denn nie hätte er, ob er zwar selbst Husar war, die jetzige Husaren-Regierung Preußens gut geheißen.

Die Deutschen kämpften Jahrhunderte lang, die Einen für, die Andern gegen die Macht der römischen Kaiser, und nicht eher sahen sie in den Römern einen gemeinschaftlichen Feind und verbanden sich gegen sie, bis nordische Völker kamen, und sie auf die Römer warfen, ganz so wie sie achtzehnhundert Jahre später von den Russen gegen die Franzosen gedrängt worden.

Stand deutscher Patriotismus auch nur in der entferntesten geistigen oder Blutsverwandtschaft, nur in der losesten geschichtlichen Verbindung mit der Reformation? Nein, der Patriotismus war weder Ursache noch Wirkung, weder Vater noch Kind, weder Vorhergegangenes noch Nachfolgendes der Reformation. Im Gegentheil, die Reformation vernichtete allen deutschen Patriotismus, selbst jenen schlechten, den Herr Menzel preist und den wir verdammen. Die Reformation war die Schwindsucht, an der die deutsche Freiheit starb, und Luther war ihr Todtengräber. Pfaffentrug hatte den alten guten Glauben mit Aberglauben verfälscht, so daß er gesunden Herzen nicht mehr munden konnte.. Da kam Luther, der sich wie alle deutsche Gelehrte auf einen reinen Wein verstand, ließ das Faß auslaufen, und bot dem Volke für den verdorbenen Wein des Glaubens, das reine Wasser der Philosophie an. Was wurde dabei gewonnen? Der westphälische Friede ist da mit seiner Rechnung über Einnahme und Ausgabe der Reformation. Einige Tausend Denker erwarben sich Gedankenfreiheit, und das ganze Land verlor seine Lebensfreiheit. An einem Wahne wurde das Volk ärmer und an tausend Narrheiten, welche die deutschen Theologen und Philosophen ersonnen, wurde das Land reicher. Das Papstthum, dieser böse neckische Geist, doch ohne Körper, der nur Abergläubische schreckte und von allen Verständigen verlacht wurde, das wurden sie los; dafür aber bekamen sie zwei handgreifliche schwerbewaffnete Völker in das Land, den Franzosen und den Schweden. Ein Jahrhundert lang erwürgten sich die Deutschen unter einander, und um ungestört ihre Wunden verbinden, ihre Todten begraben zu können, mußten sie endlich einen Theil ihres Landes fremden Königen abtreten. Zwanzig Universitäten wurden errichtet, um die Gelehrten für ihre Volksverrätherei, für ihre Fürstendienste zu belohnen, und tausend

Städte und Dörfer lagen in Trümmer und Asche und die Gebeine von
mehr Millionen Deutschen bedeckten das verwüstete Land. Nie haben die
deutschen Fürsten ihren Völkern, nie haben diese sich selbst, nie wurde ihnen
vom Auslande mehr Schimpf und Schande angethan, als während der
Reformation; und das nennt Herr Menzel Patriotismus! Ich habe mich
in einem französischen Journale über die Ursachen und Folgen der Reformation umständlicher ausgesprochen, und ich will einige hieher gehörige
Stellen daraus anführen:

„Die Reformation hat nur den Fürsten und den Gelehrten Nutzen gebracht, das
Volk hat durch sie nichts an seinem sinnlichen Glücke gewonnen, und viel von seinem
geistigen Wohle verloren. Alles betrachtet, war die priesterliche Macht doch nur eine mo-
ralische. Die Völker erniedrigten, um die Kirche zu bereichern, wie man sich um seine
Geliebte zu Grunde richtet, wenn man zu schwach oder zu voller Leidenschaft ist, ihren
Schmollen und ihrem Liebkosen zu widerstehen. Als aber nach der Reformation die
Fürsten sich der Güter und Einkünfte der Geistlichkeit bemächtigt hatten, traten die Steu-
ern an die Stelle der freiwilligen Abgaben, und die Strafgesetze der Schatzkammer an die
Stelle des Fegfeuers. Luther nahm dem Volke das Paradies und ließ ihm die Hölle,
nahm ihm die Hoffnung und ließ ihm die Furcht. Er schrieb die Reue vor, um von
Sünden losgebunden zu werden, aber die Reue gebietet sich nicht. Er verlangte gute
Werke statt äußern Gottesdienstes, aber die guten Werke wurden seit dieser Lehre nicht
häufiger.“

„Die Sitten wurden strenger, nach außen war Alles rein und fleckenlos; aber es
waren nur zurückgetretene Laster, welche die verborgenen Theile des Staatskörpers verwüsteten. Ränke und Spitzbübereien ersetzten die Gewaltthätigkeiten und Verbrechen. Die
religiösen Feste wurden vermindert, die Werktage und hierdurch die Mühen des Volks
wurden vermehrt; der Gottesdienst, während dem Katholizismus der Trost und zugleich
die Oper und Erholung der Unglücklichen, wurde in eine Schule der Moral umgewandelt,
wo die Gläubigen sich langweilten und einschliefen. Die Theologie, früher eine göttliche
Kunst, wurde eine Wissenschaft, die der Fassungskraft des Volks unzugänglich blieb.
Das öffentliche Leben hörte ganz auf. Es gab keine Maler, keine Dichter, keine Feste
mehr für das Volk; man führte keine öffentliche Gebäude mehr auf; der Provinzial= und
Haus=Egoismus trat an die Stelle des Nationalgeistes; das deutsche Volk, ehemals so
fröhlich, so geistreich, so kindlich, wurde durch die Reformation in ein trauriges, plumpes
und langweiliges Volk verwandelt. Das deutsche Leben ist ein Fastenleben, das schon
drei Jahrhunderte dauert, und das gute deutsche Volk ist noch weit von seinen Ostern.“

„Luther war ein großer Mann, aber vor allem war er Mensch, und besaß alle Gebrechen und Schwachheiten dieser unglückseligen Gattung. Emporgekommener Plebejer,
haßte und verachtete er den Stand, aus dem er hervorgegangen, und wollte lieber der
Schützling der Fürsten, als der Beschützer seines Gleichen seyn. Die Fürsten schmeichelten ihm, weil sie ihn fürchteten. Luther war so gerührt von ihrer Furcht, und so betäubt
von ihren Liebkosungen, daß er gar nicht gewahr wurde, daß die Fürsten nur aus Ehrgeiz
und Habsucht seine Lehre angenommen, und daß sie sich in ihrem Innern über seinen
religiösen und philosophischen Enthusiasmus lustig machten. Luther hat seinem Vaterlande viel Böses angethan. Vor ihm fand man bei den Deutschen nur Dienstbarkeit,

Luther begabte sie noch mit Dienstbeflissenheit. Die südlichen Völker, die katholisch geblieben, fürchten ihre Gebieter, doch sie lieben und verehren sie nicht; sie bewahren ihre Liebe und ihre Verehrung für Gott und seinen Statthalter."

„Darum haben alle katholischen Völker, sobald sie sich gegen ihre Tyrannen stark genug gefühlt, ihr Joch abgeschüttelt, oder wenigstens mit gutem oder schlechtem Erfolge ihre Befreiung versucht. Aber bei den reformirten Völkern, wo die Fürsten auf den Rath und mit Einwilligung der Reformatoren die moralische Macht der Kirche an sich gezogen und mit ihrer materiellen Macht vereinigt hatten, mußten die Unterthanen die Liebe und die Verehrung, die sie früher der Kirche geschenkt, ihren weltlichen Herren als pflichtschuldige Steuer darbringen. Nur bei den nordischen Völkern findet man jene dumme und blinde Liebe und jene abergläubische Verehrung für die Fürsten, die den Menschen so sehr entwürdigen und jene unglücklichen Völker an ihre Sklavenketten schmieden. Sie wagen sie nicht zu brechen, sie wagen es nicht zu wollen; das vermeintliche soziale Verbrechen würde sie nicht zurückschrecken, aber sie entsetzen sich vor der Verletzung des Heiligen. Die katholischen Priester haben nie den leidenden Gehorsam gepredigt, gleich den reformirten Geistlichen, und das angebliche göttliche Recht der Fürsten, ob zwar schon früher von ihnen in Anspruch genommen, wurde doch erst seit der Reformation von den Völkern anerkannt. — — —"

„Luther war das Musterbild eines deutschen Philosophen, mit allen Tugenden und Fehlern seiner Nationalität. Von hohem Verstande, ausgebreiteter Gelehrsamkeit, geistreich, mit Adleraugen die Finsternisse seiner Zeit durchdringend, standhaft, tugendhaft, unbestechlich, den Gunstbezeugungen der Großen besser als ihren Liebkosungen widerstehend, wagte Luther, ein armer und unbekannter Mönch, die kolossale Macht des Papstes herauszufordern. Aber er war kein politischer Kopf; er kannte die wirkliche Welt nicht, er verstand weder die Ränke, die Leidenschaften und die Halsstarrigkeit der höhern Stände, der bürgerlichen Gesellschaft, noch den richtigen Sinn, die Tugenden und die Interessen der untern Stände. Er verachtete im höchsten Grade das Volk, das allein gut und tugendhaft, immer seine Meinungen in Gesinnungen und seine Gesinnungen in Handlungen zu verwandeln sucht."

„Luthers Unternehmen war mehr ein Werk des Wissens, als des Gewissens. Vergessend, daß Gott selbst, trotz seiner Allmacht, eine sinnliche Welt erschaffen mußte, um seine Göttlichkeit zu offenbaren; vergessend daß alle Ideen an einander hängen, daß die moralischen und materiellen Interessen sich vermengen, und daß man die einen nicht bewegen könne, ohne die andern mit zu treiben; verwünschte Luther das Volk, weil es die neuen Ideen verkörpern wollte. Der Teufel besuchte ihn eines Tages in seiner Einsamkeit, um ihn zu gewinnen oder zu schrecken; Luther warf ihm das Tintenfaß an den Kopf und der Teufel flüchtete sich durchs Fenster. Weil ihm diese Art den Krieg zu führen einmal gegen einen armen Teufel geglückt war, glaubte Luther, die Tinte wäre das beste Wurfgeschütz gegen die Gewaltthätigkeit, den Despotismus, den Ehrgeiz und die Raubsucht der Mächtigen der Erde. Diese Lutherische Artillerie ist seitdem nicht vervollkommnet worden, und die deutschen Philosophen, Moralisten und Doktoren der Politik begnügen sich noch jetzt, gegen die Tyrannen zu schreiben, welche sich über sie und ihre Tintenfässer mit Recht lustig machen."

Soll ich jetzt der Verlockung des Herrn Menzels folgen, und mit ihm das alte Lied vom weltstürmenden Korsen in Duett absingen? Ach nein, es ist gar zu langweilig. Nur zu oft habt Ihr es gehört, nur zu oft wurde es Euch vorgesungen. Doch will ich den weltstürmenden Korsen dazu benutzen, um Herrn Menzel zu zeigen, was der falsche und was der wahre Patriotismus ist, und wie sich der Patriotismus der Deutschen von dem der andern Völker unterscheidet. Woher kam es denn, daß das schwache Spanien dem weltstürmenden Korsen gleich am ersten Tage seines Einfalls zurufen durfte: bis hierher und nicht weiter? Wie gelang es den Spaniern, die Franzosen in ihrer Siegesbahn aufzuhalten, während das weit mächtigere deutsche Volk sich zwanzig Jahre lang von ihnen schlagen ließ? Es kam daher, weil die Spanier nicht blos für ihren König und ihre äußere Unabhängigkeit, sondern zugleich für sich selbst und ihre innere Freiheit die Waffen ergriffen. Es kam daher, weil sie nicht blos gegen die Tyrannei Napoleons, sondern auch gegen die ihrer eigenen Fürsten kämpften; darum gelang es ihnen. Und als sie ihren König zurückgeführt und dieser sie betrog wie üblich, da ließen sie sich weder täuschen noch schrecken, da verloren sie nicht den Muth, ergaben sich keiner schnöden Ruhe, sondern sie kämpften fort und fort für ihre Freiheit, und wenn überwältigt, kehrten sie immer von neuem zum Kampfe zurück und heute haben sie gesiegt für immer. Das ist der wahre Patriotismus. Und damals fand sich kein Schriftsteller unter den Spaniern, der ihnen zugerufen: jetzt habt Ihr euren König, jetzt könnt Ihr zufrieden seyn; verlangt nicht zuviel, am höchsten Maaßstab des Ideals darf man nie einen menschlichen Zustand messen; schlaft einen gesunden Pflanzenschlaf, gedeiht im Stillen, paußirt gehörig, und legt euch in's Kindsbett! Es fand sich kein solcher. Und hätte sich ein solcher Thor gefunden, hätten ihn die stolzen Spanier verhöhnt und ihn gefragt: Lengua sin manos, cuemo osas fablar?

Und darum, weil wir der Gedanken ohne Zunge, der Zunge ohne Hände spotten, darum weil wir ein Volk, bald beweinenswerth, bald lächerlich finden, das sich noch dümmer fangen läßt, als die Fliegen, die man wenigstens mit Zucker lockt, das sich fangen läßt mit Schmerzen und Bitterkeiten — darum verhöhnten wir jene tapfern Deutschen, die für ihr Vaterland geblutet, die Geister jener Helden, die für ihr Vaterland gestorben! Wir nicht. Ihr verhöhnt sie, Ihr bestochenen Sachwalter, die Ihr durch eure Verfälschungen, eure Verdrehungen, eure Ränke das deutsche Volk um das Erbe betrügen wollt, das ihnen jene gefallenen Helden hinterließen; Ihr verhöhnt sie, nichtswürdiges Geschlecht! Nicht wir verhöhnen die Geister jener Helden, wir, die wir im Kerker schmachten, die wir landesflüchtig werden mußten, weil wir der Freiheit treu geblieben, für die jene Helden geblutet; weil wir die Gesinnungen kund gethan, durch die sie einst unsere Fürsten vom Joch Napoleons befreit, und sie aus Knechten, die sie waren, wieder zu Herren erhoben. Wir beweinen das edle, fruchtlos vergossene Blut jener Helden. Wären sie so weise als tapfer gewesen, so bedenklich als sie vertrauungsvoll waren, hätten sie die Waffen nicht niedergelegt, bis sie dem Volke die Freiheit gesichert: dann lebten wir im Vaterlande, glücklich und geehrt, und Ihr schnöden Helfershelfer der Tyrannei müßtet in der Welt umherirren, bis Ihr einen Winkel findet, dunkel genug, eure Schande zu verbergen.

Wie! Jene tapfern Deutschen, die ihr Blut auf dem Schlachtfelde vergossen, hätten mir die Sicherheit erobert, mit der ich in Paris sitze und schreibe und die Geister der gefallenen Helden verhöhne! Die Sicherheit erobert? Nöthig gemacht, hätte Herr Menzel sagen sollen. Hätten jene Helden für die Freiheit unseres Vaterlandes gekämpft und nicht blos für die Freiheit unserer Fürsten, dann brauchten wir keine Sicherheit in einem fremden Lande zu suchen. Und hätten die Franzosen solche bange Sklavenherzen wie die Deutschen, und wäre ihr König so niedrig gesinnt wie die deutschen Könige, dann gewährten sie uns keine Freistätte in ihrem Lande, sondern sie würden uns mit Ketten belastet der Rache unserer Feinde ausliefern.

Freilich würde ich mich sehr unglücklich fühlen, müßte ich noch in meiner Vaterstadt als Polizeibeamter Programme zu kaiserlichen Namensfesten schreiben; aber weil zu kaiserlichen. Ob der Kaiser Napoleon hieße, oder Ferdinand, oder Nikolas, das wäre mir Alles gleich. Und dennoch wollte ich lieber so schmähliche Programme schreiben, als meine Hände besudeln, wie jetzt alle deutsche Polizei-Präfekten es mit Lust und Liebe thun: mit Entwürfen zu Instruktionen für reisende Kundschafter, mit Zusammenstellen der Berichte haustrender Spione, mit Steckbriefen hinter allen Freunden des Vaterlandes, mit Protokollführung über die den gefangenen Patrioten abgemarterten Geständnisse, mit der doppelten Buchhalterei über Alles, was in den Wirthshäusern getrunken und gesprochen wird. O tausendmal lieber! Nie war während der französischen Herrschaft die deutsche Polizei so tief in Koth versunken als jetzt; nie wurde ihr so Unmenschliches zugemuthet; nie wurde das härteste Verlangen mit solcher freiwilligen Bereitwilligkeit gewährt; nie während der zehnjährigen Herrschaft der Franzosen wurde bei der Polizei mit solcher schadenfrohen Tücke, mit solcher Unmenschlichkeit, und wo die Tücke aufhört, mit solcher ledernen, thränendichten Schulfuchserei der Amtspflicht verfahren, als gleich während dem ersten Jahre der deutschen Herrschaft. Ich muß das wissen, Herr Menzel, ich war auch dabei. Und seitdem ist das ganze deutsche Volk von seiner Ober-Regierung

in zwei Klassen abgetheilt worden: in die der Spione und die der Spionir-
ten. Außer ihnen nicht Einer mehr. Sey einer brav oder schlecht, Mensch
oder Teufel, das kümmert sie nicht; man ist Polizei-Hund oder Polizei-
Wild, Hammer oder Amboß.

„Herr Börne ist kein Freund der deutschen Schulphilosophie und doch verfährt er ganz
wie sie. Er beginnt damit, sein Objekt anders haben zu wollen, als es ist, und da dies
nicht gehen will, negirt er es schlecht weg. Aber so wenig wie die Welt anders wird, wenn
die Philosophen sie anders machen wollen oder gar negiren, eben so wenig ändert sich das
deutsche Volk, mag es Herr Börne in der Wirklichkeit anders machen wollen oder gar in
der Idee negiren."

Herr Menzel hofft, es werde mir nie gelingen, das deutsche Volk zu
ändern. Aber was berechtigt ihn, mir ein so thörichtes Vorhaben anzu-
dichten? Noch Keiner hat versucht, ein Volk zu ändern, und nie wäre der
Versuch gelungen. Wir wollen das deutsche Volk nicht ändern, wir wollen
es aufwecken, denn es schläft. Wir sind seine Fliegen, die ihm um die
Ohren summen und im Gesichte herum kitzeln; ich wenigstens glaubte nie
mehr zu seyn. Zwar schläft das deutsche Volk einen sehr festen Schlaf —
wie wäre ihm auch möglich gewesen, seinen Gelehrten zu widerstehen, die mit
ihren Büchern selbst einen österreichischen Vorposten einschläfern könnten;
zwar schläft es einen idealen Sch'af, wie ihn Herr Menzel so lyrisch schön
besungen, es schläft wie ein Veilchen um Mitternacht, wie ein Kind im
Schoose der Mutter; aber wir sind auch unermüdliche Fliegen. Und weckt
es unser Stachel nicht auf, so weckt es einst der Donner, und thut es der
Donner nicht, so thut es ein Erdbeben. Aufwachen, aber nicht sich ändern.
Das verhüte Gott, daß je das edle deutsche Volk sich ändere!

„Herr Börne will uns die Freiheit aus Frankreich bringen. Was für eine Freiheit?
Er sagt es uns nicht. Die Republik ohne Zweifel? Aber was für eine Republik? Die
Tugend-Republik des seligen Maximilian Robespierre? Herr Börne beobachtet zu viel
Schicklichkeit gegen sein eignes Genie, um sich als Schwärmer für das Tugendmaximum
Blößen zu geben. Er ist den Fünfzigen näher als den Zwanzigen. Die Lasterrepublik
des neuetablirten jüdischen Hauses Heine und Compagnie? Herr Börne hat sie noch vor
wenigen Monaten im Réformateur entrüstet angegriffen, und wenn er sie auch im zweiten Heft der Balance wieder in Schutz nimmt, so thut er es nicht aus Sympathie für die
Laster, sondern nur aus Malice gegen Deutschland. In Frankreich tadelt er die Demoralisation, in Deutschland lobt er sie, nicht weil sie die Sitten, sondern weil sie den Staat
untergräbt. Alles ist ihm recht, was als ein zerstörendes Element in Deutschland um
sich frißt."

„Was ist nun aber in allen seinen Negationen das Positive? Was will er für eine
Freiheit, wenn er weder die Tugend-Republik noch die Laster-Republik, und auch nicht die
constitutionelle Monarchie will, die er mit so viel Unrecht auf jede mögliche Weise beschimpft, gegen deren Freunde er die unsäglichste Verachtung blicken läßt?"

„Er sagt uns nicht, was er gründen will, wenn er Alles zerstört haben wird. Er denkt, die Franzosen werden schon dafür sorgen. Man muß nur diese Bahn brechen in Deutschland, den Deutschen selbst alles Deutsche gehässig, verächtlich, lächerlich, alles Französische wünschenswerth machen, und den Franzosen alle Mittel und Wege zeigen, wie sie über die Deutschen Meister werden können, erst durch ein schmeichelhaftes Fraternisiren, und dann, wenn gehörig vorgearbeitet ist, durch die Invasion."

Es gab noch keinen diplomatischen Lehrjungen, es gibt keinen einzigen Krautjunker in ganz Deutschland, der nicht einmal über die Tugend-Republik des seligen Herrn v. Robespierre gescherzt hätte. Herr Menzel gehe mit seinem seligen Herrn v. Robespierre ins Bad Dobberan und lasse sich präsentiren, oder nach München in den Bocksbierkeller. Dort wird er ohne Zweifel Lachen erregen mit der Tugend-Republik des seligen Herrn v. Robespierre; aber mich verschone er damit. Er wird mich nie demüthig genug finden, mit fürstlichen Lakaien über die Tugend und Seligkeit Robespierres zu streiten; das faßt kein Bedientenherz.

Herr Menzel meint, ich könne in meinem so reifen Alter doch unmöglich mehr für die Tugendrepublik schwärmen. Die Republik als eine Herrschaft der Tugend geltend zu machen, um sie den Menschen zu verleiden, das ist der alte wohlbekannte Polizeipfiff. Aber die Republik hat nie das Versprechen gewagt, das Laster zu zerstören; sie versprach nur dessen gesetzliche Organisation aufzulösen, ihm seine Erblichkeit, seine angebornen Vorrechte zu entreißen, und die geschlossenen Körperschaften zu trennen, die dem Laster eine unbesiegbare Uebermacht über die Tugend geben. Die Staatsverfassung keiner Art vermag mehr als das; der Mensch ist älter als der Bürger, der Mensch muß sich bessern, dann folgt ihm der Bürger nach. Und das ist ein anderer Polizeipfiff, die Liebe zur republikanischen Freiheit als eine jugendliche Schwärmerei darzustellen. Die Liebe der Freiheit wohnt im Herzen, und das Herz altert nicht. Ich kannte achtzigjährige Republikaner, und ich selbst war bis in mein fünf und vierzigstes Jahr der constitutionellen Monarchie zugethan.

Aber wie kömmt die Republik hierher? Habe ich von den Vorzügen der monarchischen oder republikanischen Regierungsform gesprochen, daß Herr Menzel Anlaß fand, darüber mit mir zu rechten? Es ist nichts als die gewohnte bange Vorsicht des Herrn Menzel. Er fürchtet so sehr die Ueberzeugungskraft meiner Ansicht über die Lage Deutschlands, daß er sich scheut, ihnen nahe zu kommen. Er führt das Volk seiner Leser auf ein Feld, von dem ich weit entfernt bin, und ruft ihm zu: dort steht er, schlagt drauf. Und sie schlagen zu, und haben die Luft und das Gebüsch getroffen, mich aber nicht, und Herr Menzel zieht als siegender Feldherr in die Herzen aller Krautjunker ein. Sind Frankreich, England und Belgien

Republiken? Sind sie nicht constitutionelle Monarchien? Heißt das die Republik fordern, wenn wir diejenige Ordnung der Dinge, die in jenen Ländern herrscht, auch für Deutschland wünschen? Gibt es aber in Deutschland constitutionelle Monarchien? Gehört es zum Wesen der constitutionellen Monarchie, daß die Volksvertreter das Büdjet anerkennen müssen, daß sie nicht sprechen dürfen, worüber sie wollen, daß sie ihre Reden nicht bekannt machen, die Protokolle ihrer Sitzungen nicht drucken lassen dürfen? Gehört die Censur zum Wesen der constitutionellen Monarchie? Gehört es zum Wesen der constitutionellen Monarchie, jungen Schriftstellern von Geist und Talent das Schreiben zu verbieten, blos weil sie einen guten Styl haben, und man fürchtet, das Volk möchte künftig lesen, was früher nur die Gelehrten verstanden? Gehören die heimlichen Gerichte zum Wesen der constitutionellen Monarchie? Gehört es zum Wesen einer constitutionellen Monarchie, daß die von den Fürsten bezahlten Richter allein über Freiheit und Leben derjenigen entscheiden, die der Beleidigung jener Fürsten angeklagt worden? Gehört es zum Wesen der constitutionellen Monarchie, daß man die Angeschuldigten vier, fünf Jahre im Kerker schmachten läßt, bis man sie verurtheilt oder freispricht? Gehört es zum Wesen der constitutionellen Monarchie, die Jugend als ein Verbrechen zu bestrafen und als ein Vergehen, jung gewesen zu seyn? Gehört es zum Wesen der constitutionellen Monarchie, viele hundert Jünglinge während der Blüthezeit ihres Lebens im Kerker schmachten zu lassen, weil sie die Freiheit länger geliebt, als ihre Fürsten sie gebraucht? Gehört es zum Wesen einer constitutionellen Monarchie, daß man weder die Namen der Eingekerkerten, noch die der Angeklagten, noch das Verbrechen der Verurtheilten bekannt macht? Daß man über die vielen Hunderte, die man zur Zuchtstrafe verurtheilt, Rechnung ablegt wie über ein Schlachthaus? So viel Ochsen sind geschlachtet worden, so viel Kühe, so viel Hämmel, so viel Schweine — das Schlachtvieh hat keinen Namen — so viel Theologen sind verurtheilt worden, so viel Juristen, so viel Pfarrer, so viel Mediziner, so viel Offiziere — sie haben keinen Namen die Schlachtopfer des Despotismus! Gehört es zum Wesen einer constitutionellen Monarchie, daß man eine Mutter bestraft, weil sie ihren Sohn, eine Schwester, weil sie ihren Bruder aus dem Kerker zu befreien suchte? Gehört es zum Wesen einer constitutionellen Monarchie, daß man eine Frau mit Steckbriefen verfolgt wegen geäußerter „Theilnahme an dem Schicksale ihres Mannes," der gefangen sitzt. Daß man eine Mutter zwingen will, die Briefe der Polizei auszuliefern, die sie von ihrem geflüchteten Sohne erhält? Daß man ein vierjähriges Kind vor Gericht ladet, um seiner Unschuld und Unwissenheit ein Zeugniß gegen seine eigne Mutter abzulocken? Gehört es zum Wesen der constitutionellen Monarchie, wenn die verschiedenen Fürsten eines Landes sich zum Voraus über das Eigenthum und die Nutznießung der geflüchteten Patrioten zanken, die man wieder erwischen könnte; daß sie streiten, wer von ihnen das Recht haben solle, sie zuerst zu martern; daß sie einen Vertrag schließen, derjenige von ihnen solle das Vorrecht haben, der sich zuerst gemeldet; daß sie dann sich eilen, sich auf die Flüchtlinge zu abonniren, sich einschreiben zu lassen, wie zur Vorstellung einer Oper? Welch ein jämmerlich ungeschickter Vertheidiger der in Deutschland bestehenden Ordnung der Dinge ist Herr Menzel, wenn er behauptet, zwischen dieser Ordnung der Dinge und einer Republik läge nichts in der Mitte! Um so schlimmer, wenn nichts in der Mitte liegt; um so schlimmer, wenn keine andere Wahl ist, als jene Ordnung der Dinge geduldig fort zu ertragen, oder sich durch die Republik zu retten.

Herr Menzel behauptet, ich hätte die Demoralisation in Frankreich entrüstet angegriffen und getadelt, die in Deutschland aber gelobt und in Schutz genommen, und er ruft das zweite Heft der Balance, wo ich von Gutzkow's Wally gesprochen, als Zeugniß auf. Was gab dem Herrn Menzel die Dreistigkeit zu solcher Lüge, da sich doch in der Balance gerade das Gegentheil findet? Die Zuversicht umpanzert ihn; er weiß, daß er meine Gegenwehr verlachen kann, weil ihm seine Polizei-Taktik den Sieg sichert. Er weiß, daß die Balance nur von sehr Wenigen gelesen worden, daß selbst diese Wenigen nur mit Zittern weiter erzählen durften, was sie darin angesprochen, und daß ihre schwachen Stimmen von dem Geschrei des Literaturblattes, der Allgemeinen Zeitung, und der hundert andern deutschen, angstkeuchenden, bettelnden oder bezahlten Blätter, betäubt und verschlungen wurden. Aber freilich, mein Tadel der Wally hatte einen ganz andern Grund, als der des Herrn Menzel. Ich vertheidigte Religion und Sittlichkeit, weil ich in ihnen eine Stütze der Freiheit finde; Herr Menzel aber, weil er in ihnen eine Stütze der Herrschaft sieht, der gunstspendenden. Nicht daß ich die Wally gelobt, sondern daß ich das lächerlich despotische Verfahren getadelt, welches die deutschen Regierungen sich gegen Gutzkow erlaubt, das war es, was den Eifer des Herrn Menzels erregte. Aber ganz Deutschland denkt hierin wie ich. Ueber das, was recht und sittlich sey, hat die öffentliche Meinung zu entscheiden, nicht die Frankfurter Staatsinquisition, in deren verpestetem Luftkreise weder Recht noch Sittlichkeit bestehen können. Und wenn die Moral meine eigne Tochter wäre, ich wollte sie eben so gern in einem Bordell erziehen lassen, als daß ich sie der Aufsicht der Polizei anvertraute.

Als Herr Menzel, einst ein Pharisäer des Liberalismus da zu heucheln noch Vortheil brachte, das junge Deutschland vor das Gericht des alten zog und es anklagte, an diesem Tage hatte er seine Seele mit blutiger Unterschrift dem Bösen zugesagt, und von einem solchen Handel kauft man sich nicht wieder los, mit aller Reue nicht. Da Christus von Judas verrathen wurde, war er schon reif zu seiner Herrlichkeit und stand als Gott auf, nachdem er als Mensch gestorben. Wer aber einen Keim des Guten und Schönen erstickt, ist ein zehnfacher Judas. Herr Menzel zerriß sich die Kleider, streute Asche auf sein Haupt und flüsterte den Machthabern ins Ohr und heulte auf allen Gassen, es werde dem Lande ein Voltaire, ein Rousseau geboren werden, ein Messias, der das Volk von seiner Gedankenfreiheit befreien würde. Darob erschracken die Herodes Deutschlands und sie schickten ihre Häscher aus, die junge gefahrdrohende Brut zu zerstören. Die Verfolgung des jungen Deutschlands war ein wahrer bethlemitischer Kindermord. Die unschuldigen Kindlein! Voltaire war nicht unter ihnen. Die dummen Herodes! Wenn dem deutschen Volke ein Voltaire kommen soll, wird er kommen; noch nie wurde ein großer Mann in der Wiege erwürgt.

Ich hätte gegen die Freunde der constitutionellen Monarchie in Deutschland immer die unsäglichste Verachtung blicken lassen, sagt Herr Menzel. Verachtung! nein; denn sie haben es gut gemeint. Aber angestaunt, bedauert habe ich jene Männer, welche die Geschichte lehren, und doch selbst nichts von ihr gelernt; welche die letzten fünfzig Jahre durchgelebt und doch nicht um eine Täuschung ärmer, nicht um eine Enttäuschung reicher geworden sind; welchen die Taschenspielerei der Macht so fremd wie unschuldigen Kindern war, so daß sie gar nicht begreifen konnten, wo denn auf einmal die Muscatnuß, wo die Preßfreiheit, wo die drei Eide hingekommen. Diese wenigen, zwar unverständigen aber treuen Freunde der constitutionellen Monarchie, schmachten jetzt im Kerker, oder leben in der Verbannung, oder darben zum Lohne ihrer Vaterlandsliebe, oder zittern unter dem Schwerte der Rache, das an einem Faden über ihrem Haupte hängt; denn in Deutschland athmet man jetzt nur ab instantia frei. Wo sind aber die übrigen tausend Freunde der constitutionellen Monarchie hingekommen? Wohin haben sie sich verkrochen? Als die constitutionelle Monarchie noch Macht und Einfluß hatte, als zum Volksvertreter gewählt zu werden noch Vortheil brachte, weil es die Gelegenheit verschaffte, der Regierung ihre Gunst abzutrotzen; als die constitutionelle Monarchie noch Feste gab, da setzten sich viele Freunde an ihren Tisch und tranken und schwatzten, und schwangen den Becher wie ein Schwert, und blitzten und donnerten mit Reden, die doch nur die warme Luft abkühlten, aber niemals einschlugen. Sobald aber die constitutionelle Monarchie ihr Ansehen verloren, da schlichen sich ihre Freunde fort, und wenn sie der armen zerlumpten Constitution auf der Straße begegneten, wendeten sie das Gesicht von ihr und wurden bleich und roth. Herr Menzel wird uns sagen, die guten Freunde der constitutionellen Monarchie hätten die Erlaubniß nicht mehr frei zu reden; aber wann hatte die Freiheit je die Erlaubniß bekommen, frei zu seyn? Man nimmt die Freiheit, man empfängt sie nicht; und wer sie genommen und dann ohne Kampf zurückgab, der war ein gemeiner Taschendieb, kein Eroberer, und man hängt ihn mit Recht.

Herr Menzel wird uns sagen, es wären hier und da in Deutschland noch kostbare Reste von constitutioneller Freiheit zu finden. Freilich, gerade so viel, als Oesterreich und Preußen brauchen, die Fürsten jener Länder in Furcht von ihren Ständen, und dadurch von sich selbst in Abhängigkeit zu erhalten. Jene Trümmer der constitutionellen Freiheit sind es, welche die festesten Stützen des Despotismus bilden.

Wenn man sich einen Augenblick des Ernstes und der Trauer erwehren könnte, würde man die deutsche Geschichte der letzten vierzig Jahre als eine Fastnachtsposse betrachten, von einem komischen Engel zur Belustigung des himmlischen Hofes gedichtet. Zwanzig Jahre lang bekriegten die Deutschen die französische Freiheit; zwanzig Jahre lang wurden sie von den Franzosen geschlagen, geplündert und gedrückt, und als sich nach zwanzig Jahren der Sieg auf ihre Seite gewendet und sie die Hauptstadt ihrer Feinde erobert — was thaten sie, wie rächten sie sich? Sie brachten den Franzosen eine Freiheit, wie sie sie nie gehabt, einen Wohlstand, den sie früher nie genossen, und die guten Deutschen kehrten sieggekrönt in ihre alte Sklaverei und ihre alte Armuth zurück! Was war's aber? War es Großmuth, welche die despotischen Fürsten des Nordens bewog, dem besiegten Frankreich eine freie Verfassung zu gewähren? War es Großmuth, daß Ludwig XVIII., der mit allen Vorurtheilen der alten Zeit, und mit einem Hasse, den zwanzigjährige Verbannung unterhalten, nach Frankreich zurückgekehrt, den Franzosen die Freiheit schenkte? Nein, es war keine Großmuth; es war die Ehrfurcht, die ein muthiges und beharrliches Volk den Siegern abgedrungen, es war die Furcht, die ihnen ein trotziges und drohendes Volk aufgedrungen. So gewannen die Franzosen durch ihre Niederlage, was die Deutschen sich nicht durch ihren Sieg gewinnen konnten.

Ist das die schöne Bestimmung der edlen Deutschen, die Polizei von ganz Europa zu machen und aller Orte die Büttel der Freiheit zu seyn? Noch heute ist es deutscher Einfluß, der in allen Ländern die Gewaltherrschaft beschützt, oder die Freiheit immerfort bedroht und stört und sie nicht zu ruhigem Genusse kommen läßt. Dieser deutsche Einfluß waltet in England, in Frankreich, in Spanien und Portugal, in der Schweiz und in Griechenland. Ein deutscher Fürstenknabe, der Sohn eines österreichischen Vasallen, wurde nach Lissabon geschickt, um dort dem Königskinde zu zeigen, wie man mit Eiden und mit Völkern spiele. Mit deutsch-protestantischem Gelde wird Don Karlos unterstützt, daß er in Spanien die Ketzergerichte wieder einführe. An der Spitze aller geheimen Verbindungen gegen die Freiheit des britischen Volkes steht der Herzog von Cumberland, der in Berlin seine Studien gemacht und dem dort die Augen aufgegangen. Als der Sultan Mahmud mit gutem Willen seine Völker auf den Weg der Civilisation führen wollte und bei seinen christlichen Freunden Rath und Belehrung suchte, schickte man ihm von Wien Polizeiverständige, um in Constantinopel eine geheime Polizei zu organisiren, als die Elementarschule der christlichen Civilisation. Und als der naive Sultan einen Schritt weiter ging und eine türkische Zeitung anordnete, machte ihm das österreichische Cabinet über das Verderbliche einer solchen Neuerung die dringendsten Vorstellungen und bemerkte: Zeitungen wären noch gefährlicher als Janitscharen, und vertrügen sich mit der geheimen Polizei wie Alkalien mit Säuren. In ganz Europa wenden alle Feinde der Freiheit ihre hoffnungsvolle Blicke nach Deutschland hin. Das deutsche Volk ist der liebe gute Onkel, der noch immer die Schulden seiner Völker-Neffen bezahlt. Doch genug! Herr Menzel bittet uns, nicht so laut zu sprechen, denn Deutschland, das arme Ding, läge in Kindesnöthen und seine Wehen wären gar zu süß.

Was in allen meinen Negationen das Positive sey; was ich gründen wolle, wenn ich Alles zerstört haben werde; was für eine Freiheit ich denn wolle? frägt Herr Menzel, und antwortet sich darauf: dafür werden schon die Franzosen sorgen. Fangt Gimpel, Ihr Finkler der öffentlichen Meinung, daß es euch nicht an Gesellschaft fehle; aber redet mit menschlichen Geschöpfen nicht von Freiheit, die Ihr nicht verstehet und nicht fühlet. Die Freiheit ist gar nichts Positives, sie ist nur etwas Negatives: die Abwesenheit der Unfreiheit. Die Freiheit kann und will nichts gründen als sich selbst, sie kann und will nichts zerstören als die Gewaltsherrschaft. Die Freiheit kann ein Volk nicht umwandeln, sie kann ihm nicht die Tugenden und Vorzüge verschaffen, die ihm seine Natur versagt; sie kann ihm die Fehler nicht nehmen, die ihm angeboren, die sein Klima, seine Erziehung, seine Geschichte oder sein unglückliches Gestirn verschuldet; die Freiheit ist nichts und dennoch Alles, denn sie ist die Gesundheit der Völker. Wenn der Arzt einen Kranken zu heilen sucht, kommt Ihr dann, um ihn zu fragen: warum heilt Ihr diesen Mann, ehe Ihr reiflich überlegt, was Ihr nach der Heilung aus ihm machen wollt? Er ist ein schwacher Greis, wollt Ihr einen kräftigen Jüngling aus ihm machen?' Er ist ein Bettler, wollt Ihr ihn zum reichen Manne machen? Er ist ein Bösewicht, wollt Ihr ihn zum tugendhaften Menschen machen? Er ist ein Dummkopf, könnt Ihr ihm Geist verschaffen? Er wohnt in der öden Lüneburger Heide, wollt Ihr ihn nach Neapel bringen? Der Arzt antwortet euch: ich will ihn heilen; wie er dann seine Gesundheit benutzen könne, benutzen wolle, das ist seine Sache, das wird seine Bestimmung entscheiden. So auch spricht die Freiheit: ich gebe den Völkern ihre Gesundheit wieder; doch wie sie die Freiheit benutzen wollen, benutzen können, das muß ich ihrem Willen und ihrem Schicksale überlassen. Wie ein gesunder Bettler, der an seiner steinernen Brodrinde kauet, glücklicher ist, als der kranke reiche Mann, der an einem üppigen Tische schwelgt: so ist ein freies Volk und wohnte es am eisigen Norden, ohne Kunst, ohne Wissenschaft, ohne Glauben, ohne alle Freuden des Lebens, und mit den Bären um seine Nahrung kämpfend— so ist es dennoch glücklicher als ein Volk, das unter einem paradiesischen Himmel mit tausend Blumen und Früchten schwelgt, die ihm der Boden, die Kunst und die Wissenschaft reichen, aber dabei der Freiheit entbehrt. Nur die Freiheit vermag alle Kräfte eines Volkes zu entwickeln, daß es das Ziel erreiche, welches ihm auf der Bahn der Menschheit vorgesteckt worden. Nur sie kann die verborgen keimenden Tugenden eines Volkes an den Tag bringen, offenbaren, welche seiner Gebrechen der Entartung, welche der Natur zuzuschreiben, und seine gesunden Vorzüge von denjenigen trennen, die unter dem Scheine der Kraft nur eine Schwäche bedecken, die nichts als krankhafte Congestionen, gesetzwidrige Anmaßungen eines Organs über das Andere sind — so etwa wie die Häuslichkeit und der Transcendentalismus der Deutschen.

Ein Volk das nicht frei ist, das noch in seiner Regierung wie ein Fötus im Mutterschoose ruht, ist gar kein selbstständiges Volk; es ist eine Hoffnung, aber keine Wirklichkeit. Und die Freiheit ist auch die Ehre der Völker. Selbst wenn alle Herrscher das wären, was sie nicht sind, die Väter ihrer Unterthanen, wenn sie für nichts besorgt wären, als für deren Glück, für deren Zufriedenheit, selbst dann auch wären jene Völker ohne Freiheit und ohne Ehre bedaurungswürdig. Sie müssen, was ihnen als Recht gebührt, als Geschenk annehmen, zittern bei jeder üblen Laune, bei jeder Leidenschaft, jeder Trunkenheit ihrer Gebieter; sie sind keine Menschen, sie sind nur Sachen, geliebte Kleinodien ihres Besitzers, sie sind keine selbstständige Wesen.

13*

Alle Feinde der Freiheit reden die nämliche Sprache, denn sie gehören zu einem Volk, und der Eigennutz ist ihr gemeinschaftliches Vaterland. So oft sie in einem Lande, das eine freie Verfassung hat, Mängel sehen, schreiben sie diese Mängel der freien Verfassung zu. So oft sie in einem andern Lande, das unbeschränkte Herrscher hat, Vorzüge erblicken, sagen sie diese Vorzüge wären die wohlthätigen Folgen der unbeschränkten Regierung. Als Herr Menzel in des Fürsten Pückler französischer Reise las, daß ein Theil der Provinzen Frankreichs so öde, so leblos, so armselig wäre, was freilich wahr ist, da jubelte er, und rief: seht Ihr's, seht Ihr's, Freunde des Franzosenthums! Was sollen wir sehen? Wir wollen Ihren Gedanken ergänzen. Seht Ihr's, das ist die Folge einer repräsentativen Verfassung, das ist die Folge der Preßfreiheit, das ist die Folge der Geschwornengerichte, das ist die Folge der Oeffentlichkeit, das ist die Folge der Gleichheit, das kömmt dabei heraus, wenn man Staatsverbrecher gleich in den ersten sechs Monaten richtet und sie nicht vier Jahre lang im Kerker schmachten läßt, das kömmt dabei heraus — enfin, c'est la faute de Rousseau, c'est la faute de Voltaire. Aber, mein guter Herr Menzel, wenn die Franzosen keine Freiheit und keine Geschwornengerichte hätten, wären dann die Felder besser bebauet? Sind perennirende provisorische Gefängnisse etwa Treibhäuser, die alle edlen Früchte zur Reife bringen? Ist die Censur ein Dünger, der das Land befruchtet? Und so oft Sie von den Vorzügen des Geistes und des Herzens sprechen, die das deutsche Volk über das französische erheben, möchten Sie diese Vorzüge des deutschen Volkes seinen Regierungen zuschreiben. Aber würden diese Vorzüge der Deutschen, die keiner bestreitet, sich vermindern oder zu Grunde gehen, wenn Deutschland eine freie, sittliche und christliche Staatsverfassung hätte? Würden sie nicht vielmehr dabei gewinnen, wenn sie aus der Stille des Gedankens und der Dunkelheit des Gefühls in das freie helle Leben der Thaten übergingen?

So oft einer seinen Blick nach Amerika wendet, kommen gleich alle Feinde der Freiheit herbei und schneiden spöttische Gesichter und sagen: eine schöne Republik, eine schöne Freiheit wo die Sklaverei herrscht! Als wäre die amerikanische Sklaverei Folge der Freiheit, als wäre sie nicht schon vor der Republik gewesen! Aber, sagen Jene, die Freiheit sollte die alte Sklaverei aufheben wollen und können, und thut sie es nicht, so will sie oder vermag es nicht. In ihrem Hasse gegen die Freiheit ergreifen sie das wunderlichste Mittel, sie zu verläumden: sie dichten ihr nämlich eine Vortrefflichkeit und eine Schönheit an, die sie nie gehabt und nie versprochen, damit ihr Ideal die Wirklichkeit beschäme. Die Freiheit soll die Menschen zu Engeln machen, alle Laster, alle Schwächen ausrotten, einen schlechten Boden fruchtbar, einen rauhen Himmel milde machen; sie soll Hagel, Ueberschwemmungen, Krankheiten beseitigen, wohl gar den Menschen unsterblich machen! Es ist zum Erbarmen was sie in ihrer Verzweiflung nicht alle reden. Und mit solchem erbärmlichen Lumpengesindel muß man sich herumstreiten!

Also diese eure goldene Freiheit — spricht Herr Menzel — sollen uns die Franzosen bringen? Wer sagte das je? Ich? Ein anderer? Herr Menzel nenne uns den Thoren, der behauptet, ein Volk könne frei werden, indem es sich erobern lasse, da doch, wie die Weltgeschichte lehrt, selbst jedes erobernde Volk durch die Eroberung seine Freiheit verloren. Nein, nicht bringen sollen uns die Franzosen unsere Freiheit, wir sollen sie bei ihnen holen. Wir sollen von ihnen lernen, wie man sich frei mache, wie es einem endlich damit gelinge, wenn man immer das nämliche wolle; wenn man nie den Muth verliert, und hundert Mal besiegt, hundert Mal von Neuem in den Kampf zurückkehrt. Wir sollen von den Franzosen die Formen der Freiheit holen, ihre Institutionen. Es sind nicht etwa französische Erfindungen, die sich für unser Vaterland nicht passen, es sind deutsche Erfindungen, welche einst von Deutschen nach Frankreich und England gebracht worden. Das sagt Herr Menzel selbst in einem seiner dicken Bücher, die das Volk nicht liest und die darum von der Polizei weniger streng bewacht werden. Dort sagt Herr Menzel Alles was wir auch sagen, und ich wollte aus seinen dicken Büchern eine magere Chrestomathie zusammensetzen, so daß wenn Herr Menzel flüchtig genug ist, den Gendarmen zu entgehen, ich bald das Vergnügen hätte, ihn in Paris zu begrüßen. Herr Menzel, in des Buches Einsamkeit, sagt selbst, was er mir zum Vorwurfe gemacht, es gesagt zu haben: man müsse zerstören ehe man baue. Er eifert auch auf lobenswerthe Art gegen die vermaledeite baierische Strafgesetzgebung. Er spricht von römischen Majestätsgesetzen, von Feuerbach, von Swammerdam, von den zwölfhundert Nerven der Weidenraupe. Aber was weiß das Volk von Feuerbach und Swammerdam, was versteht es von römischen Majestätsgesetzen und den zwölfhundert Nerven der Weidenraupe? Hätte Herr Menzel schlicht und einfach erzählt: wenn in Baiern ein tugendhafter Bürger von dem Volke zu einem seiner Stellvertreter ernannt worden, und nun als solcher, seiner natürlichen und seiner übertragenen Pflicht gemäß, für das Wohl des Volkes besorgt ist, wird er auf zwanzig Jahr in's Zuchthaus gesperrt, muß aber zuvor vor dem Bilde des Königs niederknien, es göttlich verehren, und ihm abbitten, daß er sich um das Glück seiner Mitbürger bekümmert; und so ist es dem braven Bürgermeister Behr in Würzburg ergangen — das hätte das deutsche Volk verstanden. Aber Herr Menzel ist ein deutscher Gelehrter!

Der deutsche Gelehrte hat eine gar wohlfeile und bequeme Moral, und der kunstverständige Cartouche fände weder gegen deren Preis noch gegen deren Brauchbarkeit etwas einzuwenden. Auch hat das russische Kabinet seine schmeichelhafte Hochachtung für den deutschen Gelehrtenstand in offiziellen Aktenstücken mehr als ein Mal ausgesprochen. Der deutsche Gelehrte ist freisinnig, tugendhaft, gerecht, menschenfreundlich, billig; aber was die Freiheit, die Gerechtigkeit, die Tugend und die Menschenliebe fordern können, dem Allen glaubt er genug gethan zu haben, sobald er es einmal gesagt, was gut, gerecht und billig sey; dann glaubt er zu dem seligsten Tode sich christlich vorbereitet zu haben, und spricht: dixi et salvavi animam meam. Aber was gut und recht sey, alle Tage und tausendmal zu sagen, bis man es hört; aber es nicht blos in seinem stillen dunkeln Buche, sondern unter freiem Himmel zu sagen; aber es in der Sprache des Volks zu sagen, und es nicht blos an der Leiche der Theorie, sondern auch in seiner lebenden Anwendung zu zeigen — das kommt dem deutschen Gelehrten nie in den Sinn. Er sagt: dixi. Hofft Ihr Thoren, Gott zu betrügen mit euren lateinischen Heucheleien? Er wird euch richten am Tage des deutschen Gerichts, und wehe euch!

Und wie sie sich unter einander kennen, sich verstehen, einander loben; wie Jeder seiner eignen Schwäche und Erbärmlichkeit in der des Andern fröhnt! Lobt doch Herr Menzel den Herrn von Raumer, diesen Menschen mit der Seele eines Herings — diesen Narren der rechten Mitte, der wenn zwei sich streiten, ob Berlin unter dem Wendekreise des Steinbocks oder dem des Krebses läge, augenblicklich entscheiden würde, es läge unter dem Aequator — der, sobald er dem Restaurateur Haller eine Ohrfeige gegeben, dem edlen Bentham auch eine gibt — der die Preßfreiheit einen schwerbeladenen Giftwagen und zur Entschädigung die Censur ein Heupferd, einen Schröpfkopf, und dessen rothe Tinte kaltes Fischblut nennt — der, wenn er in die eine Schale seines Witzes die „radikalen Rübchen" geworfen, in die andere die „conservativen Rohrstengel" legt, und mit solcher einfältigen Gemüsweiberpolitik zwei dicke Bände ausfüllt — diesen lobt Herr Menzel! Es war freilich die bescheidenste Art, sich selbst zu loben.

Was uns Herr v. Raumer in seinem Buche über England Lehrreiches berichtet, haben wir mit Dank angenommen. Wir erkennen sein Verdienst, er hat hinlänglich bewiesen, daß er englisch versteht, und wir würden ihn jedem Buchhändler zum Uebersetzen aus dem Englischen ins Deutsche empfehlen. Nur davon wollen wir sprechen, wie sich Herr v. Raumer in England als Deutscher gezeigt; davon, daß alles Wasser der großen Themse seine schmutzigen Sklavenfinger nicht zu reinigen vermochten, und seine preußische Staatsdienerseele aus der reinen und stolzen Luft Englands noch matter heimgekehrt als sie hingekommen war. Im Allgemeinen geht Herr v. Raumer bei seinen Urtheilen über die britischen Staatsverhältnisse, mit seiner beliebten Vermittelungsweise zu Werke, wodurch er sich bei Herrn v. Ancillon, dem preußischen Minister der auswärtigen Angelegenheiten, geltend machen muß, da dieser einst als Pfarrer auch die Extreme zu vermitteln gesucht. Er wendet auf die Whigs und die Torys den pythagoräischen Lehrsatz an; er betrachtet sie als die beiden Katheten eines rechtwinkligen Dreiecks, verbindet sie dann durch die Hypotenuse seiner eignen Meinung, und schwört darauf, das Quadrat seiner eignen Meinung sey für sich allein so groß, als die Quadrate der beiden entgegengesetzten Meinungen zusammen genommen. Ich drücke mich hier zum Scherze gelehrt und dumm aus, um den deutschen Gelehrten zu zeigen, daß ich etwas Tüchtiges gelernt habe, und daß wenn ich gewöhnlich klar und vernünftig spreche, es nur in der menschenfreundlichen Absicht geschieht, daß mich Jedermann verstehe.

Herr v. Raumer lobt die Torys aus Staatsdienerpflicht und die Whigs lobt er auch aus Staatsdienerpflicht; denn, wenn er sich den Whigs feindlich gezeigt, hätte er keine Gelegenheit gefunden, das Lager der Feinde seiner Regierung auszuspähen. Nachdem aber Herr v. Raumer die Whigs gelobt, wird ihm dennoch bange; er zittert man möchte in Berlin argwöhnen, er habe die Whigs nicht blos aus Staatsdienerpflicht gelobt, sondern von Herzen und aus Uebereinstimmung mit ihren Grundsätzen. Er sucht also diesen Argwohn durch die feierlichsten Versicherungen seiner Rechtgläubigkeit vorzubeugen. So oft er die englische Freiheit lobt, fügt er hinzu: Die Freiheit in England sey alt und aus historischem Boden hervorgewachsen; in Deutschland aber sey das Verhältniß ganz anders. Das ist freilich sehr wahr und natürlich, denn in Deutschland konnte die Freiheit nie alt und zur Geschichte werden, weil man sie immer schon als Keim und im Entstehen ausrottete. So oft Herr v. Raumer von englischen Reformen Gutes spricht, eilt er sich, zu bemerken, daß Preußen diese Reformen schon längst besäße, und trinkt auf die Gesundheit des e r s t e n R e f o r m a t o r s E u r o p e n s, nämlich des Königs von Preußen. Und da einst ein Engländer, dem grober und freimüthiger Porter in den Adern floß, den König von Preußen einen Despoten genannt hatte, stieg es dem Herrn v. Raumer w i e s p a n i s c h e r P f e f f e r i n d i e N a s e. Wie schade, daß von diesem spanischen Pfeffer nicht ein Körnchen in die Briefe des Herrn von Raumer heruntergefallen ist! Vielleicht wären die r a d i k a l e n R ü b c h e n und d i e c o n s e r v a t i v e n R o h r s t e n g e l etwas schmackhafter dadurch geworden.

Herr v. Raumer besuchte O'Connel, den großen Agitator, wie ihn alle Welt so sehr artig nennt, weil er das Glück gehabt, nicht schon als kleiner Agitator gehängt zu werden. Herr v. Raumer schreibt seinen Freunden, denen er dieses berichtete: wie! werdet ihr aufschreien, du warst bei O'Connel, du? Nun ja, ich war bei O'Connel, und ich lebe noch; denn der Mann war so billig, mich nicht aufzufressen. Bald aber fällt dem Herrn von Raumer ein, man könnte es ihm in Berlin übel deuten, daß er von O'Connel mit heiler Haut davon gekommen und keinen Menschenfresser in ihm gefunden. Was thut er? Er spottet der kleinen Demagogen, die in Köpenick und andern preußischen Festungen eingesperrt sind, und sagt, die wären nur Knirpse und jämmerliche Wichte mit dem großen Agitator verglichen. Als ließe man in Preußen einen Vertheidiger des Volks zum O'Connel heranwachsen! Als würde, stiege durch ein Wunder ein O'Connel vollendet aus der Erde empor, man ihn nicht an den Hörnern des Mondes aufknüpfen! Ja, Herr v. Raumer, der große Aequator, verhöhnt die unglücklichen deutschen Jünglinge, welche die schönsten Jahre ihres Lebens im Kerker verschmachten müssen, weil sie das Wort Freiheit ausgesprochen oder niedergeschrieben! Er verhöhnt sie, daß sie keine O'Connels geworden! Wie soll ich eine solche Niederträchtigkeit bezeichnen? Ich könnte sie eine preußische nennen, aber das wäre noch lange nicht genug.

Folgende Stelle wird am besten den Geist des Herrn v. Raumer darthun, und den des Herrn Menzel, der ihn begreift.

„Das ist edel und löblich, daß vertriebene Spanier, Franzosen, Polen, so streng sie auch über ihre Gegner urtheilen mögen, doch immerdar ihr Vaterland über Alles lieben; daß die Flamme ihrer Begeisterung sich in Blicken, Bewegungen, Worten kund gibt, sobald Spanien, Frankreich, Polen nur genannt wird. Ueber Deutschland allein ist die Schmach gekommen, daß Deutsche, welche meist nur ihre eigne Thorheit aus der Heimath hinwegtrieb, daß diese unter andern Völkern umhergehen, und es sich zur Ehre rechnen, ihr Vaterland lieblos und gemüthlos anzuklagen. Nicht die Liebe treibt ihre Klagen und ihre Beredsamkeit hervor, sondern lediglich Haß, Eitelkeit und Hochmuth. Anstatt mit sorgsamer Hand zu leiten, anstatt mit Aufopferung (zunächst der eignen Afterweisheit), zur Heilung des erkrankten Vaterlandes beizutragen, freuen sie sich jedes neu hervorbrechenden Uebels und wühlen, den Geiern des Prometheus vergleichbar, in den Eingeweiden dessen, der ihnen das Leben gab. — Doch, diese schlechteste Klasse aller Ultraliberalen ist sehr selten dem deutschen Boden entsprossen; sie gehören meist einem Volke an, was einst im flachen Kosmopolitismus hineingezwungen ward, und welches oft die Verhältnisse der Familie, der Obrigkeit, der Unterthanen u. s. w. lediglich auf der Wage des kalten Verstandes abwägt, mit anatomischen Messern zerlegt und mit chemischen Säuren auflöst."

Die deutschen Flüchtlinge sind brave und tüchtige Männer, und so hoch gestellt durch die Ehre ihres Betragens, daß die Verläumdungen niedriger Regierungsknechte sie nicht erreichen können. Sie ertragen die Verbannung aus ihrem Vaterlande und die härtesten Entbehrungen mit tugendhafter Stärke, und fristen ihr Leben durch die Arbeiten ihres Geistes, oder was noch edler ist, durch ihrer Hände Arbeit. Sie haben, selbst in ihrer größten Noth, niemals die Unterstützung in Anspruch genommen, welche die Großmuth und Menschenliebe des französischen Volks seit sechs Jahren den Verbannten aller Länder dargereicht. Nach den amtlichen Berichten der französischen Regierung, worin sie von der Verwendung der Millionen, die ihr für die Unterstützung der Flüchtlinge bewilligt worden, Rechenschaft gibt, haben etwa sieben tausend Polen, Spanier und Italiener Unterstützung genossen, und unter diesen sieben tausend war nur ein Deutscher. Und diesen kennen wir, er ist einer der bravsten von allen, und nur der Wunsch, seine Studien zu vollenden, bewog ihn, die Menschenliebe der französischen Regierung nicht zurückzuweisen.

Es ist gewiß, daß es unter den deutschen Flüchtlingen auch besoldete Schurken gibt; aber diese sind nicht vom Auslande, nicht von der französischen Regierung, sondern von den deutschen Regierungen besoldet. Das sind jene, welche die deutsche Polizei unter der Maske geflüchteter Patrioten alle Tage nach Paris, nach London und die Schweiz schickt, um die wahren Patrioten zu bewachen und auszuspähen, und zugleich durch vorsätzliches Lüften ihrer eignen Maske auf die wahren Patrioten den Verdacht zu werfen, als wären sie der Polizei verkauft. Diese deutschen Spione sind es, die am lautesten ihr Vaterland verlästern, und die man am häufigsten in den Büreaus der Pariser Oppositionsblätter findet, wo sie, um Zutrauen zu erwerben, täglich die schmähendsten Artikel gegen die deutschen Regierungen einliefern.

Ganz mit Recht ruft Herr v. Raumer aus: Ueber Deutschland allein ist die Schmach gekommen, daß Deutsche ihr Vaterland anklagen! Um so schlimmer. Die vertriebenen Spanier, Franzosen und Polen haben nicht zu klagen gegen ihr Vaterland, sondern nur über ihre Gegner (wie sich Herr v. Raumer vorsichtig ausdrückt), das heißt gegen ihre Regierungen. Das Volk hielt zusammen, das ganze Volk kämpfte für seine Freiheit, und es konnte nur besiegt werden, weil seine Tyrannen sich mit fremden Tyrannen verbunden, es zu unterjochen. Aber wie viele waren es, die in Deutschland durch Wort und That für die Freiheit des Vaterlandes gekämpft? Wurden sie nicht verlassen von ihrem Volke? Standen nicht alle die Tausenden, ob sie zwar die Unterdrückung mitfühlen, seitwärts, auf den Ausgang wartend, immer bereit, die Beute des Sieges, aber nie bereit, die Gefahren des Kampfes zu theilen? Nicht von ihren Gegnern wurden die deutschen Patrioten besiegt, sondern von der

Feigheit ihrer Freunde. Und wenn sie sich **jedes neu hervorbrechenden Uebels** ihres Vaterlandes freuen — hoffend, daß es ihre
milchherzigen Bürger endlich zur Gährung bringen werde — wenn sie sich
freuen, daß jene Schwachköpfe, welche nur immer jede Begeisterung zu
mäßigen gesucht, welche die heiße Liebe des Vaterlandes in eine kühle, wissenschaftliche Liebe zu verwandeln gesucht — daß diese für ihren mäßigen
Freiheitssinn ganz so hart bestraft wurden, als sie selbst für ihren unge-
stümmen; ganz so hart für ihre Geduld als sie selbst für ihre Ungeduld;
ganz so grausam gezüchtigt worden für ihre feuerlöschenden Reden und
Schriften, als sie selbst, welche die Waffen ergriffen — so ist diese Schadenfreude den armen deutschen Flüchtlingen wohl zu gönnen.

Herr v. Raumer und Herr Menzel stehen unter einer Fahne, und daher
ist ihr Losungswort das nämliche. Herr Menzel hatte die Parole, jeden
deutschen Schriftsteller, der Anhänglichkeit für Frankreich zeigte oder die
deutschen Regierungen nicht ausgezeichnet liebenswürdig fand, für einen
Juden zu erklären, und er ging im Eifer seines patriotischen Vorposten-
dienstes so weit, daß er das ganze **junge Deutschland,** unter dem
doch nicht ein einziger Jude war, in Masse beschnitt, und zahlreiche arme
Seelen der ewigen Verdammniß übergab. Doch Herr v. Raumer treibt es
noch weiter als Herr Menzel. Er trommelt aus: der größte Theil der
deutschen Flüchtlinge wäre **dem deutschen Boden nicht entsprossen, sondern gehöre einem Volke an, was einst im
flachen Kosmopolitismus hineingezwungen ward;** —
das heißt aus dem Kauderwelsch des Verfassers der **radikalen Rübchen**
in's Deutsche übersetzt: die meisten politischen Flüchtlinge wären Juden.
Und es ist doch nicht ein Jude unter ihnen, nicht ein einziger! Und mit
solchen unverschämten Lügen hoffen sie die öffentliche Meinung irre zu
führen! Aber Herr v. Raumer sollte doch nicht so erboßt gegen jenen
flachen Kosmopolitismus seyn, der die Juden in den deutschen Boden
hineingezwungen, da er selbst von eben jenem flachen Kosmopolitismus in die Häuser aller der Berliner jüdischen Bankiers **hineingezwungen** wurde, bei denen er durch sein ganzes Leben schmarotzt hat.
Wären die Hunderte von politischen Gefangenen nicht ganz vom Leben ab-
geschieden, könnten sie ein Wort der Klage laut werden lassen, dann würde
man, in der Hoffnung die Theilnahme ihrer Mitbürger mit ihrem unglücklichen Schicksale zu schwächen, auch von ihnen die Lüge verbreiten, sie wären
Juden. O die Elenden!

Zu jener Stelle aus Raumers Briefen, welche Herr Menzel in seinem
Literaturblatte mittheilt, bemerkt derselbe: „So ist das Treiben jener

Menschen, die im Sold des Auslandes ihr heiliges Vaterland höhnen, längst von allen Ehrenmännern in Deutschland angesehen worden." Wenn Herr Menzel sich und den Herrn v. Raumer zu den Ehrenmännern zählt, dann dürfen die deutschen Flüchtlinge dazu lächeln, daß er sie vom Auslande gedungene Schurken nennt.

Wenn ich bemerkt, daß sich unter den deutschen Flüchtlingen keine Juden befinden, so geschah es gewiß nicht, die Juden darum zu loben; das Gegentheil wäre besser. Aber entschuldigen muß ich sie. Der Jude kann einmal dumm seyn, aber zweimal ist er es selten. Es hatten eine große Menge Juden gegen Napoleon die Waffen ergriffen und für die Freiheit ihres deutschen Vaterlandes gekämpft. Doch als sie unter den Siegern zurückgekehrt, wurden sie gleich wieder unter die Heloten gesteckt, trotz der gerühmten deutschen Treue und Rechtlichkeit. Ja man wartete nicht einmal überall bis sie zurückgekehrt. Es geschah in Frankfurt, daß während die jüdischen Freiwilligen im Felde waren, man ihren Vätern zu Hause die bürgerlichen und politischen Rechte wieder entzog, die sie unter dem Einflusse der französischen Gesetzgebung genossen hatten. Damals, da ich noch jung war, und eine größere Lebenszeit zum Hoffen vor mir hatte, kam mir die Sache komisch vor. Mein eigener Bruder war unter den Frankfurter Freiwilligen nach Frankreich gezogen, und während meine Mutter in Angst und Kümmerniß war, ihr geliebter Philipp — so heißt er, ich bitte Se. Majestät den König von Preußen ganz unterthänigst um Entschuldigung — möchte für die deutsche Freiheit todtgeschossen werden, entsetzte man mich meines Amtes, weil ich ein Jude war. Darum haben die leicht gewitzigten Juden an den Freiheitsbewegungen, welche nach der Juli-Revolution in Deutschland stattgefunden, nur geringen Antheil genommen, und durch diese ihre Vorsicht hinlänglich gezeigt, daß ihnen die blonde und ächt christlich-deutsche Gesinnung nicht so fremd ist, als Herr Paulus glaubt. Sie dachten, wir wollen abwarten, was die Sache für ein Ende nimmt; wenn die Freiheit siegt, haben wir immer noch Zeit, uns als Patrioten zu melden.

Wir wollen jetzt von dem Meister wieder zu unserm Lehrjungen des Preußenthums zurückkehren. Herr Menzel läßt uns sagen, wir wollten uns die Tugendrepublik des seligen Herrn v. Robespierre von den Franzosen in das Land bringen lassen, zuerst durch schmeichelhaftes Fraternisiren, dann durch grobes Invasiren. Wir verrechneten uns aber, die Zeiten hätten sich sehr geändert; Frankreich wäre im Sinken und Deutschland im Steigen. Diese Ansicht der Dinge überrascht mich gar nicht von einem so wohlerzogenen deutschen Unterthanen, als Herr Menzel ist. Deutsche Unterthanen sehen nie, weder auf die Wagschale, noch auf das Gewicht, noch auf das

Gewogene, sondern immer nur auf die Zunge der Wage; in allen monarchischen Staaten eine sehr ungetreue Dolmetscherin. Die Zunge kann sich
auf die eine Seite neigen, und das Uebergewicht dennoch auf der entgegengesetzten Seite seyn.

„Wer immer noch in dem alten Traume der französischen Revolution lebt, überfieht
ganz, daß die Reprodubtion der Zeit den Ort wie die Form gewechselt hat. Das erbärmliche Wiederkäuen der alten Dinge in Frankreich beweist, wie sehr dort die Schöpferkraft
des Neuen erloschen ist, während sie beinahe in allen Ländern Europa's mächtig sich regt.“

„In dem ruhigen Entwickelungsgange der materiellen und geistigen Interessen in
Deutschland bereitet sich eine weltgeschichtliche Epoche vor, von deren Höhe man dereinst
nur mit Lächeln auf die Leute herabsehen wird, die sich mit rückwärts gedrehten Hälsen
von der Illusion des Franzosenthums nicht loszureißen gewußt haben. Daß diese Entwickelung vor sich geht in der monarchischen Form und nicht in der republikanischen, in
einer langsamen Evolution und nicht in einer vom Zaun gebrochenen Revolution, das
macht, daß die Fanatiker sie gar nicht begreifen. Aber die Franzosen selbst sind nicht so
fanatisch, als die deutschen Franzosenfreunde. Sie sehen besser, beurtheilen uns richtiger
und hüten sich nur das gefährliche Wort auszusprechen. Es ist gewiß, daß die einsichts-
vollen Köpfe und besten Patrioten in Frankreich ihrer eignen Zukunft mißtrauen und
dagegen ahnungsvoll und bange auf das deutsche Volk blicken, von dem sie wohl wissen,
daß die nächsten Jahrhunderte ihm gehören werden.“

Die nächsten Jahrhunderte werden weder den Deutschen noch den Franzosen, noch sonst einem andern Volke oder einem Fürsten gehören; sondern
der Menschheit. Eine traurige Zeit, wo man durch Schmeicheln nichts
mehr gewinnen, und durch periodisches Desertiren nicht mehr sein Handgeld
wird vervielfachen können! Aber welcher Schelm von reisenden Spion hat
dem Herrn Menzel all' das närrische Zeug über Frankreich vorgelogen?
Was die Franzosen vierzig Jahre lang gekäut und wiederkäut, das haben sie
seit sechs Jahren verdaut, und jetzt gehört es ihnen auf immer. Woran
sie heute kauen, das ist eine ganz neue Speise, wovon Herr Menzel gar nichts
zu wissen scheint. Und dieses erbärmliche Wiederkäuen der
alten Dinge in Frankreich beweist — daß die Franzosen keine
Deutsche sind; daß sie keine Kinder sind, die sich von den Knecht-Ruprechts
und den Schornsteinfegern der Polizei hinter den Ofen jagen lassen; daß
sie Männer sind, die was sie einmal gewollt, einmal verlangt, alle Tage
wollen und verlangen; daß sie immerfort für das nämliche kämpfen, und
sich durch keine abschlägige Antwort zurückschrecken, durch keine Niederlage
entmuthigen lassen. Doch ein deutscher Gelehrter begreift dieses Käuen
und Wiederkäuen nicht. Ihm ist die Freiheit, er mag sie lieben oder ihr
abhold seyn, nur ein System der politischen Wissenschaft, und er findet daher
einen lächerlichen Pleonasmus darin, wenn man, was man gestern gesagt
und hat drucken lassen, heute schon wieder sagt und drucken läßt, ehe noch
die erste Auflage vergriffen ist.

Was wäre denn das für ein gefährliches Wort, das die Franzosen nicht auszusprechen wagten? das gefährlichste Wort für die Franzosen des neunzehnten Jahrhunderts ist Menzel, und dennoch wollte ich es in allen Städten und Dörfern, auf allen Gassen ausschreien, und es fände sich in ganz Frankreich kein altes Weib, das Weib und alt genug wäre, bei dem Worte zu erschrecken. Wie! die Franzosen sähen ahnungsvoll und bange auf das deutsche Volk? Die französischen Patrioten und die Besten? Vielleicht steht der König der Franzosen mit Furcht auf die deutschen Fürsten, die einst unter Rußlands Trommel ihn überfallen möchten. Und er hätte Recht sich zu fürchten, denn da er jenen vereinten Fürsten nur seine eigne Fürstlichkeit, und nur diese entgegenzusetzen hat, so könnte er in einem so ungleichen Kampf unterliegen. Aber die Franzosen? Mit nichten. Das französische Volk hat das deutsche, oder braucht es nicht zu fürchten. Werden die Deutschen frei, dann sind sie die besten Freunde und treuesten Verbündeten der Franzosen; und bleiben sie in ihrer gegenwärtigen Erniedrigung, dann werden sie in jedem Kriege, wie holländische Thonpfeifen zerbrochen werden.

Was aber die vom Zaun gebrochene Revolution betrifft, so ist das eben eine Redensart, die man hinter allen Zäunen findet. Herr Menzel bewirthe damit seinen Freund Raumer, ich will nichts damit zu thun haben.

„Je schwärzer Herr Börne die deutschen Zustände malt, um so einleuchtender wird die Wahrheit, daß es mit einem Volk, das trotz der Censur eine Geisteskraft und Geistesfreiheit entwickelt hat, wie kein anderes Volk ohne Censur, eine ganz besondere Bewandniß haben, daß es unter ganz besonders glücklichen Sternen geboren seyn muß. Ein unparteiischer Fremder, der Alles liest, was Herr Börne von der Erbärmlichkeit der Deutschen mit der schwärzesten Tinte geschrieben hat, und der dann uns selber kennen lernt, und ein wackeres, in Wohlstand blühendes, sittenreines, in seiner Nationalbewaffnung furchtbares, doch gemäßigtes, in seiner constitutionellen Bildung langsam, aber sicher reifendes Volk und endlich die unermeßlich reiche und freie Entfaltung unserer Geister in der Literatur findet, der muß wiederholen, was einst vor anderthalb Jahrtausenden ein Römer von uns sagte: „Es ist ein Wunder wie die Deutschen Alles schon von Natur haben, wozu wir kaum durch die mühseligste Staatskunst gelangen können.“

Es ist noch nicht davon die Rede, wie die Deutschen vor fünfzehn hundert Jahren waren, sondern wie sie heute sind. Große Ahnen sprechen die Nachkommen nicht frei von ihrer Schuld, sie klagen sie ihrer Erniedrigung um so lauter an. Was uns die Natur gegeben, ist Glück und kein Verdienst; Verdienst ist nur der weise Gebrauch des Glückes. Wer unter einem glücklichen Gestirn geboren und durch seine Verbrechen oder Thorheiten, die treuen und festen Sterne selbst, zum Lügen und zum Wanken brachte, so daß sie ihre Liebe in Haß umgewandelt: der rühme sich seiner Sterne nicht, er schweige, damit man sie vergesse. Mit einem Volke, das trotz seiner Geisteskraft und seiner Geistesfreiheit, sich von einer aller Kraft spottenden, alle Freiheit zu vernichtenden Censur nicht zu befreien wußte; das sich denjenigen unterwirft, die schwach sind an Geist, denjenigen gehorcht, deren Geist in Fesseln liegt; mit einem Volke, das trotz seines blühenden Wohlstandes, der aller gemeinen Sorgen des Lebens überhebt; das trotz seiner Tüchtigkeit und seiner Sittenreinheit, nie das erreichen konnte, was andere Völker ohne Geisteskraft, ohne Tugend und ohne Wohlstand zu erreichen wußten; das sich der schmachvollsten Unmündigkeit nicht zu entreißen weiß, wie ein Schwachkopf vor Gespenstern zittert, oder wie ein Kind vor der Ruthe — mit einem solchen Volke muß es eine ganz besondere Bewandniß haben. Wahrlich, Herr Menzel führt die Waffe mit ausgezeichneter Ungeschicktheit; er faßt die Klinge mit der Hand und bietet seinem Widersacher den Griff dar. Nichts ist leichter, als seine Entgegnungen auf ihn selbst zurückzuwenden.

Gerechter Gott! was ist das für eine Geisteskraft, die sich geltend zu machen fürchtet und sich vor dem Polizeijungen gleich wie ein Taschenmesser zusammenlegt und die Schneide in den hornenen Stiel versteckt! Und was ist gar an der Geistesfreiheit zu rühmen? Wer ist nicht Geistesfrei? Man ist es zu jeder Zeit und überall; man ist es im Kerker, auf dem Scheiterhaufen, in der Wüste, im Gedränge der Narren und noch am Tische eines argwöhnischen, blutdürstigen und betrunkenen Tyrannen. Herr Menzel ist es selbst, und seine Gedanken können seiner Worte spotten.

Mit der unermeßlich reichen deutschen Literatur mag Herr Menzel noch ein Jahrhundert lang ganz nach Belieben schalten; wir haben jetzt auf wichtigere Dinge zu denken, nach hundert Jahren wollen wir darüber rechten. Haben die Franzosen und Engländer nicht auch eine reiche Literatur, und hat sie die abgehalten, sich frei zu machen? Jeder Pariser Handwerker würde den gelehrten Narren verhöhnen, der spräche: wir haben Montaigne, Rabelais, Corneille, Racine, Molière, Montesquieu, Descartes, Voltaire, Rousseau, Diderot, Chateaubriand; wir haben eine königliche Bibliothek von einer halben Million Bänden und achtzigtausend Manuscripten; wozu braucht Ihr Preßfreiheit? Wenn ein unverschämter Buchknecht in England spräche: wir haben Bacon, Shakespeare, Newton, Pope, Milton, Byron, Hume, Gibbon; wozu wollt Ihr noch Parlaments-Reformen? würde ihn jeder Londoner Lastträger an der Brust packen, ihn schütteln und ihm erwidern: Ihr seyd Ihr, und wir sind wir, und wir sind mehr als Ihr.

Herr Menzel sagt, die Deutschen schritten langsam und sicher in ihrer constitutionellen Bildung fort. Was die Sicherheit betrifft, so wollte ich keinem rathen, auf irgend eine deutsche Constitution eine Hypothek zu nehmen, denn die deutschen Constitutionen gehören alle zu den Mobilien. Was aber die Langsamkeit betrifft, so kömmt es darauf an, wie es Herr Menzel versteht. Ein Büßender, der nach Rom wallfahrte, ging nach je zwei Schritten einen zurück, das war langsam, er kam aber endlich dennoch hin. Die Deutschen aber machten in ihrer constitutionellen Bildung nach jedem Schritte zwei Schritte rückwärts. Heißt das auch langsam und sicher? Doch vielleicht denkt Herr Menzel, man könne auch von der entgegengesetzten Seite zur Freiheit kommen, weil die Welt rund ist, und so will ich es gelten lassen. Doch was er von der furchtbaren National-Bewaffnung des deutschen Volkes spricht, kann ich nicht gelten lassen, weder den Nominativ noch den Adjectiv. War es dem Herrn Menzel Ernst damit, oder wollte er spotten? Kann ich das wissen? Kann ich die Schelmereien errathen, die seine Gedankenfreiheit im Stillen übt?

Ist es denn eine Bewaffnung der Nation? Es ist eine Bewaffnung gegen die Nation. Glaubt Herr Menzel, die großen Kriegsrüstungen, welche die deutschen Fürsten seit sechs Jahren gemacht, wären gegen Frankreich gerichtet gewesen? Nein, an einen Krieg mit den Franzosen wagte man bis jetzt noch nicht zu denken. Man wollte nur den gesunden Schlaf, die Pausen und die Mutterwehen des wackern, in Wohlstand blühenden, sittenreinen und an Büchern unermeßlich reichen deutschen Volks bewachen; dazu waren die Rüstungen bestimmt. Und die Furchtbarkeit dieser Bewaffnung liegt nur in den Papp-Kasten der Frankfurter Militär-Commission und wird sonst nirgends zu finden seyn. Vereinte Kräfte wirken nur wo Einigkeit herrscht, und die Einigkeit der deutschen Fürsten hat sich bis jetzt nur in den Steckbriefen gegen die geflüchteten Patrioten gezeigt. Oesterreich und Preußen feinden sich heimlich an und mißtrauen sich; beide mißtrauen den kleinen deutschen Fürsten, diese mißtrauen einander selbst und alle vereint mißtrauen ihren Völkern und werden gewiß keinen Krieg mit Frankreich anfangen, ehe die Russen an der Oder stehen und auf die Mäuse acht geben, während die Katze nicht zu Hause ist. Und das nennt Herr Menzel eine furchtbare Nationalbewaffnung!

„In Deutschland wachsen im Schatten mehr Früchte, als in Frankreich beim hellsten Licht. Wir lernen daraus nur erkennen, was für ein guter Boden in unserm Volk ist, und wenn nur der Boden gut ist, an der Sonne wird es, obgleich sie wechselt, niemals fehlen. Ich sehe den schwarzen Schatten auch, ich gehöre nicht zu denen, die Schlechtes für gut halten, und Gutes schon für das Beste, aber eben deßhalb kann ich auch nicht blind seyn für das wirklich Gute und Große in der deutschen Natur.“

„Erscheinungen, die bei andern Völkern auf die tiefste Versunkenheit der Nation schließen lassen würden, lassen bei uns keineswegs darauf schließen. Die Oberfläche unseres Daseyns verträgt viel, ohne daß der Kern angegriffen wird. Unser großes Volk ist gar sehr auf die Dauer gemacht. Es spürt manche Wunde nicht, an der andere Völker verbluten würden. Es achtet, gleich dem ruhenden Löwen mancherlei Beleidigungen nicht, die andere Thiere zur Wuth reizen. Es meint, gleich dem schlafenden Riesen, den der Donnergott mit dem Hammer schlug, es sey nur ein Blatt vom Baum auf seine Nase gefallen."

Wahrhaftig es gibt Einfältigkeiten, die einen ganz aus der Fassung bringen können. Ich stehe verdutzt, wie ein Narr, mit offenem Munde da und weiß gar nicht, was ich sagen soll. Ich, der ich nicht die schärfsten Gründe fürchte, sobald das Recht mich deckt, fürchte mich vor den Schnee-Ballen, die mir Herr Menzel an den Kopf wirft! So sah ich einmal ein Volk im Aufruhr den Kugeln trotzen und vor einer Feuerspritze erschrocken davon laufen.

Wo nur Herr Menzel alle die Citronen und Zuckerhüte her nimmt! Er ist ein stiller Ozean von Limonade, womit man den französischen National-Convent zu einem böhmischen Landtage hätte abkühlen können. Wie dithyrambisch er ist, wenn er die Geduld des deutschen Volkes verherrlicht! Ein Pindar der Geschlagenen, ein Homer der Thersiten! Wenn die Torys wüßten, welcher einschläfernde Schwung in den Dichtungen des Herrn Menzel herrscht, sie würden ihn eiligst nach England berufen, um als ein Tyrteus neuer Art, das englische Volk zur Feigheit zu begeistern. Gewiß haben die Alexanders unter den deutschen Hofräthen, das Literaturblatt des Herrn Menzel unter ihrem Kopfkissen liegen. Ich aber — oder wollte sich Herr Menzel vielleicht über mich lustig machen? Nun, dann umarme ich ihn mit Entzücken, denn es ist ihm herrlich gelungen; er hat mich ganz rasend gemacht.

„Wir haben Zeit die Hülle und die Fülle." Ist das nicht ein Sturzbad, womit man ganz Bedlam heilen könnte? Ist das nicht ein prächtig Paar Siebenmeilenstiefel für ein fliehendes Volk von Hasen? Ist das nicht ein Spruch, ganz würdig der sieben Weisen der Polizei, die in Frankfurt philosophiren? Doch was helfen alle Gleichnisse? Herr Menzel ist unvergleichlich.

Das deutsche Volk „spürt manche Wunde nicht, an der andere verbluten würden." Also weil es ein zähes Leben hat, soll es jede Wunden ungerochen annehmen? „Es achtet gleich dem ruhenden Löwen, mancherlei Beleidigungen nicht, die andere Thiere zur Wuth reizen." Der Löwe verachtet die Maus, die in seiner Mähne spielt und die Fliege die ihn kitzelt; aber duldet er es so lange er lebt, daß ihn ein Esel mit Füßen tritt, daß ein Tiger seinen scharfen Zahn in sein Fleisch bohrt? Werden die Deutschen etwa nur von Mäusen oder Fliegen beleidigt? „Er meint, gleich dem schlafenden Riesen, den der Donnergott mit seinem Hammer schlug, es sei nur ein Blatt vom Baume auf seine Nase gefallen." Ich kenne den Riesen nicht, von dem hier Menzel spricht, aber ich halte nicht viel von ihm. Was wäre denn das für ein Held, der, wenn ihm sein Feind einen Faustschlag in's Gesicht gibt, dazu lächelt und spräche: Ich habe es für einen Nasenstüber gehalten! Wenn es ein Nasenstüber gewesen, dann war der Schimpf um so größer, und um so blutiger hätte er gerochen werden müssen. Die Ehre sitzt nicht in der Haut, sie sitzt im Herzen. Aber der Riese schlief und der Donnergott wachte! Es sey; Ich weiß recht gut aus Hufelands Makrobiotik, daß der Mensch wenigstens sechs Stunden; ich weiß aber auch aus der nämlichen Makrobiotik, daß er höchstens acht Stunden täglich schlafen soll. Doch das Riesenvolk der Deutschen schläft Tag und Nacht, und alle Tage, und das ganze Jahr, und schon drei Jahrhunderte lang! Das ist ungesund, Herr Menzel Des deutschen Riesenvolks Donnergott ist der Bundestag, der ihm mit dem Hammer seiner Ordonnanzen auf den Kopf geschlagen, und das deutsche Volk gähnte und lächelte dazu und sagte: es habe das für ein Blatt — Papier gehalten! Das heißt seinen Löwen= und Riesenstolz zu weit treiben, und das Alles ist zwar sehr dithyrambisch, aber auch sehr einfältig.

„Herr Börne fühlt es sehr wohl, daß die Langmuth, mit welcher wir seine Beleidigungen hinnehmen, seine härteste Strafe ist. Er ist nicht eitel, aber welchem sterblichen Geist würde nicht dennoch der Gedanke schmeicheln, sich einzeln einer ganzen Nation gegenüber im Kriege zu befinden? Aus seinem sichern Versteck in Paris wirft er Alles, was sein Genie von Beschimpfungen erfinden kann, in unser Land herüber, und doch vermag er es nicht einmal dahin zu bringen, daß wir ihm ernstlich zürnen. Wir sehen ein, er hat in vielen Dingen Recht, und die vielen andern Dinge, worin er Unrecht hat, können ihm wohl verziehen werden, denn er ist krank, hat den Spleen im höchsten Grade, quält am Ende sich mit seinen Grillen mehr als Andere, und es würde sehr ungerecht seyn, wenn die große deutsche Nation dem kleinen kranken Manne in Paris ihr Mitleid versagen wollte."

Glaubt es Herr Menzel selbst oder will er es glauben machen, daß ich mit meinen Gesinnungen dem deutschen Volke allein gegenüberstehe? Doch wie es auch sei, er bitte seine Gönner, nur auf vier Wochen Preßfreiheit zu bewilligen, und es wird sich zeigen, daß vielmehr Herr Menzel und seine Gönner es sind, die dem deutschen Volke allein feindlich gegenüberstehen. Er spricht von meinem sichern Versteck in Paris und gibt sich eine überflüssige Mühe, sich lächerlich zu machen. Soll ich etwa in Frankfurt schreiben? Ich wäre dort versteckter als ich es in Paris bin, und wenn Herr Menzel mich zu sprechen wünscht, wird ihm eine Reise nach Paris weit weniger kosten, als es ihm kosten würde, meinen Gefangenwärter zu bestechen. Diese Menschen sprechen von Versteck! Ihr sprecht aus eurem sichern Versteck hervor. Nie würdet Ihr wagen, die deutschen Flüchtlinge anzukläffen, wenn Ihr nicht wüßtet, daß die Kette der Censur, an der Ihr selber liegt, und das Gitter der Polizei, das euch einschließt, euch gegen die verdiente Züchtigung schützt.

Herr Menzel sagt, ich hätte in vielen Dingen Recht, in vielen Unrecht; aber er sagt nicht, worin ich Recht, er wagt nicht einmal zu sagen, worin ich Unrecht habe. Er umhüllt Alles mit einem blauen Dunst, versichert die Welt, dahinter wäre ich verborgen, und sucht ihr zu erklären, woher mir der Dunst gekommen. Er erklärt meine traurige Phantasmen aus den Fehlern meiner Leber und aus noch tiefern Fehlern. Keiner wunderte sich darüber, hier Verdauung und Religion zusammengestellt zu sehen; es gibt Menschen genug, welchen ihre Verdauung die einzige Religion ist, und deren Vorbereitung der heiligste Gottesdienst.

Herr Menzel nennt mich einen Ueberläufer und er wagt dieses Wort auszusprechen! Wenn er Censor wäre, sollte er es in allen neuen Wörterbüchern durchstreichen. Ich erinnere mich noch der Zeit, da Herr Menzel mich sehr gepriesen, da er schrieb, Deutschland wäre meine Braut, und wenn ich es hart anfahre, wäre das nur das Schmollen eines Liebenden. Ich erinnere mich auch, daß er geschrieben, mich zu tadeln käme ihm vor, wie von der Polizei zu seyn. Habe ich mich seitdem geändert? - Nein, die Zeiten haben sich geändert, die Winde, die Aengste und die Hoffnungen. Damals war Herr Menzel noch nicht in die würtembergische Kammer gewählt, und da diente ihm die Maske der Freisinnigkeit, sich neben freisinnigen Männern einen Platz zu gewinnen. Sobald der Freiheits-Carnaval vorüber war, zeigte Herr Menzel sein wahres Gesicht. Ich nenne ihn keinen Ueberläufer, sondern einen Ueberschleicher. Doch er mag sich noch so langsam und vorsichtig umgestalten, mich täuscht er nicht, wie vielleicht viele Andere. Wie er auch schlich, ich ging ihm wie ein Minutenzeiger nach, ich weiß wohin er schleicht, kenne sein Ziel und auch die Stunde, in der er es erreichen wird.

Hier aber muß ich die Meinung, die ich von Herrn Menzel habe, ganz sagen; denn die strengste Pflicht verbietet mir, der Gefahr eines leichtsinnigen Widerspruchs beschuldigt zu werden, auszuweichen. Wenn ich früher von der Instruktion des Herrn Menzel gesprochen; wenn ich ihn einen Rothsassen der allgemeinen Zeitung, einen Prokurator der deutschen Bundesversammlung genannt, so bitte ich ihn, und bitte jeden meiner Leser, dies ja nicht zu misdeuten. Ich will nicht damit sagen, daß sich Herr Menzel verkauft hat, ich sage nicht damit, daß Herr Menzel seiner wahren Meinung entsagt, und falsche heuchelt, um der Macht zu schmeicheln; ich sage es nicht, denn ich denke es nicht. Ich klage nur die Eitelkeit seines Herzens, die Schwäche seines Gemüths, und seinen Unverstand in politischen Dingen an. Menzel ist der Erste nicht, der aus einem Freunde der Freiheit, ihr Feind geworden, nicht weil er seine Gesinnung gewechselt, sondern weil er die Macht nicht mehr hatte, der Freiheit nützlich zu seyn, oder den Muth verloren, sich öffentlich ihren Freund zu nennen. Es gab schon viele solcher Menschen, die aus der Noth eine Tugend gemacht, die es aber nicht dabei bewenden ließen, was noch verzeihlich geblieben wäre, sondern die jene erzwungene Tugend sich selbst als freie Tugendhaftigkeit, die Noth derer aber, die ihre Noth treu fortgefühlt, diesen Andern als Halsstarrigkeit, Blödsinn oder Ruchlosigkeit angerechnet. Was war es denn sonst, was in früherer Zeit Görres, Schlegel, Steffens, Zacharias Werner, und noch so manchen andern edlen Teutschen, aus dem Reiche des Sonnenlichtes und der Wahrheit in Nacht und Wahn gestürzt; was sie aus Adlern zu Eulen, aus Denkern zu Mystikern gemacht? Die Verzweiflung war es, an sich, dem Vaterlande und der Welt. Ohnmächtig, sich die Freiheit des Lebens zu gewinnen, flüchteten sie in die Freiheit des Todes. Um nicht länger Gefangene zu bleiben, wurden sie Gefängnißwärter und klirrten dann so stolz mit den Schlüsseln in ihren Händen, als hätten sie damit die Wahrheit aufgeschlossen und nicht eingeschlossen, und dann kamen alle Heuchler und Dummköpfe herbei und küßten die Schlüssel der Wahrheit und verehrten die heiligen Schlüsselträger*),

---

*) Wie gut diese frommen Leckermäuler es verstanden haben, sich eine zugleich heilige und nahrhafte Suppe zu bereiten, indem sie irdisches Brod in den himmlischen Glauben brockten, davon möge folgendes Beispiel zeugen. Adam Müller, Preuße, Protestant und sonst nichts, wurde katholisch und österreichischer Staatsbeamter. Als General-Consul in Leipzig schrieb er der Frau von Varnhagen: „Ich bin kein Knecht der Mächtigen, „aber auch kein independenter sogenannter Staatsbeamter, sondern ganz einfach der Diener „meines Kaisers, nächst Gott, im Leben und Tod; außerdem glühend für das, was von „den Besten aller Jahrhunderte Freiheit genannt worden ist, für eine galante Freiheit, für „eine solche, die sich nur im Dienst und in der Hingebung an einen irdischen Herrn zeigen „kann, deren Lebenselement das Opfer ist, die also nur an dem Opfer aller Opfer ihre „Flamme entzünden kann." Aber Adam Müller war kein Heuchler. Er hatte sich in den Glauben hineingeglaubt, und sich an dem Opfer aller Opfer entzündend, sein Amt und den damit verbundenen Gehalt, als ein ihm auferlegtes Kreuz mit christlicher Ergebung ertragen. Er gehörte zu jenen klugen Amphibien, die sich vor jeder irdischen Noth

Was will denn aber eigentlich Herr Menzel, könnten mich die Leser fragen, und woher kömmt ihm seine wunderliche Idiosynkrasie gegen die Franzosen? Diese Frage kurz zu beantworten: Herr Menzel ist der Peter von Stuttgart. Es schmerzt ihn, das heilige Grab des Absolutismus in den Händen der Ungläubigen zu sehen, und er beschwört die frommen Deutschen, Frankreich zu erobern und in Paris ihr Kreuz aufzupflanzen, und für dieses gottgefällige Werk verspricht er ihnen Ablaß von allen ihren Sünden und Schwächen. Ich will es euch sagen, was diejenigen wollen, für deren Vortheil Herr Menzel und noch viele Andere sich öffentlich oder heimlich bemühen. Aber ich will es nicht mit meinen eignen Worten sagen; denn da käme Herr Menzel wieder und spräche: er hat den Spleen, glaubt ihm nicht! Nein, ich will es mit den Worten Derjenigen sagen, die den Spleen nicht kennen, die, ob sie zwar ungeheuer viel essen, doch nie an Verdauungsschwäche leiden, weil sie die Grundbedingung eines guten Magens haben: ein schlechtes Herz. Ich will es mit den Worten der Staatsmänner, Diplomaten und Fürsten, dieser hohen, höchsten und allerhöchsten Personen sagen. Suche sich der deutsche Leser die von Rombst herausgegebenen Aktenstücke des deutschen Bundes und das in London erscheinende Portfolio zu verschaffen*). Dort wird er die Ansichten, Befürchtungen, Hoffnungen und Pläne, welche Rußland, Oesterreich und Preußen rücksichtlich des deutschen Volkes haben, klar ausgesprochen finden. Da mir aber die ungemeine Geistesfreiheit die in Deutschland herrscht, hinlänglich bekannt ist, und ich fürchte, genannte Schriften möchten dort schwer zu haben seyn, will ich deren Resultate so kurz als möglich ausziehen.

in den Himmel, und vor jeder himmlischen Noth sich auf die Erde flüchten. Sie werden auch selig werden, denn der liebe Gott ist ein gar guter Herr und nimmt es nicht so genau; uns aber sollten diese Herren mit ihrer galanten Freiheit nicht zum Besten haben wollen.

*) 1. Authentische Aktenstücke aus den Archiven des deutschen Bundes, zur Aufklärung über die hochverrätherischen Umtriebe der deutschen Fürsten. Straßburg 1835.

2. Der deutsche Bundestag gegen Ende des Jahres 1832. Straßburg 1836.

3. Le Portfolio, ou Collection de documens politiques, etc. Traduit de l'anglais. Tome I, no 2. Mémoire sur l'état et l'avenir de l'Allemagne écrit sous la direction d'un ministre à St. Pétersbourg et communiqué confidentiellement à plusieurs gouvernemens germaniques. Paris 1836.

I.
Preußische Stimmen.

Die Denkschrift eines ungenannten preußischen Diplomaten über die Politik Preußens in Bezug auf Deutschland enthält unter Andern Folgendes:

Preußen muß suchen: „Einmal gemeinschaftlich mit Oesterreich dahin zu arbeiten, daß die nächste europäische Krise Deutschland so viel als möglich einig und bewaffnet finde.“

„Ferner dabei, doch allmählig und unter der Hand, den unmittelbaren Einfluß Preußens in Deutschland wieder herzustellen, zu begründen, zu erweitern.“

„Das System Preußens am Bundestage, während der Dauer der österreichischen Allianz dürfte folgende Zwecke vorzüglich zu befolgen haben:“

A. „(Bundes=Militär=Verfassung).“

B. „Gemeinschaftlich mit Oesterreich über die Erhaltung der Ruhe in Deutschland zu wachen, zugleich das repräsentativ=demokratische System zu bekämpfen.“

C. „(Abwehrung des Einflusses fremder europäischer Mächte.)“

D. „Dabei aber doch möglichst Alles so vorzubereiten, daß, wenn einst eine Trennung Preußens von Oesterreich erfolgen und demzufolge eine Spaltung Deutschlands stattfinden sollte, der überwiegende Theil der Bundesstaaten sich für Ersteres erklärte.“

„Wenn die Erreichung der Zwecke ad A, B und C ein kräftiges und gleichförmiges Wirken mit Oesterreich erheischte, so schiene die Rücksicht ad D durch nichts mehr befördert zu werden, als wenn man Oesterreich bei jenem Wirken die von demselben systematisch gesuchte Ausübung der Initiative in seinem eignen Namen und die damit verbundene formelle Geschäftsführung bereitwillig überließe, und nur hinsichtlich der wesentlichen Punkte eine frühere geheime Einverständigung zwischen Berlin und Wien in Anspruch nähme. Nach der unveränderlichen Politik der mittleren und kleineren deutschen Staaten wird stets ihre Souveränitäts=Eifersucht gegen die, die Suprematie in Anspruch nehmende Macht gerichtet werden, und bei den eben auseinandergesetzten Verhältnissen dürfte es vielleicht das einzige Mittel, den preußischen Einfluß wieder in Deutschland herzustellen, seyn, jener Souveränitäts=Eifersucht einen andern Gegenstand als Preußen zu geben.“

„Mag Preußen dabei eine passive Rolle spielen, und in manchen Punkten nur der österreichischen Politik zu folgen scheinen; je mehr es jenen Schein zu gewinnen glückt — desto sicherer wird ihm einst die Mehrheit der Bundesstaaten zufallen, wenn das Aufhören der preußisch=österreichischen Allianz auch den Druck, den ihr vereintes und umfassendes Gewicht ausübte, aufhören läßt.“

— „Aus allem Obigen schiene, als Rekapitulation, folgende..... Stellung Preußens am Bundestage hervorzugehen. — In den allgemeinen politischen Bundesbeziehungen, Ausgleichung der etwaigen Differenzen, direkt zwischen Berlin und Wien, aber zu Frankfurt enges, in der Regel milderndes Anschließen an Oesterreich, wobei zuweilen, aber nicht zu oft, in populären Gegenständen ein berechneter ostensibler und eklatanter Akt von Selbstständigkeit zu zeigen.... Ein anscheinend reger Eifer für die Befestigung und Entwickelung der Reformen, die unter der Hand aber

mit Ausnahme derjenigen, welche auf die Militär-Verfassung und die Stellung des Bundes gegen das Ausland Bezug haben, so lose als möglich zu erhalten wären.—"

„Die Natur der einzigen Regierungsform, die allein Preußens Größe und Einfluß
sichern kann, schließt schon, ohne andere Verhältnisse zu berühren, unwiderruflich die
Begünstigung der demokratisch-repräsentativen Ideen aus, welche jetzt noch so vielen Einfluß in Deutschland ausüben.—"

Es schiene wünschenswerth, und selbst beim Festhalten an der österreichischen Allianz
nicht unerreichbar, daß, wie es vor dem Beginnen der französischen Revolution der Fall
war, Preußen als der deutsche Musterstaat angesehen, und seine Schriftsteller wieder die
tonangebenden in Deutschland würden, und dies Resultat dürfte unvermeidlich seyn,
sobald, wie schon erwähnt, das demokratisch-revolutionäre Treiben und die süddeutsche
Schein-Konstitutionalität depopularisirt worden wäre. Es verdiente dabei eine reifliche
Prüfung, ob, da jene Partei nun doch einmal an der Entwickelung und Geltendmachung
ihrer Theorie vor dem Publikum nicht gehindert werden mag, es nicht rathsam wäre, sie
gleichfalls nach dem Beispiel der englischen und französischen Regierungen, in ihren
Grundsätzen, in ihren Leitern und ihren Organen einer indirekten, aber kräftigen öffentlichen Discussion zu unterwerfen, als es nicht allzuschwer seyn dürfte, gegen jene Grundsätze und Einrichtungen bei den besonnenen und richtig urtheilenden Deutschen die
National-Eitelkeit und Ehre ins Spiel zu bringen, indem man
dieselbe, von einer nebenbuhlerischen Nation ausgehend, durch
Bildung von Parteien im Sinne des Auslandes wirkend,
darstellte."

— Graf von der Golz, ehemaliger preußischer Bundestagsgesandter, macht
in einer Denkschrift an das Ministerium der auswärtigen Angelegenheiten folgende
Aeußerung:

„Die Elemente, die ihr [der Bundesverfassung] zu Grunde gelegt wurden, mußten
von gemeinnützen und liberalen Ideen ausgehen, weil die Völker, die
nur durch den höchsten Grad patriotischer Exaltation zu den Opfern vermocht worden
waren, durch welche die allgemeine Anstrengung zur beabsichtigten Befreiung Deutschlands
und Europa's möglich wurde, zu großen Erwartungen im Sinne des ihnen vorschweben-
den übertriebenen Begriffs von Freiheit berechtigt waren ; man genügte diesem Erfordernisse des Augenblicks, weil er unerläßlich war."

— Einer Denkschrift des preußischen Ministers der auswärtigen Angelegenheiten,
Grafen Bernstorff, über die Mittel, die Ruhe im Innern
Deutschlands, im Falle eines Krieges mit dem Auslande, auf-
recht zu erhalten, entworfen auf Befehl des Königs im Jahre 1831, sind nachfolgende Aeußerungen entnommen.

„Wie gegründet indessen auch jene Besorgnisse seyn mögen, so rechtfertigen sie doch
keinen Zweifel an dem Vorhandenseyn und der Wirksamkeit von Mitteln, dem drohenden
Uebel vorzubeugen oder seine ferneren Ausbrüche mit Erfolg zu bekämpfen, selbst im Falle
eines unvermeidlichen Krieges, unter den Deutschen eine zustimmende
Begeisterung zu entzünden, welche zur Erleichterung der ihnen
anzusinnenden Opfer mitwirke."

— „Je leichter der natürliche Verstand einsieht, wie sehr das Gemeinwohl dabei
interessirt ist, daß die Grenze des Staates gegen Angriffe eines auswärtigen Feindes vertheidigt.....werde ; um so wichtiger für ganz Deutschland scheint mir zunächst die Annahme

oder Behauptung einer Politik, welche für den Fall, wenn ein Krieg unvermeidlich seyn sollte, sicher dahin führt, daß der Uebergang aus dem jetzigen Zustande in den Kriegszustand unter Umständen geschehe, die eine unbedingte Nothwendigkeit des letztern als evidente Thatsache den Unterthanen aller deutschen Staaten unabweislich vor die Augen rücken; was nach dem herrschenden Geiste unserer Zeiten nicht etwa bei einem Kriege um Prinzipien, worüber im Innern von Deutschland selbst Parteien sich streiten, sondern nur alsdann stattfinden wird, und sicher erwartet werden darf, wenn ein Angriff von Seiten des Feindes alle Zweifel über jene Nothwendigkeit des Krieges zerstreut und alle weitern desfallsigen Rechtdeductionen als überflüssig erscheinen läßt, deren Unentbehrlichkeit zur Ausführung der Motive des Krieges überhaupt nichts wünschenswerthes wäre.—"

„Zur Aufrechthaltung, tieferer Begründung des Sinnes für Recht und Ordnung kann ohne Zweifel auch die Presse wesentlich beitragen. Es ist desfalls gewiß sehr zu bedauern, daß sich jetzt zu wenige tüchtige Männer erheben, um jene gute Sache des Rechts und der Ordnung gegen die Angriffe, denen sie besonders in ausländischen Blättern ausgesetzt ist, mit Ernst und Einsicht zu vertreten. Damit die Herausgabe von Zeitungen oder periodischen Blättern, welche sich diesem Zwecke widmen, nach Möglichkeit gefördert werde, möchte es schon jetzt an der Zeit seyn, hierzu Schriftsteller von Talent und guter Gesinnung zu gewinnen, bei denen die letztere sich in der Neigung offenbaren, durch ihre Feder die Lösung der schwierigen den Regierungen obliegenden Aufgabe zu erleichtern. Immerhin könnte man ihnen dabei — sofern ihre Persönlichkeit hinreichende Garantie gewährt — freieren Spielraum gestatten, ohne jedoch im Allgemeinen eine wesentliche Veränderung der gesetzlichen Bestimmungen über die Censur eintreten zu lassen; denn diese wird auch im Falle eines Krieges nicht entbehrt werden können, so wenig man übrigens der Begeisterung, welche mit Wort und Schrift die Sache des Vaterlandes gegen den auswärtigen Feind vertheidigen will, Einhalt zu thun haben dürfte.— —"

„Aufgestellt in den bezeichneten Gegenden, und nach Umständen zu mobilen Colonnen organisirt, würde diese Reserve (die des Bundesheeres) dem deutschen Bunde, während seine Heere dem auswärtigen Feinde gegenüberstehen, für die Erhaltung der Ruhe in seinem Innern die wirksamsten Dienste zu leisten geeignet seyn.—"

Unter ehrfurchtsvoller Bezugnahme auf jene Vorschläge glaube ich namentlich in tiefster Unterwürfigkeit empfehlen zu müssen:

„Daß E. K. M. allerhöchste Regierung bei einer Politik beharre, welche den Frieden auf alle mit Preußens Ehre und andern wesentlichen Interessen vereinbare Weise zu erhalten sucht, und zugleich — wenn ein Krieg dennoch unvermeidlich werden sollte — den auswärtigen Feind in den Fall setzt, ihn durch einen Angriff von seiner Seite zu eröffnen. Unternimmt alsdann der Feind einen Angriff, so wird E. K. M. landesväterliche Ansprache an das Volk, wie sie im Jahr 1813 stattfand, gewiß ähnliche Wirkungen hervorbringen, und mächtig dazu beitragen, daß der treue Wille Allerhöchst Ihrer Unterthanen, sich ihres Königs würdig zu bezeigen, allenthalben in That übergehe.— —"

Auf vorstehenden ausgezogenen Bericht des preußischen Ministers antwortete der König:

„Was die anderweitigen, Ihrer Darstellung hinzugefügten Vorschläge betrifft, so ist zwar rathsam, für die Sache des Rechts und der Ordnung einsichtsvolle Schriftsteller zu gewinnen; bei der anerkannten Schwierigkeit aber, solche Schriftsteller zu ermitteln, die mit den erforderlichen Kenntnissen und Talenten auch erprobte treue Gesinnungen und den erforderlichen Takt für das Angemessene verbinden, wird die Benuzung der Presse für den Fall des Krieges vorzubehalten seyn.—"

Der preußische General von Borstell, in einem Briefe an den General-Adjutanten des Königs, geschrieben in 1832, worin er Vorschläge macht, wie mit den deutschen Ständekammern und den deutschen Revolutionärs zu verfahren sey, äußerte:

„Staatssicherheit, nach moralischen Grundsätzen festgestellt, ist die wichtigste der Regierungspflichten, sie wird durch repräsentative Formen oder Volksvertretungen nirgends gesichert, vielmehr durchwegs, wo wir hinblicken, gemisbraucht und gefährdet."

II.
Oesterreichische Stimmen.

Ein österreichisches an das preußische Cabinet gerichtetes Promemoria über die Publicirung der Bundestags-Protokolle, enthält unter andern folgende Aeußerung:

„Man darf jedoch nicht aus der Acht lassen, wie es überhaupt mit dem Interesse steht, welches die deutsche Nation an dem deutschen Bunde nimmt."

„Wäre die Bundesversammlung — wie es in den ersten Jahren ihrer Existenz von der liberalen Partei geglaubt und gewünscht wurde — eine Art National-Repräsentation, bestimmt alle Rechte zu schützen und in alle das gemeinsame Interesse der deutschen Unterthanen betreffende innere Angelegenheiten kräftig und wirksam einzugreifen, so würde ihr allerdings das allgemeine Interesse nicht entgehen, besonders wenn auch noch die Instruktionen der Bundestags-Gesandten in den Ständeversammlungen berathen würden, wie dies schon früherhin und jetzt neuerlich vielfach als unumgänglich nothwendig behauptet und angepriesen worden ist. Die Kompetenz der Bundes-Versammlung ist aber, seit dem Jahre 1820, definitiv und auf eine Art geregelt, welche ihr eine andere Stellung gegeben hat, als die ohnehin nur chimärische einer Volksrepräsentation, und es ist sehr zweifelhaft, ob sie unter denen, welche im Volke das große Wort führen, an Popularität und Ansehen durch die Bekanntmachung ihrer Berathungen sehr gewinnen werde. Nicht durch die Geheimhaltung ihrer Protokolle ist das Ansehen der Bundes-Versammlung gesunken. Ehe noch diese Geheimhaltung eingeführt war, fingen die Demagogen an, die Bundes-Versammlung zu verschreien, sobald sie sahen, daß diese ihnen nicht als Werkzeug dienen wollte, sondern sich vielmehr ihren verbrecherischen Absichten als ein Damm entgegenstellte; und auch der nicht demagogische, sondern besonnene Theil des Publikums verlor nach und nach das früher gehegte Interesse am Bunde, sobald man sich überzeugte, daß es nicht in der Aufgabe der Bundesversammlung liege, in den wichtigsten innern Angelegenheiten, namentlich in den Handels- und städtischen Angele= genheiten, einen entschiedenen Einfluß zu äußern. Jene anti=demagogische Tendenz und diese beschränkte Kompetenz der Bundes=Versammlung dürften wohl allein als die wahren Ursachen des verminderten Interesses an den Verhandlungen desselben zu betrachten seyn, und so lange diese wohlbegründeten Ursachen bestehen, wird auch die Bekanntmachung ihrer Protokolle nicht das Mittel seyn, ihr Ansehen zu heben. Niemand wird übrigens glauben, daß die Bundes=Versammlung darum, weil ihre öffentlichen Protokolle nur we= niger bedeutende Gegenstände betreffen, sich in ihren geheimen Sitzungen nicht mit wichti= gen beschäftige. Es ist zwar nicht in Abrede zu stellen, daß es wünschenswerth wäre, wenn die Mehrzahl der denkenden Menschen in Deutschland auf den Fortbestand des Bundes einen Werth legte; aber die Hauptbürgschaft seiner Dauer wird wohl der deutsche Bund in der Meinung der Regierungen und nicht in der Meinung des Publikums zu suchen und zu finden haben. So lange die R e g i e r u n g e n den Fortbestand des Bundes aufrichtig wünschen und wollen, wird derselbe auch fortbestehen, und das Urtheil der U n t e r t h a n e n wird ihnen hierin kein wesentliches Hinderniß in den Weg legen. — „

In einem Schreiben des F ü r s t e n v o n M e t t e r n i c h an den österreichischen Gesandten in Berlin, worin die Ansichten des österreichischen Kabinets über die neue B a d i s c h e G e s e t z g e b u n g ausgesprochen wird, heißt es:

„Da vielmehr Alles, was aus deutscher Presse hervorgeht, sich sofort über alle deut= schen Länder verbreitet, und Deutschland heute einen auf Erhaltung gemeinsamer Ruhe und Sicherheit gegründeten Staatskörper bildet, so darf es einzelnen Gliedern dieses Staates nicht freistehen, die große Mehrzahl der andern Staaten mit einem Vorrathe s c h l e c h t oder g a r n i c h t censurirter Schriften zu überschwemmen."

„Wir sehen aber diese Frage als eine L e b e n s f r a g e f ü r d e n B u n d an, und ersuchen daher den Herrn Grafen von Bernstorff angelegentlichst, in dieser wichtigen An= gelegenheit den Ausspruch beider Höfe vollkommen gleich an den Bundestag treten lassen zu wollen. — „

Kurze Zeit nach dem Hambacher Feste schrieb der F ü r s t v o n M e t t e r n i c h an den preußischen Bundestags=Gesandten v o n N a g l e r in Frankfurt:

„Das Hambacher Fest, wenn es g u t b e n u t z t wird, kann das Fest der Guten werden. —"

In einer Instruktion des F ü r s t e n v o n M e t t e r n i c h an den österreichischen Bundestags=Gesandten in Frankfurt, über die F r a n k f u r t e r E r e i g n i s s e d e s 3. A p r i l s 1833, heißt es:

„Für Deutschland ginge vielleicht in einem mangelhaften Ausgange dieser Unter= suchung eine nie wiederkehrende Gelegenheit verloren, auf den eigentlichen Grund des Uebels, welches seit Jahren feindselig auf den Fürsten wie auf den Völkern lastet, zu kommen."

III.
Russische Stimmen.
(1834.)

„Gleich von 1789 an, fanden die Lehren der französischen Revolution bei vielen deutschen Denkern eine günstige Aufnahme; aber die Masse des Volks blieb ihnen um so fremder, als seine pedantisch-religiöse Erziehung (education pédantesquement religieuse), es von jeder eigentlich politischen Idee entfernt hielt."

— „Zwar wußte Napoleon mit seinem eisernen Zepter alle Aeußerungen feindlicher Gesinnungen gegen die Macht niederzuhalten; doch konnte er nicht verhindern, daß die von der französischen Revolution in Umlauf gebrachten Ideen sich in Deutschland ausbreiteten und sich besonders in den Universitäten und Schulen festsetzten. Erst nach dem Sturze des großen Mannes gewahrte man, welche tiefe Wurzeln jene Ideen schon gefaßt hatten. Ihre ersten Früchte waren schön und herrlich, denn der Befreiungskrieg gab Gelegenheit, die edelsten und reinsten Gesinnungen zu entfalten. Die Begeisterung des Volks war eben so bewunderungswürdig durch ihr erhabenes Ziel, als durch die Mäßigung, worin sie sich anfänglich zu erhalten wußte; unglücklicher Weise zeigten die folgenden Jahre, daß die Fürsten und Minister sich schwer getäuscht hatten, als sie den Kampf Deutschlands unter diesem einzigen Gesichtspunkte betrachtet. Nach dem Kriege zeigten politische Ansprüche, die sich in den meisten Staaten kundgaben, augenscheinlich genug, daß, als die Deutschen die Waffen ergriffen, sie nicht blos Napoléon, sondern auch ihre eignen Regierungen treffen wollten."

— „Da die wahre Religiösität einer der Grundzüge des deutschen National-Charakters ist, mußte der Befreiungskrieg hierdurch natürlich eine Art religiöse Weihe bekommen. Mehrere Staatsmänner suchten den öffentlichen Geist in dieser Richtung zu erhalten, und unter Andern war der Fürst Metternich in diesem Sinne thätig. Indessen, ob zwar die Mehrzahl des deutschen Volkes zu dem alten öffentlichen Rechte, das sich auf theologische Prinzipien gründet, sich hinzuneigen schien, so erklärte sich doch auf mehreren Universitäten eine starke Opposition gegen jene Ansicht."

— „Preußen allein machte sich, nach einer doppelten bittern Erfahrung, keine Täuschung mehr über die Richtung des öffentlichen Geistes. Es erkannte mit vielem Scharfsinne, daß die Deutschen die Polen weniger wegen ihrer selbst, als wegen ihrer Revolution liebten. Deutschland verdankte 1832 sein Heil nur dem ernsten und würdevollen System, welches Preußen in seinem friedlichen Betragen gegen die polnische Revolution leitete."

— „Alle deutsche Bundesstaaten, mit Ausnahme Oesterreichs und Preußens, sind constitutionelle Staaten, und der freie Austausch der Ideen durch die Presse hat dort besonders seinen Einfluß auf die gesetzgebenden Versammlungen geübt. So wie einst in Frankreich, von 1789 bis 1792, die Erörterung allgemeiner Prinzipien, indem sie die Gemüther von den örtlichen und persönlichen Interessen abzog, überall die Keime der Anarchie von 1793 legte, so kann man in den letzten Sitzungen der deutschen Kammern, besonders denen der kleinen Staaten, eine ähnliche Richtung erkennen."

„Hätte nicht die deutsche Bundesversammlung durch ihre Ordonnanzen vom Juni jener Freiheit der Diskuſſion eine Grenze geſetzt, würde das Uebel, das aus einer ſolchen Quelle kam, die organiſchen Elemente verſchiedener deutſcher Staaten bald erreicht und zerſtört haben. In der That ließ man ſich dort angelegen ſeyn, jede liberale Oppoſition durch eine noch liberalere auszuſtechen; man ging dort eiteln Phantomen mit dem ein=fältigſten Eifer (niaiſe ardeur) nach, und gefiel ſich in der dümmſten Op=poſition (l'opposition la plus sotte) gegen die Regierung, ſo daß man die Franzoſen hierin noch übertraf. Daher ſind auch aus der deutſchen Preſſe, der man doch die tief=ſinnigſten und ausgezeichnetſten philoſophiſchen Werke der neuern Zeit verdankt, die wunderlichſten und unvernünftigſten Erzeugniſſe hervorgegangen, die nur je aus verrückten Köpfen (cerveaux atteints de folie) gekommen., Man muß hoffen, daß man in der Folge jenen Abſcheulichkeiten (monstruosités) ein Ende machen wird; man muß hoffen, daß man von nun an darauf ſehe, daß in Deutſchland die wahren Gelehrten und die tiefen Denker nicht blos allein das Wort füh=ren, ſondern ſich auch Gehör verſchaffen können.“

— „Schon ſeit 1819 hatte Oeſterreich den Plan, unter ſeinem Protektorat für alle in Deutſchland erſcheinenden politiſchen Werke, Journale und Bücher eine Bundes=Cenſur zu errichten; doch dieſer Verſuch ſcheiterte an der Oppoſition der Baieriſchen und Sächſiſchen Regierung. Später ließ Oeſterreich in Leipzig und Frankfurt periodiſche Schriften erſcheinen, die im Geiſte der Doktrinen, die es geltend machen wollte, geſchrieben waren; allein ſie hatten keinen großen Erfolg, ob ſie zwar von Leuten von Geiſt redigirt worden, und beträchtliche Koſten verurſacht hatten.“

— „Das Syſtem, auf dem ſich die öſterreichiſche Stabilität gründet, iſt ſehr alt. Man hat nicht vergeſſen, daß ehemals die Ferdinands, zufolge dieſes nämlichen Syſtems, Deutſchland zu unterjochen geſucht. Die ſchönen Maximen haben dem Hauſe Habsburg nie gemangelt; aber wenn ſeine Thätigkeit immer groß war, waren ſeine Thaten dagegen ſelten.“

— „Die Souveräne der kleinen conſtitutionellen Staaten, durch die Herrſch=begierde ihrer Kammern aufs Aeußerſte gebracht, ſo wie einſt Ludwig XVI. durch den National=Convent, erinnern ſich dieſes großen und merkwürdigen Beiſpiels; ſie ſehen ſelbſt ein, daß wenn ſie die Ausgelaſſenheit jener anmaßlichen geſetzgebenden Körper (la licence de ces législatures usurpatrices) ſich länger gefallen ließen, ſie in ihrer Exiſtenz ſelbſt bedroht wären. Man ſieht ſie alſo jetzt Preußen in allen Maß=regeln unterſtützen, die dahin zielen, die Rechte der geſetzgebenden Verſammlungen einzu=ſchränken; man ſieht, daß ſie ſich gutwillig allen allgemeinen Beſchlüſſen des Frankfurter Bundestages unterwerfen.“

— „Die ächten deutſchen Grundſätze, was den Austauſch der Ideen betrifft, müſſen immer dahin zielen, vor allem die Lokal=Intereſſen, dann die Pro=vinzial=Intereſſen und zuletzt die eigentlichen National=Intereſſen zu bewahren und zu unterſtützen. Damit das in der angegebenen Reihefolge ſtattfinde, müßten die Regierungen mit der größten Strenge dar=über wachen, daß man gegenwärtig nur die Lokal= und Provinzial=Intereſſen öffentlich verhandle. Es kömmt zuerſt darauf an, jeder Familie, jeder Gemeinde, jeder Provinz ihre Freiheiten und Rechte zu ſichern; daraus folgt, daß es nicht jedem Pro=feſſor öffentlichen Rechts erlaubt ſeyn dürfe, jene Specialfreiheiten den chimä=riſchen Ideen von allgemeiner Freiheit und dem Traume der ſogenannten

Volksfouverainität aufzuopfern. Preußen hat seines Theiles diesen Geist der alten deutschen Gesetze sehr gut aufgefaßt, indem es die Revision der Stadt- und Dorf-Verfassungen anbefohlen; auch hat dieser Samen gute Früchte getragen."

— „Man kann jedoch nicht in Abrede stellen, daß diese Art zu verfahren, indem man den Familiengeist benutzt, um nach und nach den Nationalgeist zu bilden, nur dann ohne Gefahr angewendet werden kann, wenn der Geist und die Liebe der Häuslichkeit (l'esprit, l'amour du foyer), von welcher hier die Rede ist, tiefe Wurzeln in den Herzen der Bürger geschlagen hat. Nun aber ist diese Tugend den Sitten und dem Charakter der Deutschen so anklebend, daß nur eine ununterbrochene Folge von Plagen und Mißgeschick deren Wurzeln untergraben konnten. Anders ist es bei den slavischen Völkern; sie kennen weniger jene innige Sympathie, die den Menschen an seinen Geburtsort, an das Dach, das ihn beherbergt, an die Möbel, die ihm gedient haben, binden. Der Nationalgeist des Slaven richtet sich weniger nach den Sitten des Hauses und nach der Meinung seiner nächsten Nachbarn, als nach der Einwirkung der lebenskräftigen und beweglichen Volksklassen, zu denen er gehört, Massen, die seine Sprache reden und seine Leidenschaften theilen.—"

— „Ein Krieg Deutschlands gegen Frankreich und England hat in unserer Zeit einen doppelten Charakter..... Es handelt sich auf der einen Seite die Bajonette und die Kugeln, und auf der andern Seite die Ideen zu bekämpfen; was den materiellen Kampf zwischen den Armeen betrifft, so ist er den Wechselfällen des Krieges unterworfen..... Nehmen wir den Fall an, wo Deutschland unterliegen sollte..... So beklagenswerth auch ein solches Ereigniß für Deutschland wäre, kann man es doch nicht mit den traurigen Folgen vergleichen, welche der Triumph der Englisch-Französischen constitutionellen Prinzipien für den deutschen Bund und für jeden Staat insbesondere hätte..... Auch müßte Deutschland, im Falle eines Bruchs mit Frankreich und England, seine Hauptaufmerksamkeit auf den Kampf wenden, den es gegen die Prinzipien seiner Feinde zu bestehen haben wird. Alle Regierungen sehen heute vollkommen ein, daß die größten Gefahren, die sie bedrohen, in der That von jener Seite kommen."

— „Die Fürsten und die Großen im Allgemeinen... müssen vor allen Dingen sich selbst und ihren Interessen (à ce qui leur est le plus cher) treu bleiben. Ihre heiligste Pflicht ist, ihre Rechte nicht beschränken zu lassen."

— „Das wissenschaftliche Deutschland hat selbst während der traurigen Tage der fremden Herrschaft seine Würde zu behaupten gewußt. Auch hat in den Gemüthern der deutschen Jugend keine Anhänglichkeit für Frankreich Wurzel fassen können, ob zwar die Ideen des Liberalismus sie zu solchen Gefühlen hätte geneigt machen sollen. Im Gegentheil, sie bewahrte immer eine tiefe Antipathie gegen jenen feindlichen Nachbarn, und dies trat nie stärker hervor als beim Hambacher Feste. Dort, ohngeachtet des Schwindels, der Alle ergriffen, hat man es Börne, der gegenwärtig war, und den doch die Demagogen so achten, nicht verziehen, um die Gunst der französischen Liberalen niederträchtig gebettelt (bassement mendié) und hierdurch Deutschland vor ihnen beschimpft zu haben."

Das deutsche Volk möge diesen Kosacken-Katechismus gut auswendig lernen, damit es an dem Tage, wo es nach dem Rituale der russischen Kirche durch Ohrfeigen seine Firmung erhalten wird, vor dem heiligen Czar ehrenvoll bestehe.

Was der Bericht des russischen Staatsmannes von der feindseligen Stimmung sagt, die sich in Hambach gegen Frankreich laut ausgesprochen, und was er bei dieser Gelegenheit von mir erzählt, ist Alles falsch und gelogen. Eine starke Sympathie für die Franzosen sprach sich dort überall aus; freilich eine Sympathie, wie wir sie verstehen, nicht diejenige, welche die Schriftsteller der Polizei als solche darstellen, um sie als etwas Gehässiges erscheinen zu lassen. Ich erinnere mich, daß einer der Hambacher Pilger, der mir von früher als ein preußischer Spion bekannt war, in meiner Gegenwart und unter vielen jungen Leuten mit frommer Begeisterung von dem Glücke sprach, das die Rheinprovinzen unter der französischen Herrschaft genossen, und wie es zum Heile von ganz Deutschland führen müsse, wenn die freien Institutionen Frankreichs wieder bis zum Rheine vorrücken könnten. Aber selbst die unerfahrenen jungen Leute hörten den heiligen Mann mit Kälte an, denn er trug das Kainszeichen auf seiner Stirne. Ich selbst hatte in Hambach keinen einzigen Franzosen gesprochen noch gesehen, ich konnte also nicht um die Freundschaft Frankreichs betteln. Der muthige, edle und geistreiche W i r t h war in Hambach der Einzige, der ganz ohne Veranlassung ü b e r, und mehr aus einem Geiste des Widerspruchs, als aus innerer Ueberzeugung g e g e n die Franzosen öffentlich sprach. Dieses erregte allgemeines Mißfallen und lauten Tadel. Zum Lohne für seinen Franzosenhaß, den Herr Menzel deutschen Patriotismus nennen würde, wurde der gute Wirth ins Zuchthaus gesperrt und mußte drei Jahre lang die Uniform der Diebe tragen und Strümpfe stricken. Dort in dem Kerker, statt seinen Haß der Tyrannei zur heiligen Wuth entflammen zu lassen, dort a u s s e i n e m s i c h e r n V e r s t e c k h e r v o r, schrieb Wirth über Sonne, Mond und Sterne und andere Ewigkeiten, ließ sich wie ein wahres deutsches Schaf in den Pferch der Wissenschaften zurücktreiben und düngte mit seinen philosophischen Erzeugnissen die Felder der Erbpächter des deutschen Landes. Und wo Jean Paul lange die Freiheit lehrte, wohnt jetzt der edle Wirth als Mündel der baierischen Polizei, und muß ihr von jedem Schritt, den er thut, und von jedem Gedanken, den er ausgiebt, Rechenschaft geben!

Jeder, dem bekannt ist, daß die russische Regierung in Deutschland so viele Spione hat, daß sie mit ihnen das Herzogthum Nassau und das Großherzogthum Hessen, trotz der tapfersten Vertheidigung erobern könnte, wird sich wundern, daß sie von dem Geiste, der in Hambach herrschte, so falsch unterrichtet worden. Dieses hatte aber seine eigene Ursache. Die Hambacher Spione waren in einer bedenklichen Lage und ermangelten jener heitern Gemüthsstimmung, welche ein Spion zur Ausübung seiner schönen Kunst nach den Regeln der Optik und Akustik nöthig hat. Nämlich gleich in der ersten öffentlichen Versammlung, die in Hambach in einem Wirthshause stattfand, und wo mehr gesprochen als gedacht, mehr gesungen als gesprochen, mehr getrunken als gesungen, und mehr spionirt als getrunken wurde — war ein Spion so naiv, über Alles was er gern wissen wollte, seine Nachbarn rechts und links laut auszufragen. Wie heißt der Herr, der jetzt spricht? Wie der, welcher dort singt? Wie jener, der dort trinkt? Und sobald er den gewünschten Bescheid erhalten, schrieb er es sehr kindlich vor aller Augen in sein Taschenbuch ein. Man bemerkte es, fiel über ihn her und wollte ihn prügeln, und die Behörde war genöthigt, den ehrlichen Mann zu seiner Sicherheit ins Gefängniß zu setzen, oder ihn im Stillen aus der Stadt zu führen. Hierdurch wurden aber die übrigen Spione ängstlich gemacht, so daß sie nicht mehr wagten; über das, was sie sahen und hörten, gleich Buch zu führen, und die nöthigen Erläuterungen einzuziehen. Aus diesem Grunde mochten wohl viele Berichte mangelhaft und falsch geworden seyn.

Um dem Herrn Menzel eine kleine Freude zu machen, will ich ihm noch erzählen, daß mir damals in Hambach von einem radikalen Barbiergesellen meine Uhr gestohlen worden. Ich lief auf der Stelle zur geeigneten Behörde, und forderte deutschen summarischen Prozeß und daß man sogleich den wahrscheinlichen Dieb arretire. Aber die Gerichte lachten mich aus, ob ich zwar einer der Fürsten von Hambach war und sagten mir: ja, b e i e u c h geht das an, aber b e i u n s, nach französischen Gesetzen, ist man nicht so schnell mit dem Arretiren. Damals verwünschte ich alle französische Institutionen und fand es sehr lächerlich, daß ein Mann wie ich, der eine goldene Uhr trug, nicht jeden armen Teufel, auf den er Verdacht geworfen, sollte arretiren lassen können. Ja, der Geist ist stark, aber das Fleisch ist schwach!

Die mitgetheilten Aktenstücke sprechen verständlich genug für sich, und weitere Bemerkungen darüber wären ganz überflüssig. Doch, da es viele kindische Menschen gibt, die der Erfahrung und eines klaren Blicks ermangeln, würde ich dennoch ad usum delphini noch einiges darüber sagen, wenn ich nicht fürchtete, durch kleine Nutzanwendungen und Puppen-Moralitäten meine vernünftigen Leser zu ermüden. Aus jenen offiziellen Aktenstücken geht das im Allgemeinen hervor, daß die deutschen Regierungen das deutsche Volk ganz so beurtheilen, wie ich es gethan, und daß sie sich selbst in dem nämlichen Lichte darstellen, in welchem ich sie darzustellen gesucht; es geht also daraus hervor — d a ß i c h n i c h t d e n S p l e e n h a b e und kein Bauchredner bin. Es möge daher Herr Menzel künftig mehr auf meinen Kopf und meine Brust, als auf meinen Unterleib sehen und seine abdomenale Zärtlichkeit einem schönern Gegenstande zuwenden. Was er an mir für den Spleen erkennt, oder vielmehr dafür geltend machen möchte, ist die splendida, macula bilis, die zu jeder Zeit den Mann geziert, in der unseren aber noch mehr thut als das; die ihn beschützt, ihn, seine Ehre und seine Seligkeit. Wer in dieser schnöden pestbeherrschten Welt sich vor Ansteckung sichern und gesund bleiben will, muß sich in Essig baden, um alle bleisüßen Herzen und verbuhlten Lavendelseelen von sich entfernt zu halten. Es gibt darum noch brave Leute genug, welche auch die saure Hand eines ehrlichen Mannes drücken, und diese verstehen mich und lächeln mir.

IV.

Französische Schriften

in deutscher Uebersetzung.

Vorwort.

Aus den „Schilderungen aus Paris" hat man erfahren, daß Börne schon bei seinem früheren Aufenthalt daselbst sich im Schriftstellern in französischer Sprache versucht hat, Versuche, deren Schwierigkeiten und Fehlschlagen er in seiner gewöhnlichen, geistreichen und witzigen Weise darstellt und wobei er die Hindernisse hervorhebt, welche die Verschiedenheit des Gedankengangs im Kopfe des Deutschen, verglichen mit dem im Gehirn des Franzosen, dem Verständnisse des Letztern in Bezug auf die Entwickelung deutscher Gedanken in französischer Sprache entgegenstellen. Nichtsdestoweniger hat unser Börne diese Hindernisse zu bewältigen gelernt. Als er sich in seiner Hoffnung auf eine bessere Gestaltung der öffentlichen Zustände in Deutschland, der er die Macht seiner Feder gewidmet, getäuscht sah, und es aufgab, die Geister in Deutschland mit dem Zorn seines Wortes ferner wach zu rütteln, nahm er seinen früheren Vorsatz und eine seiner Lieblingsideen wieder auf, den Geist der Franzosen und Deutschen einander näher und zu gegenseitigem Verständniß zu bringen, und so der kosmopolitischen Idee allgemeiner Völkerverbrüderung in Europa, mit Ausrottung aller ihr entgegenstehenden Hindernisse — der nationalen Gehässigkeiten, des Nationalstolzes und nationaler Selbstüberhebung — den allein möglichen Boden zu schaffen, auf dem diese Idee der Zukunft gedeihen kann. Zu diesem Zwecke betheiligte er sich zuerst an der französischen Zeitschrift: Le Reformateur, deren Mitarbeiter literarische Größen der liberalen und reformatorischen Partei, denen die Zustände unter dem Bürgerkönigthum Louis Philipps nicht genügten, ohne allen Ehrensold ihre Beiträge darein lieferten.

Als dieses Blatt, dessen Tendenz mehr als seine Sprache, der Regierung des Bürgerkönigs und seinem Anhange, einer alle Hülfsquellen des Landes und des Volkes ausbeutenden Bourgeoisie, entschieden feindlich gesinnt war,

im Jahre 1836 unterdrückt wurde, entschloß sich Börne, seine „Waage"
nach fast zwanzigjährigem Todesschlummer wieder ins Leben zu rufen und
in Paris in französischer Sprache unter dem Titel „Balance" wieder erscheinen zu lassen.

Wie wenig auch die französische Sprache mit ihrer stereotypen, an Hof-
etikette und verschnittene Taxuslaubgänge mahnende Phraseologie dem
reichen und ursprünglichen Geist Börne's behagen und geeignet scheinen
mochte, den Zauber desselben in seiner ganzen Gewalt geltend zu machen, so
wußte er sie doch so geschickt zu handhaben, daß der Glanz seiner Gedanken
selbst die von ihm gewählte fremde Form durchdrang und die Anerkennung
von urtheilsfähigen Franzosen errang, deren einer, der Republikaner Ras-
pereil, an Börne's Grab eingestand, daß Börne „ein ganz neues Französisch"
geschrieben habe.

Wir theilen in Folgendem aus der Sammlung, welche der unter der
Julimonarchie berühmte französische Publizist und Pamphletist Cormenin,
auch unter dem Pseudonamen Timon bekannt, nach Börne's Tode von dessen Beiträgen in beide oben genannte französische Zeitblätter, veranstaltet,
die vorzüglichsten Artikel in deutscher Uebersetzung mit.

Der Bauernkrieg
in Deutschland zur Zeit der Kirchenverbesserung.

Von Wachsmuth.

(Reformateur vom 29. April 1835.)

———

Gegen Schluß des Mittelalters war die Lage des Bauernstandes in Deutschland viel beklagenswerther, als in den südlichen Ländern Europa's. In diesen wurden sie nur von ihren unmittelbaren Herren bedrängt, aber in Deutschland, wo das Land unter unzählige kleine und große Herrscher vertheilt war und Souverain und Herr sich solchergestalt oft in einer und derselben Person vereinigt fand, waren die Bauern doppelt unterdrückt und bedrängt, einmal als Leibeigene, dann als Unterthanen; sie sahen sich gezwungen, der Habgier des Eigenthümers und dem Stolz des Souverains zumal Genüge zu thun. Die Dörfer waren an die Mauern der Adelschlösser gleich Schwalbennestern befestigt und fortwährend von den Horsten der Geier über ihren Köpfen bedroht. Deutschland stand um ein ganzes Jahrhundert in der Gesittung hinter Frankreich zurück, während das letztere in der Civilisation hinter Italien zurückstand. Künste und Wissenschaften waren noch nicht dahin gedrungen und die Verderbniß der Sitten, welche, indem sie die Menschen entartet, gleichsam zum Ersatz ihre natürliche Wildheit gemildert, hatte noch in geringem Maße Zutritt zu den deutschen Fürsten und Herren erlangt. Sie waren Trunkenbolde mit schweren Köpfen, die ihr Leben mit Krieg, Jagd, Trinken und Spielen hinbrachten. Ihre Erholungen stählten sie ebensosehr wie ihre Geschäfte und machten sie solchergestalt wild, grausam, für Mitleid unzugänglich.

Das Elend des Bauernstandes ward noch vermehrt durch eine Reihe von Veränderungen, die gegen Ende des fünfzehnten Jahrhunderts in den politischen und sittlichen Zuständen Deutschlands vor sich gingen. Dem Kaiser Maximilian gelang endlich, was seine Vorgänger vergebens angestrebt, den Privatzwisten der kleinen Selbstherrscher und Herren, wovon das Land wimmelte, ein Ende zu machen und sie zu zwingen, ihre Händel vor die zu solchem Zwecke eben niedergesetzten Gerichtshöfe zu bringen. Durch diese

weisen Maßregeln wurde der Friede unter den adeligen Dynastien Deutschlands hergestellt. Aber bezüglich der Knechte dieser Geschlechter, der Bauern,
trug dieser Kaiser keine größre Sorge als seine Vorfahren, um sie gegen die
Unterdrückung, die Raubsucht und Gewaltthat ihrer Grundherren zu
schützen. Man gestand ihnen keinesfalls das Recht zu, vor den Gerichts-
höfen Hülfe wider rohe Vergewaltigung zu suchen. Auf diese Weise kühlten
die Herren, unter dem Zwang sich den Reichsgesetzen zu unterwerfen und
unter sich selbst auf das alte Recht des Stärkern zu verzichten, die Muße
ihrer Wuth und ihrer schrecklichen Habgier von da an ungetheilt an ihren
Leibeigenen.

Die Rechtskundigen jener Zeit waren, was sie immer sind und waren,
Priester der Ungerechtigkeit, welchen man jene thörichte Ehrfurcht vor ungerechten Gesetzen zu danken hat, die mehr denn andere Waffen den Gewalt-
herrschern solche Macht verliehen. Die Gelahrten des römischen Rechts,
das nach dem Wiederaufleben der Wissenschaften von den Hochschulen Italiens auf den deutschen Universitäten eingeführt ward, haben nicht wenig
dazu beigetragen, den schon so elenden Zustand des Landvolks noch schlimmer zu machen. Sie trachteten mit all' der Glaubenswuth einer neuen
Lehre die Grundsätze der Sklaverei des Alterthums auf das Hörigkeitsver-
hältniß des Bauernvolks zu übertragen, so daß dasjenige, was nur eine
Wirkung des Lehnwesens, d. h. des Kriegs, der Eroberung, der rohen
Gewalt, war, von da an als durch alte Gesetze geheiligt und durch alte
Bräuche veredelt, betrachtet ward. Das römische Recht und seine Lehren
üben noch heutzutage den verderblichsten Einfluß auf Deutschland aus. Die
Professoren dieses Rechts an den deutschen Hochschulen sind die ausge-
sprochensten Widersacher jeder politischen Reform und sie prägen diese Ansichten ihren Schülern ein, unter denen sich die Berufszweige der Sachwalter,
Richter, Verwaltungsbeamten, kurz jener Menge von Leuten recrutiren, die
man in Deutschland „Staatsdiener" nennt, obgleich sie in der That des
„Staates Herren" sind. In diesem beklagenswerthen Lande ist man noch
nicht zu der Einsicht gelangt, abgestorbene Bräuche, Gesetze und Einrichtungen einzusargen. Die ganze Vergangenheit verwest in freier Luft und
richtet, nachdem sie zu bestehen aufgehört, größere Verwüstungen an, als in
der Vollkraft ihres Bestehens.

Zur selben Zeit, wo diese und mehrere andere hier nicht erwähnten Ursachen die Lage des Bauernstandes schlimmer gestalteten, weckten gewisse
politische Nachrichten, die Folge damals neuer Ereignisse, seine Empfindlich-
keit und verstärkten das Gefühl seines Elends. Im Norden Deutschlands
hatten nämlich einfache Landleute, ohne Mannszucht und ohne kriegerische

Führer, nur von Vaterlandssinn belebt und von Heldenmuth bestimmt, den Einfall des Königs von Dänemark zurückgeschlagen und sein wohlgeschultes und furchtbares Heer besiegt. Im Süden fuhren die Schweizerhirten mit dem glücklichsten Erfolge fort, ihre Freiheit auszudehnen und zu befestigen, indem sie die mächtigsten Selbstherrscher ihrer Zeit besiegten. Alles dies mußte die deutschen Bauern aus ihrer hundertjährigen Schlummersucht aufscheuchen, sie mit Wehmuth und Anstreben erfüllen.

Zugleicher Zeit faßten sie Hoffnung. Die gelehrten Leute und die Narren, die damals an den Höfen der Könige lebten, hatten ihren Herren bewiesen, daß ein Roß ein widerspenstiges Thier, der Mensch aber gelehriger Art und zu passivem Gehorsam, dieser Lebensluft des Kriegs und der Herrschaft, geeignet sey; demzufolge hatten sie ihnen gerathen, einen Theil des Volks in Uniform zu stecken, um denselben einerseits dem Volke in Lumpen, andererseits dem Centaur Aristokratie entgegenzustellen. Diese Lehre behagte den Fürsten und um sich der auferlegten Dienstleistungen zu entledigen, welche ihre Vasallen ihnen in ihren Kriegen schuldig waren, führten sie die Infanterie unter dem Namen der „Lanzknechte" bei ihren Heeren ein. Die Einführung dieser Waffe, welche sich unter dem Landvolk recrutirte, rief in diesem unglücklichen Stande neue Ideen und Stimmungen hervor; sie fingen an, sich für Menschen zu halten und zu begreifen, daß auf ihrer Seite die Stärke, daß sie nicht geschaffen worden, um beraubt und gemordet zu werden, sondern daß sie gleich den größten ihrer Herren alle erforderlichen Anlagen hätten, um selbst Diebe und Mörder abzugeben; mit einem Worte, sie fühlten, daß sie etwas galten und dies richtete ihren Muth auf, den lange Jahrhunderte des Knechtthums und der Verkommenheit gelähmt hatten.

Dazu trat Luthers Kirchenverbesserung. Es ist bekannt, daß die religiöse Umwälzung des sechszehnten Jahrhunderts, wie die französische Revolution, durch einen Ausfall in den Finanzen verursacht wurde. Dem Papste Leo X. fehlte es an Geld, um die Peterskirche auszubauen und den Kippischen und Liebesaffairen einer geliebten Schwester auszuhelfen. Um seinen Schatz zu füllen, entvölkerte er das Fegfeuer und bevölkerte das Paradies. Es war ein ziemlich harmloses Geschäft, das Niemanden Schaden brachte. Der Hohepriester schickte Bevollmächtigte in alle Länder der Christenheit und hauptsächlich zu den guten, leichtgläubigen Deutschen. Ablaß für die lebenden Sünder und Gnadenbriefe oder Strafmilderungen für die gestorbenen und verdammten Sünder ward geboten. Diese Handlungsreisenden bewiesen sich als geschickte Marktschreier, sie priesen ihre Waare mit unübertrefflicher Beredsamkeit an und alle Börsen öffneten sich. Sie zogen ungeheure Summen aus Deutschland, namentlich aus Sachsen, dem Vaterlande

Luthers. Diese Brüder Lüderlich besuchten die Kneipen und verspielten beim Würfeln gegen ein Glas Branntwein die Seelen der Abgeschiedenen, welche von ihren Verwandten in Anspruch genommen wurden. Dürftigen Gläubigen verkaufte man sie auf Borg. Jedermann war zufrieden. Doch Jupiter Luther zog die Stirne in Falten und die Welt erbebte, und die Völker würgten sich in sogenannten Religionskriegen hin und eine Sündfluth von Blut überwallte die Welt hundert und fünfzig Jahre lang und die Könige blickten darauf mit höhnischem Lächeln.

Die Kirchenverbesserung hat nur den Fürsten und den Gelehrten Nutzen gebracht, das Volk hat dadurch nichts an sinnlichem Glücke gewonnen und viel von seinem geistigen Wohle verloren. Alles in Ueberlegung gezogen, war die Priestermacht doch nur eine moralische. Die Völker verarmten, um die Kirche zu bereichern, wie man sich seiner Geliebten wegen zu Grunde richtet, wenn man zu schwach oder dergestalt leidenschaftlich ist, ihrem Schmollen und ihren Liebkosungen nicht widerstehen zu können. Als aber nach der Reformation die Fürsten sich der Güter und Einkünfte der Geistlichkeit bemächtigt hatten, traten die Steuern an die Stelle der freiwilligen Abgaben und die Strafgesetze der Schatzkammer an die Stelle des Fegefeuers. Luther nahm dem Volke das Paradies und ließ ihm die Hölle, nahm ihm die Hoffnung und ließ ihm die Furcht. Er schrieb die Gebetsformel vor, um der Sünden entbunden zu werden, aber das Gebet gebietet sich nicht. Er forderte gute Werke statt äußern Gottesdienstes, aber die guten Werke wurden in Folge dieser Lehre nicht häufiger.

Die Sitten wurden strenger; nach Außen war Alles rein und fleckenlos, aber es waren nur zurückgetretene Laster, welche die verborgene Theile des Staatskörpers verwüsteten. Ränke und Unredlichkeiten traten an die Stelle von Gewaltthätigkeiten und Verbrechen. Die religiösen Feiertage wurden vermindert, die Werkeltage und hierdurch die Mühsale des Volks vermehrt; der Gottesdienst, während der Dauer des Katholicismus der Trost und zugleich der Tempel der Kunst und Erholung der Unglücklichen, ward in eine Schule der Moral umgewandelt, wo die Gläubigen sich langweilten und einschlummerten. Die Gottesgelahrtheit, früher eine göttliche Kunst, ward eine der Fassungskraft des Volks völlig unzugängliche Wissenschaft. Das öffentliche Leben hörte ganz auf. Es gab keine Maler, keine Dichter, keine Feste mehr für das Volk, man errichtete keine öffentlichen Gebäude mehr; die Landschafts- und Hausselbstsucht trat an die Stelle des Nationalsinns; das deutsche Volk, früher so fröhlich, so geistreich, so kindlich, ward durch die Reformation in ein trauriges, plumpes und langweiliges Volk verwandelt. Das deutsche Leben ist ein Fastenleben, das bereits drei

Jahrhunderte dauert, und das gute deutsche Volk hat noch lange auf seine Ostern zu warten.

Luther war ein großer Mann, aber vor Allem war er Mensch und besaß alle Gebrechen und Schwachheiten dieser unglückseligen Gattung. Aus dem Plebejerstande hervorgegangen, haßte und verachtete er den letztern und wollte lieber der Schützling der Fürsten als der Beschützer Seinesgleichen seyn. Die Fürsten schmeichelten ihm, weil sie ihn fürchteten. Luther war so gerührt von ihrer Furcht und so betäubt von ihren Liebkosungen, daß er nicht gewahr ward, wie die Fürsten nur aus Ehrgeiz und Habsucht seine Lehre angenommen und sich in ihrem Innern über seine religiöse und philosophische Begeisterung erlustigten. Luther hat seinem Vaterlande viel Böses angethan. Vor ihm fand man bei den Deutschen nur Dienstbarkeit, Luther gab ihnen die Dienstbeflissenheit in den Kauf. Die südlichen Völker, welche beim Katholicismus verblieben, fürchten ihre Gebieter, doch lieben und verehren sie sie nicht; sie bewahren ihre Liebe für Gott und seine Statthalter. Darum haben alle katholischen Völker, sobald sie sich gegen ihre Gewaltherrscher stark genug gefühlt, ihr Joch abgeschüttelt, oder wenigstens mit gutem oder schlechtem Erfolge ihr Befreiung versucht. Aber bei den reformirten Völkern, unter denen die Fürsten, auf den Rath und mit Zustimmung der Kirchenverbesserer, die sittliche Macht der Kirche sich beigelegt und mit ihrer stofflichen Macht vereinigt, mußten die Unterthanen die Liebe und Ehrfurcht, die sie früher der Kirche gezollt, ihren weltlichen Herren als pflichtschuldigen Tribut darbringen. Nur bei den nordischen Völkern findet man jene dumme und blinde Liebe und jene abergläubische Ehrerbietung vor den Fürsten, die den Menschen so sehr entwürdigen und jene unglücklichen Völker an ihre Sklavenketten schmieden. Sie wagen nicht, sie zu brechen, wagen nicht einmal, es zu wollen; das vermeintliche gesellschaftliche Verbrechen würde sie nicht zurückschrecken, aber sie entsetzen sich vor der Verletzung des Heiligen. Die katholischen Priester haben nie den leidenden Gehorsam gepredigt, wie die reformirten Geistlichen; und das vorgebliche göttliche Recht der Fürsten, obschon auch früher angesprochen, ward erst seit der Reformation von den Völkern anerkannt.

Luther hätte den europäischen Völkern drei Jahrhunderte der Leiden und ein Jahrhundert blutiger Kämpfe um ihre Freiheit ersparen können, wenn er gewollt, wenn er es nur hätte gehen lassen, wäre Europa seit dem sechszehnten Jahrhunderte Republik; aber er hat es nicht gewollt: er zog den Ruf als Philosoph, Gelehrter und Schriftsteller dem Ruhme vor, die Welt gerettet zu haben.

Luther war das Musterbild eines deutschen Philosophen mit allen

Tugenden und Fehlern seiner Nationalität. Von hohem Verstande, ausgebreiteter Gelehrsamkeit, geistreich, mit Adleraugen die Finsterniß seiner
Zeit durchdringend, standhaft, tugendhaft, unbestechlich, den Gunstbezeugungen der Großen besser als ihren Liebkosungen widerstehend, wagte Luther,
ein ärmer und unbekannter Mönch, die colossale Macht des Papstes herauszufordern. Aber er war kein politischer Kopf; er kannte die wirkliche Welt
nicht, er verstand weder die Ränke, die Leidenschaften und die Halsstarrigkeit
der höhern Stände der bürgerlichen Gesellschaft, noch den richtigen Sinn,
die Tugenden und die Interessen der untern Stände. Er verachtete im
höchsten Grade das Volk, das allein gut und tugendhaft, immer seine
Meinungen in Gesinnungen und seine Gesinnungen in Handlungen zu
verwandeln sucht.

Luthers Unternehmen war mehr ein Werk des Wissens, als des Gewissens. Vergessend, daß Gott selbst trotz seiner Allmacht eine sinnliche Welt
erschaffen mußte, um seine Göttlichkeit zu offenbaren, vergessend, daß alle
Ideen untereinander zusammenhängen, daß die moralischen und materiellen
Interessen ineinander greifen und daß man die einen nicht bewegen könne,
ohne die andern mit zu treiben, verwünschte Luther das Volk, weil es die
neuen Ideen verkörpern wollte. Der Teufel besuchte ihn eines Tages in
seiner Einsamkeit, um ihn zu gewinnen oder zu schrecken; Luther warf ihm
das Tintenfaß an den Kopf, und der Teufel flüchtete sich durchs Fenster.
Weil ihm diese Art den Krieg zu führen einmal gegen einen armen Teufel
geglückt war, glaubte Luther, die Tinte wäre das beste Wurfgeschütz gegen
die Gewaltthätigkeit, den Despotismus, den Ehrgeiz und die Raubsucht der
Mächtigen der Erde. Diese Lutherische Artillerie ist seitdem nicht vervollkommnet worden, und die deutschen Philosophen, Moralisten und Doktoren
der Politik begnügen sich noch jetzt, gegen die Tyrannen zu schreiben, welche
sich über sie und ihre Tintenfässer mit Recht lustig machen.

Die Bauern, in deren finstere Gefängnisse die durch die religiöse Reform
bewirkte geistige Befreiung das Tageslicht, ohne die Thüren zu öffnen, hatte
eindringen lassen, fühlten sich, seit sie hell sahen, unglücklicher. Sie machten
ihren Unterdrückern Vorstellungen und legten ihre Beschwerden mit einer
merkwürdigen Mäßigung dar. Die Ursache liegt nicht darin, daß sie ihre
vollen Rechte verkannten: sie wußten sehr wohl, daß sie nach der christlichen
Freiheit, dem Ausdrucke, womit man damals die Menschenrechte bezeichnete,
den Reichen und Mächtigen gleich waren. Doch aus Bescheidenheit wollten
sie ihre Herren nicht mit dem Verlangen einer völligen Verbesserung belästi-
gen. So ist das deutsche Volk. Gut, edel, großmüthig, Beleidigungen
leicht vergessend, wird es stets verhindert, gegen seine Tyrannen Einspruch

zu erheben, und wenn es aufs Aeußerste getrieben, die Waffen ergreift, um sich selbst Gerechtigkeit zu verschaffen, schämt es sich fast eines über seine Herren davongetragenen Sieges, und indem es ihnen freiwillig die Hälfte der eroberten Rechte zurückgibt, begibt es sich der zur Vertheidigung der andern Hälfte, die es zu bewahren wünschte, nöthigen Macht. Die Fürsten spotteten über die Vorstellungen der Bauern. Hierauf standen diese letzteren auf, versammelten sich haufenweise und begannen den Krieg; doch unerfahren, ohne Mannszucht, ohne Operationsmittelpunkt und verlassen oder verrathen von den Rittern und Herrn, die sich ihnen als Führer angeboten hatten, und die, nur für ihre eignen Interessen kämpfend, ihren besondern Frieden mit den Fürsten sich ausbedungen, wurden sie bald besiegt.

Die Sieger übten schreckliche Grausamkeit und Rache gegen sie. Ganze Corps, die sich mit dem Vorbehalt der Sicherung des Lebens ergeben hatten, wurden, nachdem sie die Waffen niedergelegt, unbarmherzig niedergemetzelt. Der Fürstbischof von Würzburg ließ 85 seiner Unterthanen, die ihm im Kindertrotz hatten sagen lassen, daß sie ihn nicht mehr ansehen wollten, die Augen ausstechen. Andern weniger streng Behandelten ließ er die Finger der rechten Hand abschneiden. Mehrere der Insurgentenanführer wurden lebendig verbrannt. Man befestigte sie mit langen Ketten an einen Baum, um den man in einem weiten Kreis Holz aufhäufte, welches man anzündete, so daß jene Unglücklichen langsam gebraten wurden. Und Generale, Herren, souveräne Fürsten trugen selbst auf ihren Schultern das Holz herbei, das zu dieser höllischen Hinrichtung diente! Die früher von den Bauern begangenen Grausamkeiten kamen bei weitem nicht der Wildheit ihrer Fürsten nahe. Ueberdies sind es in dieser Kette von gegenseitigen Rachethaten zwischen den Unterdrückten und den Unterdrückern stets die letztern, welche den ersten Ring geschmiedet. Ein Jahrhundert später nahmen die Urenkel derselben empörten Bauern das Werk ihrer Vorfahren wieder auf. Unter dem Vorwande der Religion verwüsteten sie das Land von einem Ende zum andern; sie plünderten, brannten und erwürgten soviel Menschen, daß am Ende des Krieges von der ganzen Bevölkerung des deutschen Reichs nur vier Millionen übrig blieben. Da aber die Bauern damals nicht für ihre eignen Interessen kämpften, sondern auf Befehl und auf Rechnung ihrer Herrn, deren Livree sie trugen, nannte man sie nicht Räuber, sondern Soldaten; und was ihre Anführer, welche Epaulettes, Federbüsche oder Kronen trugen, betrifft, so nannte man sie nicht Räuberanführer, sondern Helden. Es waren die Mansfelde, Braunschweige, Tillys, Wallensteins, Gustav Adolfe. Und diesen Krieg des siebzehnten Jahrhunderts, man nannte ihn nicht verächtlich einen Bauernkrieg, sondern gab ihm den ehrwürdigen Namen des dreißigjährigen Krieges.

Der Geist, in welchem Herr Wachsmuth sein Werk abgefaßt, ist, wenn Geist darin ist, jener blasse, trockene Geist eines gelehrten Stubenhockers, der wohl in den Büchern, nicht aber in den Gemüthern zu lesen weiß; der nur bemerkt, was er sieht, nur sieht, was unter seinen Fenstern vorgeht, aber nie etwas zu errathen weiß. Herr Wachsmuth begreift sehr wohl die Interessen und die Mühen seiner Kaste, der wohlhabenden, gelehrten, faulen und philosophischen Classe; doch sein Herz verräth ihm nie die Freuden und Schmerzen des Volkes. Er fühlt alles Unglück eines Menschen, der gezwungen ist, seinen Geist, seinen Glauben und seine Einsicht unter die despotische Lehre eines Papstes zu beugen, zu glauben und glauben zu machen, zu lernen und zu lehren, was er als falsch oder abgeschmackt kennt; aber er hegt kein Mitgefühl mit einem unglücklichen Bauer, den Verachtung wie ein Aussatz bedeckt, mit dem Schmerze und der heftigen Mißgunst einer Mutter, welche ihre Kinder abgezehrt, im Schnee barfuß gehen sieht, in dem Augenblicke, wo die Meerkatzen des Dorfherrn mit Halbstiefeln bekleidet vor ihnen vorüberziehen und ihnen Düten von geleerten Bonbons und Pomeranzenschalen an den Kopf werfen.

Wenn nach Jahrhunderten von Leiden die deutschen Bauern endlich zu jenem Punkt des Elends getrieben, wo der Mensch keine Kraft zum Dulden mehr hat, und durch Schwäche stark, durch Entmuthigung muthig wird, die Waffen ergreifen, um Gerechtigkeit und Besserung ihrer Unterdrücker zu verlangen, erschöpft Herr Wachsmuth gegen sie das ganze Wörterbuch des Hasses und der Verachtung. Er nennt sie Schurken, Diebe, Räuber, Narren, Mörder, Mordbrenner; er spricht von dem wilden Anblick der Empörung, der Zerstörungswuth, der Hitze des Aufruhrs; kurz, er läßt uns jene aufbrausenden, schäumenden Worte hören, welche den Feinden der Freiheit so geläufig sind. Vor allem kann es Herr Wachsmuth den Insurgenten nicht verzeihen, daß sie die Keller der Mönche geleert und sich der Folianten, die sie in den Klosterbibliotheken fanden, bedient haben, um unbrauchbare Wege damit zu pflastern. Er rechnet selbst den Verlust in der Zahl der wahrscheinlich kostbaren Bücher und Handschriften unter die traurigsten Folgen des Bauernkrieges. Herr Wachsmuth scheint seine Geschichte nur in der Absicht geschrieben zu haben, den Regierungen, den Adligen, den Reichen und Gelehrten seines Landes Haß und Schrecken gegen das Volk einzuflößen.

Der Verfasser macht, indem er von den zahllosen Feudalleistungen spricht, denen die Bauern unterworfen seyen, die Bemerkung, daß das Wesentliche dabei nicht in der großen Nichtigkeit jener ebenso persönlichen als dinglichen beschwerlichen Leistungen liege, noch in der für erniedrigend und schmachvoll gehaltenen Art und Weise gewisser persönlicher Leistungen, wie die Verpflichtung, die Teiche während der Nacht zu schlagen, um die Frösche zu hindern, den Schlaf des Schloßherrn zu stören; wie die Verwilligung, welche die Herren an der Thüre jedes Brautgemachs eingeführt hatten, sondern daß die Unschicklichkeit in der allzugroßen Anspannung der Saiten liege ... Das ist ein Muster der behutsamen Sprache eines Leipziger Professors, der ohne Gefahr nicht vergessen könnte, daß in Sachsen ein großer Theil dieser Mißbräuche des Mittelalters noch heut zu Tage in ihrer ganzen Kraft besteht!

Indeß darf man nicht glauben, daß Herr Wachsmuth die Ungerechtigkeiten und Grausamkeiten verschweigt, deren sich die deutschen Fürsten gegen ihre Unterthanen schuldig gemacht; keineswegs: doch wenn er sie erwähnt, so geschieht dies nur aus Schriftstellereitelkeit. Er würde sich schämen, sich der Unwissenheit verdächtig zu machen; er fürchtet jene Vorwürfe einer scharfen oder böswilligen Kritik, er habe nicht alle Thatsachen und Urkunden der Geschichte des sechszehnten Jahrhunderts gekannt und sey nur ein eleganter, oberflächlicher Geschichtschreiber, welcher nicht aus den Quellen geschöpft. So spricht der Verfasser ferner von den gegen die Bauern begangenen Freveln der Fürsten, aber er spricht wie von einem Ereigniß, welches in der Natur der Dinge liegt; er tadelt sie nicht oder tadelt sie nur sein. Mit einem Worte, er erzählt die Uebelthaten der Großen mit der Kaltblütigkeit und Unparteilichkeit eines Geschichtschreibers, der hinter den Ereignissen um drei Jahrhunderte zurück ist, während er die Uebelthaten der Bauern mit aller Wärme und Parteilichkeit eines gleichzeitigen Gegners erzählt. Auch ist Herr Wachsmuth zu klug, um nicht zu begreifen, daß die Geschichte des Bauernkrieges eine ganz der Gegenwart angemessene Geschichte ist und daß ein königlich sächsischer Professor unterscheiden muß, was zu sagen gut, von dem, was zu verschweigen gut ist.

Herr Wachsmuth, ganz Lutheraner, der er ist, hat, Dank sey es der neuen Civilisation, welche Alles verfeinert und versüßt und sogar die Beleidigungen überzuckert hat, seinem Meister in seiner Heftigkeit gegen die aufgestandenen Bauern nicht gleichkommen können. Es ist ein Gräuel, die Verfolgungen, welche Luther übte, und die wilden Verwünschungen, die er gegen sie ausspie, zu lesen. Wenn er sich begnügt hätte, ihren Ungestüm zu besänftigen, ihnen Vorstellungen zu machen, ihnen, wenn auch Unterwerfung unter die Gewalt zu predigen, zu beweisen, daß sie durch die Empörung ihre Lage verschlimmerten, daß sie zu schwach, zu getrennt seien, den Fürsten an der Spitze aller Egoisten des Landes gegenüber; dann hätte man wenigstens seinen guten Willen, seinen Mangel an Muth, Klugheit und Vorsicht entschuldigen können. Doch nein, Luther that nichts dergleichen.

Er ermahnte die Fürsten zur Rache, er sagte, daß es in der Hölle keine Teufel mehr gäbe, daß sie alle in die Körper der Bauern gefahren seien, die man wie tolle Hunde todtschlagen müsse; nicht die Langmuth, das Mitleid, die Gnade kämen den Fürsten zu, sondern vielmehr der Zorn, das Schwert und die Rache; sie könnten leichter durch Blutvergießen als durch Gebete das Paradies gewinnen. Als einige gutgesinnte Herren Luther um seine Meinung fragten, ob nicht die Frohnen und andere Verpflichtungen und Dienste, womit die Bauern belastet, den Grundsätzen des Evangeliums zuwider seyen und ob sie folglich dieselben nicht abschaffen sollten, antwortete er ihnen, die Bauern würden übermüthiger, sobald sie nicht mehr unter die Lasten gekrümmt wären; die Esel verlangten Schläge und das Volk wolle mit Heftigkeit und Härte regiert werden. Luther war ein Bauernsohn und hatte die Uniform der Emporkömmlinge angelegt, damit ist Alles gesagt.

Die deutschen Geschichtschreiber ha'en den vernünftigen Grundsatz, die Jahrhunderte nicht zu verwechseln, dadurch daß sie neuere Einrichtungen und Gebräuche auf die alten Zeiten anwenden; sie vermeiden es mit großer Sorgfalt, anachronistische Gefühle und Meinungen zu äußern. Doch Herr Wachsmuth vergißt sich zuweilen in seinem Werke und übertritt diese Regel. Indem Herr Wachsmuth erzählt, Luther, dessen Schiedssprüche die Bürger der Stadt Erfurt im Einverständniß mit ihrem Magistrat den Entwurf einer städtischen Verfassung unterworfen, worin die Rechte der Bürger gegen die Eingriffe der Gewalt geschützt waren, habe über diese Repräsentativverfassung, durch welche die Gewalt einwilligte, sich wie ein Kind überwachen, leiten und ausschelten zu lassen und von ihren Handlungen ihren Unterthanen Rechenschaft abzulegen, gespottet; macht er die Bemerkung, daß diese politische Meinung Luthers auf ähnliche Umstände in unsern Tagen anwendbar sey. Ein anderes Mal, wo er von Thomas Münzer, einem der Insurgentenanführer, spricht, sagt er, dieses Ungeheuer habe die Gefühle eines Robespierre mit der Sprache eines Marat vereinigt.

Herr Wachsmuth opfert seinen literarischen Ruhm seiner Ruhe auf. Die deutschen Schriftsteller, sonst so ehrbar, so aufrichtig, so gewissenhaft, versuchen jetzt das Unmögliche: die Liebe zur Wahrheit mit der Liebe zu ihrer Ruhe und die Furcht vor Gott mit der Furcht vor der Polizei zu vereinigen. Sie zittern vor dem Wohlfahrtsausschuß, der sich vor zwei Jahren in dem Schooße des Frankfurter Bundestags gebildet, obgleich in der That die Mitglieder, aus denen er besteht, Marat, Danton und Robespierre gegenüber nur Klapphandschuhe sind, um den Kindern Furcht einzujagen. Aber diese vielsitzenden, milzsüchtigen Gelehrten sind der Furcht sehr zugänglich, und in unsern Tagen setzen sie sich nie ans Fenster, als mit einer weißen Mütze, um ihren Haß gegen die rothe Jakobinermütze und ihre Liebe für die weiße, reine Monarchie öffentlich zu beurkunden.

Die deutschen Gelehrten lassen sich nicht gern in ihren angenehmen, friedlichen Studien stören und an das ferne Persien und das schöne Jahrhundert Alexander des Großen erinnern, um in das neunzehnte Jahrhundert und nach Sachsen, ihrem Vaterlande, zurückzukehren. Aus diesem Grunde hassen sie recht herzlich die Volksrevolutionen. Nicht weil sie, die Rechte der Völker und die Pflichten der Regierungen verkennend, ihren Zweck verdammen, sondern sie verdammen die Mittel. Sie behaupten, die Vernunft dürfe nie aus der Logik heraustreten und sich erzürnen, und das Recht dürfe nie seine Feder wegwerfen, um den Degen zu ergreifen. Sie verlangen mit einer wahrhaft bewundernswerthen Einfalt, daß man jede Revolution mit einer Constitution beginne, d. h. daß man den Krieg erst nach dem Friedensschluß beginne. Sie vergessen, daß ein Volk nie mit seiner Regierung Krieg geführt, als bis es ihn erst erklärt — daß es ihn stets erst nach fruchtlosen Unterhandlungen, welche Jahrhunderte gedauert, erklärt hat.

Das Buch des Herrn Wachsmuth, als Werk der Schreibkunst betrachtet, ist abscheulich, d. h. es gleicht allen Geschichtswerken der Deutschen. Es ist die närrischste Sache von der Welt, die Art und Weise der Geschichtschreibung in Deutschland. Wenn ihr von einem Schneider ein blaues oder schwarzes Kleid verlangt und dieser euch anstatt eines blauen oder schwarzen Kleides einen weißen Hammel anbietet mit den Worten: hier ist Ihre Sache, so würdet ihr ohne Zweifel denken, dieser Mensch sey närrisch oder wolle euch verspotten. Je nun! das ist genau dasselbe, was euch bei einem deutschen Geschichtschreiber widerfahren könnte. Verlangt von ihm eine schöne, gute Geschichte Griechenlands, der französischen Revolution, der Reformation, des Bauernkrieges, alsdann führt er euch in sein geräumiges literarisches Magazin, wo sich Urkunden, Protokolle, diplomatische Charten, Gesetze, Verordnungen, Chroniken, Verträge, Manifeste, Volkslieder, Bruchstücke von Denkmälern der Baukunst, Aufschriften, Münzen, Medaillen aufgebäuft finden, und dann sagt er zu euch: Nehmen Sie Ihre Geschichte, hier ist sie! Hütet euch wohl, daß Ihr nicht zornig werdet und ihm antwortet: Aber, mein Herr, mit diesen rohen Stoffen habe ich nichts zu thun, ich verlange eine ganz fertige Geschichte.

Dann sagt er euch Beleidigungen, er nennt euch einen oberflächlichen Menschen, der nicht aus den Quellen zu schöpfen weiß. Aus den Quellen schöpfen, das ist der technische und alltägliche Ausdruck der deutschen Geschichtschreiber. In all ihren Werken ist der Theil der Bemerkungen das

Gericht und der Text ist die Schüssel, worin man es auftischt. Wenige Geschichtswerke machen eine Ausnahme von dieser Regel, und wenn dies geschieht, so ist es ein Ereigniß, wovon man im ganzen Lande spricht. Vor vierzig Jahren schrieb Schiller seine Geschichte des dreißigjährigen Krieges. Sie war klar, nett, lebendig geschrieben, kurz es war ein wahres historisches Gemälde. Die ganze Nation war über diese Erscheinung erstaunt, und die Naturalisten wußten nicht, was sie davon denken sollten. Schiller selbst, ganz Dichter wie er war, schämte sich etwas, ein lesbares Buch wie ein Werk der Gelehrsamkeit und des Gewissens anzubieten, und aus Bescheidenheit ließ er es in einem anspruchlosen tragbaren Format drucken und veröffentlichte es unter dem Titel: „Damenalmanach für das Jahr 1791." In jener Zeit fand man die Geschichte des dreißigjährigen Krieges, eine wenig feine Lectüre, in Rosaatlas mit Goldschnitt gebunden in den Boudoirs aller galanten Damen des heiligen deutschen Reichs.

Herr Wachsmuth verspricht uns eine Reihe historischer Skizzen aus dem Jahrhundert der Reformation und nachher eine andere Reihe, zu welcher die Ereignisse der französischen Revolution den Stoff liefern sollen. Aber wir fürchten sehr, daß, wenn der Verfasser sich schon verwirrt, indem er dem Tumult des sechszehnten Jahrhunderts aus der Ferne zusieht, er völlig den Kopf verlieren wird, wenn er sich auf dem Schlachtfelde der Revolutionen seiner Zeit selbst befindet, und daß seine historischen Gemälde unter seinen Schrecken und Entsetzen leiden werden.

Ueber Deutschland.
Von Heinrich Heine.
(Reformateur vom 30. Mai 1835.)

Allen Schriften von Heinrich Heine gehen prachtvolle, blendende Vorreden voran. Diesmal hält der Verfasser seinen Einzug, gefolgt von dem Kaiser Otto und Karl dem Großen, von zwei Bischöfen und einem Grafen, ein ehrwürdiger Aufzug, der aber die Unannehmlichkeit hat, daß er zu sehr die Aufmerksamkeit und Neugierde erweckt. Man glaubt nicht, wie viel eine schöne Vorrede dem Buche, welches ihm folgt, schaden kann; es bedurfte des ganzen Genies von Rossini, um eine Oper wie die Gazza Ladra, deren Ouvertüre mit einem Trommelwirbel beginnt, glücklich durchzuführen.

Aus gewichtigen Gründen werde ich nicht in die Einzelheiten des Werkes des Herrn Heine eingehen; ich werde mich begnügen, den Geist desselben zu prüfen, d. h. den Geist des Verfassers überhaupt. Erstens sind meine Kenntnisse der deutschen Philosophie und Literatur in ihrer Gesammtheit und in ihrer historischen Entwickelung sehr oberflächlich, und obgleich ich mich darin von Herrn Heine durch die Offenheit meines Geständnisses unterscheide, so nöthigt mich doch die Redlichkeit, mich als unbefugt zu einem Urtheile über derlei Dinge zu erklären. Alsdann fehlt mir der Muth, mich zu offen der Vorsehung zu widersetzen, welche Herrn Heine, wie er uns versichert, beauftragt hat, Frankreich mit Deutschland bekannt zu machen. Das wäre ein allzu gewagtes Unternehmen, vorzüglich seit die Vorsehung des Herrn Heine sich unter den Schutz eines einflußreichen Ministers gestellt. Ich will mich nicht mit ihr entzweien.

Wenn Herr Heine von dem Auftrag spricht, den ihm die Vorsehung ertheilt, so handelt es sich, wohlverstanden, um einen Auftrag in Bezug auf Paris; denn was einen Auftrag in Bezug auf Frankreich betrifft, so hätte sich Herr Heine geschämt, ihn anzunehmen. Er drückt sich darüber deutlich aus: „Unter Frankreich, sagt er, verstehe ich Paris und nicht die Provinz; denn was die Provinz denkt, bedeutet ebenso wenig, als was unsere Beine denken. Der Kopf ist der Sitz unserer Gedanken." Ohne Zweifel hat Herr Heine diese kostbaren Worte aufgezeichnet, als er nach einer Abendgesellschaft bei einem adeligen Bürger nach Hause zurückgekehrt war und seine Glacéhandschuhe noch nicht ausgezogen hatte. Seine Rede hat den unvergleichlichen Geruch jenes Wassers von tausend Unverschämtheiten, womit allein die Salons des Justemilieu durchduftet sind. Doch wahrlich, das geht über den Scherz. Was Frankreich seit fünfzig Jahren Großes gethan, ist das von den Parisern erdacht und ausgeführt worden? Sind Necker, Mirabeau, Sieyes, Barnave, Camille Desmoulins, Pethion, Robespierre, Roland Pariser gewesen? Sind Carnot, Dumouriez, Hoche, Kleber, Moreau, Desaix, Massena, Ney, endlich Napoleon, nicht Provincialen gewesen? Nein, Paris ist nicht das Haupt Frankreichs, es ist nur dessen Hut, und wenn es der Provinz jemals zu warm werden sollte, so würde sie nicht lange schwanken und den Hut abnehmen. Wäre es möglich, daß diese glänzende Rede des Herrn Heine der getreue Ausdruck der Gesinnungen der Pariser sey? Dann wehe ihnen! Eines Tages könnte es allen Franzosen in den Sinn kommen, Paris sey Frankreichs Bastille, und an diesem Tage würde es fürchterlich heiß hergehen. Die Pariser sollten diese Saite nicht berühren. Wenn sie so weit gekommen, Versailles und den alten Hof zu ersetzen und die Börse in ein oeil de boeuf zu verwandeln, so müßten sie sich ruhig ihrer Oberherrschaft erfreuen und sich ihrer nicht laut rühmen. Zittern sie nicht bei der Vorstellung, man könnte eines Tages auf dem Platze der Chaussee d'Antin eine Stange aufgepflanzt sehen mit der Inschrift: Hier weint man?

Herr Heine spielt in seinen in französischer Sprache herausgegebenen Schriften bei Frankreich den Angenehmen und schmeichelt ihm auf wahrhaft wenig schmeichelhafte Weise. Er behandelt es als Buhlerin und sagt ihr Galanterien, aber Galanterien, um die Straße des Lombards neidisch zu machen. Er sagt den Franzosen, d. h. den Parisern, obwohl sie keine Heiden mehr wären, führen sie doch nicht minder fort, die schöne Göttin Venus anzubeten und den Grazien zu opfern. Er rühmt ihre Artigkeit und ihre Klugheit; er lächelt ihnen freundlich zu; er lobt sie wegen ihrer Sorglosigkeit in Beziehung auf Gott und den Teufel, und weil sie nur noch dunkle Erinnerungen an diese beiden Personen hätten, welche noch in dem Volksglauben Deutschlands lebten. Ich weiß sehr wohl, daß ein Diplomat einnehmend seyn muß; er muß es aber stets mit Würde seyn; doch solche Fuchsschwänzerei ist eines Glaubensboten der Vorsehung nicht würdig; sie sind noch weniger der Nation würdig, an welche sie gerichtet und welche Kraft genug hat, um Schmeicheleien entbehren zu können. Für jeden Ehrenmann gibt es nur eine einzige Art, die Gastfreundschaft, welche eine fremde Nation ihm gewährt, zu vergelten, die, sich ihrer würdig zu zeigen. Uebrigens muß er zuweilen den Muth haben, seinen Gastfreunden nicht zu gefallen und lieber ihren Beifall zu verdienen, als zu erhalten.

Es war für uns patriotische Schriftsteller wahrlich sehr leicht, unsern Grundsätzen treu zu bleiben, als wir noch in Deutschland waren. In unserm Vaterlande hatten wir mit keiner Verführung zu kämpfen, weder mit der Verführung der schönen Welt, welche noch nicht daselbst geschaffen, noch mit der der großen Welt, welche uns dort verachtet, uns niemals in ihre himmlische Sphäre eintreten läßt, unser Verlangen, ihr zu gefallen, nicht in Anschlag bringt, und die, indem sie sich am allerwenigsten um unsere Meinungen kümmert, uns nicht durch Liebkosungen oder durch wesentlichere Mittel zu gewinnen sucht. In Deutschland haben sie nicht jene constitutionellen Arzneimittel nöthig: sie haben die Censur, um unserer Unverschwiegenheit zuvorzukommen, und die Kerker, um sie zu unterdrücken. Paris hat keinen Markt der Unschuldigen: Wien, Berlin, München wissen seiner zu entbehren; dort unten kauft man nicht die Unschuld, man ergreift sie, das arme Thier, und stellt sie in den Pfandstall.

Doch in Frankreich ändert sich unsere Lage und wird zugleich angenehmer und gefährlicher. In diesem Lande gelten die Gelehrten etwas, und der ganze Geist des Herrn Heine reicht nicht hin, um die Aufmerksamkeit einer Gesellschaft, selbst in Gegenwart eines deutschen Diplomaten, zu erlangen.

In diesem Lande hat die materielle Macht keine Gewalt ohne Verbindung mit der moralischen Macht, und das Laster selbst muß sich um den Schutz der Tugend bewerben. Hier können wir die Beständigkeit unserer Meinungen und unsern Muth, sie zu vertheidigen, zeigen; hier können wir beweisen, daß wir nicht aus persönlichem Interesse für die Freiheit gekämpft hatten. Unschuldig und ohne Erfahrung in den Strudel von Paris geworfen, dieser liebenswürdigen und gottlosen Stadt, dem Paradies der Teufel und der Hölle der Engel, wo man so weit gekommen, alle Fäulniß geruchlos zu machen, müssen wir hier nach Ruhm streben, damit unser Vaterland den Verlust unseres Beistandes unter die Zahl seiner Unglücksfälle rechne.

Nachdem wir in ein fremdes Land verwiesen, wird unsere Muttersprache, die uns dahin begleitet, selbst als verwiesen, als geflüchtet angesehen und wie unsere Personen unter Aufsicht aller Polizeibehörden des Continents gestellt. Uns ist verboten zu handeln, ihr ist verboten zu sprechen, sogar von fern, gegen die Despoten Deutschlands. Nun aber der Willkür der französischen Sprache überlassen, jener seit zwei Jahrhunderten von den Königen, Diplomaten und Aristokraten von ganz Europa gemodelten und verdorbenen Sprache; jener gefährlichen Sprache, welche vielzüngig ist für die Lüge und stammelnd für die Wahrheit, müssen wir wachen, auf daß die Leichtigkeit zu täuschen, in uns niemals die Lust errege, zu täuschen.

Im Dienste der Wahrheit genügt es nicht, Geist zu zeigen, man muß auch Muth zeigen. Es ist nicht genug, dem Frankfurter Bundestag einige boshafte Redensarten an den Kopf zu werfen und von Zeit zu Zeit einen Strauß mit einem schönen Glückwunsch für Deutschlands Freiheit zu überreichen; nur an diesen kleinen Ergötzlichkeiten erfreut sich die rhetorische Eitelkeit eines Schriftstellers, sie ergötzen aber nicht unsere unglücklichen unter den Bleidächern der deutschen Inquisition seufzenden Landsleute und können ihrer Sache nicht förderlich sein. Noch in der Verbannung können wir für unser Vaterland kämpfen, indem wir das Princip des Bösen bekämpfen, welches durch die ganze Welt dasselbe ist, obgleich mehr oder minder verhüllt, je nach den Hindernissen, welche die Sitten und die Staatseinrichtungen ihm entgegensetzen. Dies böse Princip ist die Aristokratie, die Vereinigung des Egoismus. Wir dürfen uns nicht diesen Aristokratien fügen, wir dürfen nicht in Frankreich liebkosen, was wir in Deutschland zurückgewiesen haben. Wahrlich, es wäre nicht der Mühe werth, daß wir uns durch die Kühnheit unserer Meinungen und die Strenge unseres Liberalismus aus unserm Vaterlande hätten verbannen lassen, um nachher in einem fremden Lande heimisch zu werden, dort den Gefälligen gegen die vornehme Welt zu spielen und unsere Bärenhaut mit einer Fuchshaut zu vertauschen. Das möge nicht die Reisekosten, das möge nicht die Mühe auf, die es uns kostet, unsere inländischen Gedanken und Gesinnungen in dem warmen Treibhause einer fremden Sprache zu pflegen; das möge nicht unsere Verlegenheit auf, wenn wir die Comtoirdamen der Lesekabinette und die reizenden Bewohnerinnen am Durchgang zum Panorama über unsere naiven Germanismen lächeln sähen.

Der gewandtesten, schlausten, katzenartigsten Kritik würde es dennoch nie gelingen, Herrn Heine zu ertappen, der noch mehr Maus als die Kritik Katze ist. Er hat sich in allen Winkeln der moralischen, geistigen, religiösen und socialen Welt Löcher offengelassen, und alle diese Löcher haben unterirdische Verbindungsgänge unter einander. Ihr sehet Herrn Heine aus einer von diesen kleinen Meinungen heraustreten, Ihr verjagt ihn, er begibt sich dahin zurück: Ihr umzingelt ihn; Ihr werdet selbst ertappt, siehe, da entwischt er aus einer ganz entgegengesetzten Meinung. Ergebet euch, Ihr verliert eure Mühe und eure List. Ihr leset die oder die Seite von Herrn Heine, wo Ihr eine falsche, abgeschmackte, lächerliche Behauptung findet; beeilet euch nicht, sie zu widerlegen, wendet das Blatt um, Herr Heine hat umgewendet und widerlegt sich selbst. Wenn Ihr solche schillernde Geister nicht zu schätzen wißt, um so schlimmer für euch, Ihr seyd nicht auf der Höhe der rhetorischen Küche; es gibt nichts Köstlicheres, als diesen Mischmasch von Meinungen.

Wie gesagt, ich wage nicht mit der großen philosophischen Gelehrsamkeit des Herrn Heine zu streiten, welche die Unterstützung der Vorsehung noch furchtbarer macht. Aus diesem Grunde werde ich nicht untersuchen, ob die Darlegung der verschiedenen Systeme deutscher Philosophie, die Herr Heine für den Gebrauch des Foyer der Oper gemacht, wahr oder falsch ist; doch ich kann nicht umhin, die geschmackvolle und angenehme Art zu beurtheilen, womit Herr Heine die schwierigsten Gegenstände behandelt. Dieser liebenswürdige Schriftsteller spricht von Liebe, wenn er gerade von Kant redet, von Weiberhemden, wenn er vom Christenthum, und von sich selbst, wenn er von Allem spricht. Was mich betrifft, so gefallen sie mir wenig, diese Rosen- und Veilchengehänge, womit Herr Heine gefallsüchtig genug ist, die derben und nahrhaften Gerichte der deutschen Wissenschaft zu schmücken. Dieser Durchschlag von Literatur, diese Crême von Philosophie, diese Beefsteaks mit Vanille sind nicht nach meinem Geschmacke.

Die Franzosen dürfen diesem Gelehrten keinen großen Dank wissen für die Anstrengungen, die er zu ihren Gunsten macht, um die Schwierigkeiten, welche dem Verständniß der deutschen Literatur vorangehen, zu heben. Indem er die Hindernisse des Weges entfernt, entfernt er das Ziel, denn nur in der Bemühung selbst findet sich der Lohn der Bemühung. Mit leichter Mühe dringt man nicht in das deutsche Leben ein. Die Deutschen selbst, die gebornen Deutschen, erfüllen nur unter vielen Beschwerden die Bestimmung ihrer Nationalität und gelangen erst nach großen Leiden zu jener Tiefe des Geistes, welche den Gefühlen den Frieden und die Sicherheit des Grabes gibt, und zu jener Glückseligkeit des Geistes, welche sie über ihren unseligen socialen Zustand tröstet. Das deutsche Leben gleicht einer hohen Alpengegend: es ist groß, königlich, die Krone der Erde, die mit ihren ewigen Gletschern schimmert! Deutschland ward das reinste Sonnenlicht, den andern Ländern die Wärme der Sonne. Seine unfruchtbaren Höhen haben die Welt zu ihren Füßen befruchtet. Dort sind die Quellen der großen Ströme der Geschichte, der großen Nationen und der großen Gedanken. Den Deutschen das Genie, den Franzosen das Talent; den einen die schöpferische, den andern die anwendende Kraft. Aus dem deutschen Boden sind alle jene großen Ideen hervorgegangen, die von geschickteren, unternehmenderen und glücklicheren Völkern in's Werk gesetzt und benutzt worden sind. Deutschland ist die Quelle aller europäischen Revolutionen, die Mutter jener Entdeckungen, welche die Gestalt der Welt verändert. Das Schießpulver, die Buchdruckerei, die Reformation sind aus seinem Schoose hervorgegangen — undankbare und vermaledeite Töchter, welche Fürsten geheirathet und ihre plebejische Mutter verhöhnt haben.

Um diesen erhabenen Anschauungspunkt des deutschen Lebens zu gewinnen, dürft Ihr euch nicht in einer weichen, wohlverschlossenen Sänfte tragen lassen, denn dann wäre dies euer in Bewegung gesetztes Schlafzimmer, und Ihr würdet nie aus eurem Lebenskreise heraustreten. Man darf die Beschwerden nicht scheuen, man darf nicht müde werden, man muß sich gegen Kälte, Hitze und Schwindel abhärten. Man muß steigen, klettern, springen, sich durch den Schnee einen Weg bahnen können. Doch seyd versichert, daß der Lohn euern Bemühungen nicht fehlen wird, denn dort oben findet sich das geistige Leben der Deutschen.

Die Franzosen klagen oft und spotten zuweilen über den Nebel, welcher den Geist der Deutschen umhüllt. Aber diese Wolken, welche die Franzosen am Sehen hindern, sind nur zu den Füßen der Deutschen gelagert; sie selbst ragen mit ihrer ganzen Größe über die Wolken hinaus und athmen unter einem blauen Himmel eine reine und strahlende Luft. Doch der Tag nahet, noch einige Stunden der Geschichte, und es zerstreuen sich die Nebel, welche zwei Nationen trennen. Alsdann werden wir zur Erkenntniß kommen; die Franzosen steigen herauf, die Deutschen herab, um sich die tintenfleckigen Hände zu reichen, und dann werden sie die Federn in die rothen

Hände ihrer Könige legen, um damit an den Ufern des Missouri das letzte
Kapitel ihrer Regierung zu schreiben.

Die Religion dient Herrn Heine als Schaukel und das Christenthum
als Schaukelpferd. Er liebkost es, er schilt es, er peitscht es, er stößt es
mit seinen Fersen; zwar kommt er nie vorwärts, aber will Herr Heine
jemals vorwärts kommen? Er will nur sich schaukeln und sich Bewegung
verschaffen. Beleidigt Herrn Heine nicht, indem ihr ihn eines ernsten
Strebens, eines Glaubens, einer Ueberzeugung für fähig haltet; Herr Heine
weiß so gut wie Einer, daß nichts fürchten, nichts hoffen, nichts lieben, nichts
verehren und kein Prinzip haben, die wesentlichsten Züge eines großen
Charakters sind.

Doch zum Unglück für die Unerschütterlichkeit des Geistes des Herrn
Heine hat ihn der Direktor des Theaters dramatischer Narrheiten, das wir
„Welt" nennen, zu allen ersten Rollen bestimmt, ohne ihm selbst eine Doppelte zu geben. Das Repertorium des Herrn Heine ist unermeßlich;
hundert gewöhnliche Schauspieler des Königs würden dabei nicht ausreichen.
Er spielt den Antichrist, während Voltaire, jener große Schriftsteller, nur
den St. Johann Baptista, den Vorboten des Antichrist, gespielt. „Voltaire,"
sagt Herr Heine, „hat nur den Leib des Christenthums verletzen können."
Doch ihm selbst, dem armen Manne, ist das mühsame Geschäft zugefallen,
das innere Wesen des Christenthums zu vernichten.

„Die Hauptidee des Christenthums," sagt ferner Herr Heine, „ist die
Vernichtung der Sinnlichkeit." Aber was ihn betrifft, er hat von der Vor-
sehung den Auftrag erhalten, die Rechte des Fleisches geltend zu machen.
Danken wir der Vorsehung, daß sie, und ganz ausdrücklich für Herrn
Heine, eine neue Rechtsprofessur eingerichtet für die Lehre über die Rechte
des Fleisches!

Doch nicht allein die Rechte des Fleisches nimmt Herr Heine in Anspruch, er spricht auch für die Wiedereinsetzung aller Materie. Hier ist ein
Stück von seiner herrlichen Vertheidigungsrede:

„Kant hat den Himmel gestürmt und die ganze Besatzung über die
Klinge springen lassen. Ihr sehet die Leibwachen Gottes leblos hingestreckt;
er selbst schwimmt in seinem Blute; es gibt jetzt keine Allbarmherzigkeit
mehr, keine Vatergüte, keine jenseitige Belohnung für diesseitige Enthalt-
samkeit, die Unsterblichkeit der Seele liegt in den letzten Zügen — das
röchelt, das stöhnt.

„Die Menschheit lechzt nach nahrhafterer Speise, als nach Christi Blut
und Fleisch. Die Menschheit lächelt mitleidig über ihre Jugendideale . . . .
und sie wird männlich praktisch. Die Menschheit huldigt jetzt dem irdischen

Nützlichkeitssystem . . ., und dann müssen der Materie noch große Sühn-
opfer geschlachtet werden, damit sie die alten Beleidigungen verzeihe. Es
wäre sogar rathsam, wenn wir Festspiele anordneten und der Materie noch
mehr außerordentliche Enschädigungsehren erwiesen. Denn das Christenthum, unfähig die Materie zu vernichten, hat sie überall besudelt, es hat die
edelsten Genüsse herabgewürdigt, und die Sinne mußten heucheln, und es
entstand Lüge und Sünde. Wir müssen unsern Weibern neue Hemden
und neue Gedanken anziehen, und alle unsere Gefühle müssen wir durch-
räuchern, wie nach einer überstandenen Pest.“

Also geschehe es, und mögen die Wäscherinnen und die Parfümerie-
händler sich darüber freuen! So ist denn Herr Heine von der Vorsehung
zum Anwalt der Materie, zum Vormund der minderjährigen Materie
ernannt. Doch mag er auf seine Mündel Acht haben! Ueber Nacht kommt
guter Rath für die Töchter, und wenn fünf und dreißig Jahre vorbei, ist
es besser, Spiritualist zu seyn, als Bewahrer der Materie.

Zu einem gewissenhaften Manne, der sich nur beim Suchen der Wahrheit verirrt, würde ich sagen: Nein, das Christenthum hat die Menschen
nicht unglücklich gemacht, es hat sie seit seinem Erscheinen so gefunden und
sie in ihrem Elend getröstet und unterstützt. Das Christenthum ist der
Arzt der römischen Welt gewesen, als sie durch ihre ungezügelten Leidenschaften und ihre viehischen Ausschweifungen krank geworden. Herren und
Sclaven waren damals gleich schuldig; die Einen schwammen im Blute,
die Andern waren im Kothe der Knechtschaft versunken; das Christenthum
reinigte die Einen und half den Andern wieder auf. Es schrieb Allen eine
heilsame Diät für Seele und Körper vor, und diese strenge Diät hat der
Welt das Leben gerettet und sie geheilt. Das Christenthum hat die Rechte
des Fleisches abgeschafft, es hat niemals das Opfer der sinnlichen Genüsse
verlangt, es hat sie nur der Vormundschaft der Seele unterworfen, um sie
reiner und dauerhafter zu machen. Keine Religion hatte jemals so viel
Nachsicht für menschliche Schwächen, als die christliche.

Der Katholicismus, weit entfernt die Völker entnervt zu haben, hat
ihnen die Stärke und die Energie wiedergegeben, die sie unter der römischen
Herrschaft verloren hatten, und welche die neuern Völker, die sich vom
Katholicismus losgerissen, zum zweiten Male verloren haben. Das einzige
nordische Volk, welches seit drei Jahrhunderten nicht einen einzigen Tag aufgehört, sich für die Freiheit zu regen, ist das polnische, das katholisch geblieben. Der Katholicismus ist kein „düsterer, abgehärmter“ Cultus, wie Herr
Heine sagt; er ist die heiterste, lustigste Religion, die je bestanden. Nein,
die Sinne sind nicht vom Christenthum zur Heuchelei getrieben worden,

diese Religion verlangt nur einen Schleier für die Sinnengenüsse, sie fordert nur Scham. Die Scham ist die einzige Gottheit, welche selbst die verdorbensten Menschen nie zu verläugnen wagen, und über ihren Cultus macht sich Herr Heine als über einen Aberglauben lustig und nennt ihn Sinnenheuchelei. Ich weiß wohl, daß dies nicht sein innerer und aufrichtiger Gedanke ist; doch dahin kann ein ehrbarer und feiner Mann, wie Herr Heine, der sich rühmt, nie geraucht, nie Sauerkraut gegessen zu haben und der in diese Eigenschaften seine besten Ansprüche auf Frankreichs Achtung setzt, dahin kann er durch eine unselige Phrasenliebhaberei gebracht werden. Herr Heine hat tausendmal die Liebe gefeiert; er hat sie in Versen besungen, er hat sie in Prosa angerufen; er muß es besser als irgend Jemand wissen, daß das Geheimniß der Gott der Liebe und daß die Scham ihre Religion.

Ist es denn so schwer, ein Christ zu seyn? Zum wenigsten ist es nicht so kostspielig als Herr Heine denkt. Wer immer liebt, ist Christ. Und jeder Mensch muß, selbst aus Eigenliebe, etwas lieben und anbeten, das nicht er selbst ist. Es ist ein wohleingerichteter Egoismus, einen Theil seines Vermögens in der Masse, welche nicht gestohlen werden kann, niederzulegen und seine Seele der Ewigkeit anzuvertrauen, die stets zahlungsfähig ist. Der Eine betet die Ehre an, ein Anderer den Ruhm, noch ein Anderer die Tugend, oder die Tapferkeit, oder die Treue, oder die Freiheit, oder die Wahrheit, oder die Liebe, oder die Freundschaft. Je nun! das Christenthum ist das Pantheon aller dieser Gottheiten. Tretet ein in den Tempel, kniet nieder vor der Ehre oder vor der Freiheit, so betet Ihr denselben Gott an; Ihr seyd Christen.

Man ist ohne Glauben niemals glücklich, man lebt von seiner Tagearbeit und beunruhigt sich über den nächsten Tag. Der Glaubende wird von der mütterlichen Sorgfalt der Vorsehung gepflegt; der Nichtglaubende ist ein Bettler, der von den Almosen des Glückes lebt. Der Glaube ist die Wurzel der Wissenschaft; getrennt von ihm ist das Wissen nur ein Stück Holz, das weder Blüthe noch Frucht trägt. Ohne Glauben hat man kein Herz, und die großen Gedanken, die lebendig machenden Gedanken kommen aus dem Herzen. Man kann wohl ohne Herz Talente haben, doch das sind nur eingemachte Früchte, welche den Durst nicht stillen. Man kann wohl Geist ohne Herz haben, doch das ist nur plattirter Geist, der dem Ungemach der Witterung nicht widersteht und beim geringsten Reiben der Kritik sich röthet.

Der Protestantismus, sagt Herr Heine, war für mich mehr als eine Religion, er war eine Sendung; und seit vierzehn Jahren kämpfe ich für seine Interessen gegen die Ränke der deutschen Jesuiten. Vierzehn Jahre, das ist zweimal der siebenjährige Krieg, der einen großen König verewigt hat.

Herr Heine muß müde sein von seinem Ruhme, möchte er seinen Huberts-
burger Frieden mit den Jesuiten schließen! Das ist also eine neue Sendung
auf Herrn Heine's Schultern; wahrlich, es ist ein schwerer Frohndienst, der
Günstling der Vorsehung zu seyn, und ein Anderer könnte nicht dabei
bleiben. Herr Heine steht, von seiner Geburt an, an der Spitze der Bewegungen Deutschlands; er ist der Regimentstambour des Liberalismus, der
Pathe der neuen literarischen Schulen, denen er seinen Namen gibt, der
Beschützer des Protestantismus, der Schrecken der Republikaner, der Aristokraten und der Jesuiten. Er hat Alles vorhergesehen, Alles vorhergesagt,
Alles geleitet; zuerst unter allen Deutschen hat er dies gesagt, hat er jenes
vollbracht. Herr Heine würde gern ein Patent für Erfindung der Welt
verlangen, wenn nicht unglücklicherweise die heilige Schrift da wäre mit un-
bestreitbaren Beweisen, daß die Welt vor Herrn Heine's Geburt erschaffen.

Aber was gibt Herrn Heine diesen Dünkel? Er erklärt es uns selbst.
„Wagen,“ sagt er, „ist das Geheimniß des Gelingens in der Literatur, wie
in der Liebe.“ In der Liebe ist es unglücklicherweise wahr, und unschuldige,
unerfahrene Frauen werden oft für ein edles Zutrauen betrogen. Es ist
sehr wahr, daß sie dafür nur ein einziges Mal betrogen werden, doch das
bessert die Wagenden nicht, welche, sich auf die weibliche Verschwiegenheit
der Beleidigten verlassend, die Geliebten wechseln und stets von Neuem
wagen; doch wie kann die Kühnheit in der Literatur die Kraft ersetzen?
Das läßt sich schwer begreifen.

Herr Heine bringt in Alles Liebe, in die Wissenschaft, Literatur, Politik,
Philosophie, Theologie, Freundschaft. Es wäre nichts daran auszusetzen,
wenn es mit Maß geschähe; doch Herr Heine hält kein Maß. Wir erin-
nern ihn an jene weise Lehre, die ein berühmter Koch seinen Zöglingen gab:
„Vor Allem, meine Freunde, bedient euch niemals des Pfeffers bis zum
Fanatismus.“

Ebenso wie in der Politik ist Herr Heine in immerwährendem Uebergang
begriffen zwischen den entgegengesetzten Meinungen, indem er auf dem
Schlachtfelde, das sie trennt, hierhin und dorthin läuft, sich bald der einen,
bald der andern nähert; ebenso ist er in Sachen der Religion in immerwährendem Uebergang begriffen zwischen dem Deismus und Atheismus.
Der Grund liegt darin, Herr Heine ist nur ein Phrasenlieferant, der Jedermann mit der kaufmännischsten Unparteilichkeit davon anbietet. Er kümmert sich nie um das Recht, die Gerechtigkeit einer Sache; er sorgt nur
für seinen Worthandel, und kaum hat ihn die Hoffnung, zu gewinnen, zu
einer Partei gezogen, so treibt ihn alsbald die Furcht, zu verlieren, zu der
andern Partei zurück. Bald würdigt er das Christenthum herab, bald

preist er es; je nachdem ihm das Eine oder das Andere eine günstige Gelegenheit darbietet, seine gestickten Phrasen vortheilhaft anzubringen; denn Himmel und Erde dienen Herrn Heine nur als Canevas, um darauf seine hübschen kleinen Nadelarbeiten darzustellen, welche von vorn betrachtet sehr gefallen, welche aber ihre Schönheit und ihren Werth verlieren, sobald man sie umwendet.

Herr Heine würde herzlich lachen, wenn ich auf den Gedanken käme, ihm seinen Unglauben vorzuwerfen; aber er wird meinen frommen Ermahnungen die ernsthafteste Aufmerksamkeit schenken, wenn ich ihn wahrnehmen lasse, daß die Gottlosigkeit eine veraltete Mode sey, daß kein Verdienst mehr darin liege, den religiösen Aberglauben zu bekämpfen, seit man für solche Kühnheiten nicht mehr verhaftet wird und man keine gottlosen Bücher mehr verbrennt; daß die Holbachs und die La Mettries des neunzehnten Jahrhunderts nur die Don Quixottes des Atheismus seyen; daß die Pariser, wie sie seyn müssen, sich nicht mehr des alten Wahlspruches von Voltaire bedienen: „Zermalmt den Ehrlosen," sondern daß sie den neuen Wahlspruch angenommen: „Zermalmt das Gesindel." Kurz, daß alle Schmähschriften gegen das Christenthum ungeheuer Rococo wären.

Herr Heine behauptet, das achtzehnte Jahrhundert habe den Katholicismus in Frankreich so vollkommen zermalmt, daß es ihn fast ohne Lebenszeichen gelassen. Das ist ein Irrthum, den dieser Schriftsteller mit vielen Andern theilt. Was uns betrifft, so denken wir im Gegentheil, das achtzehnte Jahrhundert, weit entfernt den Katholicismus zermalmt zu haben, habe ihn vielmehr vor seinem Untergang bewahrt. Voltaire und seine Schüler haben die Religion abgeraupt. Ueberdies kommt wenig darauf an, worauf jene Philosophen abgezielt haben; man muß sehen, was sie mit ihren Bemühungen erreicht haben. Wenn die Vorsehung (Herr Heine wird mir das Plagiat verzeihen) irgend eine Absicht hat, so bedient sie sich stets der Menschen, welche die Gegner ihrer Absichten sind; das ist der kürzeste Weg, um ans Ziel zu gelangen. Die Könige sind es, welche die Republiken gründen, die Ungläubigen, welche die Religion wiederherstellen. Ebenso wie die französische Revolution nicht beabsichtigte, die politische Gesellschaft umzustürzen und die Herrschaft des Gesetzes, wie ihre Gegner behaupten, zu vernichten, sondern keinen andern Zweck hatte, als dem Staate eine bessere Verfassung zu geben; ebenso hat auch die scheinbar antireligiöse Bewegung des achtzehnten Jahrhunderts nur versucht, die Verfassung der Kirche aus einer monarchischen, die sie ist, in eine volksthümliche zu verwandeln. Sobald es keinen Papst, keine Büdget-fressenden Bischöfe, keine stehenden Mönchsheere, keine schwarze Gendarmerie mehr geben wird, sobald das Volk selbst seine geistigen Verwalter wählt, und die Kirche für und durch das Volk regiert wird, erhält der Katholicismus seinen Glanz und seine ursprüngliche Kraft wieder.

Die politischen und religiösen Bestrebungen des Jahrhunderts gehen Hand in Hand, und nur mit einander und zu gleicher Zeit werden sie ihr Ziel erreichen. Die Völker müssen, um frei zu seyn, religiös seyn; die freiesten Völker, die Schweizer, die Engländer, die Nordamerikaner sind die religiösesten Völker. Ihre Religiosität ist ihrer Freiheit nicht nachgefolgt, sondern vorangegangen; man muß Gott fürchten, um nicht die Menschen zu fürchten.

Wenn man Herrn Heine über die Jesuiten Deutschlands jämmerlich klagen hört, sollte man glauben, daß sie das Land beherrschen; aber dem ist nicht so. Es ist wohl wahr, daß in Deutschland wie überall, wo es einen Krieg gibt zwischen dem Despotismus und der Freiheit, die Jesuiten bei jedem Kampfe herbeiströmen, so wie die Raben, welche Leichname wittern, über die Schlachtfelder fliegen: aber diese Raben, welche die Leichname beider Heere unparteiisch fressen, bringen nicht den Sieg zur Entscheidung. Die monarchischen Jesuiten werden uns nichts Uebles zufügen, sie sind zu verschmitzt, um nicht das nahe Ende der Könige zu bemerken: vor den Volksjesuiten müssen wir uns jetzt hüten. Ich werde dem Schrecken des Herrn Heine gern einräumen, daß zu München die Jesuiten großen Einfluß besitzen; aber nur weil der König von Baiern selbst Jesuit ist, und seine Diener und Schmeichler, wie das immer geschieht, die Livree ihres Herrn tragen.

Man darf sich nicht allzusehr über diesen guten König beklagen, daß er Jesuit geworden; er hat sich den Mönchen und Heiligen erst in die Arme geworfen, seit ihn die Götter des Olymps verrathen und auf die grausamste Art gefoppt haben. Gleich Anfangs begeisterte Apollo diesen guten König von Baiern zu so abscheulichen Versen, daß man sie nicht laut vorlesen kann, ohne alle Hunde zwei Meilen in der Runde bellen zu hören; dann Venus, dann Merkur; kurz, das waren Stückchen, um den sanftesten Menschen in Wuth zu versetzen. Auch hat darüber der gute König von Baiern den Kopf verloren, ohne die übrigen Verluste zu rechnen; und seit dieser Zeit weiß er nicht mehr, was er thut, noch was er will, noch was er kann. In diesem unglücklichen Seelen- und Körperzustande hat er die rechtschaffensten Leute seines Königreichs verhaften lassen und hält sie seit zwei oder drei Jahren in fürchterlichen Kerkern, ohne öffentliche Anklage und ohne richterliches Urtheil. Dieser gute König hat bis an die fünfzig Klöster in seinem kleinen Königreiche eingerichtet, und er vermehrt sie noch täglich. Die baierische Regierung, ist eines der Meisterstücke der Politik des Herrn von Metternich. Dieser gewandte Staatsmann hat den König von Baiern überredet, daß er auf seinem eignen Gebiete und auf eigne Kosten eine von Klöstern gedeckte und von Kapuzinern bewachte chinesische Mauer aufführen ließ, um die Grenzen Oesterreichs gegen den Eindrang der Aufklärung von Seiten des südlichen Deutschlands zu schützen. Es ist derselbe König von Baiern, den Herr Heine „einen der edelsten und geistreichsten Fürsten, die je einen Thron geziert," genannt hat, und dann wirft er sich, um von seinen pindarischen Anstrengungen auszuruhen, mit seiner ganzen Wucht auf die niederen Jesuiten und verursacht ihnen bedeutende Quetschungen. Aber geht Alles dies uns an?' Es ist eine ganz persönliche Angelegenheit zwischen Herrn Heine und den Jesuiten, womit das Heil des deutschen Volkes nichts zu schaffen hat; mögen sie ihren Streit austragen wie sie können. Herr Heine beklagt sich darüber, daß ihn die Jesuiten in München gequält und bis Paris verfolgt haben; daß sie dort wie Schlangen um ihn zischen und daß ihn eine dieser Jesuitenschlangen in die Ferse gebissen, als er gerade auf dem Boulevard Montmartre spazieren ging. Herr Heine sagt das nicht wörtlich; er spricht nur davon im Allgemeinen; er sagt, man könnte auf dem Boulevard Montmartre lustig spazieren gehen und unvermuthet den Biß eines Jesuiten in die Ferse fühlen. Aber wie die Besorgnisse Herrn Heine's stets geschichtlich sind, so ist er ohne Zweifel selbst von einem Jesuiten gebissen worden.

Möge Herr Heine Muth fassen, und, obwohl ich die Jesuiten nicht mehr hasse, seit ihr Ehrgeiz so weit abgenommen, daß sie sich mit der Verfolgung eines unschuldigen Gelehrten begnügen, so würde ich mich dennoch freuen, wenn Herr Heine auch aus diesem letzten Kampfe als Sieger hervorginge. Vor noch nicht zwei Jahren hat er über die grausamen Verfolgungen geklagt, die er von Seiten der wider ihn verbündeten Aristokraten und Republikaner zu erdulden gehabt. In seinem letzten Werk spricht Herr Heine weder von den Aristokraten noch von den Republikanern mehr, ein sicherer Beweis, daß er sie vernichtet. Wohlan! er wird auch die Jesuiten zermalmen, und vielleicht ist der Tag nicht fern, wo Herr Heine in aller Ruhe und Sicherheit auf dem Boulevard Montmartre spazieren gehen kann, ohne den Biß eines kleinen baier'schen Loyola fürchten zu müssen.

Wir sind niemals zufriedener mit Herrn Heine, als wenn er sich im Irrthum befindet, doch unglücklicherweise ist dieser Fall sehr selten. Herr Heine ist selten im Irrthum, weil er selten die Wahrheit sucht. Er ist eben so unbesorgt, sich von ihr zu entfernen, als sich ihr zu nähern; sie zu finden, als sie zu verfehlen. Herr Heine sucht nur den möglich schönsten Ausdruck;

das Auszudrückende ist ihm gleichgültig. Aber möge er es offen bekennen, möge er es ein für alle Mal erklären daß er beim Schreiben nie einen andern Zweck habe, als ein Wörterbuch schöner und guter Redensarten in Lieferungen von zwei Bänden herauszugeben, und alsdann werden wir ihm nichts mehr vorzuwerfen haben. Wir werden es ganz einfach finden, daß Herr Heine das Ja in den Buchstaben J und das Nein in den Buchstaben N setzt, und daß Gott niedriger steht als der Teufel; kurz, wir würden Herrn Heine willig zugeben, daß Kleider Leute machen.

Hier noch einige aus dem Werke des Herrn Heine ausgezogene Stellen, um es Jedermann handgreiflich zu machen, auf welche Art dieser Schrift-steller spielt, nicht mit Worten, die ihm heilig sind, sondern mit Sachen. Er ist oft so ungeduldig und eilig, sich selbst zu widersprechen und seinen ursprünglichen Gedanken für ungültig zu erklären, daß er sich nicht die Zeit nimmt, ihn zu vollenden, und indem er sich selbst das Wort abschneidet, sogleich die entgegengesetzte Meinung anführt.

„Die Benthamisten, sagt Herr Heine, die Nützlichkeitsprediger, sind gewaltige Geister, die den rechten Hebel ergriffen, womit man John Bull in Bewegung setzen kann. John Bull ist ein geborner Materialist, und sein Spiritualismus ist meistens eine traditionelle Heuchelei oder doch nur mate-rielle Bornirtheit, sein Fleisch resignirt sich, weil ihm der Geist nicht zu Hülfe kommt." Möge der Geist des Herrn Heine dem Fleische John Bull's zu Hülfe kommen; möge er, um ihm Herz und Geist zu bilden, eiligst seinen Cursus über die Rechte des Fleisches eröffnen; aber möge er John Bull nicht widersprechende Fehler zur Last legen; das Alibi ist da, um ihn wegen des einen oder andern Vergehens zu rechtfertigen. Wenn John Bull Materialist ist, so kann er nicht zugleich Spiritualist seyn, und wenn er aus Heuchelei Spiritualist, so ist er es nicht aus Dummheit. Wenn Herr Heine einen Galimathias machen will, so bringe er ihn wenigstens unter alphabetische Ordnung, wie wir weiter oben gesagt.

Und sehet da den elenden Aristokratismus Herrn Heine's, sehet nur, wie er den redlichen John Bull verachtet. Er, der erste Liebhaber, Anbeter, Vormund, Beschützer und Professor der Materie wird ihrer überdrüssig, sobald er bemerkt, daß das Volk sich ebenfalls um den Materialismus küm-mert. Welch fürchterlicher Umsturz der öffentlichen Ordnung! Jakob Gutmann will Wähler und Materialist seyn! Mann könnte es dabei nicht aushalten, es ist allzu stark! Wahrlich, in unsern Tagen muß man auf Alles gefaßt seyn; wir werden noch die Zeiten sehen, wo der Pöbel auf den rothen Teppichen der Gänge des italienischen Theaters seine Schuhe abstreicht und am Tage nach einer Vorstellung ganz treuherzig seinen Theil an den geheimen Geldern der Vorsehung verlangt! O Zeiten! o Sitten!

An einer andern Stelle sagt Herr Heine: „Wie man zu Wittenberg in lateinischer Prosa protestirte, so protestirte man zu Rom in Stein, Farbe und Ottaverime. Oder bilden die marmornen Kraftgestalten des Angelo, die lachenden Nymphengesichter des Giulio Romano und die lebenstrunkene Heiterkeit in den Versen des Meisters Ludovico Ariosto nicht einen protestirenden Gegensatz zu dem alt = düstern, abgehärmten Katholicismus?" Das ist ein Urtheil, welches die verhärtesten, unerschrockensten Sophisten zum Erbleichen bringen könnte. Aus gleichen Gründen kann man das Weiße schwarz nennen, indem man seine Weiße als eine Protestation gegen seine Schwärze ansehen läßt; man kann keinen redlichen Mann einen Schurken nennen, indem man seine Rechtlichkeit als eine Protestation gegen seine Unredlichkeit bezeichnet! Und wollt Ihr das Geheimniß dieser Widersprüche wissen? Herr Heine hatte einige wohlklingende Worte in der Spitze seiner Feder und konnte es nicht über sich gewinnen, sie für eine bessere Gelegenheit aufzusparen.

Wenn Herr Heine zu seinem seltenen Redetalente noch hinzuzufügen wagte das Talent, seiner Unabhängigkeit Achtung zu erwerben, Meinungen, Gedanken für sich zu haben; irgend eine Ueberzeugung zu haben, aber eine feste unerschütterliche Ueberzeugung, welche den herrischen Launen der Winde, sowie den gefährlicheren Scherzen der Zephyre Widerstand leistete; wenn sich Herr Heine nur um den Beifall der rechtlichen und aufgeklärten Leute und um die Zustimmung seines eigenen Gewissens kümmern und nicht Tag und Nacht bei allen Kaufleuten des Ruhmes herumlaufen wollte, er wäre alsdann ein vollkommener Schriftsteller.

Sitten= und Charakterscenen aus dem 18. und 19. Jahrhundert.
Von Mad. Augustine Thierry.
[Aus dem Reformateur.]

Aus wenig Fäden und mit einigen schlichten Farben hat die Verfasserin dieses Bandes Stoffe von großem Werthe und bewunderungswürdiger Anmuth zu fertigen gewußt. Es ist sehr zu bedauern, daß die Erzählungen von Mad. Thierry nur den Werken dieser Art, wie sie noch nicht erschienen sind, als Muster dienen können. Sie zeichnen sich durch eine edle Einfachheit im Vortrag, durch die Reinheit, man könnte sagen Keuschheit des Styles und durch correct gezeichnete, sich nie verläugnende Charaktere aus. Die Reden und Handlungen der Personen haben eine Klarheit und Durchsichtigkeit, welche die leisesten Regungen ihres Herzens erkennen lassen. Die

Verfasserin nimmt niemals zu jenen unnützen Zierrathen und blendenden Farben ihre Zuflucht, welche so oft dazu dienen, was in einem Kunstwerke häßlich und ungestalt ist, zu verbergen. Es sind bestimmt ausgedrückte, einfache Leidenschaften, ohne jene Verwickelung, welche den geübtesten Beobachter irre führt, mit klaren, unzweideutigen Symptomen. Nichts von jenen Krankheitszufällen der Seele, nichts von jenen heuchlerischen Schmerzen, welche die Geduld des nachsichtigsten mitleidigsten Menschen ermüden. Nichts von jenem nervösen und launenhaften Pulse, nach dessen Beschaffenheit der geschickteste Gemüthsarzt die Krankheit nicht zu beurtheilen weiß.

Es liegt indeß etwas in der ersten Erzählung, was mich für die Verfasserin zittern läßt: das sind drei junge, schöne und wohlerzogene Schwestern, welche die Gewohnheit haben, Abends vor dem Schlafengehen niederzuknieen und ihr Gebet zu verrichten. Das ist eine kühne Neuerung bei dem herrschenden Geist dieser Zeit. Doch ich hoffe, daß sich die erschrockenen Leser mit Mad. Thierry wieder aussöhnen, wenn sie zuletzt vernehmen, daß die drei Schwestern trotz ihrer Frömmigkeit ihren Leidenschaften erliegen.

Man findet noch gern in den Kunst- und Geisteswerken der Frauen die friedlichen Gesinnungen, die ruhigen Freuden und die gemäßigten Schmerzen, welche ihrem Geschlechte zukommen. Den Männern gehören die stürmischen Leidenschaften und die Schilderung derselben, ihnen jenes gefahrvolle Element, worin das Herz beim Suchen des Glückes Schiffbruch leidet. Aus diesem salzigen bitteren Meere hat die Natur den Frauen nur Tropfen gewährt, das sind die Thränen; mögen sie sich damit begnügen. Die gewaltsamen Bewegungen des Gemüths wie des Körpers verunzieren die Frauen. Das Reiten, die Trauerspiele, die Geschichtsmalerei, die Heldengedichte, der Zorn, der Ruhm, die Satyren, die Politik gehören den Männern. Die Frauen werden darin niemals Glück machen: und wenn sie es machen, um so schlimmer für sie; wir empfehlen sie aller Welt als Gattinnen, außer unsern Freunden.

O ihr Frauen! machet, schreibet und leset keine convulsivischen, epileptischen, herzzerreißenden, erstickenden, blutbenetzten Romane. Fliehet die Schauderscenen; quälet euch nicht, die Räthsel des Lebens zu lösen, begnügt euch damit, euern Gatten und Geliebten deren aufzugeben, Sphynxe, die ihr seyd. Suchet nicht Gefahren auf; wir müssen genug für uns selbst zittern und kämpfen, vermehrt nicht unsere Sorgen und gestattet, daß man euch in Sicherheit bringe.

Im Interesse der legitimistischen Damen, welche seit fünf Jahren Paris zürnen und auf dem Lande wohnen, werde ich mit zwei Sittensprüchen schließen, die ich dem Werke von Mad. Thierry entnommen. Erstens:

man muß nie seine Töchter fern vom Treiben der Menschen für den Ehestand erziehen; zweitens: wenn eine solche ländliche Erziehung in Frankreich eine Nothwendigkeit ist, wo die Volksausbrüche und das Zittern der Könige so häufig, so darf man zu seinen drei Töchtern in ihrer Einsamkeit nie einen einzigen Cousin führen, sondern stets drei Cousins auf ein Mal. Ihr legitimistischen Mütter, leset die Erzählung von den drei Schwestern und zittert vor der Treue und davor, daß ihr nur einen einzigen Cousin zur Verfügung habt.

Einführung der „Balance,"
einer von Ludwig Börne in Paris 1836 herausgegebenen deutsch-französischen Zeitschrift.*)

Die Verschiedenheit der Sprachen ist eine traurige Folge des Fluches wegen des Thurmes zu Babel, was heut zu Tage Niemanden mehr unbekannt seyn kann, seit man die heilige Schrift, auf Atlaspapier gedruckt, periodisch und in Blättern, gerade wie den Charivari und den Corsaire herumträgt.

Gott, der die Centralisirungen, die ausschließenden Systeme und Lehren, die monarchischen Reiche in den Lebensäußerungen der Menschheit nicht liebt, hat der Menschen Sprache verwirrt, um ihre Vereinigung und Einförmigkeit zu hindern und sie dahin zu bringen, daß sie sich über die ganze Erdoberfläche zerstreuten, sie in allen Richtungen durchzögen und ihr Glück auf verschiedenen Wegen suchten. Aber sobald die Absichten der Vorsehung erfüllt, wenn Gottes Werk vollendet, alsdann sollen die Arbeitswerkzeuge zerbrochen werden und es soll nur noch eine einzige Sprache in der Welt geben, zur größten Betrübniß der vereideten Dollmetscher und des deutschen Adels, welcher sich schämen wird, die Sprache der Bürger zu sprechen und die plebejische Rechtschreibekunst zu verstehen.

Die Vertheilung der Arbeit, dies große Prinzip der Staatswirthschaft, ist bei dem Menschen seit seiner Erschaffung angewandt worden. Die Arbeit der Menschheit ist unter die verschiedenen Völker vertheilt. Aber es wäre zu langweilig, diesen Satz hier weitläufig zu entwickeln; wir wollen nicht eine regelmäßige Belagerung dagegen unternehmen, wir werden ihn mit Sturm erobern.

---

*) In „Menzel der Franzosenfresser" wurden Auszüge aus diesem und einigen der folgenden Artikel angeführt; nichtsdestoweniger theilen wir letztere vollständig mit, da jene Auszüge doch nur zu gewissem Zwecke aus dem Zusammenhang herausgerissen wurden.

Die Verleger.

In den Werkstätten der Menschheit finden wir zwei Völker, welchen die Vorsehung die Aufgabe gestellt zu haben scheint, die Arbeiten aller andern Völker zu übersehen und zu leiten, ihnen ihr Tagewerk anzuweisen und ihren Sold auszuzahlen: die Franzosen und die Deutschen. Den Ersteren wurde die Leitung der praktischen Arbeiten, der Künste und Handverrichtungen, den Andern die Leitung der theoretischen Arbeiten, der Wissenschaften und Spekulationen anvertraut.

Die Theorie ist furchtsam und zaudernd, die Ausübung ist unbedacht und vorschnell; daher die Entzweiung zwischen ihnen, daher die Unverträglichkeit des deutschen Geistes und deutschen Gemüths mit dem Geiste und dem Gemüthe der Franzosen; daher sind beide Völker, ob sie zwar mit den Grenzen sich berühren, doch durch einen moralisch unermeßlichen Raum geschieden.

Die Aufgabe der Franzosen ist, das alte, baufällige Gebäude der bürgerlichen Gesellschaft zu zerstören und abzutragen, das Erdreich wegzuräumen und zu ebenen; die Aufgabe der Deutschen, das neue Gebäude zu gründen und aufzuführen. In den Freiheitskriegen wird Frankreich immer an der Spitze der Völker stehen; auf dem künftigen Friedenskongresse, wo sich alle Völker Europa's versammeln werden, wird Deutschland den Vorsitz führen.

Die Geschichte Frankreichs und Deutschlands ist seit Jahrhunderten nur ein beständiges Streben, sich zu nähern, sich zu begreifen, sich zu vereinigen, sich in einander zu schmelzen. Die Gleichgültigkeit war ihnen immer unmöglich, sie mußten sich hassen oder lieben, sich verbrüdern oder sich bekriegen. Weder Frankreichs noch Deutschlands Schicksal wird einzeln bestimmt und gesichert werden können.

Es ist von Wichtigkeit, diesen dunkeln Trieb beider Nationen klar zu machen, es ist von Wichtigkeit, ein Princip für scheinbar widersprechende Thatsachen und Meinungen zu finden.

Deutschland und Frankreich sind überall mit einander vermischt, ohne sich jemals zu verschmelzen. Das wäre ein geschickter Diplomat, dem es gelänge, den Frieden zwischen beiden Nationen zu unterhandeln, indem er sie dahin brächte, daß sie nur eine neue gleichartige Zusammensetzung bildeten, ohne ihre Bestandeigenschaften zu opfern. Die alterreifen Männer beider Länder sollten sich bemühen, die junge Generation Frankreichs mit der jungen Generation Deutschlands durch eine wechselseitige Freundschaft und Achtung zu verbinden. Wie schön wird der Tag seyn, wo Franzosen und Deutsche auf den Schlachtfeldern, wo einst ihre Väter sich unter einander erwürgt, vereinigt niederknieen und sich umarmend auf den gemeinschaftlichen Gräbern ihre Gebete verrichten.

Die unwandelbare Freundschaft und der ewige Friede zwischen allen Völkern, sind das wohl Träume? Nein, der Haß und der Krieg sind Träume, aus denen man einst erwachen wird. Welchen Jammer hat nicht die Vaterlandsliebe schon der Menschheit verursacht! Wie viel hat diese lügnerische Tugend nicht an wilder Wuth alle anerkannten Laster übertroffen! Ist der Egoismus eines Landes weniger ein Laster, als der eines Menschen? Hört die Gerechtigkeit auf, eine Tugend zu seyn, sobald man sie gegen ein fremdes Volk übt? Eine schöne Ehre, die uns verbietet, uns gegen unser Vaterland zu erklären, wenn die Gerechtigkeit ihm nicht zur Seite steht!

Ich liebe Deutschland mehr als Frankreich, weil es unglücklich ist, und Frankreich nicht; im Uebrigen bin ich soviel Franzose als Deutscher. Was mich betrifft, so war ich, Gott sey Dank, nie ein Tölpel des Patriotismus; dieser Köder des Ehrgeizes, sey es der Könige, sey es der Patrizier oder der Völker, hat mich nie gefangen.

Das gesellige und geistige Leben der Deutschen leidet an Uebeln und wird von Bekümmernissen gestört, welche die Franzosen nie gefühlt noch begriffen, oder die sie nicht mehr fühlen und die sie vergessen haben. Dieser Umstand könnte unsere Bemühungen zuweilen aufhalten und unsere Lage sehr peinlich machen. Die Nationen sind nicht weniger Egoisten als die Einzelnen; sie achten gewöhnlich nicht viel auf die Leiden anderer Völker und langweilen sich leicht bei ihren Klagen. Sie sind allezeit bereit, ihre eigne glückliche Lage ihrem Muthe, ihrer Beharrlichkeit, ihrer Geschicklichkeit zuzuschreiben; und das Misgeschick der andern Völker der Schwäche, Unbeständigkeit oder Tölpelei derselben. Vielleicht würde man es in Frankreich jetzt veraltet finden, gegen den Adel zu eifern oder seiner zu spotten; man könnte vielleicht die Klagen der Deutschen über ihre geheime Criminaljustiz, über ihre dumme Censur und über die unverschämten Angriffe, welchen ihre persönliche Freiheit jeden Augenblick ausgesetzt ist, sehr langweilig finden. Sollte mir das begegnen, sollte mir unglücklicherweise nicht gelingen, die Sympathie der Franzosen für mein Vaterland zu gewinnen, dann würde ich mich an ihren Egoismus und ihren Vortheil wenden, indem ich ihnen zeigte, daß ihre Freiheit und ihr Glück nur unsicher sind, so lange nicht auch die Freiheit und das Glück Deutschlands befestigt, und daß die Säule der französischen Freiheit nicht auf dem Platze der Bastille, sondern an dem Ufer der Elbe einen festen Grund finden wird. Deutschland bildet die Gebirgskette, welche die Civilisation von der Barberei, die Franzosen von den Kosaken trennt. Frankreich liebt die Republik nicht, sagt man; aber gewiß liebt es noch weniger die Kosaken, und es hat zu viel Ehrgefühl, um nicht selbst die blutige Beredsamkeit eines Danton der unverschämten Rhetorik eines gekrönten Hetmans vorzuziehen. Nun wohl! Deutschland allein kann Frankreich von der traurigen Wahl zwischen dem Volks- und dem Monarchen-Despotismus retten; aber unglücklicherweise wurde dieser Zustand der Dinge von den Franzosen jeder Meinung und jeder Partei seit fast fünfzig Jahren verkannt. — Deutschland hat die französische Revolution von ihrem Anfang an bekämpft und der französischen Freiheit anfangs durch Drohungen, dann durch offenen Krieg Fesseln angelegt. Deutschland hat den Kopf eines wohlwollenden Königs auf's Schaffot gebracht; es hat die Franzosen zu Verbrechen gezwungen und ist entweder der Vorwand oder die Entschuldigung für die Schreckensregierung gewesen. Napoleon ist unterlegen und hat Frankreich bei seinem Falle nachgezogen, weil er Deutschland falsch beurtheilte, weil er die Herrschsucht und den Lohneifer seiner Fürsten für Enthusiasmus gegen seine Person hielt und später in dem Enthusiasmus des deutschen Volkes für die Unabhängigkeit des Vaterlandes nur eine Sucht zur Widersetzlichkeit erblickte. Er wußte nicht, daß Deutschlands Fürsten nicht durch sich selbst regieren, daß sie nur der Spielball der Aristokratie seien, und von diesem Irrthum geblendet, ließ er sich durch Oesterreichs Bündniß in eine traurige Sicherheit einwiegen, meinend, er habe dadurch, daß er den Vater seiner Gemahlin an sich kettete, auch den Souverän an sich gekettet.

Die Restauration hat stets unter Deutschlands Schutz gestanden, und die Geschichte wird einst unsern Nachkommen erzählen, wie sehr die Drohungen, die Versprechungen und Ränke der deutschen Cabinette an den contrerevolutionären Schritten Karl X. Theil gehabt. Niemals sicherlich hätte dieser unglückliche König gewagt, die Juliordonnanzen zu erlassen, wenn er nicht auf die Zustimmung und den Beistand der deutschen Fürsten gezählt hätte.

Das monarchische Deutschland ist der Vortrab Rußlands gegen Frankreich und das volksthümliche Deutschland ist der Vortrab Frankreichs gegen Rußland. Die deutschen Fürsten hegen in der That keine persönliche Hinneigung zu dem Moskowiterczaren; denn sie haben keine tyrannische Laune, sie sind dafür zu aufgeklärt und zu menschlich. Nur jener väterliche Despotismus ist ihnen vorzuwerfen, der weder für ihre hohen Jahre noch für das Mannesalter ihrer Völker paßt. Aber diese häusliche Allmacht, diese alte Gewohnheit, eine ungehinderte Herrschaft zu genießen und stets einem blinden Gehorsam zu begegnen, ist die schwache Seite der deutschen Fürsten, bei welcher die Adelsaristokratie sie faßt und leitet. Sie ist es, die übermüthige, unwissende Aristokratie, welche den Schimpf und die Verluste, die ihre Cameraden und Freunde in der französischen Revolution erlitten, an dem deutschen Volke rächen will; welche stets die deutschen Fürsten zu dem Bündniß mit Rußland ziehen wird, so lange das deutsche Volk zu schwach und zu muthlos ist, um ihrem Einfluß auf die Regierungen die Wage zu halten.

Frankreich und Deutschland vereinigt können Alles vollbringen und Alles verhindern. Ein Krieg zwischen Rußland und England könnte niemals ernstlich den Frieden Europens stören, so lange Frankreich und Deutschland neutral bleiben, und weder England noch Rußland könnten für Frankreich gefährlich werden, wenn ihnen nicht Deutschland Beistand leistet. Von der Einigkeit Frankreichs und Deutschlands hängt also nicht blos ihr eigenes Wohl, sondern auch das Schicksal von ganz Europa ab.

Aber alle Bemühungen Frankreichs und seiner Regierung, alle möglichen Rücksichten und Zuvorkommenheiten gegen Deutschland würden unnütz seyn; Frankreich wird nie die aufrichtige Freundschaft des officiellen Deutschlands gewinnen, des von der Adelsaristokratie regierten Deutschlands, welche in Rußlands Selbstherrscher den Propheten Gottes anbetet und sieben Mal des Tages den Blick nach dem nordischen Mekka wendet. Der unverschämte Preis, den dies officielle Deutschland für sein Bündniß aufstellt, nicht nur in Bezug auf Frankreich, sondern auch in Bezug auf jedes andere Land, nämlich: die Aufopferung der Freiheit und Ehre des Volkes, in dessen Namen man mit ihm unterhandelt, würde jede Regierung, welche es auch sei, abschrecken und die unverdrossenste Gefälligkeit ermüden.

Das Bündniß des nationalen Deutschlands sollte Frankreich suchen, nur dieses ist ihm vortheilhaft, und um es zu erlangen, muß es nicht seine Ehre opfern, muß es nur einige Vorurtheile aufgeben.

Worauf beruht die deutsche Nationalität? Wo soll man sie finden? Wodurch gibt sie ihre Meinung und ihren Willen kund? Wo ist die Einheit ihrer Handlungen? Welches sind ihre Organe und ihre Stellvertreter? Wer unterhandelt in ihrem Namen? In der That, jeder Deutsche muß bei der Beantwortung dieser Fragen etwas verlegen seyn. Wenn die Antworten genügend wären, so könnten sie wohl ins Lächerliche gehen, und um genügend zu seyn, verlangen sie so lange Erörterungen und so große Auseinandersetzungen, daß sie, gezwungen vollständig zu seyn, aufhören deutlich zu seyn. Indessen hoffen wir die Schulden zu bezahlen, die wir machen; gewähre man uns nur die Möglichkeit zu bezahlen, der Credit ist uns unumgänglich nothwendig.

Frankreich, welches seit bald fünfzig Jahren die Welt zum Zeitvertreib wie einen Kreisel herumdreht, hat wohl das Recht, jedes Volk, das ihm sein Bündniß anträgt, zu fragen: Was habt ihr gethan? Wozu könnt ihr uns nützen? Welche Hülfe bringt ihr uns? Welche Bürgschaft leistet ihr uns? In Wahrheit zu reden, Deutschland hat seit drei Jahrhunderten nichts gethan, und es hat Alles geduldig ertragen, was ihm Andere haben anthun wollen: Aber eben darum haben Arbeiten, Leidenschaften und Genüsse die jungfräulichen Herzen und die keuschen Geister Deutschlands noch nicht erschöpft; es bildet die Reserve der Freiheit und wird ihren Sieg entscheiden. Sein Tag wird kommen, und um ihn zu wecken, braucht es nur sehr wenig: einen Augenblick guter Laune, ein Lächeln des Zufalls, etwas Himmelsthau, einen Eisgang, einen Narren mehr oder weniger, ein Nichts; das Glöckchen eines Maulthiers genügt zu dem Fall der Lawine. Alsdann wird Frankreich, welches vor nichts mehr zurückbebt, dieses Frankreich, welches in drei Tagen das mühsame Werk eines Jahrhunderts aus dem Stegreif zu Stande gebracht und aufgehört hat über sich selbst zu erstaunen — es wird über das deutsche Volk erstaunen, und dieses Erstaunen wird nicht blos Ueberraschung seyn, sondern Bewunderung.

Frankreich sollte endlich Deutschland, diese Quelle seiner Zukunft, kennen lernen; es sollte sich endlich überzeugen, daß es sich nicht selbst genug und nicht alleiniger Herr seines Schicksals ist. Für die Freiheit kämpfen, das heißt noch nicht frei seyn, das heißt nur zeigen, daß man der Freiheit würdig sey. Ein Volk, welches Tag und Nacht seine Freiheit bewachen muß, ist nicht frei, sowie ein Mensch, der auf seine Gesundheit Acht geben muß, nicht gesund ist. Frankreich hat in weniger als fünfzig Jahren das Leben von fünf Jahrhunderten verbraucht; es ist groß und bewunderungswürdig, aber sein Ruhm hat keine Früchte getragen.

Frankreich hat Deutschland immer falsch beurtheilt, und was schlimmer ist, es hat es gar nicht beurtheilt, es hat sich nicht darum bekümmert. Deutschland hingegen hatte immer die Augen auf Frankreich gerichtet, ohne es darum besser zu begreifen. Anfänglich blendete die Bewunderung, dann der Haß und in der letzten Zeit eine Art höchst lächerlicher Geringschätzung sein Urtheil. Die Deutschen, welche nicht vorwärts gehen, kommen nie in die Lage umkehren zu müssen, und jetzt werfen sie den Franzosen vor, daß sie so oft rückwärts gingen.

Wenn die Franzosen über die Deutschen schlimm urtheilen, so geschieht es durch die Schwäche ihres Wissens, durch die Unbekanntschaft mit den neuen Thatsachen; wenn die Deutschen über die Franzosen schlimm urtheilen, so geschieht es durch die Festigkeit ihrer Gesinnungen, die sie nicht gern ablegen, um neuen Eindrücken Platz zu machen.

Für jeden redlichen Mann ist es eine Qual, durch die Wahrheit gezwungen zu werden, von seinem Vaterlande übel zu reden; die Landsleute, die

Fremden selbst, sehen darin nur eine strafbare Verrätherei. Allein hören Freimüthigkeit und Unparteilichkeit auf, Tugenden zu seyn, sobald man sie auf einen Gegenstand seiner Liebe richtet? Die Deutschen haben, seit sie Frankreich mit Erfolg bekämpft, eine Nationaleitelkeit bekommen, von der sie früher frei waren. Der Nationalempfindlichkeit der Franzosen ging wenigstens der Ruhm voraus; ohne Zweifel wird der Ruhm auch einst den Deutschen nicht fehlen; aber bis heute haben sie noch nicht genug gethan, um sich der Zuversicht hinzugeben, daß man ihr stolzes Selbstgefühl nicht für Einbildung nehmen werde. Indem es Frankreich besiegte, hat Deutschland nur ein Joch von ausländischem Holze gegen ein Joch von inländischem eingetauscht und den glänzenden Despotismus Napoleons mit der Scheidemünze seiner armseligen Zwergtyrannen gewechselt. Und dann, liegt nicht in jeder Nationaleitelkeit etwas Kindisches, ja selbst Unsinniges? Ein einzelner Mensch kann entschuldigt werden, wenn er gegen das, was man von ihm denkt und spricht, sich empfindlich zeigt; denn der Einzelne gilt nur so viel als er geschätzt wird; da aber die Geltung einer Nation immer ihrem wirklichen Werthe gleich kommt, so ist die Eitelkeit von ihrer Seite ganz nutzlos und bedeutet nur Verzagtheit. Uebrigens könnte man leicht beweisen, daß oft, was durch die verschiedenen Völker Großes geschehen, nur durch ihre Fehler geschehen, und was andere Völker erduldet, sie nur wegen ihrer Tugenden erduldet. Es liegt also in jedem Lobe eines Volkes etwas, was seine Zufriedenheit mäßigen, und in jedem Tadel etwas, was die Beschämung lindern dürfte. Die Freimüthigkeit ist nicht allein ein Recht, sie ist auch eine Pflicht; aber wenn sie selbst nur ein Recht wäre, so würde uns doch kein Zartgefühl hindern, sie reichlich anzuwenden. Die Menschen, welche sich scheuen, ihre geheimen Gedanken zu sagen, sind gewöhnlich Solche, die, von ihrer Wichtigkeit und Geistesüberlegenheit eingenommen, sich für die einzigen Bewahrer gewisser Wahrheiten halten. Aber Männer, welche bescheidener oder klüger sind, begreifen, daß sie nicht ausschließlich die Kenntniß des Wahren besitzen, daß vielmehr viele Andere davon begeistert; sie haben also den Muth der Freimüthigkeit, indem sie wissen, daß ihre Meinungen von Vielen getheilt werden und daß ihnen im Kampfe wider die entgegengesetzten Meinungen die Unterstützung nicht fehlen wird.

Bei der Vergleichung Deutschlands und Frankreichs haben wir keineswegs die Absicht, die überlegenen oder untergeordneten Eigenschaften des Einen oder des Andern ans Licht zu ziehen, denn das würde zu nichts führen. Man ist gewohnt, Menschen und Völkern Moral zu predigen, als wäre es ihnen möglich, ihren Charakter zu ändern; aber in Wahrheit ist das unmöglich. Weder die Einzelnen noch die Nationen können alle Tugenden in sich vereinigen; es gibt Tugenden, die unvereinbar, und es gibt gewisse gute Eigenschaften, die nothwendig mit gewissen Fehlern verbunden sind. Das aber ist die wahre nützliche Aufklärung, die man den Völkern ertheilen kann: ihnen zu zeigen, wie sie in außerordentlichen Fällen, wo sie zum Handeln oder zum Widerstand gute oder schlimme Eigenschaften, die ihnen selbst fehlen, nöthig hätten, dieselben bei fremden Völkern suchen und zu ihrem Besten gebrauchen sollen.

· Frankreich und Deutschland müssen, um mächtig und unabhängig zu seyn, ihre Kräfte einander leihen und Eines von dem Andern abhängen. Die Dienste, welche sie sich wechselseitig leisten sollen, sind leicht zu bestimmen. Im Allgemeinen herrscht bei den Franzosen der Charakter, bei den Deutschen der Geist vor; es kömmt also Letzteren die Entscheidung zu, was man thun, den Andern, wie man es vollziehen soll.

Der getreueste, vollständigste Ausdruck des socialen, moralischen und geistigen Zustandes einer jeden civilisirten Nation liegt in ihrer Literatur, welche das Blut ihres Herzens und ausdrucksvoller ist, als ihre Geschichte selbst, denn diese läßt uns nur erkennen, was eine Nation gewesen, sie erzählt nur das Vergangene und Erfüllte, während die Literatur, zugleich Wurzel und Frucht, uns lehrt, was eine Nation gewesen und ferner was aus ihr werden kann. Das Schriftthum ist der vollständigste Gesammtbegriff aller Verschiedenheiten, wodurch sich die Völker unter einander auszeichnen. Es ist das Meer, welches die Völker zugleich trennt und vereinigt. Die politische Geschichte eines Volkes ist die Lebensbeschreibung seiner Selbstsucht, aber sein Schriftthum ist die Geschichte seines menschlichen Lebens. Es hält sich weder in den gesetzlichen Schranken noch in den geologischen Grenzen, es setzt sich über Gesetze, Verträge, Zollämter, Abneigungen und Vorurtheile hinweg.

Deutschland Frankreich näher bringen, das ist unser Zweck, und der Vergleich der französischen Literatur mit der deutschen ist unser Ausgangspunkt. Die Wahl dieses Standpunktes ist in Betreff Frankreichs freiwillig, aber in Betreff Deutschlands ist sie gezwungen. Die Franzosen sind ein thätiges Volk: ihre Literatur ist die Frucht ihres Thatenlebens, und die Frucht verschließt den Kern, welcher die Nationalthätigkeit fortdauernd erhält. Um den Charakter Frankreichs zu zeichnen, steht es also frei, von der Wurzel bis zu den Früchten aufzusteigen oder auf die Ursachen von den Wirkungen zurückzugehen. Die Deutschen aber sind ein leidendes Volk; ihre Literatur ist ein Baum, welcher eines Tages Thaten tragen wird, doch seine Früchte sind noch nicht reif. Um Deutschland kenntlich zu machen, gibt es kein anderes Mittel, als von der Ursache auf die Wirkungen zu gehen, d. h. den Charakter seiner Literatur zu zeichnen. Aber diese Trägheit der

Deutschen ist an sich selbst eine wichtige materielle Thatsache, welche den größten Einfluß übt, nicht allein auf Deutschlands Lage, sondern auch auf die Frankreichs und ganz Europas.

In Deutschland hat die Literatur jederzeit der Politik als Luftloch gedient; Frankfurts Baukünstler haben jetzt die Absicht, auch diese einzige Oeffnung zu verstopfen, um dem Lande alles Athemholen unmöglich zu machen. Wir werden dann sehen, wie weit die Unempfindlichkeit der Deutschen geht und ob sie lieber in der Angst des Erstickens oder an einer Schußwunde sterben.

Die Deutschen bilden eine Nation nur durch ihre Literatur, welche seit dreihundert Jahren der alleinige Ausdruck ihres Staatslebens ist, und ihre ganze Lebensäußerung besteht in der Kritik. Jeder Mensch ist geborner Beurtheiler. Urtheilen heißt: sich aus sich selbst herausbegeben, heißt: mit den Gedanken der Anderen denken, mit dem Leben der Anderen leben. Urtheilen und beurtheilt werden, ist des Menschen Bestimmung. Aber was wollt ihr, das die Deutschen beurtheilen, außer Bücher und ihre Verfasser, Künstler und ihre Werke, Komödien und das Spiel der Schauspieler? Die Besprechung der öffentlichen Angelegenheiten ist ihnen untersagt. Sie zahlen Steuern, sie opfern das Blut ihrer Söhne auf dem Altar des Vaterlandes, wie es die Dichter besingen, doch das geht sie nichts an, das ist Politik. Man kerkert sie ein, sie, ihre Väter, ihre Söhne, ihre Brüder, für sogenannte Staatsverbrechen; man quält ihren Geist und ihren Körper mit Mishandlungen und Entbehrungen, bis sie darüber den Verstand oder das Leben verlieren; man verweigert grausamerweise den kranken Gefangenen den Trost, ihre Verwandten vor dem Tode zu sehen; sie gerathen in Verzweiflung, und man läßt sie vor Sonnenaufgang von Häschern und Kerkermeistern einscharren. Man befragt und richtet sie im Geheimen: man richtet sie keineswegs, man verurtheilt sie zu lebenslänglicher Untersuchung; doch das Alles geht sie nichts an, das ist Politik. Man stiehlt ihre Gedanken, man mordet ihre Gefühle, man mästet mit dem Schweiße ihrer Hände gierige Spione, die man in Frankreich und in der Schweiz der Spur ihrer verbannten Landsleute nachsendet; doch das geht sie nichts an, das ist Politik. Wie oft haben nicht die deutschen Gelehrten ein unschuldiges Buch und seinen noch unschuldigern Verfasser verlästert, nur um sich über den Abscheu zu trösten, den ihnen ihre dummen Herren einflößten, nur um ihrem Zorne Luft zu machen! Nehmet den Deutschen die Kritik, und ihr nehmet ihnen das Leben.

Die Deutschen sind die großen Meister der Kritik; sie dienen für Alles, was in der ganzen Welt gedruckt wird, entweder als Advokaten oder als

Richter; sogar ihre Originalwerke sind oft nur Vertheidigungsreden oder
richterliche Verhandlungen. Da sie die Buchdruckerkunst erfunden, so
glauben sie ein Recht zu haben, über den Gebrauch, den man davon macht,
zu wachen. Sie sind Rechtsgelehrte, welche die Gesetze und Gebräuche, die
die Wissenschaften und Künste in allen Ländern regieren, und die Veränderungen, die diese Gesetze und Gebräuche im Laufe der Jahrhunderte erfahren haben, gründlich kennen. Sie zeigen in ihrer Kritik viel Strenge, aber
zugleich große Rechtschaffenheit. Wenn sie übel urtheilen, so geschieht dies
eher aus Eigensinn als aus Unwissenheit oder Parteilichkeit. Dennoch muß
man aber zugeben, daß die Strenge, welche die Deutschen in ihr literarisches
Urtheil legen, zuweilen wild ist, daß die Werke der Kritik zu oft Scharfrich-
terwerke und ihre Verfasser Henker sind. Wenn zufällig Franzosen einen
jener heftigen, unbarmherzigen Artikel läsen, so würden sie erschrecken; sie
würden den Verfasser für einen blutdürstigen Menschen, für einen abscheulichen Tyrannen, einen wahren Rudolf Blaubart halten. Doch dem ist
nicht so, er ist der sanfteste, bescheidenste, höflichste, sogar furchtsamste Mann.
Macht seine Bekanntschaft, tretet in seine Familie ein, unterrichtet euch bei
seiner Gattin über die Gemüthsart ihres Mannes, und sie wird euch lächelnd
gewisse Einzelheiten erzählen, die euch selbst ein Lächeln abnöthigen, und
ihr werdet nicht aus seinem Hause weggehen, ohne dem braven Manne die
Hand gedrückt zu haben.

Die Franzosen müssen dies erfahren, um die Urtheile, welche die deutschen Gelehrten von Zeit zu Zeit über ihr eigenes Schriftthum, sowie über
die Literatur und die öffentlichen Angelegenheiten Frankreichs fällen, nach
ihrem wahren Werthe zu schätzen. Wenn der Tadel nicht immer frei ist
von unschicklichen Ausdrücken, wenn sich dabei eine gewisse beleidigende
Schärfe findet, so ist dies niemals die Folge eines Mangels an Achtung oder
das Zeichen feindseliger Gesinnung, es ist nur die kalte Unempfindlichkeit einer
Magistratsperson, die erhaben von ihrem curulischen Sessel herabspricht.

In Frankreich besitzt ein Mann von Geist den Geist aller Männer
von Geist, und ein Narr die Narrheit aller Narren. Wenn man ein
französisches Werk liest, welches es auch sey, so glaubt man es schon gelesen
zu haben. Weil in Frankreich ein bestimmter Geist herrscht, bildet er einen
Staatskörper, welcher seine Gesetze, seine Verwaltung, seine Gerichtspflege
hat; die Narrheiten sind Vergehen und die Ausschweifungen der Einbildungskraft Uebertretungen der Gesetze des guten Geschmacks. In Deutschland ist es gänzlich verschieden. Da herrscht in der Literatur wie in dem
besprochenen Leben eine unumschränkte Demokratie, und die Feinde dieser
Regierungsform werden sie mit eben so viel Recht als je Anarchie nennen.

Jeder ist dort geistreich oder ein Narr, je nach seiner eigenthümlichen Weise. Die Deutschen verlieren leicht die Geduld bei dem literarischen Königthum, sie spotten über die Höflinge des guten Geschmacks und lassen nie der Geistesaristokratie den Vorrang. Nicht daß die großen Schriftsteller, die Philosophen, die Dichter und die Künstler ersten Ranges nicht alle Achtung genössen, die man ihrem Verdienste schuldig, und daß sie in der geistigen Gesellschaft ohne Einfluß wären; keineswegs: sondern die Ehrfurcht, die man für sie hegt, ist nur freiwillig und persönlich, und man unterwirft sich ihrer Oberherrschaft nur bedingungsweise und auf eine bestimmte Zeit. Man erkennt ihnen kein Recht, keine rechtmäßige Macht zu. Als Goethe schlechte Bücher geschrieben, hat man sie ohne Zögern und ohne das mindeste Bedenken getadelt. Die Werke der großen Schriftsteller genießen keine erbliche und bindende Gunst; jedes Werk wird einzeln geprüft und gewürdigt, und der gefeierte Name eines Schriftstellers entscheidet nie über das Loos seiner Erzeugnisse.

In Frankreich, wo der geistige Staat stets eine aristokratische Verfassung gehabt, wird man Mühe haben, sich eine richtige Vorstellung von einer geistigen Gesellschaft zu machen, wie sie in Deutschland besteht. Stellt euch eine Demokratie vor, wie aber niemals eine bestanden, weder in den Jahrhunderten des Alterthums noch in den neuern, eine Demokratie, wo nicht allein die Souveränität, sondern auch die gesetzgebende und richterliche Gewalt in dem Volke ruht und nicht allein in dem Gesammtvolke, sondern in den Einzelnen ohne Unterschied von Vermögen, Erziehung, Alter und Geschlecht; endlich wo es keine Gesetze gibt, wo Jeder macht, spricht und schreibt, was er will und wie er es versteht: das ist der Literaturstaat in Deutschland. Um ihn recht zu würdigen, genügt es nicht, die berühmten Schriftsteller und die ausgezeichneten Werke zu kennen, man muß sich auch mit der allgemeinen Literatur vertraut machen, man muß die literarischen Marktplätze besuchen und sich unter die Menge der Schriftsteller vom letzten Range mischen. Da allein findet man den Nationalcharakter der deutschen Literatur und jene Eigenthümlichkeit, jenen Stolz und jene Unabhängigkeit, die sie vor jeder andern Literatur der Welt auszeichnet.

Deutschland fehlt es nicht an großen, mit Recht berühmten Schriftstellern, doch es hat deren nicht in so großer Anzahl, wie mehrere andere Länder. Das Verdienst und der Ruhm Schiller's und Göthe's kommen nicht dem von Shakespeare, Calderon, Dante, Voltaire und Rousseau gleich. Es ist sogar unmöglich, daß je in Deutschland Schriftsteller von dieser allgemeinen, hundertjährigen Wichtigkeit auftreten. Voltaire und die andern genannten Schriftsteller waren gleichsam die Brennpunkte, wo sich alle Lichter ihres

Jahrhunderts vereinigten; sie waren nicht nur reich durch ihren eignen Geist, sondern auch durch den Geist ihres Landes; sie waren Könige, welche die geistige Gemeinde vertraten. In Deutschland aber, wo vor 300 Jahren die Reformation alle Geisteskräfte mündig gesprochen, den Boden der Wissenschaft geebnet und die geistigen Güter zerstückt, können sich die literarischen Größen nicht mehr zu einer beträchtlichen Höhe erheben, und die großen Geistesreichthümer können sich nicht leicht anhäufen und halten sich nicht lange. Man bringt bei den großen Schriftstellern nur das Verdienst, welches ihnen eigen, in Anschlag, man gewährt ihnen keinen Ruhm, der andern Ruhm vertritt, und selbst wenn sie den Wissenschaften und Künsten neue Bahnen eröffnet, vergißt man ihr Verdienst, sobald diese neue Bahnen Jedermann zugänglich geworden.

Der Geist hat in Deutschland keine Residenz, es gibt keine Geisteshauptstadt, wie Frankreich zu seinem Unglück eine hat. Alle wissenschaftlichen Einrichtungen, die Akademieen, die Universitäten, die Buchhandlungen, die Zeitschriften, die literarischen Gerichtshöfe sind durch's ganze Land zerstreut. Der größte Theil der Gelehrten ersten Ranges wohnen in kleinen Städten. Für gewöhnlich kennen sie sich unter einander nicht, was ohne Zweifel nicht allen Brodneid hindert, was jedoch wenigstens den persönlichen Einfluß und jene gegenseitigen Rücksichten der Schriftsteller davon entfernt, die aus Höflichkeit oder Wohlwollen gegen eine einzige Person alle Welt täuschen und die Wahrheit verletzen.

Diese tausend geistigen Brennpunkte, dieser Mangel an Einigung geben der deutschen Literatur eine Bewegung voller Leben und bewahren sie vor jener Eintönigkeit und Einförmigkeit, welche die unvermeidliche Folge jeder monarchischen Regierung ist. Die schlechte Literatur selbst ist weder ohne Interesse noch ohne Bedeutung, wie es nichts Gleichgültiges in demjenigen gibt, was aus der Freiheit hervorgeht und was sie erhält. In Deutschland wachen die schlechten Schriftsteller über die guten und hindern sie, ihren Einfluß zu misbrauchen und eine despotische Gewalt sich anzumaßen. Ueberdies wissen alle vernünftigen Menschen die schlechten Bücher zu würdigen, denn sie wissen, wie viel man darin Belustigung finden kann und wie lehrreich die Verirrungen des Geistes sind.

Man langweilt sich bei den schlechten französischen Werken, es geschieht sogar, daß man sich bei den guten langweilt: wer besitzt in Frankreich nicht Geist? Doch die Vernunft der Männer von Geist ist stets so geregelt, so gerade, so wohlgestaltet, daß man ihr zuweilen eine Abweichung vom gewöhnlichen Wuchse wünschen möchte, welche, wenn sie nur leicht ist und nicht in das Gebiet der Orthopädie fällt, nicht ohne Reize ist sowohl für die Körper als für die Gemüther. In Frankreich entstehen und vergehen die schlechten Bücher im Verborgenen und werden in einer gemeinschaftlichen Gruft begraben. Es gibt in Paris literarische Vorstädte, wo eine ganze Bevölkerung von Arbeiter-Schriftstellern ein kümmerliches Leben führt. In Deutschland hat jeder kleine Schriftsteller seine kleine Stadt, deren Voltaire er ist. und es fehlt ihm weder an Ansehen noch an Nahrung. Er schreitet erhabenen Hauptes einher und hat ein glückliches Vertrauen auf sich selbst, denn er hält sich für gleich mit Göthe und Schiller, nicht in der That, sondern von Rechtswegen; er ist Geschworner und beurtheilt die größten Schriftsteller.

Die Originalnarren, welche man in Frankreich nur in den kleinen Häusern trifft, trifft man in Deutschland in den kleinen Städten. Die Narrheit ist daselbst oft Kammerfrau der Philosophie, sie kennt alle verborgenen Fehler und alle Toilettengeheimnisse ihrer edlen Herrin. Wenn man der großen Dame müde, erholt man sich, indem man mit ihrem hübschen Kammermädchen plaudert. Wie stärkend und erquickend ist das! Wie oft hat mir nicht, seit ich in Paris wohne, der Abscheu gegen den guten Geschmack alle Lust zum Lesen und zur Unterhaltung vertrieben! Wie oft habe ich mich nicht alsdann nach einer frischen und schmackhaften deutschen Albernheit gesehnt! Ich erinnere mich, daß ich in einer der allerunterhaltendsten Abendgesellschaften, wo man vor Vergnügen, Durst, Hitze und Politik vergeht, mich bleich und angegriffen in einen Lehnstuhl warf und mich zu erholen suchte, indem ich an dem Gerstenzucker, den ich mitgebracht, nutschte und mir die neue Lectüre eines Werkes von einem gewissen Professor der Universität zu Halle ins Gedächtniß zurückrief, worin der Gelehrte über die verderblichen Folgen einer stets wachsenden Bevölkerung klagt und als Abhülfe für dieses öffentliche Unglück gewisse zugleich einfache und sinnreiche Mittel vorschlägt. Ich brach mitten in einem Contretanze in ein lautes Gelächter aus und hatte Seelenstärke genug, der hübschesten Frau in der Gesellschaft die Mittheilung des Geheimnisses meines großen Vergnügens zu verweigern.

In dem Artikel, welchen wir zu beendigen im Begriffe sind, wollen wir nur einige Grundsätze hinstellen, die in einer Reihe von Betrachtungen über die vorzüglichsten Werke der deutschen und französischen Literatur sich von selbst entwickeln werden. Aber Alles hängt nicht von uns ab; es ist bisweilen schwerer, gewisse Bedürfnisse fühlbar zu machen, als sie zu befriedigen. Es ist besser, die Wahrheiten, welche man für nützlich hält, auszusäen, als sie mit ihren Wurzeln einzupflanzen; es ist besser Ideen hervorzubringen, als sie in ihrem Wachsthum anzubinden. Man muß damit beginnen, daß man untersucht, ob das Erdreich zu solchem Anbau tauglich oder nicht. Ein Journal ist kein Selbstgespräch, es ist eine Unterhaltung, eine gegenseitige Belehrung; der Herausgeber muß den ersten Schritt thun, der Leser jedoch ihm entgegenkommen; wenn er ihn nicht sich nähern sieht, muß er stehen bleiben. Die Zuneigung entsteht von selbst, man erfaßt sie nicht. Bei der Herausgabe der Balance haben wir vorerst nur ihre Veröffentlichung anzeigen wollen, ihre ersten Lieferungen werden als Plan dienen. Wir hoffen zur Fortsetzung von Seiten der Franzosen wie von Seiten unserer Landsleute aufgemuntert zu werden; doch wenn wider unser Erwarten diese Aufmunterung uns fehlen sollte, so würde nicht unsere Eigenliebe sich täuschen, sondern unsere Liebe zum Vaterlande, die mit unserer Liebe zu Frankreich innig verschmolzen, und wir würden alsdann glauben, die wahre oder falsche Meinung, daß der Ruhm und die Wohlfahrt beider Länder aufs Engste mit einander verbunden, sey nur u n s e r e Ueberzeugung und werde weder von den Franzosen noch von den Deutschen getheilt.

Beranger und Uhland.
(Aus der Balance im Januar 1836.)

Man hat behauptet und es oft wiederholt, die Literatur sey der Ausdruck des öffentlichen Geistes; doch läßt sich dies bestreiten. Nach unserem Dafürhalten ist die Literatur der Ausdruck der Vergangenheit oder der kommenden Zeit, d. h. der öffentlichen Meinung von ehemals oder der Zukunft, doch sie drückt nie den öffentlichen Geist der Gegenwart aus. Und das aus folgendem Grunde. Der von den Meinungen und Gesinnungen der Mehrzahl einer Nation gebildete öffentliche Geist liegt in fortwährendem Kampfe mit dem von den Meinungen und Gesinnungen der Minderzahl gebildeten Privatgeiste. Auf des Einen Seite steht die Gewalt, auf des Andern die Macht. Die Minderzahl, ihrer Schwäche bewußt, ersetzt sie durch Vereinigung, Einrichtung und Ordnung; sie hat ihre verabredete Sprache, ihre Losungsworte, ihre Erkennungszeichen, ihre Vereinigungs-punkte; sie ist bewaffnet. Alles dies fehlt der Mehrzahl und wird ihr stets fehlen. Diese kann sich nie vereinigen und ordnen, weil ihr ein festes, dauer-haftes Band fehlt. Die Minderzahl hat ein ziemlich starkes materielles Interesse daran, den Gewissensruf in sich zu ersticken, der jeden Menschen zur Menschenliebe auffordert: das Interesse über die Mehrzahl zu herrschen, d. h. auf ihre Unkosten zu leben und zu genießen. Die Mehrzahl aber kann dieses Interesse nicht haben, denn der Nachlaß der Minderzahl würde, unter Millionen von Menschen vertheilt, jedem von ihnen einen allzukleinen

Antheil einbringen. Folglich wird die Mehrzahl bis zu den fernen Zeiten, wo sie Einstimmigkeit wird, wo alle Forderungen der Menschheit erfüllt werden, stets mit der Minderheit kämpfen müssen.

Nun aber haben die Schriftsteller von der Partei der Minderzahl weder die Zeit noch die Gemüthsruhe, welche nöthig sind, um mit Erfolg der Literatur und der Künste zu pflegen; denn als Vertheidiger und Dollmetscher der öffentlichen Meinung müssen sie sowohl als Führer wie als Kämpfer den gemeinschaftlichen Feind bekriegen. Aus diesem Grunde haben sich die Schriftsteller und die Künstler ersten Ranges in allen Zeiten unter den Mitgliedern der Minderzahl, unter den Parteigängern der Gewalt befunden, welche, im Genusse der Muße des Friedens, durch Beweggründe, Geschäfte und Leidenschaften, die ihren Studien fremd, nicht in der Ausübung ihrer Talente gestört wurden.

Aber obgleich die Literatur nie der lebenden öffentlichen Meinung angehört, so hat es doch zum Glücke und zum Troste des Menschengeschlechts einzelne Schriftsteller gegeben, welche der Abglanz ihrer Zeitgenossen waren und ihre Bedürfnisse, ihre Freuden und ihre Leiden getreulich wiedergaben. Wenn diese Schriftsteller einen edlen Charakter mit einem schönen Talent vereinigen, so sind sie Halbgötter, die Helden und die Retter ihres Landes; sie sind die Hohenpriester eines Tempels, wohin ein ganzes Volk sich drängt, um dem Himmel seine Besorgnisse und seine Hoffnungen zu offenbaren, und wo die Unterdrückten mit Entzücken die Luft der Freiheit athmen und heitere Gesänge in das Geklirr ihrer Ketten mischen.

Unter diesen glücklichen Sterblichen steht Beranger auf dem höchsten Gipfel des Glückes, und man weiß nicht, ob man sein Loos mehr beneiden soll oder das Frankreichs, welches einen solchen Mann unter seine Kinder zählt. Nein, die Freiheit wird in Frankreich nie untergehen, Beranger ist der Regenbogen, den Gott nach der Sündfluth der Restauration in die Regenwolken gesetzt hat als Zeichen seines ewigen Bundes.

Da der edle, ausgezeichnete Dichter Uhland in Deutschland eben so volksthümlich ist, als Beranger in Frankreich, so dürfte die Vergleichung dieser Nationaldichter die Verschiedenheit zwischen dem öffentlichen Geiste, dem Charakter und dem sozialen Zustande der Deutschen und dem der französischen Nation offenbaren. Doch wenn man Uhlands Volksthümlichkeit mit der Berangers vergleicht, so zeigt sich bei der ersten Zusammenstellung ein beträchtlicher Unterschied zwischen beiden Ländern. Die Volksthümlichkeit in Deutschland verhält sich ganz anders als die in Frankreich; sie ist weniger ausgebreitet und weniger tief. Die Deutschen üben eine edle Gerechtigkeit gegen Alles was groß und schön ist in jeder Gattung, in jedem

Lande und zu jeder Zeit, und sie theilen ihre Liebe und ihre Bewunderung zwischen alle Verdienste mit einer strengen und bewunderungswürdigen Unparteilichkeit. Aus diesen Gründen muß die Volksthümlichkeit eines Jeden, wer es auch sey, jederzeit eine beschränkte seyn. Die Franzosen dagegen richten gern ihre Gefühle auf eine einzige Person, und man sollte wirklich argwöhnen, daß ihr Gemüth und ihr Geist sehr monarchisch sind. Ferner hat das, was man „Volk" nennt, in Frankreich eine ganz andere Bedeutung als in Deutschland. Das Volk in Frankreich ist, bis es nicht ein zweiter Sieves zur Nation erklärt, der „vierte Stand"; es zählt als letzter, aber es zählt doch; man ehrt nicht seinen Willen, aber man unterrichtet und beunruhigt sich darüber. Doch in dieser Bedeutung gibt es noch kein Volk in Deutschland. Dort ist das Volk der dritte Stand, der nicht einmal bis zu den unbedeutenderen Gewerbtreibenden, welche in Frankreich die Scheidewand des Bürgerstandes bilden, hinabreicht. — Uhland hat weniger Leser als Beranger, obwohl der Unterricht in Deutschland eben so verbreitet ist und tiefer eingeht als in Frankreich. Aber dort schreibt man noch nicht für das Volk. Die Schriftsteller, die Dichter haben weder den guten Willen noch das Talent, die niederen Classen zu unterrichten oder zu erheitern, sie wollen nur die unterrichteten Classen unterrichten und jene große Welt vergnügen, welche schon an Zerstreuungen Ueberfluß hat.

Die Gedichte Uhlands sind für das Gesicht, die von Beranger für das Gehör gemacht.

> "Vos orateurs parlent à qui sait lire,
> Toi, conspirant tout haut contre les rois,
> Tu marias, pour amender les voix
> Des airs de ville aux accens de ta lyre."

Der französische Dichter wird also mehr Zuhörer haben müssen, als der deutsche Dichter Leser. Der Geist unterrichteter Leute liegt in ihren Augen, der Geist der Männer des Volkes in ihrem Gehör. Die Ersteren beurtheilen nach dem Ansehen, was sie gehört, die Andern sehen nur, was sie hören; sie erschrecken nur von dem Donner, sie wissen nicht, daß es der Blitz ist, welcher zündet.

In Uhlands und Berangers Dichtungen zeigt sich die höchste Ausbildung beider Sprachen. Der französische Dichter hat sich nicht von jener Sprache und jenem Wortceremoniell hindern lassen, die so oft in Frankreich die edelsten Gedanken und die überschwänglichsten Gefühle zurückweisen, wenn sie nicht nach der Tagesmode gekleidet sind. Die Kleidung, welche Beranger seinen Gefühlen gibt, ist umfassend, der Eigenthümlichkeit der Empfindungen angepaßt, und anmuthig von jener immerfrischen Anmuth, die nicht von der Laune eines Modehändlers abhängt und die man nicht im Longchamps der Dichter findet.

Die Franzosen, welche sich mit Uhlands Dichtungen befreunden, werden eine Sprache lieben lernen, für die sie bis dahin vielleicht nur aus Neugierde Achtung gehegt. Vom Stammeln eines Kindes bis zur Beredsamkeit eines Redners, von der einfachen Sprache eines jungen Landmädchens bis zu dem leidenschaftlichen Geschrei einer zornigen Königin, von den frischen Liedern des Mittelalters bis zu den runzeligen Sprichwörtern der neuern Zeiten, hat Uhland Alles gesammelt, was die deutsche Sprache in allen Jahrhunderten Schönes, Reichhaltiges und Großes besessen. Anmuth, Biegsamkeit, Zartheit, Kraft, Erhabenheit, Tiefe, verbunden mit einer grenzenlosen Freiheit, das Alles werdet ihr in der Sprache finden, welche Uhland gehorcht. Weder Göthe noch Schiller reichen hin, um die Fremden mit dem Sinne und dem Reichthum der deutschen Sprache bekannt zu machen. Göthe's Styl ist kalt, lapidarisch, er ist nicht malerisch. Göthe liebt es nicht, daß ihr zu vertraulich mit ihm umgeht; er verwehrt es euch, ihm in jener freudigen Herzensverwirrung nahe zu kommen, welche stets durch die wahre Poesie angeregt wird. Im Namen des Dichterkönigs ist befohlen in seinen Palast einzutreten, wie die Pariser ins Schauspiel gehen; die Menge eurer Gefühle ist in engen, von schweren Balken errichteten Gallerieen eingepfercht; sie stehen je zwei und zwei neben einander, Gendarmen bewachen sie und dann treten sie eines nach dem andern ein. Ruhe und poetische Ordnung, das ist Göthe's Wahlspruch; auch hat ihn die Nationalgarde der Bürgerliteratur zu ihrem Befehlshaber ernannt. Schillers Styl hat den entgegengesetzten Fehler; er ist zu philosophisch, zu gegossen, seinen Zeichnungen fehlt es oft an Reinheit. Göthe und Schiller sind Dichter von umfassenderem Genie als Uhland, doch in seiner Art ist Uhland größer als der Eine und der Andere.

Beranger gefällt dem Volke, obgleich er erhaben. Ich drücke mich so aus, um nur von Jedermann verstanden zu werden. Wenn dem nicht so wäre, würde ich sagen: Beranger gefällt dem Volke, weil er erhaben. Uhland besitzt nicht jene Seelenerhebung, welche, wie der Himmel, Alles umgibt, was über unsern Häuptern, sowie Alles, was unter unsern Füßen ist. Seine Gedanken und seine Bilder sind glänzender und edler, als die des französischen Dichters; aber in diesem Glanze liegt etwas wie falsche Diamanten, und in diesem Adel viel von einem Geburtsadel. In Deutschland haben gewisse Ideen und Gefühle eine erbliche Macht; sie flößen uns Ehrfurcht ein, sie reißen uns mit sich fort, wir ehren sie und folgen ihnen aus Gewohnheit. Doch wenn wir ihre Rechte und ihre wirkliche Stärke untersuchen, schämen wir uns ein wenig unserer Schwäche, unserer Furchtsamkeit und unseres Aberglaubens. In Uhlands Liedern ist viel erkünstelter Schmerz und erkünstelte Freude, zu verfeinertes Gefühl und ein Aufwand an Gemüthsempfindungen, der die Seele arm macht. Alles dies ist süß, seidenweich, doch von kränklichem Aussehen. Alle Bilder des Dichters haben etwas Himmlisches, das uns mit einem heiligen Schauder erfüllt, das uns aber Furcht einflößt, und wir freuen uns, wenn ein Hund bellt oder wenn unser Nachbar vorübergeht und uns guten Abend sagt.

Beranger singt wie eine Lerche, welche, grüßend die ersten Strahlen der Sonne, mit ihrem Freudensang die Menschen weckt und sie zur Arbeit, zum Kampfe und zum Vergnügen aufruft. Uhland singt wie eine Nachtigall im Schatten des Haines, die uns zur Ruhe und zu Träumen einladet: eine sanfte Ermattung befällt unsere Sinne, und wir möchten gern schlummern, ewig schlummern. Beranger's Lieder beleben, die von Uhland schläfern ein.

In Beranger's Liedern ist der Schmerz voller Leben, denn er ist voller Hoffnung; selbst in die tiefste Schwermuth mischt sich noch etwas Heiterkeit. Beranger ist ein heidnischer, Uhland ein christlicher Dichter, bei dem Letzteren haben selbst die Vergnügungen eine niedergeschlagene Miene; es sind die Freuden einer Mutter, welche in Geburtswehen liegt. Mozart's himmlische Musik hat euch oft bezaubert; in seinen lustigsten Melodien tönt keine irdische Freude wieder, sondern die Freuden und Scherze eines Engels.

Wenn Don Giovanni, trunken von Wein, Liebe und Freude, fröhliche Lieder singt, fühlen wir dann nicht in dem Herzen eine Beklemmung, die wir durch Thränen mildern möchten? Rossini's Musik entzückt euch gleicherweise; wenn man seine Klaggesänge von unglücklicher Liebe, oder seine Heldenlieder von Kampf und Blutbad hört, erfüllen sie euch dann mit Traurigkeit oder Schrecken? Nein; unser Herz pocht nicht, es tanzt; wir können nicht weinen, wir lachen vor Vergnügen.

Wenn Beranger weint, gleicht er Rossini; wenn Uhland lächelt, gleicht er Mozart.

Beranger's Menschen sind voller Lebensglück und Hoffnung, es sind Titanen, welche unter Freudengeschrei den Himmel stürmen. Uhland's Menschen sind voller Trauer und Verzweiflung, es sind gefallene Engel, welche das verlorene Paradies beweinen. Der deutsche Dichter unterhält sein ahnensüchtiges Volk mit Erinnerungen aus dem Mittelalter. Das Mittelalter war die Jugend der Deutschen wie aller neueren Nationen; die Völker sind jetzt alle im Alter vorgerückt, und vor zwanzig Jahren, als man die Deutschen nach ihrer Befreiung von der französischen Herrschaft sich an's Mittelalter anklammern sah, wurde man oft versucht, sich über dies

vormals junge Volk lustig zu machen, wie man sich über den vormals jungen Mann auf der französischen Bühne belustigt.

In den Augen der Franzosen und ihres Dichters ist Alles irdisch: der
liebe Gott selbst ist unser Nachbar, und seine Engel sind unsere Lustgefähr-
ten. In den Augen der Deutschen und ihres Dichters ist Alles himmlisch,
Alles heilig. Uhland singt die Heiligkeit der Jugend, des Frühlings, des
Weines, der Liebe und der Frauen. Für die Franzosen ist die Liebe eine
Belustigung; für die Deutschen ist sie ein Gottesdienst, und die Küsse sind
die Gebete. Uhland's Gottheit ist die Treue, die heilige Treue; Beranger's Gottheit ist die Untreue. — Wären die Menschen immer glücklich,
dann würde Beranger ihr Apostel seyn und dessen Lieder ihnen als Evangelium dienen. Wären die Menschen immer unglücklich, dann wäre Uhland
ihr Prophet und dessen poetische Moral ihre heilige Schrift. Da aber das
Leben aus Lust und Schmerz gemischt ist, muß man Beranger und Uhland
zugleich verehren, sich abwechselnd an ihren Schriften erbauen, bald Franzose
bald Deutscher seyn, Gott und Lisette lieben. Im Frühlinge des Lebens
und in den schönen Tagen der ersten Liebe erstickt man fast darüber, daß
man ein Deutscher ist; aber wenn die Witterung kalt ist, gewähren euch
eure Kamine und eure feuchten Gefühle nur Wärme für das Auge. Wie
wohlthuend würdet ihr alsdann einen deutschen Ofen und ein deutsches
Herz finden!

Die deutschen Jünglinge sollten Beranger's Lieder und die französischen
Greise Uhland's Lieder lesen.

Beranger ist liebenswürdig und Uhland ist achtungswürdig; sie sind
nach ihrem Lande; die Franzosen sind frei und glücklich, und die Deutschen
verdienen es zu seyn. Es wäre zu wünschen, daß die Franzosen zuweilen
weniger liebenswürdig und die Deutschen etwas weniger achtungswürdig
wären. Wenn eines Tages die Deutschen, irre geführt von den Lügen und
Ränken ihrer Fürsten, dem kindischen Wesen ihrer Dichter und der Unwissenheit ihrer Gelehrten, zum zweiten Male sich mit einem selbstmörderischen
Hasse gegen Frankreich begeisterten, dann würden die Lieder Beranger's
ihren Zorn verständigen und entwaffnen. Wenn die Franzosen sich von
ihrer Nationaleitelkeit oder von dem Ehrgeize eines kriegerischen Oberhauptes
von Neuem gegen Deutschland treiben ließen, dann mögen sie Uhland's
Lieder lesen, um zu erfahren, daß ein Volk, das seinen Ruhm in die Gerechtigkeit setzt und dem das Recht als Schild dient, nie unterjocht werden kann,
und daß seine Freundschaft vortheilhafter ist, als der Sieg selbst.

Der deutsche Wein ist schwer, kalt und herbe; er lächelt nicht; doch
unter seinem mürrischen Aeußern verbirgt er einen Feuergeist. Es gewährt

kein Vergnügen, deutschen Wein zu trinken, aber man ist glücklich, nachdem man ihn getrunken. Frankreichs Wein ist schwatzhaft, liebenswürdig, einschmeichelnd; doch ohne Wahrheit und Ausdauer. Trinken ist für die Deutschen ein Geschäft, ein Studium, ein Gottesdienst; für die Franzosen ist Trinken ein Vergnügen, eine Belustigung. Der Franzose weiß in dem Weine zu schwimmen; der Deutsche hat dieses Talent nicht, und wenn die Flasche tief ist, ertrinkt er leicht darin. Der trunkene Deutsche verliert den Kopf, der trunkene Franzose verliert das Gefühl. Die Trunkenheit, welche die Deutschen offenherzig und unlenksam macht, macht die Franzosen sanft und nachgiebig. Wenn der Deutsche viel getrunken, hat er ein Vaterland, hat er öffentliche Gesinnungen; die alten Germanen hielten ihre Nationalversammlungen im Rausche. Wenn alle Deutschen drei Tage hintereinander trunken wären, so würden sie für immer frei seyn; wenn alle Franzosen es nur drei Tage wären, so würden sie auf lange Zeit ihre Freiheit verlieren. In der Trunkenheit vergessen die Deutschen ihre Liebe für ihre Herrscher und die Franzosen ihren Haß gegen sie.

Die Trinklieder beider Nationen unterscheiden sich unter einander wie ihre Weine. In denen der Deutschen ist der Mann schon berauscht, in denen der Franzosen singt der Mann beim Trinken. Wenn ein Deutscher singt: Schenkt mir zu trinken ein! so hat er schon zu viel getrunken. Beranger's Olymp ist ein Kellerchen, die Luft selbst ist dort berauscht; aber die Götter taumeln, an diese Atmosphäre gewöhnt, niemals und sind stets höflich. Beranger's Bachantin selbst ist nicht trunken, sie stellt sich nur, als ob sie es wäre, um einen Vorwand und eine Entschuldigung zu haben für ihre verliebten Forderungen und Gefälligkeiten.

Uhland's Gedichte enthalten nur zwei Trinklieder. Das eine ist herbe wie der Wein, der es eingegeben, das andere ist voll Feuer, aber wild. Vaterland, Freiheit, Ehre, Kämpfe, Meerstürme, das tobende Jagdvergnügen, das Weltgericht, die Auferstehung und ein Gewirr von Tugend und Wollust, die ebenso männlich als christlich, hallen darin wider und machen ein furchtbares Getöse. Doch man muß nicht trinken, um sich als Mensch zu fühlen, man muß trinken, um zu vergessen, daß man Mensch ist.

Von der Liebe zum Wein bis zur Liebe zu Gott ist der Schritt nicht so ungeheuer, als man denken möchte. Der Wein befreit den menschlichen Körper von seiner Schwerkraft, er bricht die Ketten der Persönlichkeit; die Religion öffnet dem menschlichen Geiste den Kerker seiner Individualität und übergibt ihn der Luft und dem Lichte der Unermeßlichkeit.

Wenn Beranger der getreue Spiegel des öffentlichen Geistes seines Vaterlandes ist, so muß man zugeben, daß es fast keine Religion mehr in

Frankreich gibt. Voltaire's philosophische Schule, worin die höheren Classen seiner Zeit die antireligiöse Wissenschaft schöpften, ist stufenweise herabgestiegen, bis sie eine Kinderschule geworden, wo das Volk des neunzehnten Jahrhunderts sich selbst unterrichtet. Jeder Freund Frankreichs muß sich über diese Beobachtung betrüben. Das häusliche Glück ist die Grundlage des öffentlichen; aber ohne Religion gibt es kein häusliches Glück. Dasselbe Band, welches den Menschen an den Himmel bindet, bindet ihn an seine Familie. Doch indem man dies öffentliche Unglück Frankreichs beweint, findet sich eine Ausgleichung, die uns tröstet. Die Religion wäre bei einem so wenig unterrichteten Volke als dem französischen nur Aberglaube, welcher dem heiligen und dem weltlichen Despotismus gefährliche Werkzeuge in die Hände geben würde. Es ist noch besser ohne Religion zu seyn, als ohne Freiheit.

Die deutsche Nation ist im höchsten Grade religiös, und ihr findet bei Uhland jene sanfte, liebenswürdige Frömmigkeit, welche die Freundin des Vergnügens und die Vertraute der Liebe ist. So wie die Gesetze am meisten in den Staaten geachtet werden, wo die Gerechtigkeit nicht von Menschen vertreten wird, ebenso wird die Religion am meisten in den Ländern geachtet, wo Gott nicht von Menschen vertreten wird. Bei allen Völkern Europa's steht der Eifer für die Religion in Beziehung mit der Entfernung der verschiedenen Länder von Rom.

Beranger war der Enkel und Zögling eines Schneiders, er ist aus dem Volke hervorgegangen und er gedenkt gern mit gerechtem Stolze seiner edlen Abstammung. Im Vaterlande und in der Jugend des Dichters war das Volk König und machte das Königsvolk erzittern. Wie Franklin bestimmte sich Beranger für die Buchdruckerkunst und lernte dies den Tyrannen und ihren Ränken tödtliche Blei handhaben. Uhland ist im Wohlstande geboren; als Sohn eines Gelehrten bestimmte er sich für den Sachwalterstand und wurde Advokat. In dem Vaterlande des deutschen Dichters sind die Großen Alles, das Volk nichts und die Bürger etwas. Aber wie das Wenige dem Ganzen näher ist, als dem Nichts, so neigt sich auch die Mittelklasse in Deutschland mehr zu ihren Höheren, als zu ihren Niederen hin, und sie hegt ebenso viel Gleichgültigkeit und Geringschätzung gegen letztere, als Liebe und Verehrung gegen erstere. Uhland hat, obwohl ein großer Dichter, manchmal sehr prosaische Gefühle. Das Volk ist die unerschöpfliche Quelle aller Poesie, denn es vertritt die lautere Natur im künstlichen sozialen Zustand, es blüht in ewiger Jugend, während jener wächst und altert. Wenn man das Volk nicht versteht und nicht liebt, so kann man ein schätzenswerther und von seinen Zeitgenossen geschätzter Dichter, aber nie ein unsterblicher Dichter seyn.

In Beranger's und Uhland's Gedichten hallen die Lieder wider, die man ihnen in ihrer Kindheit vorgesungen. Der Sohn des Schneiders singt an der Schwelle der Strohhütten:

> Meine Muse und ich, wir führten den Wahlspruch:
> Ich stamme vom Volke sowie meine Liebe.

Er singt für die Armen, für die Niederen, für die Bettler, er weint und lacht mit ihnen. Er tröstet, liebkost, erheitert sie:

> Unter des Armen Dach verbreitet er Frohsinn.

Er sucht ihr Elend und selbst ihre Fehler zu mildern. Haben die Fehler des Volkes keinen Theil an seinem Elend? Sind seine Verbrechen nicht das Werk der Reichen? Werden die Diebstähle, die Räubereien, die Morde nicht von den fleischlosen Armen der hungernden Unglücklichen ausgeführt? Und wird sich das auf den Schaffoten vergossene Blut nicht mit dem im Schatten der Nacht und der Wälder vergossenen mischen, um von der ewigen Gerechtigkeit Rache zu fordern wider die Gerechtigkeit der Menschen? Der edle Beranger ist der Freund des Wildschützen, des Schmugglers, er weint mit der Wittwe des armen Jakob; doch er vergießt nicht nur Thränen des Mitleids, er vergießt auch Thränen des Zornes über die Gefühllosigkeit der Reichen und Mächtigen.

Uhland, der Sohn des Gelehrten, besingt die Sonne, die Könige und Helden; jeder König ist eine Sonne ohne Flecken und jeder Held ein König ohne Krone. Er wird nicht müde, die Heldenthaten der Fürsten und edlen Ritter zu bewundern, er besingt ihre Vergnügungen, ihre Liebe und dichtet ihnen die glücklichsten Worte, die feinsten Scherze an. Unglücklicherweise ist Uhland nicht immer der Homer eines Achill, Hektor und Agamemnon; zuweilen gleicht er einem Hofdichter und zeigt uns die aufrichtige, aber knechtische Begeisterung eines begünstigten Höflings gegen seinen Herrn. Alle diese Fürsten sind so menschenfreundlich, so ausgezeichnet, so majestätisch, daß man sich niederwerfen möchte, um den Weg zu küssen, wo ein König vorübergegangen. Die Tyrannen selbst sind erhaben. Die Fürstinnen gleichen Perlen und verbreiten eine sanfte Mondhelle; die Fürsten gleichen Rubinen, und ihr Schein ist fürchterlich, wie der des Nordlichts.

Alle Personen des deutschen Dichters, welche nicht Fürsten oder Adlige, sind von gemeiner, lächerlicher Art; sie sind häßlich, sehr häßlich; und wenn sie unglücklich, so liegt in ihnen ein Lebensüberdruß, eine Schläfrigkeit, eine feige Verzweiflung, welche dem Herzen wehe thut und die Frömmigkeit zurückstößt. Vergleicht das Lied eines Armen von Uhland mit dem Jacob von Beranger. Der französische Arme verwünscht die Gefräßigkeit der

Schatzkammer, die Auflage auf den Wein, auf das Fleisch, auf das Salz, welche ihn in's Elend gestürzt haben. Der deutsche Arme fühlt nicht weniger sein Unglück und beweint es bitter; doch er trocknet seine Thränen und dankt Gott für alle Güter, die er ihm hat gewähren mögen; nämlich die Kirche, welche dem Armen wie dem Reichen gehört; die Sonne, den Mond und die Sterne, die für den Bettler wie für den König leuchten; das Grab, dies gemeinsame Schlafzimmer; und endlich das Paradies. Und dieser gute deutsche Arme ist so gut, daß er nicht einmal den Reichen das Paradies verschließt, welches ihnen doch von unserm barmherzigen Herrn verboten worden ist. Diese dumme Ergebung saugt wie ein Vampyr an dem Blute und Muth der Deutschen, während sie schlafen und träumen. Der einfältige Bettler ist so glücklich mit seiner Kirche, seinen Sternen, seinem Grabe und seinem Paradiese, daß man zögert, ihm Almosen zu geben, aus Furcht, seine Glückseligkeit zu stören.

Uhland, der seine Begeisterung aus der Geschichte und den Sitten des Mittelalters geschöpft und auf sein Banner: „Lehnswesen und Treue" mit Goldbuchstaben und Perlen hat sticken lassen, kann sich nichts Schönes und Großes denken, was nicht einem Fürsten oder Helden angehörte.

Wahrlich, wenn man Plebejer ist und fühlt, daß man vom Volke stammt, so kann man nicht ohne Neid und Ekel den herrschenden Dichterkönig all' seine Gunst und alle Reichthümer seiner glänzenden Einbildungskraft auf die Adligen und ihre Umgebung ausschütten sehen. Nicht ein Tropfen, nicht ein einziger armer Tropfen ist für uns aufgehoben, um unsere bürgerliche Eitelkeit zu erquicken. Hat nicht das deutsche Volk des Mittelalters, hat kein Plebejer je etwas Großes gethan, welches verdiente besungen und gefeiert zu werden?

In Uhland's Gedichten gibt es viel Leidenschaften und Heirathen, doch die Herzen passen stets gut zusammen; nie eine Mißheirath, um die traurige Eintönigkeit des Ceremoniells zu unterbrechen. Ein einziges Mal hoffen wir über den unbeugsamen Aristokratismus des Dichters uns zu täuschen, und wir sind bereit, ihn für unsern neidischen Verdacht um Verzeihung zu bitten. Es ist in dem Liede: „Der junge König und die Schäferin," diesem herrlichen Liede, welches den sanftesten Hauch der Liebe ausströmt und das wir an unsere Lippen drücken möchten. Alles darin ist Wonne und Seligkeit. Doch leider! meine lustigen Franzosen, ihr habt weder diese Worte in eurer Sprache, noch diese Gefühle in euren Herzen. Gott segne euch und schenke euch bald die einen und die andern!

Zur Zeit der Erdbeeren und Nachtigallen ritt Herr Goldmar, ein schöner junger König, durch ein lachendes Thal. Ein Mantel von rother Seide fiel ihm von den Schultern, und er trug eine goldne Krone auf dem Haupte. Der Fürst stieg vom Pferde, band es an eine Linde und ließ sein glänzendes Gefolge voranziehen. Es war dort in einem kühlen Gebüsch ein klarer Brunnen; da sangen die Vögel zum Entzücken, da schimmerten die Blumen mit all' ihrem Glanz. Warum sie sangen so helle? Warum sie glänzten so baß? Weil an der kühlen Quelle die schönste Schäferin saß. Herr Goldmar geht durch Hecken, es rauschet durch das Grün; die Lämmer drob erschrecken, zur Schäferin sie fliehn. — Guten Tag, mein schönes Kind, fürchtest du dich? Wahrlich, das wäre mir leid. Bin wahrlich nicht erblichen, als ich dir schwören mag, ich meint', es hab' durchstrichen ein loser Vogel den Hag. Wolltest du wohl mich aus deinem Krug erquicken, ich würde es dir danken als für die größte Gunst. Die Schäferin bückt sich und reicht dem König zu trinken, der spricht von Liebe bezwungen: Wie bist du schön, als wärest du erst mit den andern Blumen entsprossen! — Seinen Mantel legt er der Holden um ihren Nacken klar, er setzet die Krone golden in ihr nußbraunes Haar. Und als den Schmuck sie wieder ihm beut mit lachendem Mund, da wirft er die Krone nieder in des Bronnens klaren Grund. Die Kron' ich dir vertraue, ein herzlich Liebespfand, bis ich dich wieder schaue nach manchem harten Stand. Ein König liegt gebunden schon sechszehn lange Jahr', sein Land ist überwunden von böser Feinde Schar. Ich will sein Land erretten mit meinen Rittern traut, ich will ihm brechen die Ketten, daß er den Frühling schaut. Ich ziehe zum ersten Kriege, mir werden die Tage schwül. Sprich, labst du mich nach dem Siege hier aus dem Brunnen kühl? — Ich will dir schöpfen und langen, so viel der Bronn vermag, auch sollst du die Kron' empfangen, so blank wie an diesem Tag.

Hier ist also ein König, welcher Mensch ist, welcher sich vor der Majestät der Unschuld beugt und nicht mit einer Tochter des Volkes frech umgeht! Hier ist also eine Schäferin, die sich nicht bei dem Anblick und den Worten eines Fürsten ängstigt und die mit seiner Krone spielt! Dank dir, guter, liebenswürdiger Dichter!

Herr Goldmar war der erste der Helden, wie bei den Frauen so in der Schlacht. Er gewann die Burg im Sturme, steckt' auf sein Siegspanier; da stieg aus tiefem Thurme der alte König herfür. Man feierte den Sieg. Zu Goldmar sprach der königliche Greis: Ich gebe ein Turnier, und der Sieger erhält meine Krone aus der schönsten Königin Hand. — Herr Goldmar warf all' die tapfern Kämpfer nieder. Der alte König hob den Schleier seiner Tochter. Herr Goldmar mit keinem Blicke wollt' sehen nach ihr hin; er senkte die Augen und sprach: Keine Königin soll mich gewinnen und keiner Krone Strahl, ich trachte mit allen Sinnen nach der Schäferin im Thal. Behüt' euch Gott! ich kehr' dahin zurück.

Endlich hat man hier einen treuen König! hat man hier eine Schäferin, welche über eine Königin den Sieg davonträgt! Dank dir, guter, liebenswürdiger Dichter!

Doch welch' süße Stimme tönt vor dem Ohr des liebenden Fürsten? Er glaubt die Vögel am Quelle singen zu hören, die Blumen des Thals glänzen zu sehen. Ach! der Himmel hat seine Aufopferung belohnen wollen, indem er sie nicht annahm. Herr Goldmar hob die Augen, seine vielgeliebte Schäferin, geschmückt mit reichem Geschmeide und die glänzende Krone in ihrer Hand, stand vor ihm. „Willkommen, du viel Schlimmer, in meines Vaters Haus! Sprich, willst du ziehn noch immer in's grüne Thal hinaus? So nimm doch zuvor die Krone, die du mir ließest zum Pfand! Mit Wucher ich dir lohne, sie herrscht nun über zwei Land!"

Welche Enttäuschung! welche Erröthung! Verzeih' dir Gott, edler Dichter!

Uhland's Muse hat ein einziges Mal dawider gehandelt, indem er einen edlen Ritter mit einem bürgerlichen Mädchen verheirathet, aber der Dichter hat nach Kräften dies große Unglück wieder gut gemacht. Sehen wir zu.

Ein schmucker Ritter tritt in die Bude eines Goldschmieds. — Mein lieber Goldschmied, mach mir ein köstlich Kränzchen für meine süße Braut. — Als das Kränzlein vollendet, da hing es Helene, die hübsche Tochter des Goldschmieds, da sie allein, an ihren Arm und sagte traurig: Glücklich ist die Braut, die dieses Kränzlein tragen soll! Ach, schenkte mir der Ritter traut ein Kränzlein nur von Rosen, wie wär' ich freudenvoll! — Der Ritter kam ein ander Mal wieder. — Mein lieber Goldschmied, mach mir ein golden Ringlein, besetzt mit Diamanten, für meine süße Braut. — Als der Ring fertig, da steckte ihn Helene an den Finger und sagte mit Traurigkeit: Glückselig ist die Braut, die dieses Ringlein tragen soll! Ach! schenkte mir der Ritter traut nur seines Haars ein Löcklein, wie wär' ich freudenvoll!

Bald darauf trat der edle Ritter wieder in die Bude. Er sagte: Ich bin mit deiner Arbeit zufrieden, mein lieber Goldschmied; doch daß ich wisse, wie es meiner süßen Geliebten steh', tritt, schöne Maid, herzu, daß ich an dir zur Probe seh', den Brautschmuck meiner Liebsten; sie ist so schön wie du. — Es war an einem Sonntag früh, drum hat die schöne Maid heut' angethan mit sondrer Müh, zur Kirche hinzugehen, ihr allerbestes Kleid. Von holder Scham erglühend ganz sie vor dem Ritter stand. Er setzt ihr auf den goldnen Kranz, er steckt ihr an das Ringlein, dann faßt er ihre Hand: Genug des Scherzes, du bist meine süße Braut; bei' Gold und

Perl' und Edelstein bist du erwachsen hier, das sollte dir ein Zeichen seyn, daß du zu hohen Ehren eingehen wirst mit mir.

Blume der Ritterschaft! sehr edler und sehr spaßhafter Herr! Berangers Lisette würde euch in's Gesicht gelacht und über die große Ehre gespottet haben, die ihr dadurch, daß ihr sie heirathen wollt, ihr erzeigt.

Die Franzosen haben in ihren Wohnungen das Vaterland; ihre häuslichen Gefühle verschmelzen sich mit ihren patriotischen Gefühlen, und dieselben Lieder ergötzen sie bei Tische und auf den Schlachtfeldern. Das Vaterland der Deutschen ist auf der Straße; der Patriotismus ist für sie ein Geschäft; und in seine Wohnung zurückgekehrt ist der Deutsche nicht mehr Bürger, er ist Familienvater. Da der Vater, der Gatte, der Liebhaber niemals Theil hat an dem Bürger, so sind auch die patriotischen Hymnen der Deutschen kalt und trocken, es ist der vom Kapellmeister des Fürsten in Musik gesetzte und von Hofräthen gesungene officielle Theil einer Staatszeitung.

Hat nicht der Zauberer Beranger Ruhm, Vaterland, Freiheit, diese strengen, düsteren Göttinnen, die von denen, welche vor ihren Altären beten, blutige Opfer verlangen, in lächelnde Grazien verwandelt, die keine anderen Gaben von ihren Anbetern fordern, als Gesänge, Tanz und Blumen? Ja, gewiß, der liebenswürdige Dichter hat Frankreich geliebkost; doch nur im Unglück. Er hat nicht das siegreiche herrschende Frankreich, noch die blutdürstige Freiheit, noch das leichtsinnige, selbstsüchtige Vaterland gefeiert; er hat den unglücklichen Muth, die trauernde Freiheit und das erniedrigte Vaterland besungen.

In Uhland's Dichtungen sind Ruhm, Vaterland und Freiheit ernste, mürrische Göttinnen mit gerunzelter Stirn. Man würde sich ihnen zu Füßen werfen, um den Saum ihrer grauen Kleider zu küssen; doch nie würde man Lust und den Muth haben, ihnen um den Hals zu fallen. Die Freiheit ist eine wurmstichige Urkunde, das gute alte Recht; der Ruhm ist die Gerechtigkeit, die Gesetzlichkeit, die stumme Unterwerfung unter die blinden Gesetze; das Vaterland ... Doch was ist das Vaterland des deutschen Dichters? Bald ist es das kleine Königreich Würtemberg, welches nicht zwei Millionen Einwohner hat, bald ist es das Reich Karl des Großen, bald, und zwar durch Vertrag, das alte deutsche Reich, wozu der Elsaß, Lothringen und Burgund gehörten. Man muß die Geschichte und die Geographie des Mittelalters von Grund aus kennen, um nach Uhland ein guter deutscher Patriot zu seyn.

In Frankreich ist der Ruhm bürgerlich, ist er der schöne, stolze Endvers aller Lieder Beranger's. Napoleon war nur der Erste unter einem Heldenvolke, mit dem er als Beute die Ehre des Sieges theilte. In Deutschland ist der Ruhm ein von Uhland heilig geachtetes Hoheitsrecht. Wenn das deutsche Volk mit Frankreich tapfer gekämpft, so geschah es, um die Schande seiner Fürsten zu rächen. Man wehrt es ihm nicht, der Freude des Sieges beizuwohnen und sich im Stillen an den königlichen Schauspielen, bei welchen es den Eintritt mit seinem Blute bezahlt hat, zu ergötzen; doch erscheint es niemals als handelnde Person auf der Triumphbühne.

Die Nationaleitelkeit der Franzosen ist, die Oberherrschaft zu haben; die Nationaleitelkeit der Deutschen, die Gerechtigkeit ihrerseits zu haben. Wenn Beranger in seinen rührenden Elegieen die Niederlage der Franzosen bei dem Sturze des Kaiserreichs beweint, so ist er doch zu stolz, um die überlegenen Kräfte der Feinde, das Bündniß aller Fürsten Europa's gegen Frankreich als die Ursache des unglücklichen Erfolgs ihrer Waffen gelten zu lassen. Er zieht es vor, dem Zorne des Himmels, dem Verrath, dem Golde Englands die Schuld beizumessen:

Das Gold, das, um zu siegen, die Könige erbettelt.

Dagegen sprechen die Deutschen, wenn sie sich ihrer Siege über die Franzosen rühmen, gern von der Gerechtigkeit ihres Krieges und gefallen sich darin, alle Völker aufzuzählen, welche, von dieser Gerechtigkeit überzeugt, sich ihrer Sache angenommen und sie gegen Napoleon unterstützt hatten. Sie bedenken nicht, daß sie durch Aufzählung der großen Anzahl ihrer Verbündeten ihren eigenen Ruhm schmälern. Gerecht bis zur Ungerechtigkeit, das ist der Wahlspruch der ehrbaren Deutschen. Und als alle ihre Fürsten, durch den Bruch ihres Bündnisses während des Krieges, Frankreich verrathen und mehrere von ihnen auf dem Schlachtfelde selbst die französischen Fahnen verlassen hatten, fanden sie nie etwas daran zu tadeln.

In dem Gedichte „Vorwärts!" einem jener sogenannten patriotischen Gesänge, worin kindliche Liebe gegen die Erdenmächte, mehr noch als die Scheere der Censur, der Einbildungskraft des Dichters die Flügel beschnitten, hatte Uhland jenen Kriegsgesang, jenen Lärm- und Kampfruf in Verse gebracht, den alle Völker Europa's nach einander gegen die französische Herrschaft erhoben hatten. Die Lawine, welche sich von Rußlands eisigen Steppen losgerissen, rollte von Land zu Land, bis sie in ihrem Falle das Kaiserreich zerschmetterte. Der Ruf „Vorwärts!" tönte von Volk zu Volk, ward aus einer Sprache in die andere übertragen, Uhland, obschon ein Deutscher, ertheilt Rußland den Ruhm, den Krieg begonnen zu haben. Es ist nur Gerechtigkeit, denn Rußland war in der That nach Spanien das erste Land, welches zu einem Volkswiderstande gegen einen monarchischen Angriff das Beispiel gab. Aber Uhland sollte Deutschland nicht daran erinnern, daß es sich nicht selbst genug gewesen. Es ist schön, gerecht zu seyn, doch die Gerechtigkeit steht nur einem starken, freien und unabhängigen Volke gut, welches die Macht besitzt, ungerecht zu seyn.

Uhland singt:

> Vorwärts! Fort und immerfort!
> Rußland rief das stolze Wort:
> Vorwärts!
> Preußen hört das stolze Wort,
> Hört es gern und hallt es fort:
> Vorwärts!

Auf diese Weise sendet der Dichter dies Wort von Volk zu Volk, bis es endlich zu den Spaniern und Engländern gelangt.

> Vorwärts, Spanien, Engelland!
> Reicht den Brüdern bald die Hand!
> Vorwärts!

Und merket wohl, der Dichter wendet sich nicht an die Gesammtheit der eine Nation bildenden Deutschen, sondern nur an die verschiedenen Völker, welche die Nation ausmachen; und er wendet sich nicht einmal an diese Völker, sondern nur an ihre Provinzen. Er sagt nicht: Preußen, Oester-reicher, Sachsen, Baiern, sondern: Preußen, Oesterreich, Sachsen, Baiern. Der Grund liegt darin, daß in seinen Augen die Völker nur durch ihre einzelne monarchische Existenz Geltung haben.

Uhland sendet den Kriegsruf „Vorwärts!" sogar nach dem Elsaß, nach Lothringen und Burgund. Das war vor zwanzig Jahren das Steckenpferd der Deutschen, welche damals leidenschaftliche Alterthumsforscher waren. Das Volk ist seitdem von dieser Narrheit geheilt; doch in den dunkeln Zim-mern der Knabendiplomatie beschäftigen die Schatten dieser Narrenhirn-gespinste noch heut zu Tage den Haß der nordischen Fürsten gegen Frank-reich und ihr Gelüst nach seiner Freiheit und Glückseligkeit.

In einem andern patriotischen Liede „Am achtzehnten October" hat Uhland den Jahrestag der Leipziger Schlacht feiern wollen. Dieser Schlacht-tag von Leipzig ward damals von den Deutschen als ihr vierzehnter Juli, als ihre Einnahme der Bastille betrachtet. Zu jener Zeit träumte Jeder-mann von Freiheit. Die fleißigen, beobachtenden Männer, welche die Gewohnheit haben, frühzeitig, aufzustehen, wurden bald nach Mitternacht durch das Krähen des Hahnes aus ihren Träumen geweckt; die Schläfer wurden etwas später geweckt durch den Gesang der Lerchen. Heutiges Tages träumt Niemand mehr in Deutschland. Das Lied „Am achtzehnten October beginnt mit folgendem Verse:

Wenn heut ein Geist herniederstiege,
Zugleich ein Sänger und ein Held,
Ein solcher, der im heil'gen Kriege
Gefallen auf dem Siegesfeld;
Der sänge wohl auf deutscher Erde
Ein scharfes Lied, wie Schwertesstreich,
Nicht so wie ich es künden werde,
Nein! himmelskräftig, donnergleich.

Nun wohl! der Dichter, der sich von einer so himmlischen Begeisterung begeistert fühlte, hatte den Muth nicht, seine göttliche Sendung zu erfüllen und alle seine Gedanken zu offenbaren. Er senkt seine Flügel und sagt mit thränengemischter Stimme, wie von einer Kanzel herab, zu den deutschen Fürsten:

Vergaßt ihr jenen Tag der Schlacht,
An dem ihr auf den Knieen laget
Und huldiget der höhern Macht?
Wenn eure Schmach die Völker lösten,
Wenn ihre Treue sie erprobt,
So ist's an euch, nicht zu vertrösten,
Zu leisten jetzt, was ihr gelobt.

Doch nicht auf diese Weise muß man zu den Mächtigen sprechen, wenn sie ungerecht sind; dann muß man keineswegs mit ihnen s p r e c h e n, man muß ihnen Achtung einflößen und sie erschrecken, denn die Angst ist ihre einzige Gerechtigkeit und die Furcht ihre ganze Moral.

Und dann, nachdem er so die Fürsten gescholten, die ihr Wort nicht gehalten, beginnt Uhland auch dem Volke seine Wahrheiten zu sagen. Das ist die beliebte Schaukel des größten Theils der liberalen Schriftsteller Deutschlands. Sie halten mit zitternder Hand die Wage der Unparteilichkeit zwischen der Gewalt und dem Volke; doch nur aus Furcht, der ersteren, die sie erzittern macht, Unrecht zu thun. Aus diesem Grunde werfen sie, sobald sie eine Handvoll Wahrheiten in die Schale der Souveräne geworfen, alsbald eine Handvoll davon in die Schale der Unterthanen. Diese guten Leute vergessen, daß, da das Gewicht zwischen beiden ursprünglich nicht gleich ist, das Gleichgewicht durch gleiche Vertheilung der Vorwürfe und Verweise niemals würde wiederhergestellt werden können.

Die Franzosen haben nicht oft ihre Könige gehaßt, doch zu jeder Zeit haben sie sich über sie lustig gemacht, selbst über die, welche sie liebten. Dieser spottende Geist ist eine kostbare Gewähr, eben so wohl für die Gewalt wie für das Land. Wenn die Gewalt gerecht ist, befestigt sie der Spott, wie das Ungemach der Witterung die gesunden Körper noch stärker macht;

wenn sie ungerecht ist, macht der Spott sie behutsam und bringt sie zum Nachdenken. Die deutschen machen sich nie über ihre Herren lustig, selbst wenn sie sie hassen; denn in den Augen der Deutschen ist jede gesetzmäßige Macht ein Ausfluß von Gott, etwas Heiliges, und selbst der Haß gegen die Macht hat etwas Religiöses, das allen Scherz untersagt.

Uhland singt:

> Der Deutsche ehrt in allen Zeiten
> Der Fürsten heiligen Beruf.

In der deutschen Sprache klingt das schön, in der französischen aber lächerlich, und es sollte als Devise von Bonbons dienen.

Dieser Mangel an guten Scherzen in den politischen Aeußerungen des deutschen Volkes kann eines Tages die Lage seiner Fürsten sehr gefährlich machen. Da kein sichtbarer Uebergang zwischen dem Miskredit und dem Hasse vorhanden, da man die gesetzmäßige Macht erst lächerlich findet, wenn man sie hassenswerth gefunden, so wird die Gewalt einst durch ein allgemeines, unwiderstehliches Misvergnügen überrascht werden, welches kein Zeichen vorausverkündigt.

Die Deutschen lieben indeß den leidenden Scherz; sie machen sich nicht über ihre Unterdrücker lustig, sondern spotten gern über sich selbst und über ihr Unglück. Sie sind nie fröhlicher, als wenn sie nach einer Unbesonnenheit von ihren Herrn recht gepeitscht worden. Doch man hüte sich wohl, darin ein Zeichen von Zaghaftigkeit zu sehen; es ist im Gegentheil einer der rührendsten und edelsten Züge des deutschen Charakters. Die Deutschen sind so fromm und so von Herzen demüthig, daß sie im Unglück lieber ihre Ungeschicklichkeit anklagen, als die Ungerechtigkeit des Himmels.

Die Deutschen haben, wenn sie durch die Willkür und die Gewaltthätigkeit ihrer Herren gereizt sind, mehr Muth gegen sie zu handeln als zu sprechen. Die Erbitterung löst ihnen leichter den Arm als die Sprache. Ist es nicht sehr merkwürdig, daß die Deutschen, auf dem Schlachtfeld so tapfer als das tapferste Volk von der Welt, welche die Bravsten zu Zeugen ihrer Bravheit aufrufen könnten, vor den Großen so furchtsam und so verlegen sind, wenn sie sich als Männer von Muth gegen ihre Vorgesetzten aussprechen sollen?

Alle vormals von den alten germanischen Völkern eroberten Länder, England, Frankreich, Spanien, haben nach und nach ihre Ketten zerbrochen, die schmählichen Spuren der Knechtschaft vertilgt und endlich ihre Freiheit wieder erlangt. Doch die erobernden Völker selbst, die germanischen Völker, sind bis auf diesen Tag unter unumschränkter Herrschaft geblieben. Italien hat zu unserer Zeit seine Befreiung wenigstens versucht, und man kann es vorausjagen, daß es vor Deutschland frei wird. Woher kommt es denn, daß das Volk, welches die römische Herrschaft gestürzt und die damals bekannte Welt unterjocht, die Tyrannei, welche es selbst beherrscht, nicht hat stürzen können und sich in seinem Vaterlande hat unterjochen lassen?

Montesquieu hat gesagt, die Freiheit sey aus Germaniens Wäldern hervorgegangen; das ist wahr, doch ist sie seitdem nicht wieder dahin zurückgekehrt. Ein alter Chronikschreiber, der von Herrn Thierry in seiner ausgezeichneten Geschichte der Eroberung Englands angeführt wird, macht eine sonderbare Bemerkung, die sich auf unsern Gegenstand bezieht: „Alle Gallier ohne Ausnahme," sagt dieser Geschichtschreiber, „selbst in den niedersten Ständen, haben von der Natur eine große Geläufigkeit der Sprache und eine außerordentliche Sicherheit in ihren Antworten vor den Fürsten und Großen erhalten; die Italiener und Franzosen scheinen dieselbe Fähigkeit zu besitzen, doch findet man sie weder bei den Engländern von echtem Stamme, noch bei den Sachsen Germaniens, noch bei den Deutschen. Man wird ohne Zweifel als Grund des Mangels an Kühnheit bei den Engländern ihre jetzige Knechtschaft anführen, aber diese ist nicht die wahre Ursache dieser Verschiedenheit, denn die Sachsen des Festlandes sind frei, und man bemerkt bei ihnen denselben Fehler."

Wir glauben, daß man auf folgende Art diese Aufgabe lösen könne, welche, wie wir eben gesehen, schon den Geist eines Beobachters aus dem Mittelalter beschäftigt hat. Die Völker der eroberten Länder müssen natürlich ihre Unterdrücker hassen. Nun aber ist der Haß beredt, und zwar um so mehr, als das Vermögen zu handeln und sich zu rächen, ihnen mangelt. Doch diese Beredsamkeit eines unterdrückten Volkes bildet eine furchtbare Sammlung und Verbindung aller besonderen Gedanken, Leiden und Klagen, die sich mit der Zeit in einen materiellen Angriff verwandeln muß. Wenn hierauf der Widerstand eines unterdrückten Volkes gänzlich aufgehört, wenn der Friede in den eroberten Ländern wiederhergestellt, wenn die Plünderung zu Ende, wendet sich die Gewaltthätigkeit, die Raubgier und die Herrschsucht der Eroberer, indem ihnen ein Anlaß zum Handeln fehlt, gegen die Eroberer selbst. Der König wird die hohen Barone, die Barone werden ihre Vasallen unterdrücken, und jeder Niedere wird von seinem Vorgesetzten gequält werden. Alsdann werden die Schwachen, die Unterdrückten unter dem siegenden Volke, mit den Unterdrückten unter dem besiegten Volke gemeinschaftliche Sache machen und mit den alten Einwohnern des Landes sich vereinigen, um der Tyrannei Widerstand zu leisten. Dies ist in England geschehen, wo die Barone, d. h. die alten Eroberer, sich mit den Gemeinen, d. h. mit den Abkömmlingen des unterjochten Volkes, verbündet haben, um die königliche Gewalt zu beschränken.

Doch bei den erobernden Völkern in ihrem eigenen Lande ist das einzige Band, welches Einen an den Anderen, die Niederen an die Höheren und diese an ihr Kriegsoberhaupt knüpft, die Disciplin. Nun aber ist die Disciplin stumm. In einem solchen Lande kann der Despotismus Alles wagen, denn die Unterdrückten, an leidenden Gehorsam gewöhnt, haben gelernt, auch nur die Klage als Empörung zu betrachten. Dort nennt man die Disciplin Treue. Selbst wenn das Misvergnügen allgemein wäre, so würde es doch nicht zum Ausbruch kommen können, denn da die Bürger nie öffentlich reden und klagen, so glaubt Jeder der einzige Misvergnügte zu seyn und er weiß nie, daß seine persönliche Meinung die eines Jeden ist. Außerdem finden die Misvergnügten nicht, wie die Eroberer in den eroberten Ländern, Bundesgenossen unter den ursprünglich Unterdrückten, so daß sie, da ihnen Muth und Aufmunterung fehlten, ihr Joch nicht abschütteln können.

Das ist genau bei den neuern Deutschen der Fall. Zwar sind es alte, abgedankte Soldaten, doch haben sie noch nicht die Gewöhnung an die Disciplin verloren. Wenn ein alter Soldat, obschon in's bürgerliche Leben zurückgetreten, einen Offizier vorübergehen sieht, so stellt er sich gerad und grüßt ihn, selbst ohne daran zu denken, auf militärische Weise. Jeder Deutsche sieht in seinem Vorgesetzten einen Offizier. Er könnte ihn im Zorne tödten; doch wird er sich nie einen vertraulichen Scherz mit ihm erlauben.

Uhland selbst ist dieser traurigen Täuschung der deutschen Gemüther unterworfen. Er weiß nicht, daß er, indem er das, was von ihm Treue genannt wird, besingt, nur die gewaltsam auferlegten, niederdrückenden und wenig poetischen Pflichten der Kriegszucht besingt.

Wie müssen nicht Beranger's Lieder die über ihr Vaterland aufgebrachten französischen Verbannten erquickt haben! Wie müssen sich diese nicht an fernen Küsten gefreut haben, wenn sie ihre schlechten, dummen Feinde den Spöttereien eines ganzen Volkes, vom ernsten Gesetzgeber bis zu den Pariser Gassenjungen, ausgesetzt sahen! Doch das widrige Geschick hat nicht solche Linderung den Leiden der verwiesenen Deutschen gewähren wollen. Ihre Landsleute, widerspenstige Conscribirte der Freiheit, denen gleichwohl die Siegesbeute lieb ist, retten sich nach Nordamerika oder sehnen sich nach dem Monde, wo sie nach ihrem Tode die größte politische Glückseligkeit zu schmecken und die Wonne der Preßfreiheit nebst Zubehör zu genießen hoffen. Es fehlt ihnen entweder an Muth oder an Zeit, um wackere Männer, welche nur für ihre Liebe zu ihren undankbaren Mitbürgern leiden, in ihrem Unglück zu trösten.

Beranger besingt die Unglücklichen und die Ueberwundenen, und wenn er Siege besingt, so sind es Siege, welche die Freiheit davongetragen; Uhland besingt die Helden und Ueberwinder, und besingt nur die Siege der Könige. Glaubet aber nicht, daß dies aus Mangel an edlen Gefühlen geschieht, woran Niemand in der Welt reicher ist, als Uhland, oder aus niedriger Schmeichelei und verächtlichem Interesse, keineswegs. In Deutschland ist das Genie keusch und tugendhaft, und es gelingt nur, solche Schriftsteller zu bestechen, welche den Preis der Verführung nicht aufwiegen.

Doch Uhland und, wie er, der größte Theil der talentvollsten Männer Deutschlands finden nur das groß und bewundernswerth, was seit Jahrhunderten groß gewesen und was von einer Reihe von Geschlechtern bewundert worden ist. Alles was neu ist, verachten sie als von kurzer Dauer; und wären sie bei Erschaffung der Welt zugegen gewesen, so würden sie sich über Gottes Werk wie über eine Neuerung, eine Tagesmode, lustig gemacht haben. Sie verehren nur die alte, erbliche Größe und den alten, erblichen Ruhm, und selbst die Freiheit, die nicht auf Ueberlieferung gegründet, hat keinen Werth in ihren Augen. Man stellt ihnen umsonst vor, daß die angestaunten Größen von Jahrhunderten und Stürmen entblätterte, entzweigte, verstümmelte und abgestorbene Eichen sind; sie schütteln den Kopf, wobei sie uns deren tiefe, ausgebreitete Wurzeln zeigen, uns den noch festen unterirdischen Theil eines eingefallenen Gebäudes rühmen.

Diese Dichter und diese Schriftsteller, die wir eben bezeichnet, üben einen beklagenswerthen Einfluß auf den öffentlichen Geist des deutschen Volkes. Sie begreifen nicht ihre heilige Sendung, an der Erziehung des Volkes zu arbeiten und es auf sein künftiges Leben vorzubereiten. Sie nehmen Theil an ihren Kinderspielen, sie lachen und sie weinen mit ihm; doch sie lachen mit närrischer, kindischer Freude und weinen wie Weiber. Brave Leute dürfen in diesem ernsten Jahrhundert nicht spielen, dürfen in einer so traurigen Zeit nicht lachen; sie dürfen vor Zorn nur weinen und keine süßen Thränen poetischer Rührung vergießen.

Die Zeiten von ehemals, deren öffentliche Meinung Beranger und Uhland in ihren Poesien dargestellt haben, sind vorüber. Die Franzosen erfreuen sich aus Mangel an jetziger Zufriedenheit noch der Hoffnungen, welche Beranger ihnen gegeben; die Deutschen finden aus Mangel an Hoffnungen noch an den Erinnerungen Gefallen, welche Uhland ihnen geboten. Aber in Deutschland liebt man das Mittelalter nicht mehr, und in Frankreich haßt man nicht mehr die Jesuiten und die Klüglinge; die Liebe dort, der Haß hier haben ihren Gegenstand gewechselt.

In seinen Balladen und Romanzen wird Uhland von keinem andern Dichter Deutschlands übertroffen, er wird darin nur von Göthe erreicht und nicht einmal immer. Die Worte sind so wohlklingend, die Strophen so melodisch, daß man beim Lesen fast gezwungen wird, sie zu singen. Die Saiten der Lyra, aus denen diese unvergleichlichen Strophen tönen, gleichen den goldnen, glühenden Strahlen der Julisonne. Wenn die deutsche Literatur nichts weiter besäße, als nur Uhland's Gedichte, selbst dann wäre die Mühe, eine Sprache zu studiren, welche der glänzendsten Einbildungskraft und den Geschenken des edelsten Gemüthes genügen konnte, noch reichlich belohnt.

Diejenigen von Uhland's Lesern, welche vielleicht der unbefleckten Muse des Dichters müde, können sich erholen, wenn sie die Romanze „Graf Eberstein" lesen. Wenn sie dieselbe gelesen, werden sie sagen: er gehört doch zu den Unsrigen.

Franzosenfresserei von Herrn Menzel.

(Aus der Balance. Januar 1836.)

Herr Menzel aus Stuttgart ist einer der ausgezeichnetsten Gelehrten Deutschlands. Ohne einige mit Recht geschätzte Gedankenwerke zu zählen, hat sich dieser Schriftsteller einen verdienten Ruf durch die Herausgabe einer Geschichte der Deutschen und einer Geschichte der deutschen Literatur erworben. In der ersteren zeigt der Verfasser, daß er einen hartnäckigen Gegenstand zu bemeistern und zerstreuten Begebenheiten und unzusammenhängenden Epochen eine epische Einheit zu geben wußte. Zugleich hat er die Geschicklichkeit gehabt, durch reine, warme und oft glänzende Erzählung das Ergebniß jener mühsamen, umständlichen und trocknen Forschungen zu schmücken, die man in Deutschland mit so großer Strenge von jedem Geschichtsforscher verlangt. Auch ist sein Werk das volksthümlichste und verbreitetste von allen Geschichtsschreibungen Deutschlands. Durch seine Geschichte der deutschen Literatur hat Herr Menzel einem allgemein gefühlten Bedürfniß entsprochen; doch mit so viel Erfolg, daß er nicht die Nebenbuhlerschaft, die ihm gefehlt, hätte fürchten sollen. Alle andern Werke dieser Gattung sind entweder unvollständig, indem sie nur einige Zeitabschnitte oder einige Zweige der Literatur behandeln, und es sind nur chronologische Uebersichten ohne Geist und Leben. Herr Menzel ist der Erste gewesen und ist bis auf diesen Tag der Einzige geblieben, der ein lebhaftes Gemälde der Literatur seines Vaterlandes, welche getreu das

Abbild der deutschen Nationalität darstellt, entworfen. Jeder Fremde, welcher sich der deutschen Literatur befleißigt, muß Herrn Menzels ausgezeichnetes Werk, von dem eine neue Ausgabe vor Kurzem erschienen, lesen und studiren.

Derselbe Schriftsteller redigirt seit mehreren Jahren ein Literaturblatt, welches auf die öffentliche Meinung einen großen Einfluß übt und oft über das Loos der Schriftsteller und ihrer Werke entscheidet.

Die Kritik in Deutschland ist seit dreißig Jahren entweder in den Händen des Pöbels, der seine Feder den Buchhändlern verkauft und ohne Unterricht, ohne Geschmack und ohne Gewissen die neuen Erzeugnisse mit Schimpfreden oder mit tollem Freudengeschrei begrüßt und sie beliebig nach seinen Launen oder Leidenschaften beurtheilt; oder sie ist vielmehr in den Händen der hohen Barone, der Literatur, welche mit ihrer offiziellen Unempfindlichkeit und ihrer diplomatischen Kälte nicht dafür sorgen, daß sie die Kenntnisse verbreiten, sondern sie allein in ihrem Stande aufhäufen und sie in dem engen Kreise der Gelehrten zusammentragen. Diese aristokratische Kritik besteht darin, daß man über große, unverständliche Bücher kleine, noch unverständlichere Bücher schreibt; weit entfernt, dazu zu dienen, das Urtheil der Leser zu leiten, dient sie nur dazu, es zu verwirren; sie erregt Widerwillen gegen das Treiben der ungelehrten Stände und fügt schlechterdings dem geistigen Reichthum des Landes nichts hinzu. Die großen Richter der Literatur legen niemals ihre Doktormiene ab und geruhen selbst von einem Romane nur im Kanzleistyle zu sprechen.

Durch sein Literaturblatt hat Herr Menzel die Gestalt der Kritik in Deutschland geändert. Seine Gelehrsamkeit unter dem guten Geschmacke eines Weltmannes und der Sprache eines Dichters verbergend, hat er einer großen Anzahl mehr oder weniger glücklicher Nachahmer als Muster gedient. Seitdem ist die Kenntniß jener Gesetze des Schönen und Wahren, welche den literarischen Urtheilen stets als Richtschnur gedient, die aber ein Gerichtsstyl für den größten Theil der Leser räthselhaft gemacht hatte, für Jedermann zugänglich geworden. Zu gleicher Zeit hat Herr Menzel das Beispiel einer seltenen Unparteilichkeit gegeben. Er hat niemals seine Stellung und seinen Einfluß gemisbraucht, er hat nie seine Freunde geschont noch seine Gegner niedergedrückt; die Gerechtigkeit oder was ihm so geschienen, hat ihn jederzeit in seinen Urtheilen geleitet.

Indem wir von Herrn Menzels Verdienst reden, haben wir, was die Gegenwart betrifft, nur bemerklich machen wollen, wie viel Einfluß die Meinung eines solchen Gelehrten auf seine Landsleute übt, und darthun wollen, daß wir uns zu denen zählen, welche das Verdienst würdigen, und daß es uns viele Ueberwindung kosten muß, ihm Fehler vorzuwerfen, die seine guten Eigenschaften ohne Zweifel aufheben, oder einen großen Theil davon vernichten. Wir sprechen von seinem blinden Hasse gegen Frankreich, von jener traurigen Leidenschaft, welche seinen glänzenden Geist mit einem leichten Dunst von Albernheit umhüllt. Man findet nur in Deutschland solche Menschen, welche zugleich geistreich und schwach sind.

Wenn diese gehässige Leidenschaft des Herrn Menzel nur eine politische wäre, alsdann wäre keine Nothwendigkeit, wenigstens kein dringender Grund vorhanden, sie zu bekämpfen. Jedermann hat seit vierzig Jahren gelernt, die Wirkung zu berechnen, welche der Parteigeist auf die Urtheile selbst der redlichsten Leute hervorbringt. Doch dieser Haß des Herrn Menzel ist eine wissenschaftliche, philosophische, religiöse und selbst mystische Leidenschaft, die um so gefährlicher, als der, welcher von ihr aufgeregt wird, bei vollem Bewußtsein ist und nie argwöhnen würde, daß man seine Gelehrsamkeit nutzen wolle, um seinem Vaterlande verderbenbringende Absichten zu erreichen.

Herr Menzel ist, wenn er Frankreich beurtheilt, in Bezug auf den sozialen Zustand des Landes um zwanzig Jahre, und in Betreff seines sittlichen Zustandes um ein halbes Jahrhundert zurück. Er kennt kein anderes politisches Frankreich, als das des Kaiserreichs und kein anderes geistiges Frankreich, als das von Voltaire. Wir glauben gern, daß diese Unkunde seinen Glauben täuscht. Aber seine Verblendung ist so groß, daß er vielleicht selbst nicht bemerkt hat, wie sein Haß gegen Frankreich in seiner heftigen, ungerechten und unsinnigen Polemik wider das junge Deutschland ihn geleitet. Diese Sache mit dem jungen Deutschland ist eines der wichtigsten und bedeutungsvollsten Ereignisse, welche sich seit zwanzig Jahren in Deutschland zugetragen. Sobald diese politische Thorheit eine gewisse Reife erlangt hat, werden wir darüber in einer unserer Lieferungen weitläufig sprechen. Die französischen Journale haben sich damit beschäftigt, und bei dieser Gelegenheit war unser Erstaunen groß, zu sehen, daß die gegen die Gewalt gewöhnlich so mistrauischen Journale, welche doch die Gaunersprache der Polizei aller Länder erlernt haben sollten, sich begnügt hatten, den censirten Journalen Deutschlands nachzureden, indem sie ihren Lesern erzählten, daß junge Deutschland sev eine geheime Verbindung. Es ist durchaus nichts daran. In Deutschland bemächtigt sich jedesmal, wenn drei Personen dieselben Meinungen äußern, alsbald Schrecken der vierunddreißig Fürsten und neunzig Minister, mit denen Gott dieses Land gesegnet, sie träumen von Verbindung, Verschwörung, Revolution und Umsturz und bewaffnen sich mit all' ihrer Macht, um die gefährliche Dreieinigkeit aufzulösen. Herr Menzel braucht sich nicht seines Sieges über das junge Deutschland zu rühmen, die Angeberei des unbedeutendsten aller Polizeiagenten hätte hingereicht, den Argwohn dieser eleuden Memmen zu erwecken, welche das Bewußtsein ihres Verraths und ihres Meineids nie ruhig schlafen läßt.

Wir geben einige kleine Proben von Herrn Menzels Grundsätzen und von seiner Art, die sozialen Verhältnisse zwischen Deutschland und Frankreich anzusehen. Wir ziehen sie aus dem von ihm redigirten Literaturblatte. Doch wir müssen gleich anfangs bemerken, daß wir im Zweifel sind, ob Herr Menzel der Verfasser der in Frage stehenden Aufsätze ist. Das Gepräge seines Talents findet sich nicht darin; doch da sie den Abdruck seiner Meinung tragen und Herr Menzel für seine Mitarbeiter verantwortlich, so ist es gleichgültig, ob er diese Aufsätze geschrieben hat oder nicht. — Es handelt sich um zwei Dichterwerke, das eine von Baron Gaudy, einem Deutschen, das andere von Herrn Dietz, einem elsässischen Franzosen, doch gleicherweise in deutscher Sprache geschrieben. Der Erstere besingt Napoleons Heldenthaten, der Andere Frankreichs Ruhm. Wir haben diese Werke nicht gelesen, und die Kritiken des Literaturblattes machen uns nicht damit bekannt. Sie haben Herrn Menzel oder einem seiner Schüler nur als Vorwand dienen müssen, um die seltsamsten Meinungen über die Nationalehre der Deutschen und über ihre religiöse und politische Pflicht, Frankreich zu hassen, zu äußern.

Auf folgende Art kündigt man das Werk von Herrn von Gaudy an:

„Da besingt ein deutscher Freiherr den Napoleon! Ist das auch Recht? Sind wir so unglücklich, keinen so großen Mann unter uns zu erzeugen, wie Napoleon war, wohlan! so laßt uns die Franzosen beneiden. Nur geben wir uns nicht dazu her, den Triumph der Franzosen noch durch unser unwürdiges Zujauchzen zu vermehren. Dieser Napoleon hat uns entehrt; aber Völker, welche jauchzen, wenn man sie entehrt, sind feile Hetären. Ist denn in diesem deutschen Volke, ist denn unter unseren Dichtern kein jungfräuliches Gefühl, das diesem Zujauchzen widerstrebt? Wer sich in die Liebenswürdigkeit Napoleons vergafft, der folge ihm auch nach seinem Paris, wie es Heine gethan hat; aber auf deutscher Erde ist mit blutiger Schrift der Fluch des eisernen Völkertyrannen eingeschrieben, und Fluch dem deutschen Sänger, der seine Laute entehrt, indem er den Tyrannen, den Schänder unserer Ehre, nicht unseren größten Feind nur, nein auch unseren größten Verächter zu besingen sich nicht schämt.“

Wie! Ihr seyd ein Volk von drei und dreißig Millionen Menschen und ihr beklagt euch, von Napoleon beschimpft und verachtet worden zu seyn? Aber wahrlich, ihr seyd allzu bescheiden. Hat Napoleon etwa auch die Engländer und Spanier verachtet, die seine Feinde waren? Hat er etwa die Polen verachtet, die seine Verbündeten waren? Aber beruhigt euch, ihr unglückseligen Eunuchen der Nationalehre, die nicht euch gehört, und die ihr nur für den Gebrauch eurer Sultane bewahrt; nicht euch, das deutsche Volk, die deutschen Fürsten hat Napoleon verachtet, jene Fürsten des Rhein- bundes, die vor ihm gekrochen, die in seinem Vorzimmer wie Bediente Wache gehalten, die um den Titel eines Königs, eines Großherzogs, eines Herzogs, die um die Erlaubniß, sich der armseligen Reste von Freiheit zu bemächtigen, welche ihren Unterthanen von ihrem ganzen Erbe noch übrig geblieben, und um die Nachsicht, in ihren Präfekturen die Despoten spielen zu dürfen, ihm ihre Völker verkauften und ihm halfen, ihre Landsleute zu unterdrücken und Preußen zu vernichten, das sie gegen Oestreich geschützt, und Oestreich, dessen Vasallen sie waren. Diese Fürsten waren es, welche Napoleon mit Recht, aber zu seinem Verderben, zu sehr verachtet, denn er hat sich von ihnen betrügen lassen.

Jetzt ist nun die Reihe an Herrn Dietz: „Diese Gedichte sind ursprüng- lich deutsch geschrieben, sie sind keine Uebersetzung aus dem Französischen, und doch versteht Herr Dietz unter dem Vaterlande, auf dessen Weihaltare er seine Opferflammen lodern läßt, nicht das Land seiner Muttersprache, sondern Frankreich. Ein deutscher Dichter besingt in deutschen Versen sein Vaterland, und dieses Vaterland ist nicht Deutschland! Braucht es mehr, um unsere tiefste Verachtung zu erwecken? Wir haben oft den Hohn der Franzosen ertragen müssen. Nun wohl, es sind Franzosen, es sind unsere Erbfeinde, sie haben das Recht, sich zu freuen, wenn sie uns unterdrücken können. Wir wundern uns darüber nicht. Aber das ist entsetzlich, daß Deutsche, die durch schändliche List und Gewalt unter die französische Herr- schaft gebracht worden sind, sich sofort ohne alles Bedenken für Franzosen nicht nur ausgeben, sondern sogar halten und in deutscher Zunge ein fremdes Vaterland feiern. Eine solche Niederträchtigkeit ist in der Geschichte der Völker unerhört. Noch nie war ein Volk in seiner Selbstachtung so tief gesunken. Dieser Elsäßer Poet hat jedes Gefühl für Scham verloren, es fällt ihm gar nicht ein, welche furchtbare Schmach er auf den deutschen Namen häuft, indem er in deutscher Zunge sein französisches Vaterland preist. Eine Menge Elsäßer haben im Dienst der französischen Republik und Napoleons Ruhm erworben. Dieser Ruhm war in Wahrheit eine Schande, denn sie stritten, geborne Deutsche, gegen Deutschland. Aber sie verleugneten wenigstens ihre Nationalität, sie hätten so viel Takt, wenigstens nur französisch sprechen, leben und sein zu wollen. Man kann ihnen ihr Verbrechen gegen das Vaterland verzeihen, weil sie Schicklichkeitsgefühl genug hatten, diese Verbrechen unter dem Namen von Franzosen zu begehen.

Aber dieser Elsäßer Poet untersteht sich als Deutscher in deutscher Sprache von seinem Vaterlande zu sprechen, und dieses Vaterland ist Frankreich! Eine solche Dummheit ist unerhört, ist nie dagewesen, und wir würden sie gern nur lächerlich finden, wenn sie uns nicht als eine Selbstentehrung der Nation erzürnen müßte. Wie muß ein echter Franzose lachen, wenn er die servile Kriecherei solcher Deutschen sieht, die sich ihm gern anwettern möchten. Aber eben weil der Franzose darüber lachen kann, sollten wir darüber weinen, oder da weinen weibisch wäre, zürnen."

Das ist sehr schön! weinet nicht, denn weinen ist weibisch, aber seinen Zorn in Schimpfreden auslassen, ist nicht minder weibisch. Erzürnet euch wie Männer, wie Brave. Ergreift die Waffen, ihr hochherzigen Vertheidiger der Nationalehre, erobert das Elsaß wieder; aber beeilt euch; die Sache ist dringend. Bald werden die Festungen Spielberg, Ollmütz, Spandau, Magdeburg, Ehrenbreitenstein, Hohenasberg, für die väterlichen Bedürfnisse eurer Regierungen nicht mehr ausreichen; nehmt Strasburg mit Sturm ein, damit es eine Citadelle mehr gebe, um euerm Patriotismus als Prytaneum zu dienen. Allein bevor ihr euch den Gefahren des Ruhms aussetzt, fragt die Elsaßer, ob sie einwilligen, wieder Deutsche zu werden, ob sie sich glücklich schätzen würden, ihren König gegen einen der deutschen Bundesfürsten, ihre Deputirtenkammer gegen die Frankfurter Bundsversammlung, die Freiheit der Presse gegen die schändliche Censur, die Nationalgarde gegen die Gendarmerie, die Oeffentlichkeit der gerichtlichen Verhandlungen gegen geheime Tribunale, die Geschwornen gegen abhängige Richter und die Gleichheit der Stände gegen den Hochmuth und die Unverschämtheit des Adels und der Satrapen zu vertauschen. Fragt sie das und sie werden euch antworten: wir sind die wärmsten und treuesten Patrioten unter allen Franzosen, gerade weil wir an der deutschen Grenze wohnen.

Ist der elsaßische Dichter Dietz oder einer von seinen Vorfahren für den westphälischen Frieden verantwortlich? War einer von ihnen als Bevollmächtigter bei dem Congresse zu Münster zugegen? Haltet euch deshalb an die Voreltern eurer Fürsten, die für niedrige Privatinteressen in die Zerstückelung des deutschen Reichs gewilligt, einen Theil davon an Frankreich, einen andern an Schweden abzutreten und, um unumschränkte Herren ihrer Unterthanen zu seyn, sich niemals geweigert haben, Unterthanen fremder Herren zu werden. Ist es eine Niederträchtigkeit von Seiten Frankreichs, daß es das Elsaß angenommen? Stiehlt man Völker und Provinzen schändlicherweise wie ein Schnupftuch? Wenn es Unehre ist, wie Heerden verkauft und umgetauscht zu werden, so fällt die Schmach davon nicht auf die, welche sie kaufen, sondern auf die, welche sie verkaufen und noch mehr auf die schafsmäßigen Völker, die sich verkaufen laffen. Geht doch, ihr stümpernden Liebhaber der Nationalehre! Es ist ein Unglück, aber keine Schande, von einem fremden Volke besiegt worden zu seyn, das ist allen Völkern und den tapferſten begegnet; aber es ist eine Schande, in feinem Vaterlande Sclave zu seyn. Der fremde Sieger macht uns wenigstens das Recht nicht streitig, ihn zu haffen und uns an ihm zu rächen; indem er uns unterjocht und niederdrückt, verlangt er nicht zugleich unsere Liebe und unsere Achtung; aber die inländischen Tyrannen zwingen uns, die Hand zu küffen, die uns züchtigt.

Die Ehre eines Volkes besteht darin, daß es wiffe, frei zu seyn, ein Bedientenvolk hat keine Ansprüche auf Achtung zu machen. Was habt ihr nöthig, zwei Jahrhunderte zurückzugehen, um im Elfaß eure Nationalschande zu suchen? Sie liegt euch unter den Händen, sie ist von gestern. In Spanien, dem Vaterlande der Inquisition, besteht Preßfreiheit, und in Deutschland, dem Vaterlande Luthers, herrscht die Censur! Ihr hungert nach Nationalehre, ihr füttert euch mit dem Siege, den vor achtzehnhundert Jahren Arminius über die Römer erfochten, ihr ernährt euch armselig mit der Asche eures Ruhms und die Varuse von Frankfurt beschimpfen und bedrohen euch alle Tage! Wiffet, daß dort die Schande ist und daß auch dort die Ehre könnte seyn.

Wally, die Zweiflerin.
Roman von Karl Gutzlow.

An einem schönen Sommermorgen ritt eine stolze schwäbische Amazone mit einem zahlreichen Gefolge von Anbetern im Boulogner Hölzchen einer von den kleinen Residenzen Deutschlands, spazieren. Ein junger Mann, der zu Fuß gekommen, um die frische Luft des romantischen Wäldchens zu genießen, sah mit sehnsüchtigem Verlangen den Zug vorüberreiten. In dem Augenblicke, wo seine Augen dem Blicke der Amazone begegneten, gab diese ihrem Zelter einen kleinen Hieb mit der Reitgerte und ließ zu gleicher Zeit etwas Glänzendes in das Gras fallen. Der junge Fußgänger bückte sich, um es aufzuheben. Ein, zwei, drei, vier, fünf: es waren fünf goldne Ringe, nicht mehr und nicht weniger. Die Dame hielt an in der Erwartung, daß man ihr ihre Ringe übergebe; doch der junge Mann, der nicht mehr Gewiffen hatte, als eine diebische Elster, steckte sie in die Tasche und entfernte sich. Der vortreffliche junge Mann war durch seinen Namen auserwählt zu stehlen, ohne gehangen zu werden, d. h. ein Eroberer zu seyn. Er hieß Cäsar, die Dame nannte sich Wally.

Wally legte jedem ihrer Liebhaber, wenn die Rolle an ihn kam, den monatlichen Tribut eines goldnen Ringes auf, und sie hatte die Gewohnheit, diese Zinsringe an ihre Reitgerte zu reihen. Sie war Atheistin, überdies ein liebenswürdiges Geschöpf und erträglich dumm. Sie spielte Faro und hatte keinen Enthusiasmus für die Natur, kein Gefühl für die Blumen, die sie ohne Erbarmen kaute, wenn ihr solche in die Hände fielen. Sie sagte: „Was Religion! was Weltschöpfung! was Unsterblichkeit! Roth oder blau zum Kleide, das ist die Frage. Obs besser ist die Haare zu tragen à la Madelaine oder sie zusammenzukämmen zu chinesischem Zopfe? Tanzen — vielleicht auch Sprüchwörter aufführen —"

Cäsar war eben nach dem malerischen Ausdruck von Herrn Gutzkow in das zweite Drittel seiner Zwanziger getreten, was in gemein arithmetischen Ausdrücken bedeutet, daß er vier und zwanzig Jahre alt oder es beinahe war. Doch trotz seiner Jugend war Cäsar ein vollkommener Mensch. Seine Stirn war von Runzeln gefurcht, wo die Erfahrung und Weisheit ihren Samen ausgestreut. Sein vergangenes Leben war ein mit todten Einbildungen bevölkerter Kirchhof. Er hoffte und fürchtete nichts mehr, er liebte nur sich selbst und haßte nur Gott.

Cäsar und Wally säumten nicht, Bekanntschaft zu machen, doch auf die Art, welche sich für Weise wie sie eignete. Sie spotteten seit sechs Tagen darüber, daß Voltaire in seiner Jungfrau die Nachsicht gehabt, den Todeskampf einer Weibertugend einzuräumen; sie begannen ihre Liebeswoche mit dem Sonnabend. Wozu, sagten sie, nützen alle diese Formen, alle diese lächerlichen Bedenklichkeiten? Sind wir nicht Einer wie der Andere menschliche für's Glück geborne Wesen? Bin ich nicht dein Bruder, bist du nicht meine Schwester? Hat uns die Natur nicht die heiligen Rechte des Fleisches eingeräumt? Wohlan denn! Tod der Scham und es lebe der König der Wüstlinge!

Doch wie sind leider die muthigsten Frauen noch furchtsam! wie sind die starken Geister unter ihnen noch schwach! Wally selbst mit allen ihren vortrefflichen Eigenschaften, Wally, welche Faro spielte, welche weder an Gott noch an die Tugend glaubte, welche über die Scham, die Ehre der Frauen spottete, war zuweilen genöthigt, ihrem widerspenstigen Gewissen Gertenhiebe zu geben, und ohne Cäsars Hülfe wäre es ihr vielleicht nicht immer gelungen, es vorwärts zu bringen. Wie glücklich ist eine Frau in solcher Lage, daß sie einen geschickten Stallmeister wie Cäsar bei sich hatte, der ihr die Feinheiten der Reitschule lehrt und die Kunst, die eigensinnigste Tugend in starken Galopp zu setzen. Wir werden eine kleine Probe geben von der Geschicklichkeit und Fertigkeit des deutschen Lovelace.

Da Wally auf dem Punkte stand, zu einer langen Reise aufzubrechen, so bat sie Cäsar bei der letzten Zusammenkunft, die er mit ihr hatte, um ein kleines Andenken als Zeichen ihrer Achtung und Freundschaft. Da gibt es, sagte er, ein reizendes Gedicht des deutschen Mittelalters, der Titurel, in welchem eine bezaubernde Sage erzählt wird von Tschiotulander und Siguna, zwei jungen Personen verschiedenen Geschlechts, welche sich gegenseitig lieben und anbeten. Tschiotulander bat an einem bestimmten Tage, bevor er in den Krieg ging, Siguna, sich vor ihm zu entkleiden, um ihn unverwundbar zu machen. Die sanfte Siguna willigte mit Vergnügen ein, dem sicambrischen Achilles als Styx zu dienen und Tschiotulander versenkte sich in ihre Reize und reiste unverwundbar ab. Da er, Cäsar, nichts köstlicher fand, als unverwundbar zu seyn, weil dies vom Heldenthum befreit, und da er genau in Tschiotulanders Lage war, weil er die Absicht hatte, in die Bäder von Schwalbach zu gehen, wo die Gefahr einer Herzensverwundung drohte, so wagte er Fräulein Wally zu bitten, sich nackt vor ihn hinzustellen, um seine Augen zu ergötzen und seine Einbildungskraft für die ganze Zeit der langen Trennung zu versorgen.

Wally betrachtete Cäsar einen Augenblick. Dann erhob sie sich stolz und verließ, ohne ein Wort zu sprechen, das Zimmer.

Cäsar's Antlitz zeigte einen schmerzhaften Ausdruck. Er hatte das Höchste bewiesen, dessen seine Seele fähig war, die kindlichste Naivetät, eine rührende Unschuld bei einer Forderung, die empörend war; aber die Scham, die erst in ihm aufglühte, verschwand vor seinem Stolze, so edel und rein erschien er sich.

Sie ist ohne Poesie, sie ist albern, ich hasse sie! stieß er heftig heraus, indem er zornig mit dem Fuße auftrat. Sie hat nicht mich, sie hat die Poesie beleidigt. Sie ekelt mich an. Und er that den Schwur, nie wieder den Fuß in ihr Haus zu setzen.

Wir wünschten, wir könnten Fräulein Wally gratuliren, daß sie der Enthemdungs-Poesie des natürlichen, unschuldigen, erhabenen Cäsar zu entrinnen gewußt; doch leider! ward sie bald überwunden. „Schon im nächsten Augenblicke, als sie gegangen war, war sie sich mit ihrer Tugend recht abgeschmackt vorgekommen. Sie fühlte, daß das wahrhaft Poetische unwiderstehlich ist, daß das Poetische höher steht, als alle Gesetze der Moral und des Herkommens. Sie fühlte auch, wie klein man ist, wenn man der Poesie sich widersetzt. Ach, das quälte sie, untergeordnet zu seyn und weniger unschuldig im Grunde, als die Poesie die Menschen braucht und schildert.

Sie kam sich verächtlich vor, seitdem sie fühlte, daß sie für die höhere Poesie kein Gegenstand war. Wie oft war sie Cäsarn begegnet! Er blickte stolz! Er hatte eine Moral, die über der ihren war! Er konnte das Auge erheben, das Ideale hob es in ihm! Wally konnte nicht stolz seyn. An ihr schien die Reihe der Scham zu seyn. Sie fürchtete sich vor Cäsar. Ihre ganze Tugend war armselig, seitdem sie ihm gleichsam gesagt hatte, die Tugend könne nur in Verhüllungen bestehen, die Tugend könne nicht nackt seyn. Cäsar hatte an ihr den poetischen Reiz verloren."

Wally entschloß sich, von einer rührenden Reue und wahrer, aufrichtiger Zerknirschung bewegt, ihren Fehler wieder gut zu machen wegen ihrer Beleidigung gegen die Poesie um Verzeihung zu bitten und sich ihres prosaischen Hemdes zu entledigen. Sie schrieb also an Cäsar folgendes allerliebste Billet:

„Ich habe Sie beleidigt, Cäsar. Morgen um 10 Uhr Abends besuchen Sie das Hotel des sardinischen Gesandten. Sie werden von Auroren, die Sie erwartet, an einen Ort geführt werden, den Sie nicht verlassen dürfen. Schwören Sie mir, hinter dem Vorhang, den Sie zehn Minuten nach Zehn gütigst zurückziehen wollen, nicht hervorzutreten! Cäsar schwören Sie mir. Ich schäme mich vor Ihnen, daß ich Scham hatte."

Cäsar fehlte nicht bei dem Stelldichein. Am Hochzeitstag des sardinischen Gesandten begab er sich in das Hotel des Diplomaten und genau um zehn Uhr zehn Minuten zog er den Vorhang weg und hatte das Glück, Wally's Tugend ohne häßlichen Putz zu sehen. Der neue Tschiotulander kehrte davon, ganz taumelnd von Trunkenheit, zurück. Hierauf kam der sardinische Gesandte hinzu, welcher seine junge Frau umarmte, ohne ihr das geringste Bändchen zu zerknittern: der gute Mann, der niemals von Titurel hatte sprechen hören, ahnte von Allem nichts. Das Geheimniß ward bewahrt. — Wally läßt, nachdem sie nach dem Gesetze des Fleisches gelebt und ihre Leser mit Langeweile gequält, sich selbst Gerechtigkeit widerfahren, indem sie ihr Leben mit einem Selbstmord beschließt. Es wäre ein sehr großes Glück, wenn das Laster nie liebenswürdiger, der Unglaube nie geistreicher wäre, als sie sich in Wally's und Cäsar's Worten und Meinungen offenbaren. Dieser langweilige Roman hätte hingereicht, um Voltaire in einen Betbruder zu verwandeln und alle gefälligen Frauen des ancien règime in Spröde. Mit Ausnahme der Kritiker, welche sich wie Geier und Raben auf das Aas setzen, wird das Lesen von Wally Jedermann anekeln.

Wir würden uns schämen, mit Cäsar in eine ernste Erörterung über seine moralischen und religiösen Meinungen einzugehen. Er ist ungläubig

aus Windbeutelei und lasterhaft, um den Sitten der großen Welt nachzuäffen; aus Brocken, die von Voltaire's Tischtuch gefallen, hat er sich eine
kleine Lehre vom schlechtesten Geschmack zusammengesetzt; er glaubt Philosoph zu seyn, er ist nur lächerlich.

Und das ist jener berüchtigte Roman, welcher dem Frankfurter Bundestag als Fieschi-Attentat gedient, der ihm einen Vorwand geliefert, um die
seit langer Zeit vorbereiteten Maßregeln gegen die Presse auszuführen!
Aber glaubet nicht, daß man sich damit begnügt, den Einschüchterungs-
gesetzen nachzuäffen: der durchlauchtigste Bundestag würde vor Scham
erröthen, wenn er sähe, daß man ihm die Eigenthümlichkeit in Betreff des
thierischen Despotismus streitig mache! Er hat über jene Einschüchterungs-
gesetze gespottet, die er mit mitleidiger Miene als Ermunterungsgesetze ansieht;
er hat sie nicht nachahmen, sondern lächerlich machen wollen, indem er zeigte,
welch' armen, beschränkten Geist ihre Verfertiger gehabt und wie weit sie
unter den Frankfurter Gesetzgebern ständen, welche allein dem Volke gegenüber jene Kühnheit und Unverschämtheit haben, die den Charakter eines
jeden wahren Staatsmannes bezeichnen.

In Frankreich, wo die Einnahme der Bastille und die Marseillaise die
Einsicht eines Jeden bei ähnlichem Stoff etwas schwerfällig gemacht, wird
man Mühe haben, zu begreifen, welchen neuen Verfolgungen die Presse in
einem Lande wie Deutschland ausgesetzt seyn kann, wo die Censur stets
ebensowohl die Literatur wie die Politik, die Bücher wie die Journale
getroffen. Ihr würdet nie die Verantwortlichkeit eines Schriftstellers mit
der vorläufigen Censur seines Werkes vereinigen können. Zerbrecht euch
den Kopf nicht, um jene Freiheit deutscher Rechtswissenschaft zu durch-
dringen: das lateinische Viertel würde in Masse daran sein Latein verlieren.
Ich erinnere mich, daß ich selbst schon vor vielen Jahren zu einer Geldstrafe
verurtheilt wurde wegen eines Zeitungsartikels, der censirt worden und bei
dem man erst sechs Wochen nach seinem Erscheinen daran gedacht hatte, ihn
sträflich zu finden. Als ich in Betreff dieser Umstände auf meine Verantwortlichkeit mich bezog, sagte man mir, ich sey doppelt strafbar: erstens
wegen der Unpassendheit des beschuldigten Artikels, dann weil ich den
unschuldigen Censor in Versuchung geführt. Ist dieser Spruch nicht hübsch?

Der Fall mit dem Verfasser von Wally ist genau derselbe. Das Werk
war mit Genehmigung der Censur erschienen und vor mehreren Monaten
veröffentlicht worden, als auf einen Angstschrei des Herrn Menzel, der in
diesem Roman ein schreckliches Bugsirschiff sah, das fähig wäre, die französische Revolution gegen Wind und Fluth nach dem Schwarzwald hin vorwärts zu bringen, die Regierung des Königs von Baiern, jenes Modeneser-

herzogs von Deutschland, in Bestürzung gerieth und sich an die Weisheit und die Kraft des Frankfurter Bundestags wandte. Dieser demaskirte alsbald eine seiner gesetzgebenden Reservebatterien und ließ das grobe Geschütz spielen, um die arme kleine Wally und ihren Liebhaber, den natürlichen Tschiotulander, zu tödten. Herr Gutzkow ward, nachdem er einstweilig verhaftet, zu einer Gefängnißstrafe von drei Monaten verurtheilt und sein Roman mit Beschlag belegt. Aber der Bundestag begnügte sich nicht mit dieser gewöhnlichen Rechtspflege. Alle andern Werke des Verfassers von Wally, ebenso die schon herausgegebenen, als die, welche er eines Tages herauszugeben beabsichtigen könnte, seine wahrscheinlich mit darunter verstandenen nachgelassenen Werke sind für die Ewigkeit verboten worden. Dieselben Maßregeln wurden gegen vier oder fünf andere Schriftsteller angewandt, denen man früher nie etwas vorzuwerfen gedacht hatte und deren sämmtliche seit mehreren Jahren herausgegebenen Werke mit Genehmigung der Censur erschienen waren. Auf diese Art hat der Frankfurter Bundestag aus dem Schriftstellerstande ein bürgerliches und politisches Recht gemacht und das Strafgesetzbuch mit der literarischen Enthauptung bereichert. Hänge dich, Figaro, du hast dies nicht errathen.

In der That muß jeder Fremde, welcher politischen Meinung er auch angehöre, über diese Sache erstaunen. Niemand wird begreifen, wie im neunzehnten Jahrhundert ein eben so lächerlicher als wilder Despotismus es gewagt, sich mit solcher Frechheit vor Frankreich, England, der Schweiz und Belgien zu zeigen. Man wird sich fragen, ob der Frankfurter Bundestag, dadurch, daß er den Deutschen selbst die gemäßigtste Preßfreiheit verweigert, sie hat erinnern wollen, daß diese Völker die Preßfreiheit erst genießen können, wenn sie eine Revolution gemacht und ihre Könige verjagt haben. Man wird sich fragen, ob der durchlauchtigste Bundestag den Verstand verloren. Darauf erwiedern wir, daß die Leidenschaft keinen Verstand hat und daß unter allen Leidenschaften die Furcht die unvernünftigste ist. Die heroischen Fürsten des deutschen Bundes haben drei Jahre lang an dem Schrecken gezittert, den ihnen der Zorn des französischen Volkes eingejagt, welcher doch nur drei Tage gedauert hat. Seit Frankreich nicht mehr grollt, haben sie sich von ihrem Schrecken erholt und ihre Wiedervergeltung genommen. Die Feigen sind in der Rache stets die Grausamsten. Nach der Revolution von 1880 gab es einen Hof in Deutschland, wo man zu jeder Stunde einen Volksaufstand erwartete und wo man alle zu einer möglichen Auswanderung erforderlichen Vorbereitungen getroffen hatte. Die Kostbarkeiten wurden eingepackt, um außer Landes geschafft zu werden; die Reisewagen standen bereit; erlauchte Personen hatten sich auf alle Fälle mit

Pässen unter falschen Namen versehen; man war Tag und Nacht auf seiner
Hut. Wenn es sich in dieser Zeit zutrug, daß Betrunkene einen nächtlichen
Lärm auf der Straße verursachten, so erbleichten der Souverän und seine
Räthe, seine Gemahlin und die Kammerherrn fielen in Ohnmacht, und die
Prinzessinnen fingen an zu weinen. Sie glaubten, die Revolution wäre
ausgebrochen, und die Piken und die rothen Mützen würden nicht säumen,
sich zu zeigen. Erst nach Polens Fall ließ der Schrecken dieser Höfe nach
und seitdem erschöpft sich der Frankfurter Bundestag in gesetzgebenden und
strafenden Artigkeitsgeschenken, welche die unglücklichen Bürger dafür bestrafen, daß sie die schönen Prinzessinnen und ihre schönen Kammerherrn
nur e r s ch r e ck t.

Der Vorwurf, den man Herrn Gutzkow und den ändern unter dem
Namen des „jungen Deutschland" begriffenen Schriftstellern macht, daß
sie den christlichen Glauben untergraben und die Sitten verderben, ist nur
Vorwand und Verstellung. Die einflußreichen Staatsmänner des deutschen
Bundes sind von Herzen Juden; sie haben keinen andern Gott als das
Gold, und keinen andern Herrn als den König Salomo; sie machen sich
über das Christenthum lustig. Sie wären zu glücklich, wenn sie die Sitten
der Jugend erschlaffen sähen; die Sittenverderbniß wäre ein köstliches
Unterpfand für jene Kriecherei, die man im Volke zu bewahren und zu
verewigen strebt; sie würde kräftig dazu beitragen, die Staatsreligion Oesterreichs, die geheime Polizei, unter jener großen Menge von Deutschen fort-
zupflanzen und einzurichten, welche bis auf diesen Tag noch Heiden sind und
nicht an die Heiligkeit der Offenbarungen glauben. Doch es handelt sich
hier weder um Religion noch um Moral; wenn es nur dies wäre, so hätte
die Censur hingereicht, um gefährliche oder angeblich gefährliche Lehren zu
unterdrücken. Die Verfolgungen gegen die Schriftsteller des jungen
Deutschlands haben einen ganz andern Grund. Es liegt dem Frankfurter
Bundestag daran, niederzuschlagen was kein Censor der Welt je hat erreichen
können: den Geist. Die mit dem Bann belegten Schriftsteller haben Geist
und vor allem haben sie einen schönen Styl; das ist ihr ganzes Verbrechen.
Diese Erklärung muß den Fremden sehr lächerlich vorkommen; doch für
die Deutschen, welche das Verfahren ihrer Regierungen kennen, ist das
Lächerliche dieser Erklärung ein Grund mehr, um es anzunehmen. Sehen
wir zu, was es ist.

Im sechszehnten Jahrhunderte hatte Luther für die deutschen Fürsten
das gethan, was ein Jahrhundert später der Cardinal Richelieu für die
Könige von Frankreich that. Der Eine wie der Andere sind in ihrem Lande
die Gründer der monarchischen Gewalt gewesen, dadurch daß sie das Gegen-

gewicht vernichteten, welches die Geistlichkeit in Deutschland, der Adel iu Frankreich dem Absolutismus der Souveräne entgegensetzten. Richelieu besiegte den Adel mit Strafen und Kerker; Luther besiegte die Geistlichkeit mit der Wissenschaft und Philosophie. Seit jener Zeit ist der Unterricht in Deutschland ein mächtiges Regierungswerkzeug gewesen, er hat den protestantischen Fürsten viel mehr Dienste geleistet, als die Unwissenheit den katholischen Fürsten. Es gibt nichts Merkwürdigeres, als die Künstlereifersucht, welche immer zwischen Oestreich und Preußen durch die Ueberlegenheit ihrer beiderseitigen Regierungsmittel bestand. Preußen an der Spitze des Protestantismus vertheidigte die Vortrefflichkeit des Unterrichts; Oestreich an der Spitze des Katholicismus die der Unwissenheit; doch das Eine wie das Andere hatten denselben Zweck: den Despotismus. In den protestantischen Ländern war die Wissenschaft die zweite bewaffnete Macht; man legte sie als Garnison in die festen Plätze, Universitäten genannt. Die Professoren waren die Offiziere, die Studenten die Soldaten. Der Unterricht hatte keinen andern Zweck als „Staatsdiener" zu bilden, wie man aus Artigkeit in Deutschland die Diener der Fürsten nennt.

Vor Luther waren alle Bücher lateinisch geschrieben; seit ihm fingen die Schriftsteller an, sich der lebenden Sprache zu bedienen, was die despotischen Absichten der Fürsten ausnehmend begünstigte, indem es mehr und mehr die Wissenschaft und die Literatur in die Classe der Gelehrten einzwängte und so ihre Verbreitung hinderte. Wenn die Schriftsteller fortgefahren hätten, lateinisch zu schreiben, so wäre es mit der Zeit mit den Freunden des Volkes zusammengetroffen, welche zu dessen Nutzen die lateinischen Bücher übersetzt hätten; indem aber die Professoren deutsch schrieben, d. h. ein officielles, verabscheuungswürdiges Deutsch, das eben so unverständlich als das Hebräische, und das Niemand sich einfallen ließ, aus dem Deutschen in's Deutsche zu übersetzen, blieben das Lesen und der Unterricht stets vom Volke entfernt, und die Regierungen hatten keine Unruhe mehr über die Dauer ihrer Allgewalt, welche durch die allgemeine Entwaffnung der Volksintelligenz gesichert ward.

Wir kommen zur Sache. In unsern Tagen gedachten endlich Schriftsteller von Geist und Muth, die des jungen Deutschland, die Wissenschaft, die Philosophie, die Moral, die Politik zu verbreiten, indem sie sie aus dem Gelehrtendeutsch in das allgemein verständliche Deutsch übersetzten. Die protestantischen Regierungen sind darüber erschrocken; in dem Maße als der Unterricht sich fortpflanzt, verlieren sie ihr mächtigstes Werkzeug für den Despotismus und zugleich ihre Uebermacht über die katholischen Staaten, und sie fühlen, daß es dann zu spät ist, den Unterricht durch die Unwissenheit zu erſetzen. Preußen hat kein Gegengewicht der Macht Oeſterreichs mehr entgegenzuſtellen, das die Unwiſſenheit ſeiner Völker furchtbar macht, und dieſe triumphirt.

Die Verfolgung, welche man gegen die Schriftſteller des jungen Deutſchland anſtellt, hat noch einen andern Grund. Bis in die letzte Zeit iſt die periodiſche Literatur in Deutſchland faſt mit wenigen Ausnahmen in den Händen der Schriftſteller letzten Ranges geweſen. Die ausgezeichneten Schriftſteller, die wahren Gelehrten verſchmähten es, an der periodiſchen Literatur Theil zu nehmen, wie ehedem der Adel ſich durch Betrieb der Induſtrie zu erniedrigen glaubte. Die Schriftſteller des jungen Deutſchland hatten einige geachtete literariſche Journale gegründet und ſie beabſichtigten deren noch andere zu bilden. Mehrere ausgezeichnete Profeſſoren Preußens hatten ſich durch den Geiſt dieſer jungen Schriftſteller verleiten laſſen, ſich als Mitarbeiter an ihre Journale zu binden. Die preußiſche Regierung iſt über dies Neue erſchrocken, als über den Anfang einer Zerſtückelung der Grundſtücke der Wiſſenſchaft. Das iſt der Grund, weshalb Herr Gutzkow und ſeine Mitſchuldigen im ſchönen Style mit dem literariſchen Tode beſtraft worden; ich ſollte ſagen, das iſt es gerade, was eure Tochter ſtumm macht; denn ich zweifle in der That daran, ob ich den Franzoſen den politiſchen und literariſchen Galimathias des durchlauchtigſten Frankfurter Bundestags deutlich erklärt habe.

V.

Aphorismen.

Aphorismen.*)

1.

Wie habe ich mich auf meinen Reisen bemüht, etwas zu finden, das lächerlicher wäre, als die deutsche Zensur! Aber ich habe vergebens gesucht. Wenn wir durchaus nicht reden wollten, sollten uns die deutschen Staatsmänner auf die Folter spannen, uns zum Reden zu zwingen. Jede freie Zeitung würde Preußen ein Regiment ersparen. Auch wissen sie das sehr wohl, nur meinen sie, es hätte Zeit bis zum Kriege. Sie füllen den Geist in kleine Riechfläschchen und verstopfen diese gut, und wandelt sie eine Ohnmacht an, greifen sie nach dem Spiritus. Es ist gar nicht zu sagen, welchen Hochmuth die deutschen Staatsmänner gegen die Schriftsteller zeigen, sobald diese von etwas Gegenwärtigem, Lebendigem, Baarem reden. Die Wahrheit dürfen wir besitzen, aber das Münzrecht derselben behalten sie sich vor. Ich will nicht behaupten, daß sie uns so sehr verachten, uns nicht für hängenswerth zu halten; aber sie verachten uns ziemlich, beschauen uns von hinten und vorn, lachen über unser düsteres, lederness, fremdartiges Ansehen, wünschen spöttisch ihr G l ü c k a u f! und zählen heimlich die Thaler, die wir aus dem dunkeln Schachte geholt. Das freie Wort belästigt sie wie eine Mücke. Die Unglückseligen! Darum zählen sie auch die Bajonette, nicht die Herzen, und zittern, wenn der Feind so viel Bajonette mehr zählt, als die vaterländische Macht. Es wird ihnen so bange, wenn ein anderer Staat fett und dick wird; sie wissen nicht, daß Fett keine Nerven hat, daß den Dicken der Schlag droht. Sie wissen nicht, daß es in unseren Tagen nur das Herz ist, welches siegt, welches erobert.

2.

So leicht es ist, Kindern eine Fabel als Wahrheit erzählen, so schwer ist es, Männern die Wahrheit als Fabel darzustellen. Man hat uns alle zu den Griechen und Römern in die Schule geschickt, und nun, da wir in das Leben treten, und das Erlernte auszuüben gedenken, verspotten sie uns und sagen, alles was wir gehört, sey nur Märchen gewesen. Aber es ist zu spät.

---

*) Wir tragen hier noch einige der vorzüglichsten Aphorismen Börne's nach, die im ersten Bande ausgelassen wurden.

O glückliche Verblendung der Blindmacher! Sie meinten es recht klug zu machen, indem sie, um sich in die Gegenwart allein zu theilen, uns in die entfernteste Vergangenheit schickten, und sie vergaßen, daß die Geschichte rund ist, wie die Erde, und daß man, fort und fort schiffend, wieder zur Heimath gelangt.

3.

Eitelkeit ist Oekonomie; man sollte sie nicht tadeln, sie ist eine Tugend. Der Eitle legt täglich einige kleine Befriedigungen seiner Eigenliebe zurück, und bringt so endlich einen kleinen Schatz zusammen. Auch hat man Unrecht zu behaupten, daß sich nie wahre Verdienste zur Eitelkeit gesellten; man kann sehr reich seyn und geizig zugleich. Von zwei Menschen mit gleich-großen Verdiensten, von welchen der Eine eitel ist, und der Andere was man bescheiden nennt, ist im Grunde der Eitle bescheidener als der Beschei-dene. Der letztere weiß, daß er reich ist, und denkt, es könne ihm an Ruhm nicht mangeln, so oft er ihn brauche; der andere ist vorsichtig, traut seinen Verdiensten nicht und spart. Wenn Ruhmbegierde eine Tugend ist, ist es Eitelkeit auch; denn sie ist die Scheidemünze der Ruhmbegierde. Daß wir mit eiteln Menschen ungern umgehen, beweißt nichts für ihren Fehler, son-dern für unsern. Wir meiden sie aus gleichem Grunde, als wir die Armen meiden; wir fürchten immer, sie möchten etwas von uns verlangen.

4.

Diplomaten sehen mit den Ohren; die Luft ist ihr Element, nicht das Licht. Darum lieben sie Stille und Dunkelheit.

5.

Sinnliche Ausschweifung ist viel öfter die Folge als die Ursache einer zerrütteten Gesundheit.

6.

Es gibt Menschen die geizen mit ihrem Verstande, wie Andere mit ihrem Gelde.

7.

Es ist schwer zu entscheiden, welches ein verdrießlicheres Geschäft sey: die Lichter putzen, oder Weiber durch Gründe belehren. Alle zwei Minuten muß die Arbeit wiederholt werden, und wird man ungeduldig, löscht man das kleine Licht gar aus.

8.

Der Eigensinn einer Frau ist auf eine ganz wunderliche Art befestigt. Der Graben ist hinter dem Walle, und hat man die steilsten Einwen-dungen erstiegen, und glaubt, jetzt wäre Alles geschehen, entdeckt man erst, daß das schwerste noch zu thun sey.

9.

Das größte häusliche Unglück, das einem Manne begegnen kann, ist, wenn seine Frau einmal gegen ihn Recht hat, nachdem er es ihr abgestritten. Dieses einzige kleine Recht dient ihr wie ein Fläschchen Rosenöl; damit macht sie zwanzig Jahre alle ihr Geräthe und Gerede wohlriechend.

10.

Eine Geliebte ist Milch, eine Braut Butter, eine Frau Käse.

11.

Reichthum macht das Herz schneller hart, als kochendes Wasser ein Ei.

12.

Die Freiheit kann reden, denn ihr ist das Wort zugleich Waffe und Beute; die Macht aber ist verloren, sobald sie anfängt, sich zu rechtfertigen.

13.

Zu gewissen Handlungen reicht nicht hin, kein Herz, man muß auch keinen Kopf haben. Es ist nicht jeder dumm der will. Gibt es eine Eigenschaft der menschlichen Natur, die man nicht erwerben kann, die angeboren seyn muß: so ist es die Dummheit. Es gibt für jeden Minister nur ein Mittel, sich durch die Gefahren zu schlagen, welchen er begegnet, wenn er den Staat nach den Wünschen der Aristokratie beherrschen will — er darf diese Gefahren nicht s e h e n. Ueber enge felsige Wege, an tiefen Abgründen vorüber, ohne Schwindel und Sturz zu schreiten, das vermag nur ein Packesel.

14.

Möchten sich die Herren Minister doch endlich einmal des Diplomatisirens und Intriguirens entwöhnen! Aber der Markt ist ihnen nur ein größeres Antichambre, das Volk nur ein zahlreicherer Hof, und die öffentliche Meinung, das alte Violin-Solo, nur ohne Sordine gespielt. Sie zischeln hier wie dort, sind schlau jetzt, wie damals, und schlagen immerfort den herkömmlichen Takt. Sie meinen wenn sie nur immerfort einheizten, damit könnten sie den Frühling abhalten.

15.

Die öffentliche Meinung ist eine See und man behandelt sie wie eine Suppe. Verrückte Köche stehen vor ihr — der eine wirft Salz hinein, der andere Zucker; ein dritter kommt mit dem Schaumlöffel; die Blasen abzuheben; ein vierter bläst, daß ihm die Backen schmerzen; ein fünfter will sie aufessen; ein sechster sie dem Haushunde vorsetzen; ein siebenter sie in das Spülfaß schütten. Wahrhaftig, die Kinder auf der Gasse werden euch noch auslachen!

16.

Es hüte sich der junge Dichter, an seinen Werken jene steinerne Ruhe herauszuarbeiten, von welcher Göthe so verlockende Beispiele gab. Bei den Alten warf die Anbetung den warmen Purpurmantel um die kalten, nackten Marmorgötter. Aber wir, mit unsern Winterherzen, lassen nackt, was wir nackt gefunden. Ruhe, Friede und Klarheit muß im schöpferischen Geiste wohnen; dann wird sie den Schöpfungen nicht ermangeln. Die Ruhe der Gleichgültigkeit schafft nur Werke, die gleichgültig lassen. Shakespeare und Calderon wurden tief, der in der Natur, der im Glauben, und weil sie so fest gestanden, gaben sie ihre Zweige dem Sturme, ihre Blätter kosenden Lüftchen hin, und zitterten nicht vor der rohen Gewalt des Windes, und fürchteten nicht: nahende Vertraulichkeit möchte der Ehrfurcht schaden. Der Bewegungslose wird nie bewegen, und nur der bewegte Dichter kann dem bewegten Herzen Ruhe geben.

17.

Im Kampfe zwischen Adel und Bürgerschaft hat der Adel, er mag angreifen oder sich vertheidigen, den Vortheil, daß er von der Höhe herab gegen einen Feind streitet, der in der Ebene steht.

18.

Was die Besten und nur die Besten unter den Zeitgenossen wünschen, das geschieht zwar auch, aber spät, denn da die Besten ihrer Zeit vorauseilen, so werden ihre Wünsche und Bedürfnisse erst die der Nachwelt. Doch was die Menge wünscht, das geschieht bald.

19.

Manche Menschen haben blos m ä n n l i c h e, andere blos w e i b l i c h e Gedanken. Daher gibt es so viele Köpfe, die unfähig sind, Ideen hervorzubringen, weil man die Gedanken beider Geschlechter vereint besitzen muß, wenn eine idealische Geburt zu Stande kommen soll.

20.

Ehe eine Zeit aufbricht und weiterzieht, schickt sie immer fähige und vertraute Menschen voraus, ihr das neue Lager abzustecken. Ließe man diese Boten ihren Weg gehen, folgte man ihnen und beobachtete sie, erführe man bald, wo die Zeit hinaus will. Aber das thut man nicht. Man nennt jene Vorläufer Unruhestifter, Verführer, Schwärmer und hält sie mit Gewalt zurück. Aber die Zeit rückt doch weiter, mit ihrem ganzen Trosse, und weil sie nichts bestellt und angeordnet findet, wohnt sie sich ein, wo es ihr beliebt, und nimmt und zerstört mehr als sie gebraucht und verlangt.

21.

Daß die Diplomatik sich verrechnet, ist etwas sehr Gewöhnliches, auch etwas sehr Natürliches; man verlernt leicht das Rechnen, wenn die Folgen der Rechnungsfehler auf andere fallen. Daß aber auch jene sich verrechnen, die, entfernt vom Gedränge der Thaten, ungestört in ihrem einsamen Zimmer nachdenken können, und Zeit genug haben, hundert Male die Probe zu machen — darüber muß man erstaunen. Wenn die deutschen wissenschaftlichen Männer den Verstand auch noch verlieren, was bleibt ihnen übrig? Thatkraft, Reichthum, Macht und Ansehen haben sie nie gehabt.

22.

Die deutsche Geschichte gleicht einem ungebundenen Buche; so beschwerlich und verdrießlich ist sie zu lesen. Man muß oft die Bogen umwenden, verliert den Zusammenhang darüber, und Titel und Register liegen nicht selten in der Mitte versteckt.

23.

Vor der Revolution war es am französischen Hofe Sitte, daß gemeinschaftlich mit den königlichen Prinzen ein bürgerliches Kind erzogen wurde, das, so oft der junge Prinz sich verging, statt seiner gezüchtigt wurde. Eine ähnliche bürgerliche Bestimmung hat das deutsche Volk. Wenn die Franzosen, wenn die Spanier und Portugiesen, wenn die Neapolitaner und Piemonteser, wenn die Russen sich unartig betragen, bekommen die armen deutschen Kinder Ohrfeigen. Es ist gar zu betrübt; wir müssen machen, daß wir groß werden.

24.

Man sollte denken, wer sich vor keiner Kanonenkugel fürchtet, fürchtet nichts auf der Welt; aber man gewahrt das Gegentheil. Vielen Menschen, Vornehmen wie Geringen, ist ein solcher Aberglauben anerzogen, daß sie zittern vor dem Rauschen eines Blattes, ob sie zwar mit freudigem Muthe in die Schlacht gehen. In der politischen Welt hat diese Schwäche üble Folgen. Nicht an tapfern Feldherrn fehlt es manchen Fürsten, aber an diplomatischen Helden, die — nicht zittern vor dem Rauschen eines Blattes.

25.

In der guten alten Zeit, da das ganze große Frankreich nur die Schleppe von Versailles war, und bei der Toilette einer Buhlerin erst über die neue Form der Hauben, dann über das Schicksal von fünf und zwanzig Millionen Menschen entschieden wurde, erhielt der General von R. aus den Händen der Frau von Pompadour den Plan zum bevorstehenden Feldzuge, der auf einer Landcharte mit Schönpflästerchen und Schminke bezeichnet war. Die gute alte Zeit!

26.

Leidenschaften der Regierungen zeugen von Schwäche, Leidenschaften des Volkes aber zeugen von Stärke.

27.

Wer glaubt er könne die öffentliche Meinung benützen, ohne ihr wieder zu nützen, der betrügt nicht, der wird betrogen. Diese Wirthin läßt den reichen und lustigen Studenten auf Borg zehren, und fort zechen — am Ende kommt die Rechnung.

28.

Denkt euch: ein Arzt untersagte seinem Kranken jede anhaltende Bewegung, sie könnte ihm tödtlich werden, erklärt er. Der Kranke wäre unfolgsam und ginge eine Meile weit. Was würdet ihr von jenem Arzte sagen, der, um den Fehler wieder gut zu machen, den Kranken seinen gegangenen Weg wieder zurücklegen ließe? Jetzt denkt euch: ein Volk sey krank, man verbiete ihm die Bewegung; aber es hat sich doch bewegt. Wenn nun, um den Schaden zu verbessern, die Staats-Aerzte dasselbe zu dem Punkte, von dem es ausgegangen, wieder zurückführten, was würdet ihr davon denken? ... Ist Bewegung schädlich, so ist es jede, sie richte sich vorwärts oder rückwärts, und es bleibt nichts übrig, als das Volk an dem Orte, wo man es eingeholt, in's Bett zu legen, und die Krise abzuwarten.

29.

Was den Uebergang der alten Zeit in die neue so blutig macht, ist die Enge des Weges, der von jener zu dieser führt. Zwischen Vergangenheit und Zukunft fließt ein breiter Strom, die Gegenwart ist die Brücke darüber. Die Angreifenden und die, welche sich vertheidigen, die Vordringenden und die Fliehenden treiben, drängen und hindern sich darauf. Tausend Schlachtopfer fallen fruchtlos, ohne den Sieg zu beschleunigen, noch die Niederlage zu verzögern. Aber der Mensch muß auch gerecht gegen sich selbst seyn, das ist nicht seine Schuld, das Schicksal hat es zu verantworten.

30.

Jede Gegenwart ist eine Notherbin der Vergangenheit. Sie kann die Erbschaft weder ausschlagen, noch sub beneficio inventarii antreten; sie muß sie, und zwar ganz übernehmen, mit ihren Schulden, und mit ihrer Schuld.

31.

Es wäre nichts leichter, als die alte Zeit wieder herzustellen, man brauchte nur die öffentliche Meinung zu unterdrücken — und Kindern sagt man: Schwalben wären leicht gefangen, man brauche ihnen nur Salz auf den Schwanz zu streuen.

32,

Die Staatsmänner schreiben ihre Erfahrungen mit Bleistift auf Pergament-Tafeln, und ist das Blatt voll, löschen sie die Bemerkungen wieder aus, um für neue Platz zu gewinnen. Daher sind sie oft klüger, als gestern, aber niemals klüger, als vorgestern.

33.

Die Mauern Jerichos sind freilich von den Trompeten der Juden eingestürzt; aber es geschehen in unsern Tagen keine Wunder mehr, und ein vernünftiger Mensch sollte sich schämen zu glauben, das Geschrei der Zeitungen könne das gelobte Land der Freiheit eröffnen.

34.

Als Karl XII. in Bender war, legte ihm sein Günstling und Schatzmeister Gruithuisen eine Rechnung von 50,000 Rthlr. vor, die in zwei Linien und folgenden Worten abgefaßt war: 10,000 Rthlr. auf Befehl Se. Majestät den Schweden und Janitscharen gegeben, und den Rest von mir durchgebracht." Das ist aufrichtig, sagte der König, und so liebe ich, daß mir meine Freunde ihre Rechnungen ablegen ... Unsere heutigen Finanz-Minister, die ihre erschreckliche Noth haben, bis sie das Budget durch die Kammern bringen, werden diese Anekdote nicht ohne Seufzen lesen können, und ohne mit nassen Augen auszurufen: ach, die schöne alte Zeit!

35.

Lange Zeit haben sie sich für mächtige Zauberer gehalten, die Wind und Wetter machen können nach Belieben. Nun, da das finstere Ungewitter heraufgestiegen wider ihren Willen, haben sie zwar ihre Freudigkeit, aber nicht ihre Zuversicht verloren. Sie nehmen sich vor, den Sturm als eine Rossinische Arie singen, die Blitze symmetrisch als chinesische Feuerwerke leuchten, und den Donner im Takte rollen zu lassen. Auch der verschlagenste Dieb kann aus seiner Verborgenheit gezogen werden, er halte sich versteckt in dichten Wäldern, in unterirdischen Höhlen, oder in dem finstern Winkel eines Hauses. Aber den Hochmuth aus den Schlupfwinkeln eines menschlichen Herzens zu vertreiben, dazu ist selbst die himmlische Polizei nicht schlau genug.

36.

Die Menschen würden nach jeder neuen Erfahrung, die ihnen die Geschichte darbietet, weiser werden, wenn sie sie unentgeldlich benutzen könnten. Weil sie aber dafür zahlen müssen, benutzen sie sie nicht; denn das Schicksal warnt wie die Buchhändler: „beschmutzte und aufgeschnittene Exemplare werden nicht zurückgenommen."

37.

Regierungen sind Segel, das Volk ist Wind, der Staat ist Schiff, die Zeit ist See.

38.

Nie wurde die Wissenschaft in Deutschland von den Großen so sehr verehrt, als jetzt. Ich rede ernst, wenn ich das sage; aber es ist ein Jammer mit den Deutschen, daß sie, weil keinen Spaß, auch keinen Ernst verstehen. Es war eine Zeit, da hätte man jeden, selbst eines Majestätsverbrechens überwiesenen akademischen Lehrer (so lange nur kriminalistische Förmlichkeiten nicht hinderten) ruhig fortlehren lassen bis zur Stunde der Hinrichtung. So sehr war das Leben getrennt von der Wissenschaft, daß man die öffentliche Rede auch eines Verbrechers nicht fürchtete. Fällt aber jetzt nur der leiseste Verdacht auf die polizeimäßige Denkungsart eines Professors, so werden gleich seine Vorlesungen eingestellt. Ist das nicht Ehrfurcht vor der Wissenschaft? Das ist Furcht vielleicht, aber sie führt zur Ehrfurcht. Die Bessern unter den Großen liebten vormals die Wissenschaft, aber sie liebten sie, wie man ein Spiel, ein Kind, ein Mädchen liebt, sie achteten sie nicht. Jetzt ist es besser. Man soll zittern vor ihr; denn der Geist sey König der Welt, und das Recht sein Schwert.

39.

Philidor konnte sechs Schachpartien zugleich spielen, und er gewann sie Alle. Doch das waren hölzerne Figuren, die stille stehen, bis man sie bewegt. Wer aber mit Menschen spielt, verliert gewiß, wenn er mehrere Spiele gleichzeitig verfolgt.

40.

„Wann wird Ihre Frau entbunden?" fragte Ludwig XIV. einen Hofmann. „Quand il plaira à votre majesté," antwortete dieser mit tiefer Verbeugung .... So schmeichelt man noch heute den Fürsten, sie könnten die Stunde bestimmen, in welcher die Zeit ins Kindbett kommen soll.

41.

Der süße Brei ist aufgegessen ... jetzt balgen sie sich um die Scharre ... darüber zerbrechen sie den Topf ... dann gibt es keinen Brei und keine Scharre mehr ... dann schlagen sie sich auch nicht mehr.

42.

Wenn es wahr ist, daß der Bandwurm sich erneuert, so lange der Kopf besteht, dann bleibt den Völkern nur die traurige Wahl zwischen Verbrechen und Krankheit. Darum bedenkt euren Vortheil, die Tugend des Volkes und die Ruhe der Welt — seyd nicht länger der Kopf des Bandwurms.

43.

Die Fürsten hätten sich und ihren Völkern viel Unglück ersparen können, wenn sie die Hof-Narren nicht abgeschafft hätten. Seit die Wahrheit nicht mehr sprechen darf, handelt sie.

44.

Auf der Weltbühne ist das Schicksal der Souffleur, der das Stück ruhig und leise abließ't, ohne Geberden, ohne Deklamation, und ganz unbekümmert, ob es ein Lustspiel oder ein Trauerspiel ist. Das Zappeln, das Schreien und Uebriges thun die Menschen hinzu.

45.

Gewisse Leute leben, als wüßten sie, daß sie am andern Morgen gehängt werden. Auch sind sie wirklich verurtheilt; nur daß die Tage des Schicksals keine Sonnentage sind. Darum wollen wir ihrer letzten Mahlzeit, so theuer sie uns auch zu stehen kommt, mit Vergnügen zusehen, ihr Appetit sey unser Trost.

46.

Ein ehrlicher Mann, der in sogenannte Welthändel verwickelt ist, verfällt oft in Gewissenszweifel, ob er denn wirklich ehrlich verfahre oder nicht. Denn da man sein Gesicht für eine Maske hält, wird er an sich selbst irre, und weiß endlich nicht mehr, ob er die Leute, oder ob die Leute sich nur in ihm betrogen.

47.

„Alles f ü r, nichts d u r ch das Volk" — sagen die Schlauen. Das heißt ins Aufrichtige übersetzt: nicht am Gelde und Gute ist uns gelegen, sondern nur daran, daß wir herrschen. Wer aber ist der gefährlichste Feind der bürgerlichen Freiheit? Nicht der niedrige Mensch, der nur nach Reichthum und sinnlichen Genüssen strebt; denn dieser läßt sich abfinden, und hat die Macht sich zum Volke gewendet, bettelt er auf dem Markte, wie er früher in den Pallästen gebettelt. Der gefährlichste Feind der Freiheit ist der herrschsüchtige; denn selbst das Gute thut er nur mit Willkür. Nicht Mirabeau, ein Lüstling und ein bestechlicher Mensch, sondern Robespierre, der den Reichthum verachtete, ward der Tyrann seines Vaterlandes.

48.

Schon manches dunkle Räthsel der Geschichte haben Zeit und Forschung gelöst; aber die Geduld, die Langmuth der Völker, wird ewig unbegreiflich bleiben. Unter Ludwig XV. ward ein Montmorency des Mordes überführt und zur Strafe durch ein L e t t r e d e C a c h e t auf einige Zeit in die Bastille gesetzt. Sein Bedienter aber, als Mitschuldiger v e r d ä c h t i g, ward auf's Rad geflochten. Und zwischen dieser schrecklichen Willkür und der Revolution verflossen noch mehr als fünfzig Jahre!

49.

Wenn man das Treiben der französischen Ultras sieht, glaubt man an das Wunder: daß der heilige Dionisius, nachdem er enthauptet worden, seinen Kopf unter den Arm genommen, und damit spazieren gegangen sey.

50.

Die Natur der Dinge, und was schön sey oder misgestaltet, malt Euch jeder Batzenspiegel nicht minder treu zurück, als das hohe stolze Glas am Pfeiler eines fürstlichen Gemaches. Die Weltgeschichte pulsirt in Täglichkeiten. Darum wer emsig ist und frohen Muthes, zu forschen und zu betrachten, der durchblättert das Buch der Menschheit in einer Taschenausgabe, die ihn überall begleitet, oft und gern.

51.

Bei dem Einmarsche der königlich spanischen Truppen in Valencia im Jahre 1812, unter General Wittingham, wurde aller Orten angeheftet und ausgetrommelt; Die von Suchet eingeführte Polizei höre gänzlich auf. Das Volk war außer sich vor Freude, wobei es immer rief: „N u n s i n d w i r w i e d e r, w i e v o r d i e s e m, s i c h e r a u f d e r S t r a ß e u n d i n u n s e r n H ä u s e r n; e s g i b t k e i n e P o l i z e i m e h r!"

52.

Man heilt Leidenschaften nicht durch Verstand, sondern nur durch andere Leidenschaften.

53.

Die Weiber haben Launen, weil sie zu gut sind, das Böse nach Grundsätzen, und zu schwach, das Gute mit Dauer zu üben.

54.

Die wahre feine Lebensart, welche mehr thut, als mit Blitzesschnelle eine gefallene Stricknadel aufheben, entspringt entweder aus der Tiefe des Geistes, oder aus der Fülle des Herzens, und weder der Tanzmeister lehrt sie, noch Chesterfield.

55.

Beschränkten Menschen ist es eigen, daß sie die wenigen Ideen, die in dem engen Kreise ihrer Fassungskraft liegen, mit einer Klarheit ergreifen, die uns in der Schätzung ihres Geistes oft irre macht. Sie sind wie Bettler, die das Gepräge und die Jahreszahl jedes ihrer Kreuzer kennen.

56.

C a r n e a d e s hielt zu Rom öffentlich zwei Reden, die eine für, die andere wider die Gerechtigkeit, und — ward 90 Jahre alt. Hufeland hat es in seiner Makrobiotik zu bemerken vergessen, daß man, um alt zu werden, keine Grundsätze haben dürfe.

57.

Die Fürsten sehen immer noch nicht ein, daß die Polizei ihre gefährlichste Feindin, ja, die einzige revolutionäre Macht ist, die sie zu fürchten haben. Sind wirklich Uebel vorhanden, so werden sie von der plumpen und abgeschmackten Quacksalberei jener Staatsgewalt nur verschlimmert. Ist das Volk krank, so gebt ihm frische Luft und freie Bewegung, vertraut es aber nicht den ungeschickten Händen thörichter und pflichtvergessener Pfuscher an.

58.

Als Voltaire sagte: Der erste König war ein glücklicher Soldat, da wußte dieser Mann nicht, was er sprach. Der erste König war ein fieberkranker Bauer, der in seinem Irrsinne ausrief: „Ihr Leute seyd meine Unterthanen und mir Gehorsam schuldig," und da er gesundete und von dem Schmerzenslager sich erhob, befremdet und ungläubig das ganze Dorf zu den Stollen seines Bettes niedergesunken fand. Vergebens war alles gutmüthige Zureden des unschuldigen Despoten, die Unterthänigkeit war schon so rasch im Gange, daß man der Zeiten sich nicht mehr erinnerte, da man frei gewesen.

59.

Alle Aussprüche und Vollstreckungen einer geheimen Justiz sind heimliche Hinrichtungen, mit welchen bürgerliche Freiheit gar nicht zu vereinen ist. Ob eine streitige Sache dem Hans oder dem Kunz verbleibe, ob ein einzelner Missethäter bestraft werde oder nicht, dieses ist dem Gemeinwesen sehr gleichgültig. Aber die Zuversicht, daß Recht geübt werde, ist Lebensbedürfniß in der bürgerlichen Gesellschaft, und diese Zuversicht versagt die heimliche Justiz. Kein Fürst, kein Richter, kein Verwalter darf Glauben fordern an seine Gerechtigkeit; nur an Gott glaubt man, die Menschen aber will man sehen, hören, betasten, ausrechnen.

60.

Wie einzelne Menschen, so treten auch Staaten jede neue Lebens- und Bildungsstufe ohne Erfahrung an. Die Lehren der Vergangenheit sind auf die Gegenwart nicht mehr anwendbar, das constitutionelle Frankreich wird weder in dem alten königlichen, noch in dem republikanischen, noch in dem kaiserlichen Frankreich, unterrichtende Beispiele finden — es wird die Erfahrungen, die ihm nützen, erst kaufen und bezahlen müssen.

61.

In der bürgerlichen Gesellschaft gibt das Volk seine natürliche Freiheit der Regierung als ein Darlehen gegen bedungene Zinsen hin. Werden ihm letztere vorenthalten oder geschmälert, dann zieht es sein Kapital mit Recht zurück und sucht sich einen sicheren Schuldner.

62.

Man sollte die Ministerstellen erblich machen, damit diejenigen, welche sie verwalten, an dem Wohle des Staates ein Familieninteresse fänden, und nicht blos auf ihren leiblichen Vortheil sähen. Schlimme Fürsten haben an die Zukunft denkend manche böse That unterlassen; einen eigensüchtigen Minister hält nichts zurück. Zu wissen aber ist, daß die politischen Trennungen und inneren Kämpfe, die jetzt stattfinden, nichts anderes sind, als ein Streit zwischen Volksfreiheit und Ministerialgewalt.

63.

Man kann verhindern, daß Völker lernen, aber verlernen machen kann man sie nichts.

64.

Gute Fürsten müssen wie fruchtbare Jahre angesehen werden. Man soll ihre Regierung dazu benutzen, Nothmagazine von Volksfreiheiten und Gerechtsamen aufzuspeichern für die möglichen Hungerjahre eigenmächtiger Erbfolger. Vorsicht hierin ist nie überflüssig, Pharao's magere Kühe entbleiben nicht.

65.

Wenn der Fürst glaubt, das Volk sey ein Kutschpferd, das, mit Gebiß und Scheuleder versehen, der Staatskarosse, in welcher nur er sitzt, vorgespannt werden müsse — und wenn das Volk den Staat für einen Familienwagen hält, den der Regent allein fortzuziehen habe; dann irren beide. Aber was ist der Staat sonst? Es ist schwer, hierauf zu antworten. Der politische Zirkel kann nie vollkommen zur Quadratur einer Definition gebracht werden.

66.

Freilich wäre der Staat berechtigt, die Herzen und Köpfe als Heerde und Rauchfänge der menschlichen Seele bei seinen Bürgern von Zeit zu Zeit untersuchen zu lassen, um zu erfahren, ob alles brandfest gebaut, ob nicht viele feuerfängliche Materialien darin aufgehäuft sind, und ob mit dem Lichte vorsichtig verfahren werde. Eine solche Seelenschau, verbunden mit den Löschanstalten der Zensur, würde eine vollständige Genie-Feuerordnung bilden, und das Gemeinwesen vor großen Unglücksfällen bewahren.

67.

Es ist wahr: die Weltgeschichte ist das Weltgericht; aber es kommt für uns gemeine Bürgersleute nicht viel Trost dabei heraus. Wird ja einmal ein großer Verbrecher gestraft, oder ein Schuldner der Menschheit eingesteckt, dann werden zuvörderst die Prozeßkosten, Defensionsgebühren und Sporteln aus dem Vermögen des Delinquenten bezahlt, so daß zur Privat-Entschädigung gewöhnlich nichts mehr übrig bleibt.

68.

Es gibt politische Karyatiden, die sich mit tragischen oder komischen Fratzen gebehrden, als trügen sie die Last des ganzen Staatsgebäudes auf ihren Schultern, und welche nichts weiter sind, als die untern Theile des Hauses.

69.

Bei epileptischen Menschen hat man zuweilen bemerkt, daß wenn sie aus ihrer Ohnmacht wieder erwachten, sie da in ihrer Rede fortfuhren, wo sie stehen geblieben waren, als ihr Niederfall sie unterbrochen hatte, mochte auch immer unterdessen die Rede ihre Bedeutung verloren haben. Man will bei einigen fallsüchtigen Staaten diese nämliche Erscheinung wahrgenommen haben.

70.

Jene schöne Zeit, da noch — wenn selten ein schadenfroher Geist über Völker und Länder zog — nichts bebte als die Erde, und man Menschen weniger fürchtete als Gott, jene Friedenstage kehren in Europa nie zurück. Denn die Triebfeder seines Lebens ist gesprungen, und was man trüglich für erhöhte Kraft annimmt, ist nichts als das Schnarren und die Uebereile der zerbrochenen Kette, die in ungemessener Thätigkeit sich abhaspelnd, dem Stillstande und dem Tode zuläuft.

71.

Die politischen Nachtwächter, welche die Zeit ausrufen und ihre Warnung, das Haus vor Feuer und Licht zu bewahren, stündlich wiederholen, wecken freilich Völker und Fürsten aus dem Schlafe; aber sie sollen auch nicht schlafen, es soll Tag seyn, und dann hören die Schreier von selbst auf.

72.

Den Füchsen hat man die Freiheit in engen Flaschen, den Störchen in flachen Schüsseln vorgesetzt. Die schlauen Füchse werden sich zu helfen wissen, sie werden der Flasche den Hals brechen; aber welche Hoffnung bleibt den dummen Störchen? Sie ließen sich wohl gar weiß machen, es käme nur darauf an, sich den Schnabel putzen zu lassen! . . . Aufgabe zur Uebung des Verstandes: Wo sind die Füchse, und wo sind die Störche?

73.

In Meinungskämpfen sey man dann am vorsichtigsten, wenn die Gegner sich uns nähern und uns beistimmen. Die Wahrheit dient oft nur als Leiter zur Lüge der man verächtlich den Rücken wendet, sobald die Höhe erreicht ist.

74.

Gesellschaften, die sogenannten moralischen Personen, sind gewöhnlich sehr unmoralisch.

75.

Warum ist die Heimath des Herzens die Fremde des Kopfes, oder umgekehrt, und warum darf Niemand ohne Abzug und Nachsteuer aus dem einen Lande in das andere ziehen? Die Bundesakte, welche eine solche Freizügigkeit bewilligte, wäre die gemeinschaftliche heilige Schrift für die gesammte Menschheit.

76.

Haben und Seyn sind die Hülfszeitwörter in der Sprachlehre, sowohl eines glücklichen als eines elenden Lebens! denn aus Habsucht und Selbstsucht, den Thränendrüsen der leidenden Menschheit, quellen die Thränen der Freude sowohl als die der Schmerzen.

77.

Der Leichtsinn ist ein Schwimmgürtel für den Strom des Lebens.

78.

Kanonen- und Flintenkugeln sind oft Fleckkugeln zum Reinigen der beschmutzten Welt.

79.

Der wahre Muth ist nicht bloß ein Luftball der Erhöhung, sondern auch ein Fallschirm des Herabsinkens.

80.

Es gibt Menschen, die wohnen auf dem Chimborasso der Gemeinheit. Es ist unmöglich, ihnen beizukommen — sie behalten immer Recht. Der Witz, der sie aufsucht, sinkt schon am Fuße des Berges entathmet nieder, und bekennt mit Scham, daß ein Prügel besser sey, als eine Lanze.

81.

Napoleon war der hohe Priester der Revolution, und als er so dumm war, die Göttin um ihre Anbetung zu bringen, brachte er sich um seine Priesterwürde und seine Macht ging unter.

82.

Ja, Luther hatte es verstanden, als er dem Teufel das Dintenfaß an den Kopf geworfen! Nur vor Tinte fürchtet sich der Teufel, damit allein verjagt man ihn.

83.

Die Weiber verlangen das Größte und das Kleinste zugleich; sie fordern Liebe, und auch daß man artig gegen sie sey—eine Million in Scheidemünze.

84.

In Republiken wird das Gefühl der Freiheit erst in ihrem Mißbrauche zum Genuß, ja die gesetzliche Freiheit selbst kann sich oft nur durch ihre Ausschweifungen erhalten.

Inhalts-Verzeichniß.

Gedruckt
in der
Offizin des Atlas,
Milwaukee, Wis.